SOCIOLOGY OF
HIGHER EDUCATION

高等教育社会学

[美] 帕翠西亚·冈伯特（Patricia J. Gumport） 主编
朱志勇 范晓慧 译

著作权合同登记号　图字:01-2008-5593

图书在版编目(CIP)数据

高等教育社会学/(美)冈伯特(Gumport,P.J.)主编;朱志勇,范晓慧译.—北京:北京大学出版社,2013.3
ISBN 978-7-301-22424-3

Ⅰ.①高… Ⅱ.①冈… ②朱… ③范… Ⅲ.①高等教育学-教育社会学-高等学校-教材 Ⅳ.①G640

中国版本图书馆 CIP 数据核字(2013)第 081334 号

Sociology of Higher Education: Contributions and Their Contexts. Edited by Patricia J. Gumport.
© 2007 The Johns Hopkins University Press
All rights reserved. Published by arrangement with The Johns Hopkins University Press, Baltimore, Maryland.

书　　　名:	高等教育社会学
著作责任者:	〔美〕冈伯特(Gumport,P.J.)　主编　朱志勇　范晓慧　译
责 任 编 辑:	刘军
标 准 书 号:	ISBN 978-7-301-22424-3/G·3610
出 版 发 行:	北京大学出版社
地　　　址:	北京市海淀区成府路 205 号　100871
网　　　址:	http://www.jycb.org　http://www.pup.cn
新 浪 微 博:	@北京大学出版社
电 子 信 箱:	zyl@pup.cn
电　　　话:	邮购部 62752015　发行部 62750672　编辑部 62767346
	出版部 62754962
印 刷 者:	三河市博文印刷厂
经 销 者:	新华书店
	965 毫米×1300 毫米　16 开本　23 印张　327 千字
	2013 年 3 月第 1 版　2013 年 3 月第 1 次印刷
定　　　价:	59.00 元

未经许可,不得以任何方式复制或抄袭本书之部分或全部内容。
版权所有,侵权必究
举报电话:010-62752024　电子信箱:fd@pup.pku.edu.cn

前　言

　　1973年,Burton Clark在《教育社会学》(Sociology of Education)杂志上对高等教育社会学进行了全面的评价,这距今已有三十多年。当时,高等教育社会学只是一门崭新的学科,后来发展如日中天。在那篇文章中,Clark以绘图师的身份指出高等教育社会学的主要研究领域及其边界。他认为,高等教育社会学是第二次世界大战后出现的,其研究主要集中在教育不平等(educational inequality)和大学对学生的影响(effects of college on students)两个方面,而在学术职业(academic profession)、组织治理(governance and organization)方面的研究还比较薄弱。他预见,人们将极有可能对后者做更深入的探究与拓展。高等教育中的实际问题往往是社会学所关注的,这是一种生成性纽带关系(generative nexus)。尽管如此,他还是提醒研究者们提防几种他认为可能的错误研究倾向。他尖锐地发出警告:不要过多地关注实践者的需要,否则高等教育社会学会成为"管理社会学"(a managerial sociology);对影响因素不要着迷于量化的测量,因为"只关注琐碎因素,视野会变狭窄";不要陷进质性的简介,使"学术性的学科降低为新闻工作者的游戏"(本书第10—12页)。

　　本书正是Clark研究的续篇。在随后的30年里,高等教育社会学究竟发生了哪些变化呢? 20世纪最后的25年里,随着社会、制度以及组织情境发生了戏剧性的变化,人们已经在该学科最初界定的四大领域取得了丰硕的研究成果,组织范畴本身有了新的界定,几个新的研究方向也崭露头角。然而,尽管这一切令人瞩目,但自1973年Clark发表文章之后再也没有研究者对该领域加以全面综合的评价,这着实令人吃惊。因此，我们很有必要来做这项工作，确切地讲，这项工作已经延误了太久。

编选本书主要出于三个目的：第一，描述高等教育社会学 30 年来的发展特征；第二，审视影响该学科内形成独特专业化领域的社会、组织与职业情境；第三，展望该学科的发展前景，探讨决定其研究具体领域的合理性、生命力以及制度化的种种因素，这也是教育系科与社会学系中教学研究人员所致力的研究。

高等教育社会学的研究横跨两种组织与知识分子群体。本书的目标之一就是加强他们之间的联系。我们正是以此为标准选择了几位作者的研究成果。他们中有些同时在教育学系与社会学系任教（其中的一个职位经常是兼职），并在各种学术杂志上发表文章，供教育学、社会学方向的读者参考阅读。编入本书的文章正体现了他们这种混合的学术敏锐性。鉴于受教育的历程与职业经历，他们侧重于一个领域的研究，即更倾向于社会学或高等教育方面的文献和讨论。这些学者之间也有着共性，都见证了全球高等教育机构性现实中的关键性变化，比如人口分布、经济、意识形态、组织、政治以及职业等层面的变化，它们深刻地影响着本书所关注的各种冲突与发展。

本书主要由四编构成。第一编是话题的展开。其中，第一章为 Clark 于 1973 年发表在《教育社会学》杂志上的那篇文章，这是我们反思高等教育社会学中主要研究发展现状的出发点。第二章是编者的评论，重新回味 Clark 当初对该学科的评价，讨论在随后的 30 年里决定该学科发展的社会和组织力量。本书其余的两部分中各章节都包括了每一研究分支赖以发展的概念性与经验性研究的参考文献。

具体而言，第二编包括四章，分别讨论了高等教育社会学中 Clark 最早确立的四大核心领域：教育不平等、大学影响、学术职业和高等教育组织的研究。每章都追溯了相应领域自 1970 年以来的发展历程，反思促进它们发展的一系列社会的与知性的因素，揭示出各研究分支如何受到高等教育自身变化的影响，以及如何得益于社会学专业化过程中所产生的丰富概念、经验和方法论资源。其中，第三章和第四章分别讨论不平等和大学影响，两位作者综述了相关的文献，阐释了高等教育在社会分层与社会化中的角色。第五章审视了深受职业社会学和工作社会学影响的关于教员与学术工作场所的研究。为了描述大量的高等教育组织动态机制文献的特征,第六章将讨论限制在高等教育组织层面,同时又涉及社会学之外其他社会科学学科(如政治学、人类学、社学心理学、管理学等)的基本概念,这样既限定又拓展了该文章中的文献综述。虽然 Clark 起初将学术组织的研究与治理的研究融为一体,但在本书中,第五章学术工作场所的讨论以及第十章政策制定的社会学框架的评论中会涉及关于治理的研究。

第三编分析高等教育社会学更广泛的前景,包括学者们已经进行的新的研究方向。这些文章深入探讨了四个方面的问题:高等教育制度、学术系科、多样性以及高等教育政策(这些章节没有涉及的其他一些研究分支,分别在第二章和第十二章的编者评论章节中加以讨论)。之所以选择上述四个方面做深入的评述,其原因是,在当代课程开设、出版物、研究者提交有关高等教育社会学主题论文的职业协会中,这四个方面是最被公认的、制度化的研究分支。该编的每一章都会讨论相关议题的学术发展过程、外界环境对该研究本身的影响,以及该分支未来发展的展望。

把高等教育作为一种制度进行研究(第七章),几十年来一直深受学者们的关注。制度主义理论与高等教育最为息息相关,其间关系的发展得益于埃米尔·涂尔干(Emile Durkheim)和马克斯·韦伯(Max Weber)等主要社会理论家们所提出的问题与概念,其研究分支在 20 世纪 70 年代获得了发展的契机。此后,这项研究具有了很强的生成性,清晰解释了与本书中每个主要领域都相关的地方组织内部、外部的、制度的动态机制,尤其探究了支撑高等教育中人们习以为常的结构与实践的理性神话的社会建构因素。该领域在概念上具有极大的多功能性,能够深刻地解释制度化过程,因而极大地激发了人们的研究热情,研究也得以进一步地发展。这些人研究的目的各不相同:一些是学者,其根本目的是拓展制度研究方面的理论与经验;一些是研究者和教师,他们试图应用这些理论来阐释高等教育某一层面或更多层面强有力的合法化与不断变化的动态机制。这些层面可以是全球性的、跨国的、一国的或州级的,可以是组织的、组织间或组织内部的,也可以是人际的或者认知层面的。新制度主义理论(Neoinstitutional theory)作为一个研究分支,探究策略性组织行为取得合法化的可能性,那些试图研究实践者为应付环境变化时所采取的行动过程的高等教育研究者们,对此兴趣尤其浓厚。

  第八章综述了学术系科(academic departments)的研究,文献资料来源于对学术组织与治理的研究,也来源于对学术职业的研究,后者强化了学术工作以及高等教育组织形式的本质变化。第九章讨论的是多样性研究,最初发展于教育不平等研究和大学影响研究中所形成的理论与研究工具。虽然多样性以及多种学习环境的研究还处于起步阶段,但鉴于人口、政治和法律发生的重大变化,其研究的重要性随即得到了广泛的认可。第十章讨论高等教育政策研究,近来逐渐进入了人们的视野,成为对政治颇感兴趣的研究者进行社会学分析的竞技场,是对公立高等教育中治理动态机制尤其是政策制定的深入研究。正如讨论组织研究的章节,其中的文献综述逾越了社会学的界限,引用了政治科学中的政策过程理论,研究者们已经找到了研究高等教育事业控制者的有效途径,以及研究不同情境中如何设定政策议程的有效方法。第四编用两章做结论。继首篇关于高等教育社会学文章发表三十多年之后,Clark 在 2006 年写了一篇简短的评论,对高等教育社会学未来的发展趋势作了一些有针对性的建议。他没有强调研究与实践之间的潜在聚合性,相反,诊断出这两者之间存在着"严重的"断裂。在 1973 年的文章中他曾警告研究者不要过分关注实践者的直接需求,然而,在这篇文章里,他却毅然决然地站在实践者的一边,甚至还出言不逊地责骂那些"企图生成'理论'的人,(他们)得到的肯定是浮华的散文",而这些浮华的散文正是实践者所不予以理睬的。因此,他推动研究者对问题进行探索,不仅反思自己选择的话题是否值得研究,而且反思自己得出结果、做出结论的过程。长期以来,他一直偏爱个案研究方法(case study approach),而此时,却提倡一种特殊的社会学研究方式,即强烈要求研究者向研究情境(field)中的人学习,倾听那些掌握着宝贵的一手资料的高等教育实践者的声音,开展研究,界定实践过程中真正起作用的因素,来帮助这些实践者们战胜他们自身所遇到的挑战。Clark 早先的观点与之有天壤之别,当时他将自己许多观念以及实证研究结论归因于理论指导下的社会学传统,本书以后章节的引文会揭示这一点,有些读者也许会觉得不可思议,尽管如此,我们相信本书各章节的安排,不但处理好了高等教育社会学赖以发展的基石,以及人们对于社会学理论和实践现实(practical realities)两者的共同关注,而且也表明了 Clark 的实践取向(practical orientation)在未来发展中如何以及在何种情况下展现其魅力。

在编者的总结部分,通过将先前章节中一些重要的主题的融合,进一步探究未来的发展前景。比如,在 21 世纪初期,哪些因素抑制或促进高等教育社会学进一步的发展?教育学与社会学的教师们所饱尝的压力分别是如何累积而成的?在一系列的研究目的中,是否从原初的拓展社会学转向应用社会学理论与方法来解决实践和政策的问题呢?我探讨决定高等教育社会学发展的情境因素,是以知识社会学(sociology of knowledge)为前提的。知识社会学认为,学科知识的进步不仅受到自身观点的影响,而且受到研究者工作时所处的学术环境的影响。这些学术环境具体包括终身职位与晋升的学术奖励体系,以及大学教员所属的专业协会(professional associations)和学术系科所具有的规定特性。对于未来的前景,我认为高等教育社会学面临的主要压力是人们反对将该领域的研究制度化。然而,每个独特的研究分支内知识的进步绝不依赖于人们是否认识到它在本质上已构成了一个领域。本书明确地指出,在几个特殊的研究分支上,研究者们不仅有着浓厚的兴趣,而且给予了大力的支持。本书第十二章将阐释前途光明的、崭新的、适时的探求知识的途径。

我们衷心希望,本书能够为致力于发展高等教育社会学的研究者、教育学和社会学领域的学生提供有价值的参考,为评价同事与研究生的研究成果时要大致了解该领域情况的大学教师、系主任与学院院长提供有力的指导。我们希望,这些研究成果所产生的真知灼见,将进一步增进上述参与到我们这项事业的所有人的知识与理解。

在本书最后,我要向为本书作出重大贡献的人致以诚挚的感谢。首先,要感谢本书各章节的作者们,他们不仅参与了本书的编写,而且在编辑过程中展现了极大的耐心,我忠心希望你们对于我们之间的合作感到满意。其次,我和各位作者要一起感谢约翰·霍普金斯大学(Johns Hopkins University)出版社的 Jacqueline Wehmueller,他不仅大力支持我们的编选工作,还给我们提供了出版的机会。我们还要感谢 Mary Kay Martin,她不仅仔细地校对本书,还给予了我们莫大的鼓励。

最后,我们将此书献给 Burton R. Clark,他不仅绘制了高等教育社会学的蓝图,而且其学术成就在随后的几十年里都产生了深远的影响。他的著作对我们每一个人都有一定的参考价值,即便我们获取价值的方式不同,我们相信,它还将启迪着我们的子孙后代。我个人最先接触他的著作是在1983年,当时我在攻读博士学位,我发现他编写的高等教育系统的书被塞在图书馆的书架后部,这本书和他其他的著作,以及我在(美国)加利福尼亚大学洛杉矶分校(UCLA)直接与他一起工作的两年经历,最终彻底地改变了我对高等教育的看法,改变了我对它的结构、过程、传统、价值、身份认同、话语以及对社会特有的贡献的看法。通过他的双眼,我们看到了作为高等教育社会学学者研究这一复杂事业的永无止境的潜能。对于他源源不断地涌出的洞察力,对于他对我开始学术生涯的支持,以及他在鼓励同事共同发展等方面,我要给予最真挚的感谢。正是因为他,我们所有人的生活、工作变得更加丰富多彩。

目 录

第一编 高等教育社会学起点及发展

第一章 高等教育社会学的发展历程 ……………………（1）
　　过去与现在 ………………………………………………（2）
　　发展前景 …………………………………………………（8）
第二章 高等教育社会学：一个逐步发展的领域 ……（15）
　　Clark 早期的研究视角 …………………………………（15）
　　情境因素 …………………………………………………（20）
　　社会影响 …………………………………………………（22）
　　组织情境 …………………………………………………（34）
　　变化轮廓 …………………………………………………（40）

第二编 高等教育社会学研究的四个领域

第三章 不平等之研究 …………………………………（49）
　　期刊评论 …………………………………………………（52）
　　大学入学研究综述 ………………………………………（53）
　　不足之处 …………………………………………………（76）
　　结论 ………………………………………………………（76）
第四章 大学的影响研究 ………………………………（90）
　　学科框架中的社会学前提 ………………………………（91）

· 1 ·

环境的结构特点及其对大学生的影响 ················· (96)
　　大学影响的社会学研究展望 ······················· (103)
第五章　学术职业研究 ································· (109)
　　学术职业研究的发展概况 ························· (110)
　　Clark对学术职业研究的贡献 ······················ (113)
　　被管理的职业人员 ······························· (116)
　　管理职业人员 ··································· (121)
　　逾越界限 ······································· (128)
　　总结 ··· (133)
第六章　大学：组织研究视角 ··························· (142)
　　组织研究综述 ··································· (143)
　　组织模式与环境：一种权变视角 ··················· (145)
　　传统高等教育发展到大众高等教育：1950—1972年间
　　　从稳定到扩张 ································· (146)
　　新兴的高中后教育产业：1972—1995年间的
　　　机构变化时期 ································· (153)
　　中学后知识产业：1995年及其后的转型期 ··········· (159)
　　权变视角：形塑组织的模式 ······················· (166)
　　一些演变的启示 ································· (170)

第三编　研究的新兴领域

第七章　作为一种制度的高等教育 ······················· (179)
　　社会学制度主义理论 ····························· (181)
　　高等教育中制度的阐释 ··························· (185)
　　总结与启示 ····································· (201)
第八章　学术系科的社会学研究 ························· (213)
　　学术工作的构成 ································· (215)
　　学系内部的竞争、冲突和变化 ····················· (221)
　　资源依赖与权力关系 ····························· (224)
　　学科差异的组织含意 ····························· (227)

构成模式 …………………………………………………… (232)
　　　学生发展与社会化的学系情境 …………………………… (235)
　　　结论：未来的理论与研究发展方向 ……………………… (240)
第九章　多样性社会学 ……………………………………………… (256)
　　　入学和多样性 ……………………………………………… (259)
　　　群体多样性对学生的影响 ………………………………… (262)
　　　群体之间关系 ……………………………………………… (265)
　　　课程和教授的多样性 ……………………………………… (269)
　　　未来研究的前景 …………………………………………… (272)
　　　制度变革的益处 …………………………………………… (273)
第十章　高等教育政策研究的社会学框架 ………………………… (286)
　　　政策过程理论 ……………………………………………… (287)
　　　高等教育组织的政策制定环境 …………………………… (290)
　　　政策是种策略 ……………………………………………… (291)
　　　政策是创业家 ……………………………………………… (293)
　　　政策是象征性行动 ………………………………………… (295)
　　　政策是逻辑 ………………………………………………… (297)
　　　总结：高等教育政策与政治研究 ………………………… (299)

第四编　展望未来

第十一章　从事有效工作的寄语 ………………………………… (309)
第十二章　一个混合领域的反思：高等教育社会学的
　　　　　发展与前景 ………………………………………… (315)
　　　实质性发展的反思 ………………………………………… (316)
　　　未来的前景：职业情境 …………………………………… (326)
　　　有前途的研究途径 ………………………………………… (337)
　　　未来研究展望 ……………………………………………… (345)

作者介绍 …………………………………………………………… (351)
译后记 ……………………………………………………………… (353)

第一编 高等教育社会学起点及发展

第一章 高等教育社会学的发展历程*

Burton R. Clark

　　高等教育社会学在"二战"后的25年间崭露头角,如今已发展成为一个有着几个颇为重要的研究方向的专业领域。其中,高等教育不平等和大学对学生的社会心理影响是两大主要议题,而学术职业和组织治理这两方面的研究相对薄弱一点。在20世纪70年代,该领域中的一些研究可能耗费大且趋于琐碎化,而另一些则趋向以滑稽的新闻报道替代学术性的学科研究。在不久的将来,该学科应该更广泛地从历史的深度开展比较研究与分析,一个颇有成效的方法就是,利用教育的社会系统中各种表现要素——价值观、传统以及身份认同——来反驳占支配地位的教育的工具性界定。

　　本文旨在回顾迄今为止高等教育社会学研究的发展过程,在此基础之上,评价当今研究的优缺点,展望其发展前景。我承认,这种回顾是有选择性的,评价也受到我个人的观念和喜好的影响。既然大学的社会学研究可以在许多方面促使我们更为敏锐地处理直接的问题,有

---

　　* 本文1973年首先发表在 *Sociology of Education* 1973, Vol.46 (winter): 2—14。再版得到美国社会学协会(American Sociological Association)的同意。

助于发展社会学理论与研究方法，我宁可犯错也要保持一种自由、开放的态度。鉴于文章篇幅有限，我必须简明扼要地对过去的研究进行分类，突显优秀的著作。此外，在讨论未来发展、强调一两个可以最有效地纠正当前研究缺陷的视角时，我们也要现实地面对人力与资源的有限性问题。

过去与现在

"二战"之后，全球发达与发展中国家相继开始大幅度地进行教育扩张，随即出现了高等教育社会学，并蓬勃地发展起来，这种现象在过去的10年里尤为突显。随着高等教育对平民百姓、经济和政府精英们日趋重要，社会研究者们开始将其纳入自己研究的视野之中。高等教育大众化的趋势使得教育事务内部的传统秩序产生张力，新的需求导致教育表面上很难适应转瞬即变的社会各组成部分。一方面，政府关注国家的综合实力，迫切需要教育理性化，使经济发展充满活力，另一方面，大众传媒与青年产业（youth industry）的种种需求刺激着高度易变的青年文化（culture of youth）的生成，反对技术理性化（technical rationality），提倡感性逻辑（logic of sentiment）以及身份认同。这些陈旧的与新生的需求，常常从不同的方向驱使着教育的发展。上述在各种冲突和骚动中表现出来的看似基本的张力，促使研究者们时而困惑、时而痛苦地转向对其自身所处的世界的研究。于是，20世纪60年代，教育研究在经济学、政治科学、历史学、组织分析等领域开始复兴起来，社会学的研究也出现了新气象。

我们只需回顾过去的几年，就可以知道高等教育社会学是一门多么崭新的学科。在美国，自殖民地时期就出现了学院（colleges），而大学（universities）则是19世纪最后25年间才出现的。普通社会学形成于19世纪末20世纪初，到20世纪20年代发展为一项切实可行的专业，拥有了许多研究分支，相对而言，其中的教育社会学研究却相当薄弱，这种状况至少到了20世纪50年代才得以改善，而当时，人们思考、分析的是中小学教育。在早期阶段，该领域被称作"教育社会学"

(educational sociology),主要的杂志是《教育社会学杂志》(Journal of Educational Sociology)。研究基地在师范学院(teachers colleges)以及综合性大学教育学院的社会基础研究分部(social foundation divisions),职责是为公立中小学培训教师和行政人员。1917—1940年期间,教育社会学研究有三个群体:(1)普通社会学研究群体,关注社会学的发展;(2)政策研究群体,关注如何通过培训教师与行政管理人员来确立教育价值观并影响社会变革;(3)社会技术研究群体,企图围绕教育方法的技术规则(technical prescription)来培养实践者(Richards,1969)。这三类研究者都未能在教育学或社会学领域成功地确立其主流地位,这里我要强调的是,他们也没有慎重地对待高等教育研究,在他们眼里,研究的对象应该是中小学,不是大学。

"二战"前有两类文献资料与现代高等教育社会学相关联。一类是社会学和人类学宽泛的论述,不偏不倚地将各层次、各类型的教育看作是文化传播(cultural transmission)、社会化(socialization)、社会控制(social control)、社会进程(social progress)的一种手段(Durkheim,1922;Coolek,1956;Rose,1928;Ward,1906)。其中,涂尔干似乎较为保守,他将教育看作是缓慢演变的网状制度中的一个附属部分,这一观点后人引用得最多。涂尔干认为,教育"是实践和实践的集成(collection),这些制度随着时间流逝缓慢地被系统化,它们可与其他社会制度相比较,并体现自己的存在,因此,它和社会本身的结构一样,不能任意改变"(Durkheim,1922:65)。这些论点,阐释了社会制度彼此依赖这一基本的社会学真理,在如今看来,更适用于1900年的现实状况而不是1970年,更适合的是小学而不是大学。涂尔干的观点之所以重要,原因在于他确立了可以长期讨论的术语,即使今天,仍然有助于研究者回归到教育的诸多社会功能这些最普遍的观念上。另一类是有关高等教育的一些具体的论点已成经典,数十年无人能够超越。在基础理论方面,最重要的文献是马克斯·韦伯的论述,如《学术作为一种志业》(Science as a Vocation)、《教育与培训的"理性化"》(The 'Rationalization' of Education and Training)。他洞察到官僚制与专门化(bureaucracy and specialization)日趋崛起这一现象之后,将通才与专家(generalist and specialist)之间的张力,即"'专家类型的人'

(specialist type of man)与旧时的'有教养的人'(cultivated man)之间的斗争",描述为现代教育最基本的问题(Weber,1946:243)。追溯过去,我们不难发现,韦伯的教育观、官僚制观念与文化观念完全可以在三四十年前就产生一个非常有价值的研究分支,然而,事实是在社会研究方面却存在着研究断层现象(discontinuity)。另一个引人注目的特殊的经典文献来自 Thorstein Veblen,他在 1918 年首次出版的《美国高等教育》(The Higher Learning in America)一书中,对商人的影响以及他们控制与管理高等教育的心态进行了猛烈的抨击(Veblen,1954)。他的观点显然沉寂了 30 年,直到 1947 年,Hubert P. Beck 发表了《大学管理者》(Men Who Control Our Universities)(Beck,1947),这种研究才又发展起来。我们多么希望,这 30 年间 Veblen 能够一直在招收门徒,或吸引后继者推进高等教育权力与管理方面的分析。第三个多年无人问津的文献是 Logan Wilson 的著作,他于 1942 年出版了自己的博士论文《学术人:职业社会学研究》(The Academic Man:A Study in the Sociology of a Profession)(Wilson,1942),主要研究大学教授。这是一个有望蓬勃发展的领域,然而直到 15 年之后,才出现了 Caplow 与 McGee 的专著《学术市场》(The Academic Marketplace)(1958)。迄今为止,还没有人像三十多年前的 Wilson 那样认真、系统地著书讨论大学教授。

直到 20 世纪 60 年代,我们才有严谨的高等教育社会学学科,有了一定数量的研究论著,可供学生选择的专业,学生参加系统的学习、培训,几年之后成为一名专业人士。在学科发展期间,有两大主要研究方向得以牢牢地制度化,每个方向都是从社会学视角来研究实际问题。其中,第一个方向是高等教育不平等的研究,尤其是研究社会阶层(social class)、种族(race)、族群(ethnicity)、性别方面(sex)不平等的根源。不平等现象长期以来一直都是全球教育社会学研究的重点。

阶层与种族的分层研究是美国社会学的基础领域,以此领域为基础形成的学科训练有素与经验研究意识强的学术共同体进而推进了教育的研究。20 世纪 30、40 年代,一系列现代经典的社区研究(now-classic community studies)(Lynd,1929;Warner,1941;Hollingshead,1949)用传记方式描述了社会阶层对中小学生流动性(mobility)的影响,比如,谁读完高中有资格进入大学等。这种社会学的研究视角在20世纪50、60年代发展成为一种重要的统计分析传统(如参见William Sewell 与其学生的著作,Sewell,1966,1967),同时,社会学研究也对大学教育的大众化现象进行了分析。如今,我们的期刊广泛地刊登了有关影响抱负和成就获取的社会决定性因素的研究成果,具体涉及中小学以及大学教育。公共教育系统中有关免试入学(open admission)、学校分化与分轨制等密切相关的问题逐渐得到了改善,比如,谁上什么类型的大学、谁完成什么层次的教育等。研究者认为,教育在如何引导学生,继而如何严重地影响学生社会流动性方面具有多种显性与隐性方式。这些观点可谓是百花齐放,在研究上呈现了一派生气勃勃的景象,与此同时,研究者也开始批判当前的学校教育,例如,他们指出大学教育中某些实践具有冷却功能(cooling-out function)(Clark,1960)、教育系统中赞助性与竞争性(sponsored and contest)的招生形式存在差异(Turner,1968)、不同升学顾问的思想观念会像标签一样对学生产生极大的影响(Cicourel and Kitsuse,1963)。

第二个研究方向侧重于大学学习生涯对学生的性格、信念与思想的影响。T. M. Newcomb 率先分析了 Bennington 学院对女生的影响(Newcomb,1943),这是社会心理学的一部经典著作。在50年代,Nevitt Sanford 与他人开始涉猎此主题,试图跟踪调查(longitudinal examination)Vassar 学院女生的个性发展,这项研究还不完全属于社会学范畴(Sanford,1962)。康奈尔大学(Cornell University)的一群社会学家们比较了十一所大学学生的态度与价值观,发现公立与私立学校在信息投入与显性影响方面存在着一些差异(Goldsen et al.,1960)。自1960年起,社会学的研究论著陆续出版,其数量迅猛地增长起来,引领潮流的是 Howard Becker 与其同事对医学院学生亚文化的研究(Becker et al.,1961),以及 Clark 和 Trow 对本科生亚文化类型的研究(参见 Newcomb and Wilson,1966)。在这十年期间,最好的研究当属 Becker,Geer 与 Hughes 对学生获得学业等级取向的研究(1968),以及 Newcomb 在25年之后再度对 Bennington 学院开展的著名的研究(1967)。在众多教授与行政管理人员的实际关心之下,在年长的研究者对同事与学生的职业影响的鞭笞之下,校园生活及其对学生价值观、态度、成绩的影响问题迅速地得到了研究。该领域也结合了心理学的研究成果,因为心理学在大学对学生的有效、无效影响方面,已经积累了广泛而深入的研究成果(参见 Feldman and Newcomb, 1970)。

与学生生活这个问题息息相关,甚至经常保持高度一致的一个新近的重要话题就是学生发生骚乱的原因。在1964年之后的几年里,由于学术危机意识的蔓延,很多人都冲动地拿起笔来写文章,由此滋生了对校园内学生骚乱现象的大量著述。这些著述长期停留在意识形态层面上,缺乏实际研究,它们也许从政治社会学中找到稳定而富创造性的学术基础,如学生运动的比较研究(Lipset, 1966; Martinelli and Cavalli, 1970)、与大学组织治理相关的学生生活研究(Yamamoto, 1968; Kruytbosch and Messinger, 1970)。但是,好战学生的行动是一个极度易变的现象,比如,1970至1971年相对比较平静,不过,其相应的学术研究却不稳定,具体表现是:一旦与学生相关的信息成了头版头条新闻,人们研究的兴趣就会骤然增强,但一旦该信息刊登在需求广告之后,或一旦被贬为校园问题,财经与教职员工的权利问题就会取而代之刊登在了首页,人们研究的兴趣也会陡然地降低。

除了上述两大关注学生的研究,还存在另外两类研究。第一是对"学术人"(academic man)或者高等教育职业(higher education as a profession)开展的研究,具体包括上文提到的 Logan Wilson 的研究、Riesman 提出的学科(academic disciplines)是权力群的一些思想(1956)、Lazarsfeld 和 Thielens 在《学术思想》(The Academic Mind)一书中对危机时代的社会科学家的研究(1958)、Caplow 和 McGee 对学术市场(academic marketplace)反复无常的行为的反思(1958)、John D. Donovan 在《天主教大学中的学术人》(The academic Man in the Catholic College)一书中的描述(1964),以及当前绝大部分还没有出版的 Talcott Parsons 的著作和 Gerald M. Platt 的著作《美国学术职业》(The American Academic Profession)。在其他国家,研究的进程也如出一辙,比如,Plessner(1956)报告了西德在20世纪50年代中期所开展的大范围的调查、Halsey 和 Trow 对英国的学术人进行的研究。以往的这些研究多数只是做概念上的探讨,如今随着行业和职业社会学(sociology of occupations and professions)的蓬勃发展,学术人方面的研究成了一股不可轻视的潮流,比如,职业倾向与官僚主义倾向之间张力的研究、复杂组织中职业人普遍存在的压力的研究(参见 Clark,1966)。

第二是将高等教育组织当作单位(units)来研究,其理论概念来自所有社会科学发展所形成的组织理论,以及社会学领域复杂组织的研究。这些研究包括大学门户开放政策的两难处境的研究(Clark,1960)、大学目标的研究(Gross and Grambsch,1968)、学术权威与权力的新视角开创研究(包括行政管理人员亚文化的研究[Lunsford,1970;Baldridge,171])、公立实验大学的压力研究(Riesman,Gusfield and Gamson,1970)以及组织特征以及自我信念的发展分析研究(Clark,1970)。这些组织的研究一般都是个案研究,旨在探索与发现新的成果,而不是想确认什么,它们或多或少地改变了刻板僵化的风格,渐渐转变成新闻工作者的简洁描述,转变成没有社会学含义与风格的高等教育行政管理人员与学生阅读的文章。

该研究领域也从更宏观的角度来审视大学组织,包括全国高等教育系统。以色列社会学家 Joseph Ben David(1962)研究了全球最发达工业社会中主要结构性差异对适应性、创新与变革所产生的影响,他这方面的文章写作技巧精湛、极具煽动性,激发了人们对这一领域的浓厚兴趣。Riesman 用蛇形来形容美国的等级秩序以及模仿倾向性(rank-ordering and imitating propensities)(Riesman,1956)。Jencks 和 Riesman 对美国各种高校进行了多方位的描述,将专业学者与科学家权力的增强现象阐释为近年来一个重大的学术革命(Jencks and Riesman,1968)。这期间,也偶尔出现了对国家的个案研究,如 Philip Foster 对加纳的教育和社会地位的分析研究(Foster,1965)具有一定的启发性。60 年代有关国家系统的教育文献迅速增多,但多数依旧停留在人力需求(manpower need)、教育量上的扩张(quantitative educational expansion)和国家规划(national planning)等一般性术语上。国家系统的调查,至少使我们可以通过信息的汇聚、比较与描述,获得更多高等教育系统的基本信息(比如,OECD,1970),为进一步的理论比较研究提供坚实的基础。

发展前景

鉴于此学科相对年轻,发展尚未成熟,我们既要对一两个主要分支开展深入集中的研究,还要漫游式多方面考察以寻求新颖的、更为敏锐的方法。深入集中式的研究有助于我们从经验的角度精炼概念、改善研究方法,从而最终可能确定一些事物;而漫游式的探究则允许我们在观点之间跳跃前进,加速理论概念的形成,最终可以提出一个令人激动的想法。这些自相矛盾的研究方法在高等教育社会学领域是显而易见的,它们自身都存在着明显的优点,但其危险因素也会在未来的一二十年里得以延续。

第一类研究,即深入集中式的研究,具有近亲繁殖的危险,视野会愈来愈狭隘,只关注琐碎因素。本文先前提及的两大研究领域,即教育不平等和大学影响的研究,在20世纪70年代将陷入这一严峻的危机中。其中,教育不平等的研究很快就会发展成为一个详细描述的、技术性的工作,只要几个分析者配备最先进的统计技术,就能够胜任。复杂棘手的问题确实需要尽可能地混合各种研究方法,但这就需要我们致力于提高所运用的具体测量工具的信度与效度。教育心理学领域的同仁们可以证实,这一特殊的学术发展进程是无效的,是没有出路的陷阱。

相对而言,大学影响的研究规模较大,却很琐碎(参见 Feldman 和 Newcomb 对 1500 项研究的综述)。即使我们最终停止测量特定课程对学生的影响,我们似乎仍然要坚持更认真地研究每一所大学,甚至共时性地研究几百所大学每年对许多具体态度的影响。不过,要找出其中的决定因素,得出结论,尤其是理解学生输入与校园结构之间的互动关系,所花费的时间和金钱代价是巨大的,并逐渐呈上升趋势。这一切值得吗?就因为是社会科学,就需要花高昂的代价吗?我们有必要退一步想,将中学毕业生变成大学毕业生即便不是大学根本的功能,也是它的一个基本原则。这里,经过努力幸存下来的一代学生的确是改头换面了,但只有那些获得了学位的人才被社会界定为大学毕业生。正如 John Meyer 指出的,这正是社会给予大学的特权,运用这一特殊的自我界定与公众界定来改变社会地位(Meyer,1972)。这种界定产生了巨大的效应,借助 Meyer 的话就是"不管学生是否学到了什么知识——我们也可以添上,不管学生是否变得不太信仰宗教,变得更加自由——他的职业前景、潜在收入、获取政治地位与公务员职位、婚姻前景以及其他机会都有了很大的改变"(Meyer,1972:110)。这里,一个根本的社会学论点是,大学主要影响的不是态度和价值观,而是地位和角色的分配。面对这个可接受的论点,那些意欲投入大量研究经费,对具体价值观的细微变化进行为期五年的相当复杂的输入—产量—输出(input-throughput-output)分析的人,应该因此顿足反思。无论如何,高等教育社会学的研究要持续地发展,就迫切需要类似这样的正面挑战,对其重要性以及可能作出的贡献加以质疑。

第二类研究,即漫游式的探究,类似吉普赛人流浪般的分析方式,在 20 世纪 70 年代会导致描述过于简单。对我们多数人而言,寻找另一个有趣的个案,写出一个解释性的故事,比起埋头苦干去寻求答案、收集可靠的数据来进行比较,更令人愉悦。然而,依此下去,研究就会极大地反复无常,研究积累却极少,学术性的学科甚至会降低为新闻工作者的游戏。这诱使研究者变得机智敏捷,甚至带有讽刺态度,写出的不是真实,而是煽动性的话语。于是,我们时而正确,时而错误,只有少数几个见多识广的人才能够甄别它们。在 20 世纪 70 年代,我们将会看到许多这种类似社会学形式的文章,一度清晰而有价值的民族志研究,变成了对无穷多的部落进行的无聊的描述、一团乱糟糟的错误的阐释。民族志将需要我们从理论上加以关注,需要那些主张系统化数据的人来加以猛烈的批判。

社会学总体上在向比较研究的方向发展,这必将有助于我们改变缺乏远见的现状,因为这么多年来人们重视的只是测量信度问题,只是对美国大学作简单的描述。与之相应的是,20 世纪 70 年代的研究显然将包含许多比较分析,这种研究将引起多种分析兴趣,如大学入学不平等、学生生活、制度的弹性变化、国家系统的治理与经营等。我们也将从历史研究中收获颇多。目前,高等教育的成文史(written history)已经取得了惊人的进展(参见 Hofstadter and Metager, 1955; Rudolph，1962；Veysey，1965）。一些年轻的学者似乎既精通社会学又精通历史，普通社会学显然不再与历史视角和历史资料格格不入。历史研究告知我们过去的教育系统、教育趋势与社会其他部门的变化之间的联系，对社会学者来说，最为重要的是，它揭示了现存系统从过去到现在的发展过程。多年来的发展分析突出了制度的基本轨迹，因而表明了当前制度面临新需求时存在的潜能与局限性。

在我们试图评估上述的研究发展未来前景时，方法与视角普遍存在的一个隐性问题就开始显性化了，这就是，高等教育社会学如何避免成为管理社会学的同时，能从教育实践者的关注中获取有用信息，并给予他们积极的帮助？我们进行研究，凭的是对研究的执著。既然教育是装备年轻人以便未来更好地生活，身为教授的研究者是训练团队的一部分，我们倾向于将教育视作工具，界定为工具。像行政管理者和改革者一样，我们想弄明白出入大学的人是谁、学生习得了什么、学生的个性是否受到影响等问题。教育问题不仅很容易演变成社会学问题，而且也是行政部门与公共政策直接需求的表达，比如，哪些特定事件正干扰着学生？因而，哪些结构与过程的操作是有益的？即使我们对当前的教育实践持批判态度，我们对教育工作的目标始终保持一贯的立场，依旧将实践定为实现这些目标的有效途径。

要想保持这种发展趋势，途径之一就是借助学生和其他参与者给予的定义来审视高等教育，这正是 Howard Becher 和其他符号互动理论学派的学者所使用的方法。另一种途径是从系统的表现因素着手，规避了教育工具论。高校起初是有目的的正规组织，但逐渐转变成程度不等的社会制度，融入了强烈的情感与非理性因素。对于教师与行政管理者，聘用制度与国家的规训代表着忠诚、蕴涵着种种生活方式。在学生眼里，大学存在着群体归属感与分离感，这种感觉建构在个人性格与制度特征相接触的过程中。对学生和教授的态度、价值观的研究捕捉到了一些个人的表现因素。相对而言，有关制度与系统能否体现一个发展中群体的某些思想价值观与生活方式的研究还比较滞后。宏观系统分析不必拘泥于行政管理结构的输入、输出以及管理操作上。与其他大多数不同级别的复杂组织相比，高校显然较倾向于在遵守规范的合同和投入情感的过程中指示自我按照特定的程序运行着。

我们一旦将它们这些种种变化看作是系统,在特定时期,这种系统又是其自身发展的终极,那么,我们对它的本质就有了更加全面的了解。接着,我们就会探索赋予了参与者生活意义的价值观系统的变化历程,探询组织化的社会系统如何潜意识地将个体融入集体中,促使个人的欲望得到满足的,此外,还研究群体与制度的身份认同问题。

  回顾历史,我们不难发现,当前我们自然对教育的有效传输问题有着浓厚的兴趣,而韦伯主义者对官僚主义理性化与教育在培训证书中所起的作用感兴趣,这两者之间存在着密切的联系。不过,我认为,正确的研究视角应该更根植于涂尔干社会学理论,即对社会秩序中的伦理道德和情感的关注。涂尔干将学校看成是一个微型社会,有自身独特的伦理道德,在制度运作产生制度特征的漫长岁月中逐渐形成的。如果中小学、高校是社会利用年轻人来给自己注入新鲜活力(发展自己)的地方,那么它们的价值观、传统、集体身份认同成为社会学研究的中心是很合适的。

参考文献

  Astin, A. 1970. "The Methodology of Research on College Impact," pts. 1—2. Sociotogy of Education 43 (3—4): 223—54, 437—48.

  Baldridge, J. V. 1971. *Power and Conflict in the University*. New York: John Wiley.

  Beck, H. P. 1947. *Men Who Control Our Universities*. New York: King's Crown Press.

  Becker, H. S., B. Geer, and E. C. Hughes. 1968. *Making the Grade: The Academic Side of College Life*. New York: Wiley.

  Becker, H. S., B. Geer, E. C. Hughes, and A. L. Strauss. 1961. Boys in *White: Student Culture in Medical School*. Chicago: University of Chicago Press.

  Ben David, J., and A. Sloczower. 1962. "Universities and Academic Systems in Modern Societies." European Journal of Sociology 3: 45—84.

  Caplow, T., and R. J. McGee. 1958. *The Academic Marketplace*. New York: Basic Books.

  Cicourel, A. V., and J. I. Kitsuse. 1963. *The Educational Decision-Makers*. Indianapolis: Bobbs-Merrill.

Clark, B. R. 1960. *The Open Door College*. New York: McGraw-Hill.

———. 1966. "Organizational Adaptation to Professionals." In *Professionalization*, ed. H. M. Vollmer and D. L. Mills, 282—91. Englewood Cliffs, NJ: Prentice-Hall.

———. 1970. *The Distinctive College: Antioch, Reed, and Swarthmore*. Chicago: Aldine.

Cooley, C. H. 1956. *Two Major Works: Social Organization* and *Human Nature and the Social Order*. Glencoe, IL: Free Press (originally published in 1909 and 1902).

Donovan, J. D. 1964. *The Academic Man in the Catholic College*. New York: Sheed and Ward.

Durkheim, E. 1922. *Education and Society*. Translated by Sherwood D. Fox. Glencoe, IL: Free Press (1956).

Feldman, K. A., and T. M. Newcomb. 1970. *The Impact of College on Students*. 2 vols, San Francisco: Jossey-Bass.

Foster, P. 1965. *Education and Social Change in Ghana*. Chicago: University of Chicago Press.

Goldsen, K., M. Rosenberg, R. M. Williams, and E. A. Suchman. 1960. *What College Students Think*. New York: D. Van Nostrand.

Gross, E. G., and P. V. Grambsch. 1968. *University Goals and Academic Power*. Washington, DC: American Council on Education.

Halsey, A. H., and M. Trow. 1971. *The British Academics*. Cambridge, MA: Harvard University Press.

Hofstadter, R., and W. P. Metzger. 1955. *The Development of Academic Freedom in the United States*. New York: Columbia University Press.

Hollingshead, A. B. 1959. *Elmtown's Youth*. New York: John Wiley.

Jencks, C., and D. Riesman. 1968. *The Academic Revolution*. Garden City, NY: Doubleday.

Kruytbosch, C. E., and S. L. Messinger, eds. 1970. *The State of the University: Authority and Change*. Beverly Hills, CA: Sage.

Lazarsfeld, P. E, and W. Thielens Jr. 1958. *The Academic Mind*. New York Free Press of Glencoe.

Lipset, S. M., ed. 1966. *Student Politics*. Special issue *of Comparative Education Review* 10 (June).

Lunsford, E 1970. "Authority and Ideology in the Administered University" In *The State of the University: Authority and Change*, ed. C. E. Kruytbosch and S L. Messinger.

Beverly Hills, CA: Sage.

Lynd S., and H. M. Lynd. 1929. *Middletown*. New York: Harcourt, Brace.

———. 1937. *Midletown in Transition*. New York: Harcourt, Brace.

Martinelli, A., and A. Cavalli. 1970. "Toward a Conceptual Framework for the Comparative Analysis of Student Movements." Paper presented at seventh World Congress of Sociology, Varna, Bulgaria.

Meyer, J. W. 1972. "The Effects of the Institutionalization of Colleges in Society." In *College and Student: Selected Readings in the Social Psychology of Higher Education*, edited by K. A. Feldman, 109—26. New York: Pergamon.

Newcomb, T. M. 1943. *Personality and Social Change*. New York: Dryden.

Newcomb, T. M., K. E. Koenig, R. Flacks, and D. P. Warwick. 1967. *Persistence and Change: Bennington College and Its Students after Twenty-five Years*. New York: Wiley.

Newcomb, T. M., and E. K. Wilson, eds. 1966. *College Peer Groups*. Chicago: Aldine.

OECD (Organisation for Economic Co-operation and Development). 1970. *Development of Higher Education, 1950—1967: Statistical Survey*. Paris: OECD.

Parsons, T, and G. M. Platt. 1969. "The American Academic Profession: A Pilot Study." Typescript.

Plessner, H. ed. 1956. *Untersuchungen zur Lage der Deutschen Hochschullehrer*. Göttingen: Vandenhoeck und Ruprescht.

Richards, R. R. 1969. "Perspectives on Sociological Inquiry in Education, 1917—1940." Ph. D. dissertation. University of Wisconsin.

Riesman, D. 1956. *Constraint and Variety in American Education*. Lincoln: University of Nebraska Press.

Riesman, D., J. Gusfield, and Z. Gamson. 1970. *Academic Values and Mass Education: The Early Years of Oakland and Monteith*. Garden City, NY: Double-day.

Ross, E. 1901. *Social Control*. New York: Macmillan (1928).

Rudolph, F. 1962. *The American College and University*. New York: Alfred A. Knopf.

Sanford, N., ed. 1962. *The American College*. New York: John Wiley.

Sewell, W. H., and J. M. Armer. 1966. "Neighborhood Context and College Plans." *American Sociological Review* 31:159—68.

Sewell, W. H., and V. P. Shah. 1967. "Socioeconomic Status, Intelligence, and the Attainment of Higher Education." *Sociology of Education* 40:1—23.

Turner, Ralph H. 1960. "Sponsored and Contest Mobility and the School System." *American Sociological Review* 25:855—67.

Veblen, T. 1918. *The Higher Learning in America*. Stanford, CA: Academic Reprints (1954).

Veysey, L. R. 1965. *The Emergence of the American University*. Chicago: University of Chicago Press.

Ward, L. F. 1906. *Applied Sociology*. Boston: Ginn.

Warner, W. L., and P. S. Lunt. 1941. *The Social Life of a Modern Community*. New Haven, CT: Yale University Press.

Weber, M. 1946. *From Max Weber: Essays in Sociology*. Translated and edited by H. H. Gerth and C. Wright Mills. New York: Oxford University Press.

Wilson, L. 1942. *The Academic Man: A Study in the Sociology of a Profession*. New York: Oxford University Press.

Yamamoto, K., ed. 1968. *The College Student and His Culture: An Analysis*. Boston: Houghton Mifflin.

第二章 高等教育社会学：一个逐步发展的领域

Patricia J. Gumport

作为整本书的序幕,本章首先讨论 Clark 总结的 1970 年前后高等教育社会学的特征,接着回顾对该领域专业化过程中主要研究范畴形成起决定作用的社会和组织脉络。

我们必须清楚,Clark 只是为我们勾画出了主流观念的大致图形,想要描绘一个领域任意一个时期的轮廓都是无稽之谈,其部分原因在于,研究的范畴本身是动态的,也就是说,范畴本身都处于流动状态,任何人为附着的特定标识都不可避免地具有历史性特征。早期人们还存在困惑,不知道一个话题究竟要经历多少的研究才有资格被冠之为一个范畴?什么是主要的观念范畴?它们在该领域中相应的地位如何?要回答这些,人们得通过主观评价把认为最值得研究的范畴筛选出来,研究者必须要综述现有的文献,教育者必须制订出课程纲要,学生必须探究该学科的理论与经验基础。本书中每一位作者与编者正是以这些问题为根本指导的,我们可以臆测 Clark 也是这么做的。

Clark 早期的研究视角

Clark 在其 1973 年的文章中,用当时通用的术语描述了高等教育社会学这个领域。他确认了"中等教育之后的教育不平等研究"和"大学对学生社会心理的影响"这两大主要研究领域,同时也指出了两个相对薄弱的领域主要集中在"'学术人'的研究,或把高等教育当作一种职业进行研究"和"把高等教育组织当作单位的研究"。他指出,后者早期的研究拓展到了"更宏观的层次",包括对国家高等教育系统的研究。在此进一步回味他的评论对我们是很有启发的。这里,我引用他的原话来传递他的意思,使读者熟悉他所处的那个年代的术语。

在 Clark 看来,社会环境激发了人们对高等教育社会学的研究热情。"二战"之后,美国的高等教育无论对平民百姓还是"经济与政府精英们"都日趋重要。高校招生人数陡然巨增,而且不时因新的竞争需求而改变着自身的组织结构与功能。在当时,社会科学领域的学者们对教育研究抱有极大的兴趣,不过,他们的兴趣点主要在中小学而不是高校。当然,也存在特例,如韦伯的演讲稿《学术作为一种志业》(1918)、Veblen(1918)的《美国高等教育》以及 Wilson 的《学术人》(1942),Clark 将这些称之为经典,"多年来无人问津"(1973)。

他认为,美国社会学为高等教育研究提供了源源不断的思想素材,是高等教育研究的根基,如韦伯的官僚制和理性化理论,涂尔干的集体认同、社会控制、社会结构的演变理论以及 Lynd 和 Hollingshead 的社区研究,Lynd 和 Hollingshead 的研究激起了人们对社会分层现象的研究兴趣(Lynd and Lynd, 1929, 1937; Hollingshead, 1949)。与此同时,Clark 预见了比较研究、历史分析、制度与系统性能研究尚待开发的广阔前景。

接着,他从概念上勾画了"严谨的高等教育社会学",并认为,在 20 世纪 60 年代该学科有了良好的发展势头(1973)。他的综述涉及了 52 个参考文献,其中 3/4 是著作(有大学出版社出版,也有一般的出版社出版),只有少数几篇是同行评审期刊的文章,其中两篇分别来自《美国社会学评论》(American Sociological Review)和《教育社会学》(Sociology of Education)两本学术期刊。没有一篇参考文献是来自同行评议的高等教育期刊杂志,因为这些期刊杂志多数是在 20 世纪 70 年代以后才刊发的(参见表 12.1)。

通过上述的这些引文,加上 Clark 自身的学术取向,我们可以清晰地看出,他之所以在综述中将高等教育社会学描绘成一个学术联结(scholarly nexus),是因为高等教育社会学集社会学研究与教育实际问题于一身,我们所确认的每个研究领域都反映了这一点。比如,教育不平等的研究体现的不仅是社会学对分层现象的兴趣,而且也是政治学对扩大弱势群体接受中学后教育机会的兴趣。大学对学生的影响研究聚焦在学生的性格、信念和思想上,这样的研究被社会心理学中不同视角的概念所架构。鉴于20世纪60年代是一个动荡的时期,对大学生的研究相继拓展到学生校园生活的本质和学生的态度问题,包括导致学生抗议的政治信念,这些拓展一点也不令人感到惊诧。

学术职业的研究是Clark当时指出的"相对薄弱"的研究领域之一,随着人们对职业社会学兴趣的高涨而有了良好的发展势头。早期的相关著作体现了人们对大学教师职业人的主流观点,Clark使用的参考文献《学术人》(1942)和《学术思想》(1958)揭示了当时大学教师的同质性,也揭示了人们对教师"思想"普遍化的各种假设之间的相似性,这种"思想"我们通常都称为"精神状态"(mindset)。

这样的学术职业著作捕捉到了学术组织中职业权威与官僚制与生俱来的权威融为一体的特色。大学教师,即所谓的"学术人",被看作是专业人员,他们持有专业证书,拥有自我管理的规范,具备为人服务的精神,这一切证明他们有充分的理由来自主决定如何履行职责。大学教师的这种形象在随后几十年里发生了翻天覆地的变化:教授人口分布逐渐呈多样化发展;随着学校组织的日益庞大、复杂化,教师被界定为雇佣人员,他们的自治权有了全新的诠释,过去的教师单一角色研究被教师的多重角色研究取而代之。这种变化意味着,人们对不同教师职位、不同学科专业、不同学校环境下的教师工作和学术生活的期待差别更大。

对于职业权威与官僚主义权威融为一体的特性,人们已经有所意识,这与Clark识别的另一个研究"相对薄弱"的领域的发展密不可分。那就是对组织治理的研究,它不但研究学术组织中权威的模式,而且还研究决策制定与调适等基本活动。虽然他将"治理"与"组织"归为一类,但是随着时间的推移,出现了几个相应的分支。这些高等教育研究深受正规的组织社会学以及比较社会学发展的影响,在其研究成果的基础之上,将大学看成是可供分析的具有无数结构与规范层面的组织,从研究大学本身及其子单位,转向研究大学组织之外的因素,研究州立和国立高等教育系统的外在层面。尤其当开放系统观在组织理论中占据主导地位的时候,高等教育内在的政治兴趣点不再是学术治理研究的中心,取而代之的是决定高等教育状态的更为宏观的政治动态机制以及决策制定。还有一些研究讨论其他领域研究的热点问题,比如入学机会不平等问题。此外,也出现了一些崭新的研究领域,如学术工作场所的竞争区域,学术使命、资源以及项目正在发生变化的本质问题,大学与广义上的政治经济部门之间的复杂动态机制等。

大致在20世纪70年代初期,Clark将高等教育社会学看作是"一个相对年轻、尚未发展成熟的"领域,认为它有助于我们完善社会学理论与研究方法,更好地理解当前的高等教育问题。他呼吁我们在该领域的各个方面开展更多的比较研究和历史研究。在该领域发展前景方面,他提醒我们注意在后续发展过程中可能出现的一些陷阱。在谈到研究者倾向于采用质性与量化研究方法论时,他提出了研究深度与广度之间的张力问题,因为这两种研究方法都有着各自的优缺点。他特别关注大学影响学生的决定因素的深入研究,这种研究将受益于统计技术的发展,却有可能成为"近亲繁殖的传统研究"的危险,由于这种研究"所花费的时间和财力代价是巨大的,并逐渐呈上升趋势",他对其相关的重要性进行了质疑。他还认为,研究领域一旦无限扩大,就可能产生"吉普赛人流浪般的分析方式",使得我们在"观念之间跳跃前进"。总而言之,他指出,研究者要尽量避免缺乏远见和思想僵化,在本书第十一章中他再次重申了这一主旨。

1973年,在提到高等教育社会学发展前景的时候,Clark指出了该领域在整体上所面临的一个持久的挑战——"高等教育社会学如何在避免成为管理社会学的同时,能从教育实践者的关注中获取有用信息,并给予他们积极的帮助?"他认为,如果研究由高校的管理经营者来指派,仅仅按照教育行政人员与政策决策者的工具性利益来架构,这将会是不幸的,"教育问题不仅很容易演变成社会学问题,而且也是行政部门与公共政策直接需求的表达"。要弥补这一点,他呼吁我们要批判性地研究高等教育的制度特征以及更广的社会功能,并提议研究者只有采用涂尔干的敏锐性,侧重分析"价值观、传统与集体身份认同",才能深刻领悟到高等教育是"融入了强烈的情感与非理性参与的社会制度"。

Clark 的思想在其著作《特色大学》(The Distinctive College)(1970)中得到了充分的展示。该书以 Reed、Antioch 和 Swarthmore 三所"有特色的大学"为研究对象,根据各自的历史背景,详细地描绘其组织状况以及毕业生的情感维度,籍此对高等教育的表现特征进行了社会学的探索。虽然这项研究不是针对文理学院的实践者来设计的,不过它已拥有了众多的读者,其中包括那些热衷于模仿研究的人。他的另一本著作《大学入学机会均等》(The Open Door College)(1960b),将高等教育的社会功能放在了最为醒目的位置上。在这本著作中,他对一所社区大学进行了个案研究,揭示那些最初渴望转学的学生进入终期课程学习的具体过程,从而描述了大学的"冷却功能(cooling-out function)"。他发现,学生从转学到终期学习的再次定位过程是隐蔽的,这维护了公众对入学机会均等的期盼。这项研究及其核心概念"冷却功能"之后一直被人们引用,以批判社区大学缺少转送学生的使命,并令人信服地用于指导社区大学教师的行动,不过,这些都不是 Clark 的本意。接着,他根据此书撰写了一篇文章,发表在《美国社会学期刊》(American Journal of Sociology)(Clark,1960a)。他把该研究界定为一种社会学的探究,致力于解决民主社会中承诺机会均等而事实上能力有限这样一个长期的挑战制度的问题。这一研究框架建构在 Robert Merton 和 Erving Goffman 两位社会学家的研究成果之上,这表明,他无意于迎合教育实践者与政策决策者的工具性需求,无意于为随后那些声称社区大学在心照不宣地再制不平等现象的系统中串通一气的人提供有力的证据。

那么,高等教育社会学随后的发展是否从他关注的管理社会学连续体的一端转向了另一极端?或者,该领域的研究是否需要与实践者有任何的相关性？这些问题 Clark 当时没有叙述清楚。如果研究者优先发展了该领域的社会学理论与研究方法，并致力在学术界发表学术论文，结果将会如何呢？高等教育社会学要是在社会学研究中占有了一席之地，有其独特的研究领域，显而易见，它的发展主要得依靠人们浓厚的学科兴趣。尤其现在，在研究型大学内出现了衡量教师的学术奖励机制——发表同行评审期刊文章是教师获得终身职位和晋升的一种标准方式——学科的发展就更需要人们拥有浓厚的研究兴趣。Clark 在回顾的过程中，可能已经预见了这一点。不过，令人惊诧的是，三十多年之后，他之所以感到愤怒，不是因为高等社会学研究要服务于高等教育实践者的问题，部分原因却是他再也无法忍受刊物上的学术文章了。他批判有些研究者倾向于写出看似绵延不断的文章，却明显缺乏宏大的学术抱负和敏锐的思想，无法得到实践者的认可（本书第十一章也将有所论述）。于是，在他职业生涯的晚期，他知道有必要通过个案研究方法来探求大学变化的本质，呼吁研究者重新定位自己的研究问题与结论，以满足实践者的需求。

1973 年那篇生动、直率的文章就是 Clark 的代表作，文中的评论以及告诫为随后 30 年里我们思考高等教育社会学的研究中心、范畴以及影响提供了几个有力的起点。下文将回顾总结这 30 年里促进以及限制高等教育社会学发展的一些情境因素，本书第二和第三编将从深层次探讨高等教育社会学研究的各个领域以及各自的主要贡献，在本书的最后部分，Clark 与我将一起再次思考决定高等教育社会学发展前景的一些因素。

情 境 因 素

知识社会学家主要关注特定的社会环境是如何决定知识形成的。虽然确认当前的学术遗产以及那些界定研究领域标准的思想非常有必要，但是，知识社会学的根本前提是：一个研究领域的思潮（intellectual currents），不只是沿着自我推动的知性轨道运行，相反，是人的兴趣和人所居住的社会环境决定着特定研究问题与研究方法的要素以及发展动力,这两者发生作用,就产生了那些我们认为值得探索、值得思索的种种思想(Swidler and Arditi,1994)。透过这种"知识社会学",我们可以更为清晰地了解到高等教育社会学是如何受到其周围环境影响的。

如果有人对于大环境如此有效地决定着观念这一前提假设持有异议,那么,我们不妨来看一下观念的认识论空间是如何在具体的社会、政治环境下产生的。比如,在一个社会,当平等主义意识形态完全地被制度化,并得以实现,教育不平等的研究就不可能有多大的吸引力;当人们不关注学生发展、不关注从学生身上获取信息,也不关注获取学生自身相关的信息,研究大学对学生的影响就不会取得进展;当学术职位不高速增涨、没有注入一定程度的职业权威以及专业技术,学术职业的研究就不会成型。对于一个研究领域整体而言,过去的抱负也好,未来的发展前景也好,考虑研究者工作的环境、考虑促使他们产生浓厚兴趣的种种因素、考虑何种职业压力迫使他们获取外部研究资金或者调整研究来解决地方问题,都是非常有益的(这对于高等教育社会学尤为重要,因为研究者们程度不等地跨越了不同的学术范围,游离在社会学与高等教育之间,在第十二章讨论职业环境时将对这个话题进行更为详细的阐述)。

情境因素分为社会的与组织的两个层面,在过去的几十年里,它们使高等教育产生了很多的变化,这就预先为我们的研究提供了充足的根据。抑或因这些变化本身饶有趣味,抑或因研究这些变化可以发展社会学思想,研究者们对这些变化抱有浓厚的兴趣,借助社会学知识来研究它们。尽管这些不同层次的变化之间存在明显的相互关联性,我还是试图将它们分开,看作一个个可以分析的、独特的情境因素,与高等教育社会学主要研究领域中研究者所努力获得的观念联系起来。在这里,我不是想作一个全面的综述,而是纵览某些动态机制(与相关的引文),阐明不断变化的环境是如何激发人们特殊的研究兴趣的。

社 会 影 响

截止到 1970 年,人们越来越意识到,高校之外的社会环境可以重塑学术意旨与实践。无独有偶,高等教育研究也呼吁人们注意导致学术变化的"外部动力"的作用(Hefferlin, 1969)。尽管当时的研究者都试图从个人角度概念化内部动力与外部动力之间的区别,但是对于他们以及其他研究人员而言,有一点是显而易见的,那就是,学校深受社会发展趋势的影响,反之亦然。正如下文将讨论的那样,正是这些发展趋势,正是高等教育要满足社会纷繁多样的需求的压力逐渐增强,激发了人们对高等教育社会学中具体的研究话题产生浓厚的兴趣。

学校规模持续扩张

到 1970 年,美国社会指望高等教育所起的作用超过了先前的期待,其中最为显著的是,人们希望在大量不断扩张的学科领域中将有更多的人获取文凭证书。美国高等教育系统持续地扩张,比如,前所未有的大规模扩招,学校校园规模不断扩大,新校区不断承建,研究能力急剧地增强,教师数量迅猛增长(仅在 20 世纪 60 年代这十年里就翻了三翻),学科知识有所增长,随之而来的图书馆资料大幅度增多,用于学生财政资助以及资助项目研究的公共资金投入增大,财政开支相应增大。这种空前的规模扩张与地方分权现象,导致美国公众不再将高等教育看作是一个系统。

鉴于学术组织的规模日益扩张、日益复杂化,著名的组织理论家(如 Cohen, March, and Olsen, 1972)开始转向分析高校的内部运作。总的说来,研究这些组织的持续性与变化得益于社会学的功能主义流派,如科层制组织(March and Simon, 1958)、分化(differentiation)(Blau, 1970; Clark, 1983)、系统理论(Parsons and Platt, 1973),以及强调理性化了的神话与仪式在合法化过程中起到辅助作用的制度理论的重要著作(Meyer, 1977; Meyer and Rowan, 1977)。它们着重分析学术结构（等级、规则、职位等）和实践（领导权、决策制定、资源分配等）的基本特征。其中，高等教育研究协会丛书中的《高等教育组织与治理文选》(Reader on Organization and Governance in Higher Education)(Peterson, 1983)一书，就捕捉到了这一时期人们研究的许多热点问题。这里要讲一下，该书在2006年发行了第五版，是高等教育研究协会(ASHE)文选丛书系列之一，主要读者群是美国高等教育的教师和学生(ASHE全称是Association for the Study of Higher Education，即高等教育研究协会，成立于1976年，Clark担任1979—80年的主席，Marvin Peterson在1982—83年间继任)。本书的第六章就是Peterson撰写的，他更为全面地回顾了前前后后几十年间学术组织研究的相关发展情况，描述了高校组织研究中主要理论方法的特征。

在随后的20年里，研究高等教育的适应性成了老生常谈的事。两个著名的大型研究，由Smelser和Clark分别从州(Smelser, 1973)和国家(Clark, 1983)层面开展的，为我们进一步分析高等教育的结构、变化以及其中的种种压力提供了基本的概念。这两本著作阐释了高等教育为迎合社会期望而持续从精英教育向大众教育再向普及教育转型的这种戏剧性扩张的全过程，明示了开放式大学和那些汇聚了人才与资源，具有一流的教学与科研，因此颇感自豪的苛刻的择优录取的学校，是如何通过制度上的劳动分工来实现平等主义与精英领导这两种不同范畴的目标的(egalitarian and meritocratic purposes)(参见Jencks and Riesman, 1968; Trow, 1970, 1984; Collins, 1979)。这两个研究成果值得我们重点关注。

为了分析这些以及其他相关的高等教育转型现象，学者们不断地将人们期待高等教育为社会履行的更多关键性社会功能进行概念化。他们认为，高等教育是为国家服务的，各种社会力量就是将高等教育社会行动者的生产合法化，高校就是其中的组织行动者(Moyer, 1977; Meyer, Ramirez, Frank, and Schofer合作撰写的本书第七章)。随着社会期望值的变化，它们就成为持续不断的需求而变得更加复杂(Clark, 1993)。当高等教育与社会之间的社会契约(social charter)发生变化时，这种社会契约被界定为高等教育与社会各自权利与责任的隐性理解①。到20世纪末,人们对高等教育优先权的期待明显出现了严重的分歧,这促使高等教育研究者开始思考是否重新界定或重新阐释社会契约(Gumport,2000;Kezar,2004)。

现有的文献资料显示,一个隐性问题一直萦绕在某些研究者和观察者脑海中,这就是高等教育是如何有效地履行其职责的?面对教育公民和工人的社会期待不断变化,高等教育适应的程度如何?另一个相关的不得不思考的问题是社会履行其职责的程度如何?在持续进行公共投资来保持高等教育的机构能力、信任其职业权威,以及保护校园作为历史上孕育批判思想,甚至产生社会分歧这一独特社会功能的场所等方面,社会运作得如何?

人们经常说,高等教育规模已经扩大并且变得更为复杂,而这些变化已经得到了研究,这种说法是合乎情理的。这是因为,高等教育社会学最初的研究领域,比如,高等教育作为一种社会制度的研究,各类学术组织的研究,教师、学生的研究,不平等的研究等等,都已经清晰地展现出对高等教育扩张的研究、对学校扩张与多样化所引发的各种结果的研究。与此相反,对于高等教育与社会之间不断变化的关系的研究,我们仍然有更多的创造性空间来思索如何将以下主要观念的研究进行概念化(我们可以不管那些专门为这些话题制订的研究设计),如地位获取与分层的动态机制的研究,劳动力市场需求与更宏观层面上的经济需求的研究,高等教育在州、国家、跨国各层面的政治问题上所扮演的多重角色的研究。即便粗略地浏览一下这些话题,我们也不难发现,社会与政治、经济(或曰政治经济学,这取决于个人的理论倾向)之间是彼此依赖的。早自1970年起,高等教育社会学家们提出研究问题、发展研究概念时,就已经从多学科的宏观角度出发了。这一点在本书的第三编中尤为突出,那里的各章将主要从对高等教育制度以及复杂组织的研究、对多样性和多种学习环境的研究,以及将

---

① 各种类型的高校都期待学术自由和一定程度的制度自治权。显而易见,社会反过来也期待高等教育能够向所有试图接受高等教育的人敞开大门,满足他们的需求,并奖励美德,促进知识的发展,培训劳动力,教育公民。此外,自20世纪90年代起,巨大的社会压力迫使各类高校在一个人们更加习以为常的"制度绩效(institutional performance)"范式中,体现问责(accountability),尤其展示他们是如何使用公共经费的(Gumport,1997)。

高等教育政策与政治相联系的研究中,追溯主要研究分支的演变过程。这样,社会期待高等教育在规模以及复杂性上有所扩大,就成了该学科多种研究分支蓬勃发展的动力。

经济动荡

在过去的几十年里,经济出现了衰退—发展—紧缩这一循环周期,这引发了许多亟待研究的问题。从理论上来说,开放系统观在20世纪70年代发展起来,到了八九十年代盛行于对组织的研究中。研究组织对环境变化作出反应的最佳场所就是高校,比如,适应性与同形性(adaptation and isomorphism)的研究。拥有不同侧重点的研究问题,将环境因素与组织结构、规划、决策制定中的变化相联系起来。其研究成果的本质,有的是发展理论,形成更为成熟的研究方法(如建构模型),有的是发展一个概念性框架用以帮助解决实际问题。来自社会学系、商学院和教育学院的研究者们研究了不同学术背景之下高等教育对不断变化的环境所作出的反应,形成了一个规模庞大的文献资料宝库(Tolbert, 1985; Cameron, Sutton, and Whetten, 1988)。其主要的研究核心是从组织策略与变化的管理,到资源依附所产生的各种挑战,以及需要管理者注意由此产生的弱点(Gumport and Sporn, 1999)。

大量的理论与经验研究尤其出现在20世纪80年代,它们关注经济衰弱情境之下的组织变化过程(Cameron, Sutton, and Whetten, 1988; Zammuto and Cameron, 1985)。George Keller 撰写的《学术策略》(Academic Strategy)(1983)一书,在高校领导层中产生了长期的效应。在这本书中,社会学概念虽得以含蓄地运用,却因研究对象是学术领导所关注的实际问题而黯然失色。这种对学校实际问题的浓厚兴趣促使人们不禁要问,究竟什么出版物可以称作高等教育社会学?一旦研究者借助其他学科(经济学、管理学、政治学)的工具来进行研究,这种研究是否属于社会学范畴?出版物最多只是隐约地运用了社会学的概念时,它是否属于社会学范畴?如果出版物只有微乎其微的甚至没有经验研究的基础,它是否属于社会学范畴?那些致力于界定高等教育社会学研究领域构成要素的人,那些致力于鉴定谁对该领域作出了杰出贡献的人,都无法圆满地回答这些问题。

在这几十年里,有一些研究高等教育的社会学家探究经济动荡对学术的影响,多年来这种研究兴趣导致人们越来越广泛地相信,学校(尤其是研究型大学)应该受到市场变更的直接影响而发生相应的变化。Theodore Caplow 和 Reece McGee 首先发起了对教师的劳动力市场的研究,他们撰写了《学术市场》(1958),D. L. Burke(1986)详细而明确地重温了这一话题,接着,M. J. Finkelstein(1984),H. R. Bowen 和 J. H. Schuster(1986)做了更为全面的研究。还有一些研究将不断变化的资源、类别、学术人员的经历与国家科学政策之间的相互依赖性加以概念化。比如,David E. Drew(1985)对学术科学展开了研究,从工具论视角展示了其对教师职业、研究生教育以及更为宏观的经济与政治动力相聚合现象的浓厚兴趣。

不过,市场动力是导致变化的一个真正驱动力,这种假设直到20世纪90年代晚期才开始在实践者与研究者中占据了主导地位。他们研究市场动力在何处以何种方式占据了中心,而学校又是如何适应与应付由此产生的组织变化的(Leslie and Fretwell, 1996; Gumport, 2000; Breneman, Pusser, and Turner, 2000)。还有一种与之成鲜明对比的假设是,州政府会为公立大学提供充足的资金,学校要增强自身创收活动,要更加有目的地寻求州政府之外的收入来源。这些变化标志着人们可以进行较为宏观的动态机制研究(这在本书第七章中 John Meyer 与其同事们会进一步讨论)、学术单位的地方现实研究(James Hearn 将在第八章中讨论),以及这些变化对教师与学术工作场所所产生的影响研究(Gary Rhoades 在第五章中详细讨论)。

政治:自由主义与新自由主义的兴趣

过去30年里,高等教育社会学的几个话题,究其根源,可以追溯到一种持续的自由主义敏锐性,它只有在保守的政治行政领导人掌控国家资金的时候才销声匿迹。这些话题中,许多因为公民权利运动、自由言论运动、反越战运动、妇女解放运动、同性恋权利运动等各种社会运动,重新成为了研究的热点。

可以说,上述这些大的政治环境刺激了人们对教育不平等现象的研究。不平等现象究竟是如何导致出现截然不同的大学入学模式的?高等教育是如何再生产社会不平等现象以及社会等级制度的?对教育不平等现象的研究,最早出现在大量有关地位获得与职业获得的社会学研究中,其主要目的是描述与阐释教育在地位差异中所扮演的角色。左翼的政治办事议程和更为激进的团体进一步地推进了对不平等现象这一社会问题的深入研究。这里有必要指出的是,20世纪60年代末、70年代早期,在进入研究生阶段学习的学生中,许多人都意识到研究这一问题的紧迫性,即便不是为了解决社会问题,至少说他们十分关注社会问题,甚至可以帮助那些投身学术研究事业的人制订研究议程(Gumport, 2002a)。不管是出于对社会正义事业明确的投入,还是更多地源自对学术的兴趣,自1970年来,社会学与教育学领域的教师和研究生致力于鉴定和详细地阐述不平等现象的研究。以社会学分层理论(如 Bendix and Lipset, 1953)为基础的阶层、地位和权力概念,为我们从多重视角研究种族、阶层、性别[也包括以后我们所称的认同政治(identity politics)]提供了坚实的基础。此外,在美国高等教育向全民教育转型(Trow, 1970)时,相继产生的学生人口分布多样化现象,进一步促使人们意识到非常有必要研究这些问题(参见本书第三、四、九章),以及包括美国在内的全球范围内群体成员模式以及社会流动模式等问题。

一组相关的问题促使人们进一步深入研究大学对学生造成的影响,与其说这种研究关注学生相应的地位获得问题,不如说关注大学对学生产生的社会心理影响问题,当然,其中一些研究是两者兼顾的(例如,既研究大学专业的选择问题,又关注随后学生去向问题)。高等教育的几个方面都需要我们深入的研究,人们对这几个方面所展示出的主题兴趣在不平等现象以及大学的影响研究上得到了最佳的展示。这些问题的研究也体现了一系列方法论层面的探讨,比如,通过分析大量的数据组合、分析学校内的社会与文化动态机制来研究大学生的特征和发展路径。到20世纪90年代,研究者也采用现象学研究方法,甚至将研究范围拓展到中学来研究大学抱负、大学知识,并将它们与持久性的程度联系起来(McDonough,1997;参见本书第三、四、九章)。

　　从理论上讲,这种政治环境也导致了人们再次热衷于对以马克思主义与法兰克福学派为显性思想起源的学术研究方法以及对那些旨在刻画、分析并阐释高等教育中的权力、统治与剥削现象的研究。20世纪60年代表现出来的基本的政治敏锐性,通过批判的视角,质疑了权威的本质以及权威的局限性,驱除了政治中立的神话,这种研究视角开创了新的学术途径,尽管其制度化的程度不如社会学中的功能主义那样广泛,却已经在高等教育研究中突显出来,例如,研究组织(Heydebrand,1999)、教师行为(Silva and Slaughter,1984)以及作为促进高等教育商业化与公司化手段的技术推广(Noble,2002)等问题[①]。

　　不过,与此同时,我们必须注意到,有关州系统的作用我们还缺乏理论与经验的研究,Rhoades(1992)已经指出了这一点。高等教育学者起初参加的是政治科学的训练,在政治科学观念之下,重点研究州际内高等教育的协调机制(如 Berdahl,1971),再一次批判性地研究了学术自由(Slaughter,1988)和大学自治(Slaughter and Leslie,1997)等长期存在的问题。对于这些问题,这些研究者已经形成了一个超越当代高等教育现实的批判性视角,分析了具体的学术环境(尤其是大学)与政治经济领域之间的联系,比如,他们研究大学对经济发展、国家防御、科学商业化所起的积极作用等。开始的研究将州郡看作是一个调节员(regulator),最近才变成一个委托人(client),这就使得我们可以从另一个视角来理解各州是如何将具体的结构和知识形式合法化的。目前,Gary Rhoades 和 Sheila Slaughter(2004)已经详尽地阐释了这些话题,推进了该领域理论与经验研究的发展,并且更彻底地批判了高等教育事业中存在的种种政治经济发展方面的问题。这些高等教育与州之间的关系的研究,为我们再次关注高等教育研究视角,思考高等教育在当今知识经济中所扮演的关键角色,提供了坚实的基础。

---

① 尽管 David Noble 的研究分析了高等教育中起作用的更广的社会力量,但是,人们认为他是历史批判学者,而不是社会学家,在讨论其清晰的左派政治议程(political-leftist-agenda)时,人们常常会忽视这一细微的区别。

社会的知识需求

长期以来,高等教育一直重视其在知识生产、知识传递、知识合法化角色中所承担的人的社会化功能(people-processing functions)(Clark, 1983)。尽管社会对这些知识功能的需求呈现了前所未有的增长趋势,但是,理论研究与实践研究如何衔接却没有得到人们应有的重视,本书第十二章将对这一点进一步加以讨论。

在 20 世纪 70 年代,随着生物科技与计算机行业的发展,国家和州政府都要求高等教育提高自身的研究能力,特别是提高知识运用能力。到了 20 世纪 80 年代,各种政府机构开始寻求企业对学术研究的直接资助,以便使研究型大学脱离国家的资助。《1980 年专利权和商标修正案》(the Patent and Trademark Amendments of 1980s),又称《拜杜法案》(the Bayh-Dole Act),为此铺平了道路,它规定大学及大学教师可以为自己在国家资助的研究项目中获得的科学成果申请专利。1984 年通过修正案,进一步放松了对商业化研究的限制,这样,《拜杜法案》为大学与企业之间的合作创造了新的机会。为了减少法律对公共资助的商业化学术研究的阻碍,它鼓励大学行政管理人员和教师将学术研究成果看作是市场上有价值的知识产权。

这些创新以及由此引发的问题,为人们提供了一些社会学分析的成熟话题,包括一些低估该立法的分析研究(Mowery et al., 2004)。其中,一些关键性问题是,什么机制支撑着知识的生产过程?不断变化的研究优先权如何改变了高等教育的结构与价值观、教师工作角色与报酬,以及研究生的专业社会化?除了 Clark Kerr 权威性地宣布"多科大学"(multiversity)成为一个新的组织形式之外,有关知识生产、知识生产对作为知识生产者的学校和教师的影响等研究,在 20 世纪 90 年代之前相当地滞后。

该领域的一个研究分支,知识分子社会学(sociology of intellectuals)可追溯至 Florian Znaniecki 的《知识人的社会角色》(The Social Role of the Man of Knowledge)(1940),如今已经发展成为社会学的一

个专业方向。它盛行于20世纪六七十年代,在随后的几十年里渐渐淡出。最近,高等教育研究者在这方面又开展了研究,例如,John M. Braxton(1993)研究了默顿规范(Mertonian norms[①]),Clark探索了研究生教育的研究基础(1995),开展了欧洲创业型大学(entrepreneurial universities)的个案研究(1998),分析了该类型大学持续变化的结果(2004)。

当社会期待高等教育很好地履行其关键性的知识功能时,这些研究显示出,规范层面和结构层面的研究可以捕捉到学术界一些重要的转型细节,如教师角色、学术优先权、保证知识经济中高等教育处于中心位置的制度领导权等变化的方式。学术界历时的变化特征是,过去引用的是"不相关的"学术,而如今取而代之的是,它面临一个新的要求,即学术研究首先应该开展策略性机遇研究,对组织实践与组织形式进行必不可少的改变。这些研究本身代表了该领域的研究,一方面努力提高我们对现实的认识,另一方面又为该领域的理论基础增添了新的血液。

科学社会学家也正在探索着一个相关的研究分支,与其说这是学术要素(scholarly parameters)研究,如实验室研究(Latour,1979)、网络研究(Crane,1972)以及科学共同体中的边界工作研究(Gieryn,1983),不如说其本质上是大学研究。该研究确实强调了研究知识创造者本身的重要性,一些高等教育研究者还以此为基础,对大学内教师的研究进行了框架设计(Clark,1987a,1987b;Hackett,1990;Gumport,1990,2002a)。不过,令人遗憾的是,高等教育研究者研究的趋势,在很大程度上,是重复研究前人详细研究过的主题问题,比如,研究人们所设想的教学与科研之间存在的张力问题等,它们在理论上、实证上都没有任何新的突破。当然,一个特例就是对大学知识生产的研究,社会学家研究了大学以及大学与企业的合作现象,建构

---

① Robert K. Merton 在1938年首次发表了对科学社会学而言具有开创意义的论文《17世纪英格兰的科学、技术与社会》(Science, Technology, and Society in Seventeenth Century England),在这篇论文以及此后的数篇论文中,默顿研究了自牛顿以来的科学共同体的运行方式和行为准则,对科学建制以及科学与社会间的相互作用做出了系统的描述,被社会学奉为经典,称为"默顿规范"。——译者注

了理论与实证基础,揭示出当代研究与专利化两者之间关系、商业化现象和知识网络等方面的动态机制(如 Powell,1990;Powell and Owen-Smith,1998)。

正式课程(formal curriculum)[和学生在课堂外体验的"非正式课程"(informal curriculum)]传递的知识,为社会学研究提供了极大的潜在可能性,亟待我们进行大规模的研究。在20世纪80年代,课程变革产生的张力激发了人们的研究热情,研究也因人们争辩核心需求(core requirements)的"文化战争"(culture wars)而活跃起来(Nussbaum,1997;D'Souza,1991)。通过不同的视角,如研究生教育这个窗口(Clark,1995),不同学科知识变化情况也相应得到了全面的研究。不过,这些研究在很大程度上只是一种评论,选择几个学科(Bender and Schorske,1998)或一群学科(Ellis,1997)进行实质性的研究相对较少。在20世纪八九十年代,学生强烈要求通过拓展课程内容来体现与具体身份认同相关的主题,并合理解决差异性问题。人们相继成立院系、建立学位课程项目来开展族群和性别研究,有关种族、性别、性倾向、阶层方面对课程产生什么影响的讨论陆续出现。其中一些研究审视了种族或性别对学科的影响(J. Scott,1999),但是,对同时处于学科变化与组织变化情境之下的知识变化的研究却很少见(Gumport,1990,2002a;Lattuca,2001;Slaughter,1997)。到20世纪90年代,涌现出越来越多的学术需求,呼吁人们研究知识的权力与"定位"(positionality)问题(Burbules and Rice,1991)、研究决定整个知识制度秩序确立与变化的情境因素问题(Swidler and Arditi,1994;Gumport,2000,2002b;Gumport and Snydman,2002;Frank and Gabler,2006)、研究高等教育是如何与媒体等其他机构一起生产文化的(Swidler and Arditi,1994)。在更宏观的学术界,多种批判性的呼声应运而生,出现了后现代主义和文化研究的新词汇、各种解构的思想等,然而,倘若学者们自己耍弄着多重身份,归属于几种群体,还经常滥用集团政治(group politics),那么,这些研究就没有成形,没有构成一个持续发展的研究分支。

鉴于人们对高等教育能否满足社会的知识需求有着更广泛的期待,一些研究者就将知识说成是高等教育的"核心事务",他们过于简化了这一问题,这不足为怪。不过,设想不同类型的学校内存在着一组共同需要优先研究的事务,这一点是有问题的。更深远的是,它还掩饰了人们对未来的忧虑,因为一些研究者指出,高等教育对知识,不管是知识生产还是知识传递,都没有垄断权。研究者对于知识生产、知识传递和知识合法化中的一些复杂状态,可以做哪些进一步的研究,我将在本书的总结部分作详细的讨论。

国家系统与全球相互依存的研究

在过去的几十年里,美国人越来越清楚地意识到全球是相互依存的,意识到由此产生的政治经济变化。相对而言,除了关注国际间学生流动、学术交流和机构合作方面的戏剧性变化之外,人们较少关注高等教育中其他的相关变化。

比较高等教育社会学,正如 Clark(1973)指出的,在一段时间内发展潜能很大,然而却依旧是处女地。在高等教育系统的跨国研究中,主要的研究成果来自社会学家,他们为研究国家系统提供了多重的研究视角。他们之中,有的从最宏观的全球系统视角将种种变化概念化(Meyer et al., 1997; Meyer, Ramirez, and Soysal, 1992; Meyer et al., 本书第七章);有的则截然不同,主要研究我们应该如何看待学术系统的本质和变化(Ben-David, 1977; Clark, 1983, 1995)。虽然高等教育在全球任何一个国家都发生了翻天覆地的变化,上述的这些研究却经受住了时间的考验,具有永久的阅读参考价值。

在美国,也有为数不多的学者,主要致力于研究其他国家的高等教育,如拉丁美洲高等教育研究以及近来开展的亚洲高等教育研究。他们是 Burton CLark、John Meyer、Philip Altbach、Roger Geiger、D. Bruce Johnstone、Daniel Levy、Francisco Ramirez 等。他们的研究覆盖了 Clark 所指出的主要领域,具体包括不平等现象和大学的影响研究、教师和学术职业研究以及组织治理研究等。

随着人们日益强调全球化,随着人们研究全球化的时机的到来,高等教育研究越来越有可能出现一个全新的范畴,激励着我们选择恰当的层面开展研究。诸如学术变化的制度研究、学术系统的比较分析等高等教育子领域,在制度理论(Meyer, 1977; W. Scott et al., 2000; DiMaggio and Powell, 1983)、系统理论(Parsons, 1937, 1951; Parsons and Platt, 1973)、组织研究(W. Scott, 1998)等社会学知识的推进之下,优势得到了进一步的发展①。此外,社会学家 Randall Collins (1999)认为,宏观层面的分析可以为更广泛的政治经济现象提供阐释性的历史情境。在高等教育方面,运用这些层面的分析,我们也许更有可能开展对国家差异性、对跨国甚至全球的动态机制的研究(参见本书第十二章,对高等教育研究的发展前景有进一步的讨论)。

到 20 世纪 90 年代,所有重要的学术都明确要求研究者表明自己所从事的研究理论倾向,要求研究者更果断地决定研究所需的理论参数与经验参数。无论是跨国研究,还是针对美国国内的研究,都呼吁人们更多地关注"中层"(meso),或曰中间层面。Neil J. Smelser (1997)提出,学者研究制度,可以了解制度社会功能的变化过程,狄悉相互依赖的动态机制特征。另一个颇有煽动性的提议来自社会学的组织理论,提倡将高等教育作为一个组织领域来研究(McDonough, Ventresca, and Outcalt, 2000)。这一方面的理论与经验研究需要对学术组织分级分类的分化过程进行分析,其中每级每类都有着一组独特的环境期待。当高校公然地与不同类别的组织进行商业化和远程教育合作,这些合作活动会质疑先前确立的内、外在区别,重画它们之间的界限,以至于搅浑学术与非学术组织彼此内部以及彼此之间的区

---

① 这里,有必要对制度(institution)和组织(organization)这两个术语进行详细的区分。在高等教育中,人们要指代具体的组织、组织领导者、组织政策以及组织自治等特征时,"制度的"(institutional)这一术语往往很随便地被当做是"组织的"(organizational)的同义词。其实,术语"制度"、"制度的",对于那些熟悉社会学和制度理论的人而言,清楚地表明了其指代物不仅是组织,而且是更大的社会。从制度理论角度看,高校以及其中的个体都要服从于社会规则(societal imperatives),而这些社会规则产生于人们对高等教育社会功能的更大期待。这一视角非常有价值,有助于我们对重新界定什么活动是或不是"高等教育"加以审视。随着时间的流逝,属于高等教育合法性领域的活动有了拓展,从教育大众、促进人类发展、提高和证明学识、社会化公民、培植政治忠诚、促进学者对话、保护知识,到直接有利于经济发展、通过研究促进知识发展、发展商业运作等,这一切都指出,高等教育逐渐根植于社会之中。在过去的 20 年里,高等教育研究者对制度理论的兴趣逐渐高涨起来,这促使我们更具体地使用这两个术语。再者,制度理论也截然不同,有 Meyer 与其同事们的社会学研究成果(参见本文中的第 7 章),也有在政治科学和经济学中的研究成果。

别,从而建构新的组织模式,这时,大学就面临着一系列新的问题,这一研究分支在特定历史时期也就显得更为突出。面对这样的挑战,早已复杂的国际高等教育研究会更加丰富与多样化。

组织情境

除了这些广为人知的变化之外,自20世纪70年代以来的几十年里,高校继续不断地扩大其结构,变得更为复杂。全球教育事业如此庞大,而美国学校的使命却各不相同,这是极不寻常的。正如Peterson在本书第六章中提到的,一些研究者都偏好使用术语"中学后"(post-secondary)来区别传统的高等教育系统和高速增长的学校类型,后者在使命、扩张程度、入学制度多样化以及人事方面差别巨大,这一切戏剧性的变化,在20世纪最后的25年间变得更加复杂,加上环境的动荡循环往复,对高等教育如何在资金有限的情况下管理资源、寻求发展机遇,造成了不可思议的困难,此时,我们更需要高度关注这些变化。

在此背景之下,三组组织变化在20世纪70年代之后,掀起了高等教育社会学内的学术探究风潮,人们对组织和治理的研究也扩展到了对教师和学生的研究。这些组织变化分别是(1)环境的不确定性与学术管理的同时加强;(2)组织创新与整合;(3)学术工作场所发生了意义深远的变化。虽然这些变化是人们研究中明显的主题,但是它们之间的彼此依赖性将其自身锁定在高等教育之中,于是,自然就成为高等教育社会学中以解决问题为取向的研究中颇有价值的研究对象。

随着人们对环境不可预测性、适应性问题的意识逐渐加强,学校领导就可以拓展其能力来规划与管理各种资源。因为要管理学校的内部功能,具体而言,就是要协调学校日趋复杂的组织工作,要应教育系统与州政府逐渐增加信息的需求汇报学校的运作情况,所以行政管理人员人数逐年增加。自1970年起,行政管理职位的预算以及数量就开始递增,相应地,出现了日趋详尽的学术管理工具以及思想观念

(Gumport and Pusser, 1995; Gumport and Sporn, 1999)。在财政紧迫的时期,行政管理的开支却在增加,这自然需要有合理的解释。在大力提倡提高办公效率、精简机构的情况下,行政领导职位却在增多,这种现象也需要得到合理的解释。如果研究者之前就发现,韦伯主义有关官僚制和合理化的观念是恰当的,那么,当行政管理任务日趋繁重、职位日益增多的时候,这些观念,加上赋予行政职员监督职责并告知他们这是去中心化活动的标准化程序,就更具有启示性。电脑的出现,资讯技术、相关的电脑硬件的迅猛发展,促使行政职员能够管理预算、管理人事、保存学生档案、监看数小时的教学过程、监测学分计算以及跟踪教师的课程教学。对于那些研究大学的人而言,这所有的一切都将是重要的研究资料。

学校财政时而充足,时而匮乏,只有象征性的资源可用,在这种情况之下,学校打着"改革"的旗帜,在学术项目和居住生活方面增强试验创新活动,这样,研究者就有机会研究并阐释什么类型的改革是成功的,什么类型的改革是失败的(Levine, 1980)。一些最常见的组织变化,比如,组织化的研究单位在不断地增加、非教师身份的研究者人数在增长、新研究中心得以确立等,这些都是在教学之外发生的。更接近教育使命的是课程改革,其变化是逐渐累积的。它在组织和知识方面,扩展到了无数的专业领域,学术系科也分裂出新的专业和新的学位课程,其中一些还跨越几个学术单位。这种更为精致的课程平台,促使研究者有机会分析学术改革,研究改革的本质、改革的抵制现象和改革的结果。究竟是为知识本身而学习?还是将知识当作工具来学习?这是关于知识学习的两个背道而驰的目标,它们之间产生了根深蒂固的张力,构成了另一组研究时机已经成熟的问题。高等教育长久以来的基本原则,如塑造良好的性格、培养合格的公民、传播文化知识、准备劳动力等,尤其在通识教育(general education)需求的改革过程中,重心发生了变化。在更大的社会压力、重新构造教育优先权的社会运动的背景之下,研究这些变化是很有意义的。人们提出的问题是核心课程应该教导学生多元文化主义(multiculturalism)以及多样性方面的知识吗?大学是提高实践与职业技能的地方吗?

学术环境的内部开始变得纷繁多样,这体现在社会人口统计不断的变化上:学生人口分布变化迟缓,而教师的构成变化更为缓慢。那些管理学术组织的人最关心的一点是,来自不同的背景、有着迥异兴趣的个体是否能够再建构学校内的社会秩序?再具体点讲,他们在半自治的学校和群体中是创造出一种新的多元化主义(pluralism)还是分崩瓦解((Dill, 1982)?从20世纪80年代中期到90年代初期,随着人们对文化的社会学兴趣的复燃(Pettigrew, 1979),对组织理解的加强(Weick, 1995),那些将组织文化理论运用到大学研究中的人,很容易再次出现这样的担忧。

究竟如何界定文化?如何使用文化这一概念?人们对此鲜有苟同,但都认为文化是构成一种生活方式的共享规则和见解的代理符号(placeholder),将那些比源自结构主义者所描述的社会组织中更为柔弱、更不可触知的层面推到了显要的位置。同样,我们可以将文化差异看成是跨学科和跨学术系科的。对于高等教育而言,这种研究兴趣也可追溯到Clark(1970)的传奇故事概念(concept of saga),追溯到他对组织认同的表现因素以及传统的强调。鉴于截止到20世纪90年代晚期,许多学校已经达到了前所未有的多样化,多元文化主义的实质不是忽略"差异",而是去包容"差异"。这与从事特殊视角研究(particularistic inquiry)的社会科学中更宏观的思潮相吻合。不过,现有的法律情境,如肯定行动(affirmative action)及人们对其的激烈反应,为我们进一步研究多样性增添了新的理由,我们不再只是单单为了理解学生的生活,相反,我们要记录下各种从广义上界定的不同的学习环境所带来的教育利益(参见本书第四和第九章)。

一些研究组织动态机制的高等教育研究者采用了以主观性为前提、将共识问题化的解释主义理论框架,这不足为怪(分析冲突的功能主义者把冲突看成是反常现象,需要克服,以便重新恢复组织动态机制的平衡;而解释论正相反,将冲突看作是持续的组织动力)。一旦认为学校具有各自独特的文化,我们就有了一组恰当的视角来研究文化是如何影响学生的、学生是如何被社会化的。Kenneth Feldman 和 Theodore Newcomb(1969:5)设计的一个主要研究问题是大学对本科生的影响,"评估本科生"在各种具体制度安排下"是否以及如何改变了自己的信念、价值观和品质"。大学影响研究长期以来一直是高等教育研究的中心议题,不过,大多数研究者都喜欢使用心理学方法,由此产生了学生青春期后期的发展理论(developmental theory)(例如,Chickering, Kohlberg, Perry, Gilligan)。其中有两个特例,分别是 Vincent Tinto(1987)和 John C. Weidman(1989)的研究,这些研究侧重规范性的价值观和态度、具有影响力的成员以及参照群体,它们更强调学生、教师和组织文化的社会化功能。学生因种族、族群、年龄、国籍、入学状态、住宿情况(如部分时间住校、全时间住校、走读)等原因日趋多样化,这促使研究者不得不承认,大学确实存在着具有多元性和重合性的亚文化(Tinto, 1997;Hurtado, 1992;本书第四章)。

在 20 世纪 80 年代末期、90 年代初期,研究学生社会化现象的文化研究法,因学生多样性日趋增强而进一步活跃起来(参见本书第九章)。以 Burton Clark 和 Martin Trowel(1972)对学生亚文化的研究以及 Clark(1970)对有特色的文理学院进行的分析为理论和方法论基础,几个研究者采用民族志和个案研究的方法研究了各种亚人群——妇女(Holland and Eisenhart, 1990)、男性同性恋者(Rhoads, 1994)、墨西哥裔美国人(Gonzalez, 2000)等等。随着大学校园内亚文化日趋混和、复杂,一个更为普遍的实践问题应运而生:承载多元的、通常动辄有争议的文化群体的组织是如何在差异中创建一个共同社会的?这一问题的研究时机已经成熟(Tierney, 1993)。截至 20 世纪末期,学生的这种多样性引发了许多对种族和族群的比较研究。

学生分布的多样化体现了组织内部的变化,教师中出现了更多的女性,尽管她们的职位相对较低、所在的机构级别较低,但是却反映出了组织内部的变化(Valian, 1998)。聘任有色人种的进展相对较为缓慢,在全国各个学校内人们很难看到有色人种的教师的身影(Milem and Astin, 1993),这与空前的学生多样性形成了鲜明的反差,越来越强迫学校进行组织改革。教师之间存在知识专业上的区别,从功能主义角度看,逐渐增强的多样性可能会加剧他们之间的这种分裂。因此,在 20 世纪 80 年代晚期,人们意识到无论在全国还是在某一学校内,学术职业都不是统一的(Ruscio, 1987)。那么,学校内部分层的机构类型有着怎样截然不同的工作环境?全职与非全职教师有着怎样迥异的工作环境?对教学与研究会产生什么结果?所有这些问题都亟待我们去研究。

学科专业化已经强有力地将学术生活组合进一个更可冠之为学术文化(academic cultures)的概念里(Clark, 1987; Becher, 1987)。继 C. P. Snow(1959)创先描述了两种不同文化的特征后,我们已经有了很大的发展,教师的跨学科和多学科学术项目、专业、学术议程的数量与日俱增,学术组织也就可以拥有无数的文化,可以是学科文化,也可以是本土文化。于是,在一段时间内,整个组织,尤其是学术工作场所,面临着如何保持其完整性的问题。要解决这个问题,我们完全可以从社会学视角出发,以涂尔干现代社会的劳动力分工的观点——在分化系统中,整合机制不仅可以协调工作,而且可以强化相互依赖的意识——为研究的基础。从帕森斯(Talcott Parsons)社会学理论视角来看,社会控制动态机制嵌入于结构与规范性基础之中,维系着社会秩序持续稳定的运作。以上几种观点,对于我们研究高等教育组织内部、学术职业内部分裂的本质,意义极大。

我们可以来看一下教师的倾向性(orientations)问题。人们认为,20世纪70年代的政治观念使得人们彼此团结成了可能,E. C. Ladd 和 S. M. Lipset(1975)收集的全国性调查资料也证实了这一点。当时的一则报刊新闻全面地总结了自由主义情怀倾向,我记得其标题是"教授开沃尔沃轿车,向左翼倾斜"(Professors drive Volvos, turn left)。然而隐藏在这表面特征背后的是,信念和目标更加混杂化,有些人热忠于各种政治活动,有些人致力于学科研究。Clark(1987)对学术生活进行了全面研究,生动地揭示了学科专业化是如何产生分裂现象,从而促使不同的学科只在各自独立的小世界内组织学术生活。那么,它们是如何借助重合的成员身份和价值观(Clark比喻为鱼鳞现象)而联合在一起的? 这依旧是功能主义者饶有兴趣的实践与学术问题,在非终身职位[或曰"分轨聘任"(off-track)]中定期(fixed-term)与兼职教师聘任比例持续增长、人口分布呈现多样化增长的情况下,这更是个有待研究的问题。

学术生活一旦出现了分裂现象,学术工作场所中权威本质的模糊界定就加剧了张力的程度。Amitia Etaioni(1964)认为,一些现代的组织,其职业与行政管理权威混杂,角色混淆不清。这些特征在学术环境中非常地明显。具有职业倾向的行政领导,其权威的侧重点比较模糊,行政管理者和教师在权威权限的不透明性方面存在着争议,他们偶尔可以通过对各自权利以及义务的协商,以集体协定合同(collective bargaining contracts)形式实施生效,暂时性地解决矛盾。至于自己是自我调控的专业人士(表面上需要自治来履行自己的职责),还是大型组织内的聘任职员,教师的看法不同,此外,每个角色承担什么义务、拥有什么权利,他们有着不同的阐释。

目前,研究者已经开始从几个层面着手研究这个问题。有的研究该问题的本质,研究在当代教师、职工、学生的工作和学习环境中该问题是如何解决的。有权威性的研究已经尝试着研究管理主义的传播是如何改变了权利和责任的(Rhoades,1998;Enteman,1993)。借助社会学经典的职业研究所提供的理论基础,进一步拓展这些分支研究可以推进整个高等教育社会学领域的发展(Freidson,1986;Larson,1977;参看本书第五章)。

立足于21世纪,我们发现,学术组织的权威本质已经变得空前地复杂,官僚主义权威嵌于组织结构之中,职业权威体现在身为学术专业人士的教师身上,管理权威则由行政管理人员扮演,在20世纪最后的25年里有了良好的发展势头。先前的研究开创了先河,便于我们进一步研究这些独特的权威动力可能并存的环境,不管它们是不相容的,还是和谐的,即所谓的"共享权威"。组织再建构的环境正揭示了这些动态机制,尤其是那些在财政预算缩减、教师担心失业的情境之下,一些学术项目和学术系科想销声匿迹或者彼此合并时的动态机制。此时,每个学校被迫确认什么知识最重要、最需要保留?如何组织与支持它?什么是做出这些决定的合理决策制定程序?这里,权威的张力开始得到了突显。我们可以将之看作一个意义非凡的重新建构趋势的意识形态基础,一个以竞争为前提,要求学术组织更像商业那样地运作,并且与产业确立更为牢固联系的商业逻辑,本书第十二章将对此详加讨论。这样,有待我们研究的不只是学术组织不断变化的特征,新的组织形式应运了新的角色和奖励制度,新兴的知识领域与不断变化的人事结构挑战着学科的知识构成,这些是该学科领域中一些人所关注的重点(Abbott,2002;Brint,2005;Gumport,2002b)。

例如,人们长期持有的高等教育观是如何改变的?这些变化在何种程度上最终可以取代先前的高等教育观?如何组织它?期待人们如何参与其中(Gumport, 2000)?

在此情境之下,工作场所显著的变化也表明,利用基础研究将学术系科作为组织治理和职业变化的汇合地而加以研究,是很有成效的(参见本书第八章)。虽然我们普遍认为,系部的权力是自我再制出来的,我们对大学内部组织的期待也是一致的,但是,学术结构是与学术知识共同进化的,这样,学术工作本身随即发生了变化,出现了新的组织形式。这些现实突显了一些新的实际问题,提倡了从适应、决策制定到合理化、地位等级制度等一系列的社会学概念,这有待人们去开展研究。

随着学校聘任的定期教师与兼职教师人数的急剧上升,人们愈加关注教师工作不断变化的本质以及工作环境。据估计,教学人员中非终身职位的教师占的比例接近40%(Schuster and Finkelstein, 2006)。随着年老教师的退休、人们对制度的记忆逐渐消失、工资增长又赶不上生活费的增长,导致教师的士气低落,而公众对他们专业人士的身份信任度大幅度降低,要求加大对他们工作的监督力度及其问责,这加剧了他们低落的士气(Gumport, 1997)。的确,对于教师而言,组织的转型使得我们处于临界状态。我们要作出判断,如何才可以维系高校的发展?如何才可以使大学不仅是经济和组织实体,而且是学术工作在知识上确实可行且富有吸引力的地方?

变 化 轮 廓

自1970年以来,组织转型已经并将持续激发人们对高等教育社会学的探究,尤其是从事曾经被笼统地称之为组织治理研究的探究。不断变化的实体自身的复杂性决定了该学科组织类别的再定型,人们可以在任何研究项目中的不同类别之间进行探索。例如,对学生或者教师的研究,可以阐释组织或管理动态机制方面的问题,可以解决运作中的政治、文化或意识形态动力因素相关的大问题,后者依据当地情况依次可以解决。其结果之一是，研究的分支不一定要按照线性发展，专业化程度也不必增强。这使得本书各篇文章的收集烦琐复杂，但同时，我们可以将其看作是该领域知识生命力的象征。

高等教育发展是如此地纷繁复杂，这表明，高等教育社会学领域出现了许多硕果累累的研究分支，这极大地增强了献身于或有志献身于此领域的研究者的兴趣，也极大地提高了他们研究的可能性意识。研究者不仅受到自身认为有价值的研究机遇的吸引，他们的观点，在不同程度上，也是由职业情境决定的，其中主要是受当地大学环境和职业协会影响，这两个情境显然将持久的观念概念化于学术的结构、专业和亚群体之中，告知人们哪些是值得研究的、哪些不值得研究的观念。本文选命名为《高等教育社会学》，在名称上游离于高等教育和社会学两个范畴，而研究者却抑或在教育专业学院、抑或在社会学系任职，有时还是礼任（courtesy appointment）。不管在哪个学科，人们对其研究成果的形式、内容、以及如何呈现出来以供同仁评论方向，都有着独特的期待。这些已经是或将成为研究者的人是如何接受这些压力的？他们所处的情境显示出高等教育社会学研究制度化的哪些层面？这两个问题是该领域具有生命力的关键之所在。如今，我提出这些主题来确认情境因素，或许能够产生最直接影响的是本书第二、三编阐述的各个研究分支，在本书的结尾部分我将再次重温它们，并对其进行更全面的讨论。

参考文献

Abbott, A. 2002. "The Disciplines and the Future." In *The Future of the City of Intellect*, ed. S. Brint. Stanford, CA: Stanford University Press.

Aronowitz, S. 2000. *The Knowledge Factory: Dismantling the Corporate University and Creating True Higher Learning*. Boston: Beacon.

Becher, T. 1987. *Academic Tribes and Territories*. Milton Keynes, UK: Society for Research into Higher Education and Open University Press.

Ben-David, J. 1977. *Centers of Learning*. New York: McGraw-Hill.

Bender, T., and C. E. Schorske, eds. 1998. *American Academic Culture in Trans-*

formation: Fifty Years, Four Disciplines. Princeton, NJ: Princeton University Press.

Bendix, R., and S. M. Lipset, eds. 1953. *Class, Status, and Power.* Glencoe, IL: Free Press.

Berdahl, R. O. 1971. *Statewide Coordination of Higher Education.* Washington, DC: American Council on Education.

Blau, P. M. 1970. "A Formal Theory of Differentiation in Organizations." *American Sociological Review* 35 (2): 201—18.

Bowen, H. R., and J. H. Schuster. 1986. *American Professors: A National Resource Imperiled.* New York: Oxford University Press.

Braxton, J. M. 1993. "Deviancy from the Norms of Science: The Effects of Anomie and Alienation in the Academic Profession." *Research in Higher Education* 34:213—28.

Breneman, D., B. Pusser, and S. Turner. 2000. *The Contemporary Provision of For-Profit Higher Education: Mapping the Competitive Market.* Working Paper SWP-02, For-Profit Higher Education Research Project, Curry School of Education, University of Virginia.

Brint, S. 2005. "Creating the Future: 'New Directions' in American Research Universities." *Minerva* 43:23—50.

Burbules, N. C., and S. Rice. 1991. "Dialogue across Differences: Continuing the Conversation." *Harvard Educational Review* 61:393—416.

Burke, D. L. 1986. "Change in the Academic Marketplace: A Study of Faculty Mobility in the 1980s." Ph.D. dissertation. University of North Carolina at Chapel Hill.

Cameron, K. S., R. I. Sutton, and D. A. Whetten, eds. 1988. *Readings in Organizational Decline.* Cambridge: Ballinger.

Caplow, T. C., and R. J. McGee. 1958. *The Academic Marketplace.* New York: Basic.

Clark, B. R. i960a. "The 'Cooling Out' Function in Higher Education." *American Journal of Sociology* 65: 569—76.

——. 1960b. *The Open Door College: A Case Study.* New York: McGraw-Hill, 1960.

——. 1970. *The Distinctive College.* Chicago: Aldine.

——. 1973. "Development of the Sociology of Higher Education." *Sociology of Education* 46:2—14.

——. 1983. *The Higher Education System.* Berkeley: University of California Press.

——. 1987a. *The Academic Life: Small Worlds, Different Worlds.* Princeton, NJ: Carnegie Foundation for the Advancement of Teaching.

——, ed. 1987b. *The Academic Profession: National, Disciplinary, and Institutional Settings.* Berkeley: University of California Press.

——. 1993. "The Problem of Complexity in Modern Higher Education." In *The European and American University since 1800: Historical and Sociological Essays*, ed. S. Rothblatt and B. Wittrock, 263—79. Cambridge: Cambridge University Press.

——. 1995. *Places of Inquiry: Research and Advanced Education in Modern Universities.* Berkeley: University of California Press.

——. 1998. *Creating Entrepreneurial Universities.* Oxford: International Association of Universities Press.

——. 2004. *Sustaining Change in Universities: Continuities in Case Studies and Concepts.* Berkshire, UK: Open University Press.

Clark, B. R., and M. Trow. 1972. *Students and Colleges: Interaction and Change.* Berkeley: University of California, Center for Research and Development in Higher Education.

Clifford, G. J., and J. W. Guthrie. 1988. *Ed School: A Brief for Professional Education.* Chicago: University of Chicago Press.

Cohen, M. D., J. G. March, and J. P. Olsen. 1972. "A Garbage Can Model of Organizational Choice." *Administrative Science Quarterly* 17:1—25.

Collins, R. 1979. *The Credential Society.* New York: Academic Press.

——. 1999. *Macrohistory: Essays in Sociology of the Long Run.* Stanford, CA: Stanford University Press.

Crane, D. 1972. *Invisible Colleges: Diffusion of Knowledge in Scientific Communities.* Chicago: University of Chicago Press.

Dill, D. D. 1982. "The Management of Academic Culture: Notes on the Management of Meaning and Social Integration." *Higher Education* 11:303—20.

DiMaggio, P. J., and W. W. Powell. 1983. "The Iron Cage Revisited: Institutional Isomorphism and Collective Rationality in Organizational Fields." *American Sociological Review* 48:147—60.

Drew, D. E. 1985. *Strengthening Academic Science.* New York: Praeger.

D'Souza, D. 1991. *Illiberal Education: The Politics of Race and Sex on Campus.* New York: Free Press.

Ellis, J. M. 1997. *Literature Lost: Social Agendas and the Corruption of the Humanities.* New Haven, CT: Yale University Press.

Enteman, W. F. 1993. *Managerialism: The Emergence of a New Ideology.* Madison: University of Wisconsin Press.

Etzioni, A. 1964. *Modern Organizations.* Englewood Cliffs, NJ: Prentice-Hall.

Feldman, K. A., and T. M. Newcomb. 1969. *The Impact of College on Students.* San Francisco: Jossey-Bass.

Finkelstein, M. J. 1984. *The American Academic Profession.* Columbus: Ohio State University Press.

Frank, D., and J. Gabler. 2006. *Reconstructing the University: Worldwide Shifts in Academia in the 20th Century.* Stanford, CA: Stanford University Press.

Freidson, E. 1986. *Professional Powers: A Study of the Institutionalization of Formal Knowledge.* Chicago: University of Chicago Press.

Gieryn, T. 1983. "Boundary Work and the Demarcation of Science from Non-science." *American Sociological Review* 48:781—95.

Gonzalez, K. P. 1999. *Campus Culture and the Experiences of Chicano Students in Predominantly White Colleges and Universities.* Paper presented at the annual meeting of the Association for the Study of Higher Education, San Antonio, TX, November.

Gumport, P. J. 1990. "Feminist Scholarship as a Vocation." *Higher Education* 20: 231—43.

———. 1997. "Public Universities as Academic Workplaces." *Daedalus* 126 (4): 113—36.

———. 2000. "Academic Restructuring: Organizational Change and Institutional Imperatives." *Higher Education* 39:67—91.

———. 2002a. *Academic Pathfinders: Knowledge Creation and Feminist Scholarship.* Westport, CT: Greenwood.

———. 2002b. "Universities and Knowledge: Restructuring the City of Intellect." In *The Future of the City of Intellect: The Changing American University*, ed. S. Brint. Stanford, CA: Stanford University Press.

Gumport, P. J., and B. Pusser. 1995. "A Case of Bureaucratic Accretion: Context and Consequences." *Journal of Higher Education* 66:493—520.

Gumport, P. J., and S. Snydman. 2002. "The Formal Organization of Knowledge: An Analysis of Academic Structure." *Journal of Higher Education* 73 (3): 375—408.

Gumport, P. J., and B. Sporn. 1999. "Institutional Adaptation: Demands for Management Reform and University Administration." In *Higher Education: Handbook of Theory and Research*, vol. 14, eds. J. C. Smart and W. G. Tierney, 103—45. New York: Agathon.

Hackett, E. J. 1990. "Science as a Vocation in the 1990s: The Changing Organizational Culture of Academic Science." *Journal of Higher Education* 61:241—79.

Hefferlin, J. B. L. 1969. *Dynamics of Academic Reform*. San Francisco: Jossey-Bass.

Heydebrand, W. 1990. "The Technocratic Organization of Work." In *Structures of Power and Constraint: Papers in Honor of Peter M. Blau*, ed. C. J. Calhoun, M. Meyer, and W. R. Scott. Cambridge: Cambridge University Press.

Holland, D. C., and M. A. Eisenhart. 1990. *Educated in Romance: Women, Achievement, and College Culture*. Chicago: University of Chicago Press.

Hollingshead, A. B. 1949. *Elmtown's Youth*. New York: John Wiley.

Hurtado, S. 1992. "The Campus Racial Climate." *Journal of Higher Education* 63 (5): 539—69.

Jencks, C., and D. Riesman. 1968. *The Academic Revolution*. New York: Doubleday.

Keller, G. 1983. *Academic Strategy*. Baltimore: Johns Hopkins University Press.

Kezar, A. 2004. "Obtaining Integrity: Reviewing and Examining the Charter between Higher Education and Society." *Review of Higher Education* 27 (40): 429—59.

Ladd, E. C., and S. M. Upset. 1975. *The Divided Academy: Professors and Politics*. New York: McGraw-Hill.

Larson, M. S. 1977. *The Rise of Professionalism: A Sociological Analysis*. Berkeley: University of California Press.

Latour, B. 1979. *Laboratory Life: The Social Construction of Scientific Facts*. Beverly Hills, CA: Sage.

Lattuca, L. 2001. *Creating Interdisciplinarity*. Nashville: Vanderbilt University Press.

Lazasfeld, P. F., and W. Thielens Jr. 1958. *The Academic Mind: Social Scientists in a Time of Crisis*. Glencoe, IL: Free Press.

Leslie, D. W., and E. K. Fretwell Jr. 1996. *Wise Moves in Hard Times: Creating and Managing Resilient Colleges and Universities*. San Francisco: Jossey-Bass.

Levine, A. 1980. *Why Innovation Fails*. Albany: State University of New York Press. Lynd, R. S., and H. M. Lynd. 1929. *Middletown: A Study in Contemporary American Culture*. New York: Harcourt Brace.

——. 1937. *Middletown in Transition: A Study in Cultural Conflicts*. New York: Harcourt Brace.

March, J. G., and H. A. Simon. 1958. *Organizations*. New York: Wiley.

Martin, J. 1992. *Cultures in Organizations*. Oxford: Oxford University Press.

McDonough, P. M. 1997. *Choosing Colleges*. Albany: State University of New York

Press.

McDonough, P. M., M. J. Ventresca, and C. Outcalt. 2000. "Field of Dreams: Organization Field Approaches to Understanding the Transformation of College Access, 1965—1995." In *Higher Education: Handbook of Theory and Research*, vol. 14, ed. J. C. Smart and W. G. Tierney, 371—405. New York: Agathon.

Meyer, J. W. 1977. "The Effects of Education as an Institution." *American Journal of Sociology* 83: 55—77.

Meyer, J. W., J. Boli, G. M. Thomas, and F. O. Ramirez. 1997. "World Society and the Nation-State." *American Journal of Sociology* 103:144—81.

Meyer, J. W., F. O. Ramirez, and Y. N. Soysal. 1992. "World Expansion of Mass Education, 1870—1980." *Sociology of Education* 65:128—49.

Meyer, J. W., and B. Rowan. 1977. "Institutionalized Organizations: Formal Structure as Myth and Ceremony." *American Journal of Sociology* 83:340—63.

Milem, J. F., and H. S. Astin. 1993. "The Changing Composition of Faculty: What Does It Really Mean for Diversity?" *Change* 25 (2): 21—27.

Mowery, D. C., R. R. Nelson, B. N. Sampat, and A. Ziedonis. 2004. *Ivory Tower and Industrial Innovation: University-Industry Technology Transfer before and after the Bayh-Dole Act*. Stanford, CA: Stanford University Press.

Noble, D. 2002. *Digital Diploma Mills: The Automation of Higher Education*. New York: Monthly Review Press.

Nussbaum, M. 1997. *Cultivating Humanity: A Classical Defense of Reform in Liberal Education*. Cambridge, MA: Harvard University Press.

Parsons, T. 1937. *The Structure of Social Action*. New York: McGraw-Hill. ——. 1951. *The Social System*. New York: Free Press.

Parsons, T., and G. M. Platt. 1973. *The American University*. Cambridge, MA: Harvard University Press.

Peterson, M. W., ed. 1983. *ASH£ Reader on Organization and Governance in Higher Education*. Lexington, MA: Ginn.

Pettigrew, A. 1979. "On Studying Organizational Culture." *Administrative Science Quarterly* 24:570—81.

Powell, W. 1990. "Neither Market Nor Hierarchy: Network Forms of Organization." *Research in Organizational Behavior* 12:295—336.

Powell, W., and J. Owen-Smith. 1998. "Universities as Creators and Retailers of Intellectual Property: Life Sciences Research and Commercial Development." In *To Profit or Not to Profit*, ed. B. Weisbrod, 169—93. Cambridge: Cambridge University Press.

Readings, B. 1996. *The University in Ruins*. Cambridge, MA: Harvard University Press.

Rhoades, G. 1992. "Beyond the State." In *Higher Education: Handbook of Theory and Research*, vol. 13, ed. J. C. Smart, 84—142. New York: Agathon.

——. 1998. *Managed Professionals*. Albany: State University of New York Press.

Rhoades, G., and S. Slaughter. 2004. *Academic Capitalism and the New Economy: Markets, State, and Higher Education*. Baltimore: Johns Hopkins University Press.

Rhoads, R. A. 1994. *Coming Out in College: The Struggle for a Queer Identity*. Westport, CT: Bergin and Garvey.

Ruscio, K. P. 1987. "Many Sectors, Many Professions." In *The Academic Profession: National, Disciplinary, and Institutional Settings*, ed. B. Clark, 331—68. Berkeley: University of California Press.

Schuster, J., and M. Finkelstein. 2006. *The American Faculty: Restructuring Academic Work and Careers*. Baltimore: Johns Hopkins University Press.

Scott, J. W. 1999. *Gender and the Politics of History*. New York: Columbia University Press.

Scott, W. R. 1998. *Organizations: Rational, Natural, and Open Systems*. 4th ed. Upper Saddle River, NJ: Prentice-Hall.

Scott, W. R., et al. 2000. *Institutional Change and Healthcare Organizations: From Professional Dominance to Managed Care*. Chicago: University of Chicago Press.

Silva, E. T., and S. A. Slaughter. 1984. *Serving Power: The Making of the Academic Social Science Expert*. Westport, CT: Greenwood.

Slaughter, S. 1988. "Academic Freedom and the State: Reflections on the Uses of Knowledge." *Journal of Higher Education* 59:241—62.

——. 1997. "Class, Race, and Gender and the Construction of Post-secondary Curricula in the United States: Social Movement, Professionalization, and Political Economic Theories of Curricular Change." *Journal of Curriculum Studies* 29:1—30.

Slaughter, S., and L. L. Leslie. 1997. *Academic Capitalism*. Baltimore: Johns Hopkins University Press.

Smelser, N. J. 1973. "Growth, Structural Change, and Conflict in California Public Higher Education, 1950—1970." In *Public Higher Education in California*, ed. N. J. Smelser and G. Almond, 9—143. Berkeley: University of California Press.

——. 1997. *Problematics of Sociology: The Georg Simmel Lectures*, 1995. Berkeley: University of California Press.

Snow, C. P. 1959. *The Two Cultures and the Scientific Revolution*. Cambridge:

Cambridge University Press.

Swidler, A., and J. Arditi. 1994. "The New Sociology of Knowledge." *Annual Review of Sociology* 20:305—29.

Tierney, W. G. 1993. *Building Communities of Difference: Higher Education in the Twenty-first Century.* Westport, CT: Bergin and Garvey.

Tinto, V. 1987. *Leaving College: Rethinking the Causes and Cures of Student Attrition.* Chicago: University of Chicago Press.

———. 1997. "Classrooms as Communities: Exploring the Educational Character of Student Persistence." *Journal of Higher Education* 68:599—623.

Tolbert, P. 1985. "Institutional Environments and Resource Dependence: Sources of Administrative Structure in Institutions of Higher Education." *Administrative Science Quarterly* 30 (March): 1—13.

Trow, M. 1970. "Reflections on the Transition from Mass to Universal Higher Education." *Daedalus* 99:1—42.

———. 1984. "The Analysis of Status." In *Perspectives on Higher Education*, ed. B. dark, 132—64. Berkeley: University of California Press.

Valian, V. 1998. *Why So Slow? The Advancement of Women.* Cambridge, MA: MIT Press.

Veblen, T. 1918. *The Higher Learning in America.* New York: B. W. Huebsch.

Weber, M. 1918. "Science as a Vocation." In *From Max Weber: Essays in Sociology*, ed. H. H. Gerth and C. W. Mills, 1946. London, UK: Routledge and Kegan Paul.

Weick, K. E. 1995. *Sensemaking in Organizations.* Thousand Oaks, CA: Sage.

Weidman, J. C. 1989. "Undergraduate Socialization: A Conceptual Approach." In *Higher Education: Handbook of Theory and Research*, vol. 5, ed. J. C. Smart, 289—322. New York: Agathon.

Wilson, L. 1942. *The Academic Man: A Study in the Sociology of a Profession.* New York: Oxford University Press.

Zammuto, R. R, and K. S. Cameron. 1985. "Environmental Decline and Organizational Response." In *Research in Organizational Behavior*, ed. L. L. Cummings and B. M. Staw, 223—62. Greenwich, CT: JAI Press.

第二编

高等教育社会学研究的四个领域

第三章 不平等之研究

Patricia M. Mcdonough and Amy J. Fann

  1973年,Burton Clark 提出高等教育社会学主要关注两个领域:大学对学生的社会心理影响和"中等教育之外的教育不平等"(1973)。他明确指出,与社会阶级、种族和性别相关的不平等是研究抱负与学业成就的重要分析单位,这一点在高校招生上表现得尤为明显。Clark 还建议开拓新的研究领域,即关注价值观、传统以及教育的社会系统认同,并进行了意义深远的研究(Clark 1986,1987)。

  Clark 促使我们着眼于高等教育机构内部的分层,同时也鼓励我们与此张力相关的双方展开对话,而不是将此"演变成管理的社会学"。他指出,对高等教育分层和不平等进行社会学研究是必要的,同样必需的是帮助和改变高等教育实践这个行业,二者之间有很大的张力。

  从1973年起,大学影响和不平等研究的流派一直居于高等教育的中心,并富有争议地成为高校学术研究的重要组成部分。此外,社会学研究关注知性核心(intellectual core)问题,注重充满活力的概念框架和前沿的方法论技术,这些都是高等教育领域得以繁荣发展所不可或缺的。

本章主要是针对不平等的研究,具体指 Clark 1973 年文章中所关注的高校入学的不平等。我们选取六种主要期刊,其中三种是研究高等教育的同行评审期刊中的领头羊,另外三种是以教育研究为主的社会学权威期刊,我们对这些期刊从 1973 年(Clark 那篇文章发表)到 2004 年共 31 年间所发表的与高校入学有直接关联的 114 篇文章进行简要的回顾。

我们以这 114 篇文章为基点,加上其他杂志、专著、会议论文和政策报告等,勾勒出社会学关于不平等研究的历史和进程,继而再分析并更新了 Clark 的观点。1973 年,不平等研究局限于关注个体以及父母的教育和职业素养(professional attainment)如何对个体产生影响。事实上,Clark(1960)突破了这种个体水平模式,通过分析用于"冷却"学生转移抱负(transfer aspiration)的测试、升学顾问和课程,他率先探索组织是如何塑造或限制教育机会及学生成绩的。长期以来,研究范式的不断变换促使社会学对造成不平等和变迁的主要原因进行不同的解释,即由个体层面转变为组织结构层面。Clark 早期的研究(1960)强调了组织赋予或限制个体行动的作用,将研究重点转移到对组织的分析。然而,除此之外,在 1973 年后的很长时间内,几乎没有人对高校入学进行组织分析研究。

我们将 1973 年以来的高校入学研究分为三类:个体层面、组织层面和领域层面(field level)。Patricia McDonough、Marc Ventresca 和 Charles Outcalt(2000)提倡对高校入学的领域进行分析,他们将其描述为包括学前到高中以及高等教育在内的机会网络(a web of opportunities)和结构安排(structural arrangement),在各个层次上都集合了个体、创业型的招生部门(entrepreneurial admission sectors)和政策制定者。从组织角度和布迪厄主义的视角(Bourdieuian perspectives)来看,这种研究使组织环境内部的文化、权力和分层,组织安排如何赋予行动者能力或限制行动者,以及个体能动性和组织结构在创造教育机会时的相互作用等关系变得更加地清晰。

在个体层面,我们借鉴了许多关于学生的以及影响其准备和获得入学机会的相关行动的研究,以及一些针对向学生提供帮助的专业人士的研究。对学生的研究以地位获得的理论与方法、韦伯式和布迪厄式的教育结构分析以及其他文化分析方法为支撑。其中有一种传统研究长盛不衰,这就是对学生抱负形成和实现的阶段进行社会心理学分析(Hossler et al.,1989)。此外,个体层面的研究也展开了文化和批判的分析,使我们更好地理解个体、家庭和社区等不同群体如何影响大学入学,由此,我们对家庭和社区的角色和力量有了更为深刻的认识。

组织层面的研究关注机构内部的组织安排和程序,以及调解个体成就的组织之间的关系。相比之下,个体层面的研究强调将个体特征(attributes)作为造成不平等的主要决定因素,而组织层面的研究更关注教育机构在分配机会、培养抱负和提供信息方面所发挥的作用。学校层面的研究文献将组织情境(organizational contexts)作为理解个体教育产出经验研究模型的关键因素,这些研究对学校的组织结构、资源、制约因素和偶发事件进行分析(Coleman, 1987; Oakes 1989),旨在阐释不同的学校环境如何产生各异的课程、行政支持和学习产出等。通过对组织文化和环境研究的经验观察与理性洞察(Martin,1992; Ouchi and Wilkins,1985; Schein, 1990),研究者们发现,学生选择大学的过程受到中学结构和文化的影响。目前的组织分析主要有:以韦伯的科层制为依据对招生办公室的分析、对政策的发展和执行进行组织政治学分析、对招生和市场过程进行经济学分析,以及文化研究——不但研究学校再制阶层结构的功能,而且还分析教育系统的内在动态。

上面介绍了个体和组织层面的研究,但旨在揭示学生的观念和行动如何产生并能动地影响组织和机构的观念和行动的这些研究并没有考虑到入学制度、专业和手段等宏观层面发生的变化。相反,领域层面的研究整合了个体和组织层面的分析,揭示了学生和组织之间的相互影响,阐释了学生行为和专家、政策制定者的实践之间动态的交互作用。

领域层面的分析关注个体的、组织的、组织之间的利益以及行动中的能动性,同时也提倡对个体和组织之间的相互影响进行分析。它对高校入学、选择和分层进行综合研究,为高等教育的不平等研究提供了新的研究设计和方法策略。领域研究运用比较和历史的方法,分析了所有与大学入学有关的大范围的变化,如个体实践、中学、大学,政策环境和创业型的招生部门(McDonough, Ventresca, and Outcalt, 2000)。

在1973年,Clark强烈要求我们响应专业支持和关注不平等这两大研究取向。那么,我们首先回顾自那时起,大学入学研究领域的发展,这些发展成果并不会使社会学降格为管理的社会学。通过简要回顾三十多年以来的研究论文,我们着眼于对大学入学的社会学研究和高等教育研究这两个学科之间的差异性,同时,我们制定了一个时间轴线,以表明特定而关键的议题(如种族、阶级、性别、财政资助等)何时进入大学入学研究者的视野。然后,我们运用个体的、组织的和领域的分析框架,从更深层次评论大学入学研究的当下状态。

期刊评论

本文回顾了《美国社会学研究》(American Journal of Sociology)、《美国社会学评论》(American Sociological Review)、《教育社会学》(Sociology of Education)、《高等教育杂志》(Journal of Higher Education)、《高等教育评论》(Review of Higher Education)、《高等教育研究》(Research in Higher Education)等杂志自1973年到2004年关于大学入学的论文。在此31年间,共有114篇文章其标题、摘要和全文与大学入学相关。

其中,77%的文章使用了量化研究方法,19%的文章由政策分析、文献综述以及/或制度文件述评组成。仅有4%的文章(114篇中的6篇)使用质性研究方法,且这些文章仅在90年代中期才开始出现。这意味着,尽管Clark呼吁将一种新的不同的抱负、成就与入学分析引入大学研究,量化分析仍主导着该领域二十年之久。

根据文章的内容,我们将大学入学研究主要分为七类:财政资助、政策和制度分析、学生能力和成就、院校选择、家庭及其社会经济地位、非传统学生和有色人种学生(非裔美国人、拉丁美洲人、亚裔美国人和印第安人）。文章在所属类别上会有所重叠，所以我们需要确定每篇文章的研究重点。

在高等教育期刊中，最多的一类文章（40%）集中研究财政资助，但仅有一篇与此相关的论文出现在社会学期刊中，这篇论文集中讨论黑人与白人父母对大学资助责任期待的差异。所有关于财政资助的文章均使用量化研究方法。在高等教育论文中第二大类别是学生院校选择，占全部文章的29%。

相反，社会学期刊中最多的一类文章集中研究家庭社会经济地位与学生教育获得之间的联系（占56%）。关于K-12学校教育的效能，尤其是能力分组，或私立与公立学校之间的差别的文章是社会学期刊中第二大类（占21%），此类文章开始出现于80年代中期。

在高等教育文献中，从20世纪80年代开始，涉及大学入学的论议开始关注特定种族群体。高等教育仅刊载了7篇有关少数族群院校选择过程的文章：4篇关于非裔美国人，2篇关于拉丁美洲学生，1篇关于亚裔美国人，而关于土著印第安学生的文章一篇也没有。在社会学文献中，对于特定种族群体入学情况的研究始于1978年，共有3篇关于非裔美国学生，1篇关于拉丁美洲学生，1篇关于亚裔美国学生，关于土著印第安学生的文章依然缺失。在高等教育文献中，8篇论文是关于多族群院校选择的研究，此类研究在社会学文献中仅有一项。此外，高等教育杂志刊登了2篇关于非传统学生的论文，而社会学杂志则没有。

大学入学研究综述

在过去的30年中，大学入学研究使影响进入高等学校这一复杂过程中的因素更加清晰可辨。从宏观上来讲，大学入学研究发现，争取中等教育之外的入学机会是一个长期系统的过程，在此过程中，个体机会受制或受益于教育结构、理性的目标导向的个体自由能动性选择，以及贯穿于个体教育生涯的那些个体与社会结构之间复杂的相互影响。通过长期的、系统化的视角，研究者们研究聚合的个体行动如何影响组织,制度化的种族主义模式如何使个体和学校的期望和行动均达到要求,以及私有化、自由市场竞争和合法决策如何改变竞争关系等。

从大学入学研究的文献来看,其研究视角发展如下:首先,社会心理学视角认为学生的院校选择是个体与学校之间的一种技术性契合;其次,组织分析视角认为组织情境是理解个体产出经验研究模式的关键因素;再次,文化分析聚焦于学校文化在再制社会阶层过程中的角色,此类研究始于对学生文化认同多样性,以及文化认同如何影响大学入学的关注。以上这些研究开始探询文化和地域差异如何影响入学准备与入学原因的具体方式,也着手鉴别哪些历史因素影响了父母的参与。

下面我们将对以上分类中的子题进行回顾:

1. 个体层面的分析:社会经济地位、种族、族群、文化、家庭、社区、传统/非传统学生身份、同辈群体、社区、地理位置(特别是农村学生的入学)。

2. 组织层面的分析:中学政策与实践、学业准备、中学行动者(升学顾问与教师)、推广计划(outreach program)和中等教育后的入学问题。

3. 领域层面分析:入学考试、联邦和州政府的政策(财政资助、肯定行动、问责制),创业型的招生部门、专业组织和媒体。

这些分类中有很多相互连接的地方,也展示了各种各样复杂因素之间的关联性,这些复杂因素影响着学生的大学梦,影响着学生能否上大学。

个体层面的分析

个体层面的研究是对学生的院校选择进行微观分析。大学的选择是一个长期的过程,最开始是上大学抱负的灌输,然后参加预考,再进行调查和选择(Hossler, Braxton, and Coopersmith, 1989)。在学生调查和选择阶段,对其产生影响的因素有:父母,大学的规模、位置、学术课程、声誉、威望、可选择性和校友,学生同辈群体、朋友和升学顾问,财政资助的可供性(Hossler, Braxton, and Coopersmith, 1989; Manski and Wise, 1983; Zemsky and Oedel, 1983)。学生获取的信息、父母对大学的了解、学生对其支付学费能力的了解等也都影响学生对大学的考虑(Cabrera and La Nasa, 2000)。学生接受高等教育的机会在更深层次上还受到其社会经济地位、生活经历、文化、家庭责任、毕业后的工作和生活目标等因素的影响。

社会经济地位 很多社会学文献将社会经济地位作为影响大学入学最重要的因素,它影响学生的入学抱负、入学资格,以及能力和成就之外的出勤率(Jencks et al., 1972; McDonough 1997; Oakes, Rogers, Lipton, and Morrell, 2002)。总体来说,来自社会经济地位最低群体的学生申请和进入大学的可能性比社会经济地位高的学生要小,申请选择院校的可能性也更小(Astin and Oseguera, 2004; Paulsen and St. John, 2002; Perna and Titus, 2004)。77%的高收入家庭的学生在高中毕业后两年内进入四年制大学就读,而低收入家庭的学生只有33%的如此。同样,父母上过大学的学生中有71%的进入四年制大学就读,而父母具有高中以下学历的学生中,这一比例只有26%(Perna and Titus, 2004)。

中产阶级的学生比贫困和第一代移民的学生更早形成上大学的抱负,他们的父母更有可能有大学的知识和经历(Hossler, Schmit, and Vesper, 1998; McDonough, 1997)。早做准备对达到大学入学条件是非常重要的,比如正确的选课顺序、注册优等生课程或大学预修课程(honors or advanced-placement courses)、大学入学考试中取得骄人的成绩,以及参与课外活动和社区服务等对于进入选择性大学都是非常必须的(Cabrera and La Nasa, 2000; McDonough, 1997)。

家庭收入决定居住模式,进而决定了学生就读私立和公立中小学的区域范围。富裕的家庭能够买得起好学校附近的房子,甚至从优惠税额(tax breaks)中受益(Jellison, 2002)。富足地区的学校会有更多取得高学历和高测试分数的专业教师(Gándara, 2002)。McDonough(1997)发现来自富裕家庭的孩子的学校更可能有一种"大学文化",家长、学生和教师都期望学生能上大学,但是一些主要为贫困家庭和工人阶级家庭子女提供服务的学校,它们更强调高中毕业和就业而不是为升入大学做准备,这样的学校即使提供大学信息,也只是倾向于指引学生把进入社区学院作为高中毕业后接受高等教育的唯一选择。

在郊区,选择性很高的精英学院和大学的入学竞争尤为激烈。有优势的申请者及其父母在为入学管理行为做临时准备方面,他们有能力根据自己的喜好做好事先安排,如请家教、学术能力测试(SAT①)辅导老师和私人升学顾问(McDonough et al., 1998)。一些极富有的家庭,在孩子上幼儿园之前就已经开始为其进入大学做准备,他们所雇佣的私人顾问会帮助他们的孩子提高进入精英幼儿园的机率,然后进入对应的小学,最终在精英大学占有一席之地(Marbaix, 2004)。

在关于教育公平和质量卓越的零和博弈(the zero-sum game)中,P. A. Noguera (2001)的研究表明,在同时为富裕的白人学生和低收入的非裔美国人和拉丁美洲人服务的市区学校里,出现了校中校的情况。没有哪所学校将教育机会在富裕学生和社会经济地位较低的有色人种学生之间平均分配,即使是心存善意的白人父母也认为在同一所学校里为低社会经济地位的学生提供更多的机会会危及他们自己孩子的教育利益(Noguera, 2001)。由于这些富裕的白人父母能够运用大量的文化资本确保他们的孩子所享有的学校资源,所以在这些学校中,黑人和拉丁美洲学生更多地出现在特殊的和补偿教育的班级,而更多的白人学生则接受优等生课程和大学预修课程。

种族、族群和文化 三十多年来,少数族群学生的高等教育入学状况已经取得了一些进步,但是非裔美国人、拉丁美洲人、印第安人和亚裔美国人在大学中的人数仍不多(McDonough, 2004)。非裔和拉丁美洲学生尽管在高中毕业的层面上和白人学生已经没有了差距,但是完成大学学业的白人学生数是他们中任何一类的两倍多。Patricia Gándara(2002)指出,教育成就的差异会导致大学毕业生一生的收入水平和其他所能享有的好处等有天壤之别。

如果我们考虑到谁读了哪些大学,就会发现,有色人种学生的高等教育低入学状况更加糟糕。非裔、拉丁美洲和印第安学生符合四年

---

① SAT 指 Scholarlistic Ability Test,是美国大学入学考试的一种测试。——译者注

制学校入学条件的可能性很小,后两类学生进入两年制学院的可能性更大(Gándara,2002;Paval et al.,1998;Pewewardy and Frey,2004)。四年制学校的学生获得学位的可能性比两年制学院的学生更大(Astin and Oseguera,2004)。和其他学生相比,低收入家庭和少数族群的学生尽管符合条件,他们也很少参加大学入学考试或者完成入学程序(Hossler,Schmit,and Vesper,1998);和同等学习成绩的白人学生相比,他们更倾向于选择竞争不太激烈的学校(McDonough,Korn,and Yamasaki,1997),而且很少有人就读于第一志愿的学校(Hurtado, et al.,1997)。

就教育成就而言,虽然种族差异和阶级差异密切相关(Noguera,2001),但和白人学生相对比,有色人种学生生活在一个由种族意识支配的世界(Delgado,1988),他们要面对各种显性和隐性的种族歧视、偏见和持续的暗示(微妙的或者其他形式的),这些会限制他们在现实生活中机会的获得(Tate,1997)。有关有色人种学生的教育经历和学习机会的研究表明:学校教师和升学顾问对种族主义的态度、假设及自身实践,会影响有色人种学生的学业成绩和入学途径(Deyhle,1992,1995;Oakes,1985;Oakes, et al.,2002;McDonough, et al.,1998;Solórzano,1992;Solórzano and Villalpando,1998)。在 D. G. Solórzano 和 Octavio Villalpando(1998)看来,非裔、拉丁美洲和印裔美国学生符合大学入学条件的比例较低,其部分原因可以归结于不恰当的学业准备、消极的教师期待、学生较多地分流到非学术性的职业课程(以至于使上大学成为这些学生不可触及之事)等因素的综合影响。

目前,一系列研究已经分析了社会建构的身份对院校选择的影响,如种族(Allen 1988;Ceja,2000;Freeman,1997;McDonough,Korn,and Yamasaki 1997;Teranishi, et al.,2004)。Robert Teranishi 和他的同事们选取了五个亚裔分支族群:中国人、菲律宾人、日本人、韩国人和东南亚人,他们调查了族群性(ethnicity)和社会阶层影响学生院校选择过程的程度。结果表明,不同族群的亚裔美国人在院校选择的过程中确实有着不同的表现。研究人员对其他变量进行了控制之后发现,华裔和韩裔学生仍青睐高竞争性的大学,但是东南亚裔学生却不是这样。

上述研究在使用种族分类的同时并没有考虑到文化交替变换（cultural permutations）。属于移民后裔的农民家庭学生，主要是拉丁美洲裔，又经常被合并为拉美人口的一部分。然而，由于家庭经济和本土传统的影响，这些学生面对不同的环境，被一系列资源武装，有其自身的能动性（Tejeda，Espinoza，and Gutierrez，2004）。只关注他们的族群性还不足以理解阻碍其入学的各种因素的复杂性，还要关注他们的资源。

运用文化框架对大学入学进行分析，突出了种族和文化之间的相互作用。Kassie Freeman做了一项质性研究（1997，1998），她访谈了一些非裔美国高中生，探究种群因素如何影响他们的大学参与。她发现与种族和文化有关的事务影响了学生们日常生活的方方面面，同时对他们决定是否接受高等教育产生了重要的影响。她指出，大学里的文化事务有如下特征，"尽管我们可以认为，不同的文化对学生选择或放弃接受高等教育有着相似的影响，但是每一种文化所具有的这种影响的深层意义（对现实的理解）是不同的"（Freeman，1990：10）。

Michael Jennings（2004）探究了阿拉斯加土著领导人在为本地人可以达到的意义重大的高等教育项目进行谈判时的表现。结果表明，在学生的系列特征中，文化背景不能理所当然地被看作一个变量。我们在探究文化的影响时，应该把它作为本土民族理解一切事物的基本框架的一部分，这一框架包括从教育努力（educational endeavor）的基础和目的，到代表这种努力的组织和个体的行为等（Jennings，2004）。

Amy Fanny（2002，2005）研究了阻碍印第安土著高中学生接受高等教育的因素。印第安土著学生是高等教育中所占比例最小的群体，而之前并没有相关研究关注他们的大学入学经历。加利福尼亚州拥有的印第安人人数最多，为了了解其对中等教育后延展做出的努力，Fanny从美国印第安高中学生（主要来自农村地区的保留地）的视角，对阻碍他们大学入学的因素进行全州的分析。她发现，我们在为有抱负上大学的印第安学生有效提供大学入学信息和支持时，需要了解学生对其大学入学机会的看法，以及家庭、部落群体、同辈群体和学校如何影响他们的看法。她集中讨论了以下几个问题：（1）在从事赌博游戏和非赌博游戏的部落中，部落主权和经济发展的需求如何影响其成员对大学的期望和行为;(2)部落的需求与部落成员接受大学教育有何关联;(3)群落环境如何影响学生对大学的期望。Fanny将接受高等教育和印第安土著人赌博议题联系起来,揭示了接受高等教育这一行为背后内在的、经济的和职业动机的复杂根源。她的研究还让我们进一步了解赌资对一些印第安学生的教育期望、成就、目标的形成和执行所产生的影响,这项具有潜在重大意义的研究表明,个体的经济动机是形成对大学的期望的最本质基础。

同上述研究相似,Villalpando 和 Solórzano(2005)也关注各种独特的文化因素。他们认为,布迪厄主义基于社会阶级的文化资本的概念需要重新界定,这一概念应该考虑到有色人种学生及其家庭与所在社区的"文化财富"。文化财富是价值观及其在实践中应用的集合体,它激励着学生取得优异的学习成绩进入大学,而在传统的布迪厄主义框架中,价值观及其应用并不属于文化资本的范畴。在综述文化在大学预备教育中的作用时,他们将文化描述为:

> 动态的,累积性的,是认同持续形成中所产生的影响,是一个民族习得、分享和展示他们的行为和价值观的过程。对于有色人种学生而言,他们的文化经常通过语言得以象征性地再现,同时也包括对移民身份、性别、表现类型、性特征、区域性、种族和族群性的认同……但是,对于有色人种学生来说,文化最重要的层面是,它经常会引导他们的思想、感觉和行为表现。确实,文化是一种生存手段。有色人种学生从自己的文化中受到熏染并获得力量。(第 16—17 页)

院校选择的文化分析运用了多种方法论和概念框架,如批判种族理论(critical race theory)、文化财富和文化操守(cultural integrity)等,使研究者和实践者更深入地洞察不同文化群体对教育机会的不同观点,同时也帮助他们识别家庭和社区内部丰富的各具特色的文化财富来源,这些资源可以促进学生取得良好的学业成绩、进入大学并获得成功。

传统/非传统身份　迄今为止,研究院校选择和入学研究的局限之一是仅仅关注高中和大学的过渡阶段(Adelman 2002;Baker and Velez,1996)。就2002年而言,几乎3/4本科毕业生在某种程度上被认为是"非传统的"(NCES,2002)。而且,中等教育之后教育阶段中非传统学生所占的比例因学校类型而异:两年制学院和营利性私立大学的比例最高,拥有博士授予权的大学的比例最低(Baker and Velez,1996;NCES,2002)。

国家教育统计中心(the National Center for Education Statistics,2002)将传统毕业生定义为,拥有高中学历,高中毕业后立即进入全日制大学,在学年期间不参加工作或者只做兼职的学生。在目前所有的毕业生中,传统学生只占27%,这意味着大概三分之二的高中毕业生有可能是推迟进入大学而做兼职或全职工作、经济上独立于父母、除了配偶还有家属、是单亲家长或者没有高中学历。

Laura J. Horn(1996)按照非传统学生表现出的特征对其概念下定义。例如,在上文提到的各个特征中,仅符合其中一个特征的是非传统程度最低的学生;中等程度的学生符合两个或三个特征;程度最高的学生符合四个及以上特征。在本科生中,非传统程度最高的学生和传统学生的数量相当(NCES,2002)。Clifford Adelman(2002)建议,跟踪的量化研究的对象应该至少包括30岁的学生在内,这样才能使我们更好地了解非传统学生在何时接受高等教育。而事实上,大学入学研究却忽略了这些学生,今后的研究应该关注这些非传统学生并对他们大学入学有关方面进行系列的调查。

父母和家庭　　研究表明,各个种族和社会经济阶层的父母都望子成龙。他们看重教育成就而且尤其重视高等教育(Cooper, et al., 2002;Gandara and Bial, 2001;Immerwahr and Foleno, 2000;Solórzano, 1992)。父母的支持和鼓励是影响学生形成大学抱负最重要的因素(Gandara and Bial 2001;Hossler, Braxton, and Coopersmith, 1989;McDonough, 1997;Perez, 1999)。学生从父母那里得知自己期望达到什么样的教育目标是合理的,并据此为未来做计划(Attanasi, 1989;McDonough, 1997;Perez, 1999)。

Donald Hossler、Jack Schmit 和 Nick Vesper(1998)区分了父母的鼓励和支持:"父母的鼓励"(parental encouragement)意指父母对他们

孩子教育抱负的表达，这种表达通过与孩子讨论大学教育，从而帮助孩子将上大学与未来职业目标联系起来的方式来实现；"父母的支持"（parental support）包括为支付大学学费而储蓄资金以及带着孩子参观大学校园等直接性的活动。

父母所具备的大学知识和技能可以帮助孩子为入学做准备，而这些又深受他们受教育水平的影响（Attanasi,1989；McDonough,1997；Tierney and Auerbach,2005）。不幸的是，没有机会接受高等教育的父母，既没有大学入学准备的经验，也无法获得所需的信息。由于社会结构的差异、语言的障碍和不受欢迎的学校环境，使得处于社会经济底层的有色人种的父母难以帮助他们的孩子做大学入学准备。

拉丁裔父母在计划孩子入学的过程中可能会遇到很多障碍，包括与校方的交流障碍、与教师及升学顾问的不愉快经历以及标准化考试、入学政策与实施、大学费用和财政资助选择方面的知识缺乏（Perez,1999）。外来移民家长由于语言和文化的障碍使得他们有效帮助孩子进入美国高等学校之路困难重重（Hurh,1998；Siu,1996）。父母由于缺乏对美国教育系统相关知识的了解，加上对教师和学校权威顺从的文化规则，使得他们从孩子所在学校搜索相关信息很艰难（Hurh,1998；Kim,1999；Perez,1999）。一些非裔美国人觉得升学顾问和招生办公室官员潜意识里或有意拒绝给予他们关于孩子入学的信息（Smith,2001）。

就文化资本这一概念，我们也必须意识到，本土或其他社区中延展的家庭与亲属关系意味着学生不仅可以依赖父母而且还可以依靠生活中其他重要人物，如其他的成年人、同胞和堂兄妹等，在入学准备中，这些人可能是重要的支持者（Friedel,1999；Tierney and Auerbach,2005）。学校和大学的挑战是找出家庭能够融入这个过程的有意义的方法，以及宣传院校选择、入学准备、申请程序和财政资助方面信息的及时途径（McDonough and McClafferty,2001）。另外，家庭参与以及了解那些激励学生学业成绩的尚待人们去认识的多种文化资本与文化财富形式（Villalpando and Solorzano,2005）有着重要意义，它们有利于"确认学生文化，建构一种渗透到学生生活中的、整体的大学流行文化"（Tierney and Auerbach,2005:46）

同辈群体和社区　Hossler, Schmitt 和 Vesper(1998)发现,越临近高中毕业,与计划上大学的同辈群体的关系越能积极影响学生接受高等教育的动机。W. G. Tierney 和 Julia Colyar(2005)认为,同辈群体的角色是"看起来很简单"。他们提醒到,不管如何界定同辈群体,事实上,同辈群体不仅是由学生组成的群体,还应被看作大学入学准备的一种资源。

社区可以被认为是一种包括相似社会身份的家庭、学校、同辈群体和服务的生态系统。由 Gandara 提出的邻里资源理论(neighborhood resource theory)认为,邻里之间的资源多样性和"可供家庭使用的本地资源质量(如公园、图书馆、儿童保育设施等)影响着发展的结果"(2002:86)。与贫困社区相比,富裕社区可以为孩子成长提供更多的支持性资源(Gandara, 2002)。

Mia Zhou 和 Carl Bankston(1998)发现,如同家庭与学生成绩之间的关系一样,社区结构有助于教育利益的直接获得。例如,因其语言障碍、对学校职员顺从的文化态度、有关美国教育系统如何运作以及大学准备程序信息的缺乏等因素,韩国移民家庭在孩子大学准备时处于不利地位(Hurh, 1998)。但是,在洛杉矶的韩国城,各种基于社区的要素分别提高了韩国大学适龄青年入学的可能性(Fann, 2001)。例如,韩语报纸和广播定期提供关于高等教育和帮助孩子有资格进入四年制大学的相关信息。私立韩国人辅导学校经常将提供院校信息作为服务的一部分。一些韩国教堂不仅举办学术能力测试备考讨论会,同时初高中学生通过与参加教堂活动的大学毕业生的非正式交往还可以获得上大学的信息。

地理位置:农村学生的入学　学术界考察教育机会问题的一个迟迟未受到重视的视角就是地理位置,现在,越来越多的研究开始关注这个问题,具体地说,就是关注来自农村地区的学生(Apostal and Bilden, 1991; Haller and Virkler, 1993; McDonough and McClafferty,2001; McGrath, et al., 2001)。农村学生很少能上大学,即便他们可以与城市学生竞争(Adelman, 2002),同时在农村,对大学招生政策的理解也多有偏误且不充分(McDonough, McClafferty, and Fann 2002)。来自农村的黑人女性和拉丁裔学生的入学增长率明显低于他们在大都市的同辈群体。美国国家教育统计中心（NCES，2002）发现，综合考虑性别和种族因素，尽管农村高中的毕业率比城市高，但进入两年制和四年制大学学习的学生仍然较少。这使我们不得不去了解农村学生所面对的特殊的入学障碍。

农村学生与四年制大学无缘的首要障碍通常是资金的缺乏，这可以从学生关于承受能力、中学后教育实际开支、成本收益分析以及渴望早日挣钱等观念中获知，而成本收益分析使得学生把本地社区学院排在花费最少的选择中（McDonough and McClafferty，2001）。农村社区能给大学毕业生提供的就业机会很少，因此也就降低了就读大学的渴望（Ward，1995）。

农村学生没有机会学习是另一个显著的阻碍，这源于农村学校没有充足的资源吸引优质师资，配备足够的技术设备，以及提供整套的大学入学准备、大学预修课程、优等生课程和扩展计划（McDonough，McClafferty，and Fann，2002；Paval，1999；Ward，1995）。与四年制大学接触较少也是一个重要原因。地理上的挑战包括物理的与社会的距离，同时也包括焦虑所产生的陌生感。许多学生不想离开家或是熟悉的环境，因为他们不知道其他地方或大学校园是什么样子（McDonough and McClafferty，2001）。缺乏对中学后教育机构的了解会降低农村学生上大学的抱负。对于许多农村居民而言，交通不便是阻碍其就读社区学院的一个真正原因，甚至是就读四年制大学更大的一个障碍。即便是有车的学生，往返于家庭、工作地点和学校之间的长途跋涉也会极大地降低就读大学的可能性（McDonough and McClafferty，2001；Ward，1995）。

在关于不平等的后续研究中，研究课题发现这些问题必须进一步分解为身份特征，如种族和族群识别，以及地理位置问题。高等教育入学研究必须使用新的框架，如文化财富框架，以及整合的框架，如社区生态框架，以便提供更强大的分析方法，比目前的分析框架更准确地捕捉学生的生活经验。

组织层面的分析

个体层面的所有因素都受到以下几方面的影响或限制:K-12 学校的实践与职员情况;与大学的亲近度;中学后教育机构花费与招生要求;基于谁应得大学教育这个问题认识上的政治性政策,这些政策是通过财政资助、肯定行动以及问责制计划而得以实施的。现在,我们将对 K-12 学校的研究、扩展计划以及中学后机构的研究加以回顾。

K-12 学校 不断有研究表明,学生能否形成早期的上大学抱负,并于高中毕业后直接升入大学,与其学业准备有最大的关系(Adelman, 2002;Cabrera and La Nasa, 2000;Hossler et al., 1998;Perna, 2005;Stampen and Fenske, 1988)。尤其是作为入门课的数学课,能否完成高等数学课程,极大地影响着学生升入大学的机会(Adelman, 2002;Perna, 2005)。那些低收入家庭学生与少数族群学生就读的学校,大多情况下都很少为学生提供严格、标准的指导。

50 年前,在布朗诉托皮卡教育委员会案件中(Brown v. Board of Education of Topeka),美国宣布公立学校内种族隔离是非法的,然而我们今天的教育系统中却充斥着教育不平等与种族隔离。K-12 的学生在种族隔离状况十分严峻的学校里接受着教育(Kahlenberg, 2004;Orfield, 1996)。黑人学生与拉丁美洲学生集中在高辍学率的学校,这些学校不具备任何的为升入大学做准备的能力(Orfield, 1998)。

K-12 学校系统通过实践与政策把守着通入大学的大门,因此,我们可以发现,贫困学生及少数族群学生很大可能只接受职业教育与基础教育(Oakes, 1985;Oakes et al., 2002)。学校拟定课程的方式、信息获取的渠道及上大学的咨询建议传递给学生关于自身升学能力很有效的信息,尤其是对于那些只能依靠学校来获取大学信息的贫困的、新移民学生而言,学校的作用尤为关键。

高中毕业生的大学入学率并不是一个问责指标,也不能说明学校的工作状况。学校升学顾问应帮助学生为获取上大学的资格做准备,然而,多数公立高中的升学顾问都未受到过正规的培训,这就使其本应发挥的作用受到了限制(McDonough,2004)。

研究表明,升学顾问影响着学生的抱负、计划、入学以及经济资助等相关知识。经常与升学顾问进行会面,会增加学生获取升入四年制大学的机会。如果学生、父母与升学顾问之间能够共同努力、沟通流畅,学生进入大学的机会就会大大增加。有研究这样解释,社会经济地位对于低收入家庭学生进入大学的影响是因为他们缺少升学顾问的咨询服务(King,1996;Plank and Jordan,2001)。

升学顾问在大学升学准备与咨询服务过程中会产生以下几方面的影响:(1)安排信息发布与组织活动,培育学生上大学的抱负,帮助学生了解大学及其重要性;(2)帮助父母懂得他们在培育学生上大学的抱负、确立大学期望以及激发其升学动机方面所起的作用;(3)帮助学生做好升入大学的学业准备;(4)支持并影响学生上大学的决策;(5)在组织上使学校不偏离其在大学升学中的使命(Hossler,Schmit,and Vesper,1998;Mcdonough,2004)。

然而,在公立学校的咨询服务中,首先考虑的任务是计划、检测与纪律;其次是辍学、吸毒、怀孕的预防,性问题与个体危机的咨询,打扫和午餐拖拉的监督等。一项关于升学顾问时间安排状况的研究发现,他们只有13%的时间花在大学升学指导上(Moles,1991)。通过对比,发现私立大学预科学校的大部分学生都升入了大学,这些学校提供升学顾问,他们会全身心致力于为学生提供大学升学方面的咨询服务。

大多公立学校缺乏升入大学方面的咨询服务,学生数与升学顾问之间的比率极大地恶化了这种状况。根据全国大学入学咨询协会的数据,全国学生数与升学顾问的平均比是490∶1(Hawkins,2003)。一些州的平均比高达994∶1;在贫穷学生与有色人种学生居多的学校,这一比例达到1056∶1,甚至更高(Mcdonough,2004)。加利福尼亚州的高中生人数与升学顾问的平均比为979∶1(CED,2000)。显然,如此的比例不允许升学顾问做到对个体的关注,即使其有意去努力,结果也不尽如人意。

多项研究发现,改善咨询服务会对低收入、农村、城市以及有色人种的学生的大学升学产生很大的影响(Gandara and Bial,2001;King,

1996；Mcdonough，2004；Plank and Jordan，2001）。具体来说，如果升学顾问们能在大学升学过程中积极地支持学生与家长，而不仅仅是散发信息，就会增加学生升入四年制大学的机会。

咨询服务经常与学生班级分轨紧密相关。不是为升入大学做准备的班级的学生不会接受到关于大学的信息。与同龄白人学生相比，美国黑人学生与拉丁美洲学生，进入到非大学班级的可能性明显要大，并且他们上大学的计划也会更多地受到高中升学顾问积极或消极的影响（McDonough，2005a；Plank and Jordan，2001）。然而，恰恰就是这些学生拥有升学顾问的可能性最小，而且，即使有升学顾问，很大可能性就是这些升学顾问准备不足，或者因为别的任务而脱离大学咨询服务工作。另外，研究发现，由于在咨询服务过程中存在种族或社会经济方面的偏见，这些学生们经常对这些升学顾问表现出根深蒂固的不信任（Grandara and Bial，2001）。

学生在学校能否得到大学咨询方面的服务，以及辅导员在学生选择课程中发挥的作用，共同决定了学生会获得多少大学选择方面的信息、学生如何使自己能有资格进入四年制大学以及是否会选择职业道路（Freeman，1997；McDonough，1997；2004；2005b）。美国黑人学生和拉丁美洲学生长期接受低质量的咨询服务，原因在于升学顾问们倾向于关注那些被预先认为会成功的学生（Hawkinds，1993：14；Smith，2001）。

教师在大学入学中也发挥着重要的作用，尽管我们对其影响有所研究，但是这方面的研究却并未被纳入大学入学不平等的研究中。1970—1988年间，美国黑人学生与白人学生之间在教育成就方面的差距已经缩小了50%，但这一进展趋势却在1988年开始停滞（Haycock，2001）。Kati Haycock证实，大多低收入家庭学生和少数族群学生与白人学生之间存在的"机会差距"（opportunity gap），是因为教师未能发挥其应有的有效作用，这可以通过五个指标来测量。她指出，"系统地"教授贫困学生与有色人种学生的教师，由于缺乏其领域应有的知识，因此他们的影响力较差；他们比较缺乏经验；他们只具有应急教学的资格；他们在标准化考试、教师资格认证考试、教师基本技能评定考试、大学招生考试等各项考试的成绩都较低；与那些社会经济地位高的教师相比,他们大部分毕业于非选择性的本科学院(Haycock,2004)。基于以上发现,她提出改善 K-12 教育的两个重要组成部分,即开设富有挑战性的课程与聘任高效的教师。

研究告诉我们,对上大学抱有高的期望,并能够接触到一个密切关注学生教育成功的细心的、知识渊博的成年人是关系到学生的高中学业成绩与大学升学的关键因素(Gandara and Bial, 2001)。教师能够而且也的确影响着学生的学业准备、学习机会、自尊心以及获得成功的动力。不幸地是,教师对于种族、族群、社会阶层的信念极大地影响了他们对学生的期望。他们的主观判定又继而影响了他们对学生学习能力与动机的评价,这又会影响教师与学生的互动、教师支持学生的方式、教师是否给予或者给予学生多少学习和超越的机会、教师给予学生的建议,以及与学生家庭的互动等(George and Aronson, 2002; Oakes, et al., 2002)。

多项教育研究与政策报告证明了在 K-12 公共教育系统中,社会经济地位低的学生和少数族群学生的不平等状况(Bill and Melinda Gates Foundation, 2003; Callan and Finney, 2003)。有证据表明,学生从小学到中学,他们的学业成就差距愈益扩大(Obidah, Christie, and McDough, 2004)。经验性证据显示,学校剥夺了低收入家庭学生、移民学生及有色人种学生学习的重要机会,这使人震惊,因为他们剥夺了学生的必要条件:书籍、合格教师和安全的学习场所(Oakes, 2004)。

现有初中与高中结构的不完善,使少数族群、低收入家庭以及新移民的学生不能进入大学(Martinez and Klopott 2003)。据亚斯本学院(the Aspen Institute)报告显示,二十多年来,我们十分清楚美国高中的一些重大缺陷,尽管我们对这些失败都进行了详细的说明与评述,成功的高中与不成功的高中之间的问题与差距仍在加大,并且"多数中学不愿接受改变"(McNeil, 2003:5)。

当前,人们要求 K-12 学校系统进行改革,由此教育者与政策制定者受到强烈的抨击。大多数要求的改革不是为增加大学入学机会,其核心是为了提高改善大学入学机会的重要前提条件——提高学业成绩。几乎所有的关于 K-12 学校条件的政策与研究报告都一致认为,我们需要全面的改革,以实现国家应让全体公民接受教育的法定义务,缩小大学升学学业准备方面的差距,并且提高学生学业水平以达到基本问责标准要求(Callan and Finney, 2003; Bill and Melinda Gates Foundation, 2003; Oakes, 2004)。

  Monica Martinez 与 Shayna Klopott(2003)发现,这些改革措施中最有可能实施并产生成效的是:更为严格的为所有学生设置的学业课程、学业与社会的支持、小范围的学习环境以及 P-16 ①连贯课程。把课程、高中毕业要求与大学入学要求相挂钩,会确保学生能够不间断地为学业成功进行准备,会使得学生意识到人们对他们的学业期望,并且为大学入学做好准备(Kirst and Venezia 2004; Martinez and Klopott 2003)。

  扩展项目 通常,低收入家庭学生与少数族群学生会进入那些不能为他们提供进入竞争力强的大学准备机会的高中,因为这些学校缺少合格教师与提供大学咨询服务的升学顾问,优等生课程和大学预修课程班级设置不充足。设立大学前扩展或干预项目是为学校与社区的学生升入大学准备提供有益的资源补充。

  从 20 世纪 60 年代开始,高等教育的领导、政策制定者、拥护者及慈善家设立了扩展项目,为优秀学生提供进入大学的必要准备与帮助。1964 年,总统 Lyndon B. Johnson 的"向贫困宣战"(War on Poverty)运动中期,国会建立了"向上跃进"(Upward Bound)项目作为首项联邦政府干预项目。1965 年的高等教育法案设立了 TRIO 项目,在"向上跃进项目"的基础上,增添了"天才搜寻项目与学生支持服务项目"(Talent Search and Student Support Services),继而又建立了干预项目的联邦财政保险基金会。TRIO 项目的设立初衷是为低收入与新移民的高中生提供大学信息与学业支持,以便他们能够为成功申请大学做好准备。尽管 TRIO 项目是为这两个通常会有所重合的群体服务,但那些经济困难的学生群体在这个项目中可以获得优先权。

---

  ① P-16 教育是一种从儿童的早期一直延伸到四年大学程度的联贯的教育制度,是对美国现状做出的教育组织结构上的改革。其中的 P 是指学前教育,16 则是指学生到大学四年级毕业时接受学校教育年限为 16 年。P-16 强调学生学习的连续性,强调各个教育阶段的联系而不是隔离。——译者注

在随后的政策方针下,增加了更多的 TRIO 干预项目,包括 Ronald Mcnair 学士后项目、退役军人向上跃进项目(Verterans Upward Bound)、教育机会中心项目(Educational Opportunity Centers)、向上跃进数学/科学项目(Upward Bound Math/Science)。1998 年,国会创立了 GEAR-UP 项目(为大学入学培养早期意识与做好准备项目,Gaining Early Awareness and Readiness for Undergraduate Program),这是一个帮助学生从六年级开始克服高等教育入学机制中社会与文化障碍的资助项目。以上这些项目占到 2002 财政年联邦政府预算中的 10 亿美元。

GEAR-UP 项目代表服务于学生的一种新的联邦模式。这一项目首先确定需要帮助的学生群体,然后为他们提供服务,有系统地与学生、学生家庭、学校及非学校合作人士进行合作,帮助学生与家长获得关于大学的知识、大学的潜在好处以及上大学的准备需要。GEAR-UP 是一项全面的项目,它具有几项重要的特征:通过有组织的、合作的方式在地方教育代理机构、社区群体、家庭、大学间建立合作关系;关注学生及其家庭;系统地关注学生群体。事实上,更新的早期干预项目开始于中学时期,因为研究已经证实,学生上大学的抱负形成得越早,他/她上大学的可能性就越大。

除联邦政府所做出的努力外,至少有 15 个州开展了各自的干预项目与运动。这些项目涉及了早期大学信息与意识的方方面面,例如加利福尼亚的大学"促使其成真"的中学家长运动、佐治亚州的希望奖学金项目、明尼苏达州的"做好准备"项目、罗得岛州的为了接受高等教育的儿童改革运动等等。此外,许多私人项目也进行了对大学准备方面的干预。其中,最有名的可能就是 Eugene Lang 的"我有一个梦想"项目,其对 26 个州的 13,000 名低收入家庭的学生进行了经济资助(Perna and Swail, 2002)。其他的一些项目也都迅速发展起来,如 AVID 项目(通过个人的决定而提高,Advancement Via Individual Determination)与 MESA 项目(数学、工程与科学成就,Mathematics, Engineering, and Science Achievement)。

联邦与州的努力是重要的,但是在大学扩展项目中发挥主要作用的是大学。三分之一的大学设置了一些扩展项目,为那些低收入家庭、新移民及有色人种学生上大学提供帮助。大多数的大学干预项目努力为学生个体增进机会，而不是要改变学校的结构或功能，因此，这些项目是以学生为中心的，而非以学校为中心。正如我们可以看到的，上述情况的问题在于，入学机会是一个制度的问题，不是个体的问题。此外，扩展项目的设计存在着不公平，因为针对的是比例很小的部分学生，它们没有也不能为所有的学生提供持续性的服务。同样在项目设置方面，干预项目属于 K-12 学校外部的项目（Gandara and Bial，2001；Kirst and Venezia，2004），因而是补充性的，不能从根本上改变学校的课程、学校间的相互作用或对学生潜力的成见。Patrica Gandara 和 Deborah Bial 发现"学生们面临同样的学校实践环境，结果证明，对他们来说是失败的"（2001：xi）。没有 K-12 学校系统的核心学术服务，仅仅有干预努力是不够的（Gandara and Bial 2001；Perna 2005；Perna and Swail，2002）。

因此，毋庸置疑，干预项目对学业成就几乎没有产生什么影响。然而，干预项目能够将危险（at-risk）青年的大学入学率提高 2 倍（Horn，1996），提升学生的教育抱负（Gandara，2002），增加学生的教育与文化资本资产（Gandara and Bial，2001），并且可以提高大学的入学率与毕业率。通常是那些早期期望与成就较低的低收入家庭的学生在这些方面获益最大。

早期干预项目最重要的长处在于他们如何充分地提高那些少数学生上大学的意识与准备，以及其家庭及早对此产生积极的影响。此类项目已经成为国家、州及地方的制度策略日益重要的一部分，在很多州推翻了肯定行动之后尤是如此。然而，我们的扩展项目不是一个能系统地解决所有人的教育机会均等政策问题的办法，它仅是一种教育优先分配的体系。我们把稀缺的教育资源进行分类，并分配给学生，但是多数评估显示，我们目前能够满足符合要求或具有此类需要学生总人数的 10%。如果要服务于所有的满足条件的学生，则需要花费 60 亿美元（McDonough，2004）。

招生 大学的招生人员为学生提供信息，对学生进行鼓励。然而，比起那些在郊区学校就读的学生，即使是那些在中心城市高中班级中排名领先的学生，与大学招生人员接触的可能性也很小。同样，这些学生也很难参观某个大学校园、获取满足大学合格条件与选择的最基本的必要信息。同时,在很多中心城市学校(包括农村学校),军队征募人员会有一周时间在校园停留,他们在学生了解将来服役的经济好处方面,发挥了有效作用(McDonough,1999,2001)。

军队征募人员使用完善的市场调查来怂恿并说服高年级的学生不要上大学,而是进入军队。此外,军队征募人员能够成功地解释复杂的合约以及比大学更好的经济保证,因此在吸引低收入家庭学生方面,他们通常要比大学招募人员成功很多(McDonough,1999)。在一份政策文件中,D. M. Stewart(1988)讨论了在影响学生所理解的职业选择方面,大学董事会的市场营销活动与军队的资源无法相抗衡。因为全国军队征募人员肩负帮助军队提高参军人员层次的任务,所以吸引低收入与有色人种高中学生参军的征募人员正在增加(Moehringer, 2004)。在一些缺乏大学咨询服务的升学顾问的大城市学校中,军队征召人员有意识地将自己变成学生的建议者和指导教师(McDonough and Calderone,2006)。

中学后机构 在大学入学不均等的调查中,大学类型是一个十分重要的因素。大学入学研究几乎都只集中在四年制大学机构,特别是在精英大学和选择性大学的入学上(Adelman, 2002; Baker and Velez, 1996; Kirst and Venezia, 2004)。Adelman指出,大学入学研究的重点只聚焦于精英大学,"对于那些不计成败努力提升高等教育水平的大学来说,既不明智也不仁慈,更不用说那些进入这些机构而对选择性学校观念淡漠的大多数学生了"(2002:39)。对大多数社区学院的学生来说,"不是在社区学院与拥有高级住宿条件的大学之间进行选择,而是除了前者,就别无他选"(Cohen and Brawer, 2003:53)。

两年制学院注重特殊学生群体,诸如传统的黑人学院(HBCs)、拉美学院(HSIs)、部落学院(TCs),以及女子学院,这些学院为就读的学生提供几种重要的升学途径(Townsend 1997)。例如,部落学院就成功地提高了部落学生的学业成就、转学及四年制的学位获得(AIHEC, 1999,2001; Benham and Stein, 2003; Stein, 1999)。

调查显示,与四年制大学为起点的学生相比,两年制大学为起点的学生中有15%的人很难得到学士学位,而开始于社区学院的有意要转学的学生全国只有 22% 会实际这么做(Cohen and Brawer, 2003)。然而,两年制学院从经济上、地理上及学业等方面来讲都是女性、少数族群及农村地区学生获得高等教育的最有可能的途径(Townsend, 1997),也是大学入学领域有价值的研究点。大学入学的研究者忽略了这些机构,未来的研究需要调查这些机构是恶化还是改善了中学后入学方面的不平等。

领域层面的分析

尽管个体与组织层面的研究对理解大学入学有着重要的贡献,但学者们未能同时全面地交叉横穿这些层面,因而只能理解这一领域中的一小部分,并且可能对一些重要的相互作用与发展动力缺乏相应的了解。领域层面的分析集中于学校、专业、招生技术宏观层面的变化,其目的是要理解学生的观念与行动如何产生于以及影响组织与制度的观念与行动的。

财政资助 收入与上大学无疑是有着直接关系的(Baker and Velez, 1996;Fitzgerald and Delaney, 2002;Heller, 1999;Paulsen and St. John, 2002;Spencer, 2002;Stampen and Fenske, 1988)。自1970年起,最低收入与最高收入家庭的学生在上大学问题上保持着稳定的差距,哪怕是那些学业准备最充分的学生也是如此(Fitzgerald and Delaney, 2002)。

学费与其他大学费用也都影响着高等教育的入学,其直接的影响是对费用与可获得的经济资助的反应,间接的影响反映在对大学费用支付能力的观念与期望上(Fitzgerald and Delaney, 2002;Paulsen and St. John, 2002)。研究发现,早日获得经济资助方面的知识能够提高上大学的可能性、增加中学后学生可考虑的选择。

1965年,《高等教育法案》(Higher Education Act)颁布,这是总统 Johnson "向贫困宣战" 运动的一部分,其直接目的是要通过拨款给那些学术准备充分、经济需要又未能得到满足的学生们,来拓大其高等教育入学机会(Baker and Velez, 1996;Fitzgerald and Delaney, 2002;

Paulsen and St. John,2002;Spencer,2002;Stampen and Fenske, 1998)。另一个目的是为低收入家庭学生在公立与私立学校之间提供一个适中的选择(Fitzgerald and Delaney,2002)。经济负担是阻碍中学后大学入学的一个重要原因,这也是最容易补救的(Spencer, 2002)。由于这一原因,在政策领域内,财政资助与大学费用被认为是大学入学的必要条件(McDonough,2004)。

为低收入家庭学生提供愈益增多的助学金支持是改善大学入学机会相对简单的方法,这已经获得清晰的反复验证(Fitzgerald and Delaney,2002;Heller,1999;Paulsen and St. John,2002;Spencer, 2002)。然而,从1978年开始,《中等收入资助法案》(Middle Income Assistance Act)扩大了中等收入家庭与较富裕家庭的获得经济资助的机会,这一趋势在20世纪80年代得到发展,今天依然在持续着,其形式是减少助学金数额,增加学生对贷款的依赖性,此项政策有效地限制了许多低收入家庭的学生与有色人种学生的大学入学机会(Baker and Velez,1996;Fitzgerald and Delaney,2002;Heller,1999;Paulsen and St. John,2002;Spencer,2002;)。通过学费税收信用制度,这一政策趋势与实践有效地优先考虑了广大中产阶层对支付能力的关注,联邦政府在这方面的支出要超过所有联邦学生资助额(Spencer 2002)。在制度层面,选择性大学现今意欲将资金不合理地分配给面向优秀学生的项目,这将会继续使那些拥有较多学习机会的中等与上层阶层学生获益。

招生政策与实践 从1970年开始,很多公立与私立学校都被归为"竞争性"(competitive)学校,或者被划分为"最难得到认可的学校",同时还有很多公立大学被认定为"选择性"(selective)学校,属于竞争性一般的学校。在不确定的招生环境下,学生填写大量的申请表来降低其落榜的风险,因此,大学的生产率(yield rates)——被录取学生的实际招生百分比——大大地下降了(McDonough,2004)。

防止生产率下降的一种流行的保护手段是提前录取,这也能帮助提高一所大学在"美国新闻与世界报道(U. S. News and World Report)"中的年度排名位置(Avery, Fairbanks, and Zeckhauser, 2003)。大约1/3的四年制大学(主要为选择性大学)施行了"提前录取"(Early decision)的计划,这个计划允许学生提前申请,提前接收到录取或拒绝的消息。一旦学生被某大学录取,这个大学就会采取录取与注册捆绑的措施,即在这个学生收到其他学校录取决定或经济资助之前必须注册这所大学。提前录取计划具有提前申请与大学快速决定的特点,但是学生没有义务一定要入学。批评者们指出,这些计划造成了申请者的紧张与焦虑,他们在没有收到更多的录取通知情况下做出最终决定,这赋予了那些来自资源丰富高中的白人与富裕申请者一些特权,造成那些"常规"申请渠道的申请者更加激烈地争夺剩余的位置。这些计划有效地使录取机会翻倍,或者等于给提前申请者学术能力测试增加了100分(Avery, Fairbaks, and Zeckhauser, 2003)。2006年下半年,哈佛大学与普林斯顿大学在实验的基础上决定停止使用提前录取计划。只要"美国新闻与世界报道"在排名方法中使用提前录取指标,就很难清楚地知道是否会有更多的院校效仿上述两所学校。

有关"中学到大学的过渡"问题主要关注的是招生政策与对特定学生群体的优先权。在过去的几年内,美国媒体进行了大量的报道,呼吁废除对遗产捐赠者的优先选择招生权。甚至从遗产招生政策中获益的美国总统及其他的国家领导人也共同参与支持废除这项政策。

促使学生主体多样化的"肯定行动"计划,其作用导致人们进行了永无止尽的诉讼、辩护与调查研究。最高法院规定,大学可以继续施行种族意识(race-conscious)招生政策,但是大多数法律分析家建议大学谨慎行事。最新分析表明,作为"肯定行动"的备选方案,各州不同的百分比计划,都证实几乎不可能使得更多的美国黑人与拉丁美洲学生进入竞争性更为激烈的大学(Carnevale and Rose, 2003)。此外,由于现今进入大学的贫穷学生数量较低乃至停滞,其他的研究者支持在现有的"肯定行动"中融社会经济地位的多样化于计划目标中(Carnevale and Rose, 2003)。实际上,Anthony Carnevale与Stephen Rose研究发现,今天,在竞争性较强的大学中,尽管美国黑人学生与拉丁美洲学生共占12%的比例,社会经济地位排在倒数25%的学生中,在这些学校的在校生比例仅有3%(社会经济地位排在后50%的学生中,在校生也只占10%)。

这里的研究综合表明,大学入学的障碍主要来自经济与学业,另外还取决于对提前录取信息的需求是否满足、是否有更多更好的训练有素的大学咨询顾问、大学准备过程中家庭参与的机会与支持程度,以及不会加剧现存不平等的招生政策。然而,这些障碍中的四个方面——学业的、信息的、咨询的及家庭参与的需求——取决于 K-12 学校教育,并且,要具体地了解如何改善大学入学状况,就必定要更多地了解 K-12 学校教育。

创业型的招生部门 因为进入高选择性的、精英大学的竞争日益激烈,社会经济地位具有优势的申请者与其家长——拥有经济、社会、文化资本,可以让他们的孩子更具有符合要求的竞争力——通过雇佣家庭教师、学术能力测试私人教师以及私人升学顾问来帮助孩子成功应对招生过程(McDonough 1994;McDonough et al., 1998;McDonough, Ventresca, and Outcault, 2000)。3% 的高社会经济地位、决心上大学的学生都会拥有私人升学顾问,为这些学生提供高度专业化的大学招生知识,提供长期的一对一的入学咨询服务,帮助他们成功通过整个大学的入学选择过程,同时根据学生的学业成绩,为其选择最适合激发他们抱负与兴趣的最可能被录取的院校(McDonough 1994, 1997;McDonough, Korn, and Yamasake, 1997)。

在一项关于大学排名杂志中,P. M. McDonough,A. L. Antonil,Marybeth Walpole 和 L. X. Perez(1998)研究发现,几乎有 4 万名应届的一年级学生(40%)利用这些出版物,这意味着在四年制大学中,大多数即超过百万的一年级学生没有使用此类出版物。毫无疑问,使用大学排名杂志的学生仍然是同样的社会经济地位高的学生,其家庭能够集合使用其他的资源,诸如家庭教师、学术能力测试准备,以及上述的私人升学顾问。这些杂志可以为在学中享有大学咨询顾问服务机会较少的学生提供潜在的廉价资源服务,所以它们可以成为上大学决策的"民主化知识"的一个来源(McDonough et al., 2000)。然而,显然这些杂志未能被那些学生利用,相反,这表明改变选择性大学招生领域状况的大学知识具有私有化与商品的特征(McDonough, Ventresca, and Outcault, 1998)。具有较强购买力的富裕家庭,继续发展新的策略来确保他们的孩子能够获得进入"最好"大学的机会,而拥有机会非常少的第一代移民学生获得学业资本并参与竞争仍然相当困难(Mc-

Donough, 1994; McDonough, et al., 1998; McDonough, Ventresca, and Outcault, 2000)。

不足之处

在结束对大学入学机会研究综述时,我们有必要指出分析中存在的两点不足之处。其一,我们只是关注期刊的文献资料,没有分析书籍或者其他任何书面的媒体(written media)。其二,我们只集中分析了6种期刊,这些期刊声望都很高。通常,此类期刊只代表一个领域的主流意识形态,并且很排斥新的理论和方法论。通过设计或默认,期刊可以发挥看门的作用,它代表了编辑与评阅者对严谨的并有前景的研究的看法。一般说来,像批判种族理论(critical race theory)这样新的理论,或者像生态文化家庭访谈(ecocultural family interviewing)这样新的方法论,在渗进主流之前,需要通过低层次期刊来证明自己。未来值得研究的一个途径将会是对这种现象进行分析,来观察范式转变的推动力来源,以及在新一代学者的著作得到权威期刊的认可之前,他们需要利用低层次期刊多长的时间。

结 论

从新千年的视角来看,高等教育社会学在持久的不公平问题,尤其是已经证实的大学入学机会不平等问题上,它提供了什么?需要什么?这些问题我们该如何看待?首先,美国的教育系统,包括高等教育,在优势群体与弱势群体、学生与资源分层、学生是否具有教育机会的学校环境,以及教育机会构成方面的家庭与社会力量影响(如家庭、财政资助政策及创业型的招生部门)仍然存在着严重的不平等。这些因素的影响是在学生的教育经历中逐渐积累并不断变化的。

其次,高等教育社会学关于大学入学的研究从对大学择校的社会心理学视角转变为对组织层面的分析,再到再制阶层结构的学校文化角色的文化分析。然而,我们认为,这些方面的知识进展是不够的。我们简要地表明,高等教育社会学需要吸收更多的质性研究方法论与自然主义方法论,以便提供更深的洞察力与更好的平衡。

Clark(1973)谈及到了教育不公平问题,但是在随后的年代里,很多大学入学的研究集中在个体层面的教育不公平。作为一个领域,我们需要更多的研究关注高等教育在缓和社会不公平方面的作用。令人担忧的是,尽管重大政策已实施 40 年,今天,但是低收入家庭与高收入家庭的学生间的大学入学率差距几乎与 20 世纪 60 年代没有什么差别(Gladieux and Swail, 1999)。正如我们在文中所论证的,我们仍然需要更多的组织层面与领域层面的研究。

我们认为,高等教育社会学需要进行综合性的探究,从中审视教育的整个系统以及系统之中不同个体的教育经历、形成教育中平等与不平等的关键指标与变迁。我们需要更加频繁地把研究范式转换成一种领域视角,调查不平等现象之间的相互联结性与依赖性。Edward St. John(2003)的研究是一个很好的范例,他把政策、经济与社会正义的框架很好地整合在一起,另外一个范例就是 Michael Kirst 与 Andrea Veneria(2004)的研究,他们把不同水平的教育集中整合到 P-16 的教育系统,这一系统更好地把 K-12 系统延伸到中学后的入学教育。

本文对多年的教育不平等的文献进行综述后认为,我们当前的研究论述忽略了学生的能动性,因而也就忽略了学生影响自身教育成就的能力。然而,我们依然要对学生准备上大学差异性以及大学入学竞争的制度提出质疑。大学入学的不平等是贯穿学生教育经历整个过程动态发展的累积性表现形式。因此,我们高等教育社会学者必须寻找途径在 K-12 学校与高等教育之间架设一座桥梁,因为缺乏重要的关于 K-12 状况社会学知识,我们将不会正确理解不平等的根源,因而也将难以充分地发展我们的理论与实践去解释这种持久的不平等。

本章开头,我们提到了 Clark 呼吁高等教育社会学家要关注高等教育机构之间的分层化问题。到目前为止我们已经揭示了这一领域中在大学入学方面,人们对阶层、种族/族群、文化之间的不平等开展的大量研究成果。除了大学入学,人们对资源与学生成就方面分层化也做了大量的研究。

同样在本章开头,我们复述了 Clark 的警告:高等教育社会学要避免成为一种"管理社会学",相反,要参与到微妙的平衡行动当中去,在关注让专业领域了解高等教育实践的需要时,也要专注于高等教育的不平等与分层化问题。然而,三十多年以来,决策者和实践者都认为我们的研究与他们是不相关的,这样的批评声持续不断(Kezar, 2000)。批评同样也指向了社会学学科本身,社会学一直在争取其存在的实用性,这一点从 2005 年度会议的副标题就可得以证实——"对社会学的兴起与衰落的意义的解释"。

实践者更擅长于为学者们建立桥梁,以强调实用性,并且在研究、理论与实践之间建立更好更常规的联系。最近强调这一问题的两个值得注意的团体是"社会科学研究委员会"(Social Science Research Council)与"大学网络通道"(Pathways to College Network)。这些研究组织通过会议与共同的数据库把实践者与学者召集到一起,共享研究的最新发展情况与实践者的创新。这两种组织创造了富有成效的途径进行更为广泛的综合工作,从而鉴别关键的知识差距(knowledge gaps),并且引导研究指向更迫切的领域。每一个组织,无论是相互独立还是联合的,都为研究确定了潜在的资金来源。

对于大学入学研究的进展情况,我们仍有两个顾虑,即私有化与领域矫正(field correctives)问题。我们相信私有化对大学入学平等具有一定的威胁。已经出现的私有化形式之一是私有生产者进入原先属于公共所有的市场。在大学入学中,这种私有化形式已经影响到咨询服务、知识(指导手册与其他资源)、测试准备以及其他更多的层面(McDonough et al., 1998)。随着私有化,与社会产品的公平享用、人才最优化配置、分配公正相关的公共目标的问责被忽略,甚至被取消。随着私有化的普及,那些已经拥有资源、信息及文化资本的群体会进行进一步的积累,大学录取标准变得更加严格,由于富有家庭的学生受到了更多的帮助与指导,大学入学机会均等就会变得更加难以控制。

为了推动这一领域能够对未考虑的与考虑不足的问题都有所关注,我们需要思考领域矫正难题。从根本上来说,个体的偏好(个体学者用他们希望的理论和方法论方式所选择的追寻问题的累积性选择)

塑造成领域,同时还有期刊的选择与任期的要求。然而,领域需要周期性地再评估,鉴别其中的空白,以便学者进行补充。正如我们所提及的方法之一就是,进一步分解地位特征,如种族与族群群体、农村与移民学生、非传统型学生、被收养的学生及其他被忽视的群体。

过去的 50 年里,我们所研究的大学入学问题,是教育机会均等过程中的一部分。把平等的大学教育机会作为美国公共政策的一个奠基石,我们的民主制度为此感到骄傲。然而,由于疏忽,我们已经从平等的大学教育机会的承诺中后退,由于市场交易、招生要求以及联邦政府和州政府的问责等原因,我们忽略了学校之间的差异,对学生的帮助也已经转向中等阶层。更深入的研究会对上述的趋势产生影响,这是我们的愿望,也是我们的目的。

参考文献

Adelman, C. 2002. "The Relationship between Urbanicity and Educational Outcomes." In *Increasing Access to College: Extending Possibilities for all Students*, ed. W. G. Tierney and L S. Hagedorn, 15—34. Albany: State University of New York Press.

AIHEC (American Indian Higher Education Association). 1999. *Tribal Colleges: An Introduction*. Washington, DC: AIHEC.

——. 2001. *Tribal College Contribution to Local Economic Development*. Washington, DC: AIHEC.

Alien, W. R. 1988. "Black Students in U. S. Higher Education: Toward Improved Access, Adjustment, and Achievement." *Urban Review-20* (3): 165—88.

Alien, W. R., M. Bonous-Hammarth, and R. Teranishi. 2002. "Stony the Road We Trod: The Black Struggle for Higher Education in California." Research report, Choices: Access, Equity, and Diversity in Higher Education. Los Angeles: University of California-Los Angeles.

Apostal, R., and J. Bilden. 1991. "Educational and Occupational Aspirations of Rural High School Students. *Journal of Career Development 18* (2): 153—60.

Astin, A., and L. Oseguera. 2004. "The Declining Equity of American Higher Education." *Review of Higher Education* 27 (3): 321—41.

Atkinson, R. C., and R A. Pelfrey. 2004. *Rethinking Admissions: US Public Uni-*

versities in the Post-Affirmative Action Age. Center for the Study of Higher Education Research and Occasional Paper Series CSHE. 8. 04. Berkeley: University of California. Available at http://ishi. lib. berkeley. edu/cshe/.

Attanasi, L. C. 1989. "Getting In: Mexican Americans' Perceptions of University Attendance and the Implications for Freshman Year Persistence." *Journal of Higher Education* 60: 247—77.

Avery, C., A. Fairbanks, and R. Zeckhauser. 2003. *The Early Admissions Game: Joining the Elite.* Cambridge, MA: Harvard University Press.

Baker, T. L., and W. Velez. 1996. "Access to and Opportunity in Postsecondary Education in the United States: A Review." *Sociology of Education* 69 (extra issue): 82—101.

Bastedo, M. N., and P. J. Gumport. 2003. "Access to What? Mission Differentiation and Academic Stratification in U. S. Public Higher Education." *Higher Education* 46: 341—59.

Benham, M. K. P., and W. J. Stein, eds. 2003. *The Renaissance of American Indian Higher Education.* Mahwah, NJ: Lawrence Eribaum Associates.

Bill and Melinda Gates Foundation. 2003. *High Schools in the Millennium: Imagine the Possibilities.* Seattle: Bill and Melinda Gates Foundation.

Cabrera, A. F., and S. M. La Nasa. 2000. "Understanding the College Choice Process." In *Understanding the College Choice of Disadvantaged Student*, eds. A. F. Cabrera and S. M. La Nasa. New Directions for Institutional Research 107. San Francisco: Jossey-Bass.

Callan, P. M., and J. E. Finney. 2003. *Multiple Pathways and State Policy: Toward Education and Training beyond High School.* Boston: Jobs for the Future.

Carnevale, A., and S. Rose. 2003. *Socioeconomic Status, Race/Ethnicity, and Selective College Admissions.* New York: Century Foundation.

Castillo, E. 1999. "Foreword." In *Exterminate Them! Written Accounts of the Murder, Rape, and Enslavement of Native Americans during the California Gold Rush, 1848—1868*, ed. C. E. Trafzer and J. R. Hyer. East Lansing: Michigan State University Press.

CDE (California Department of Education, California Basic Educational Data). 2002. "Student Counselor Ratios in California, 1992—2002." Available at www. cede. ca. gov/ds/sd/index. asp.

Ceja, M. 2000. "Understanding Chicana College Choice: An Exploratory Study of First-Generation Chicana Students." Ph. D. dissertation, University of California, Los Angeles.

Clark, B. 1960. *The Open Door College.* New York: McGraw-Hill.

——. 1973. "Development of the Sociology of Higher Education." *Sociology of Education 46* (Winter): 2—14.

——. 1983. *The Higher Education System: Academic Organization In Cross-National Perspective.* Berkeley, CA: University of California Press.

——. 1989. "The Academic Life: Small Worlds, Different Worlds." *Educational Researcher* 18 (5): 4—8.

Cohen, A. M., and F. Brawer. 2003. *The American Community College.* San Francisco: Jossey-Bass.

Coleman, J. S. 1987. *Public and Private High Schools: The Impact of Communities.* New York: Basic Books.

Cooper, C., R. Cooper, M. Azmitia, G. Chavira, and Y. Gullat. 2002. "Bridging Multiple Worlds: How African American and Latino Youth in Academic Outreach Programs Navigate Math Pathways to College." *Applied Developmental Science* 6 (2): 73—87.

Delgado, R. 1988. "Critical Legal Studies and the Realities of Race: Does the Fundamental Contradiction Have a Corollary?" *Harvard Civil Rights-Civil Liberties Law Review* 23: 407—13.

Deyhle, D. 1992. "Constricting Failure and Maintaining Cultural Identity: Navajo and Ute School Leavers." *Journal of American Indian Education* 31 (2).

——. "Navajo Youth and Anglo Racism: Cultural Integrity and Resistance." *Harvard Educational Review* 65 (3): 403—44.

Fann, A. J. 2001. "College Pathways for Korean Immigrant Youth in Korea-town: Community Support Networks." Paper presented to the annual meeting of Asian Pacific Americans in Higher Education, San Francisco.

——. 2002. "Native College Pathways in California: A Look at College Access for American Indian Students." Paper presented at the annual meeting of the Association for the Study of Higher Education, Sacramento, CA, November.

——. 2005. "Forgotten Students: American Indian High School Student Narratives on College Access." Ph. D. dissertation, University of California-Los Angeles.

Fann, A. J., D. Wilson., W. Teeter, C. Alvitre, and D. Champagne. 2003. "Tribal Partnership in Higher Education: Bridging Academic and Cultural Scholarship." Paper presented at the annual meeting of the Association for the Study of Higher Education, Sacramento, CA.

Fitwerald. B. K., and T. A. Delaney. 2002. "Educational Opportunity in America." In *Conditions of Access: Higher Education for Lower-Income Students*, ed. D. Heller.

Westport, CT: American Council on Education, Praeger Series on Higher Education.

Freeman, K. 1997. "Increasing African Americans' Participation in Higher Education." *Journal of Higher Education* 68 (5): 523—50.

———. 1999. "The Race Factor in African Americans' College Choice." *Urban Education* 34 (1): 4—25.

Friedel, T. L. 1999. "The Role of Aboriginal Parents in Public Education: Barriers to Change in an Urban Setting." *Canadian Journal of Native Education* 23 (20): 139—58.

Gandara, P. 2002. "Meeting Common Goals: Linking K-12 and College Interventions." In *Increasing Access to College: Extending Possibilities for all Students*, ed. W. G. Tierney and L. S. Hagedorn, 81—104. Albany: State University of New York.

Gandara, P., and D. Bial. 2001. *Paving the Way to Higher Education: K-i2 Intervention Programs for Underrepresented Youth*. Washington, DC: National Postsecondary Education Cooperative.

George, P. and R. Aronson, R. 2002. *How Do Educators' Cultural Beliefs Systems Affect Underserved Students' Pursuit of Postsecondary Education*? 'White paper sponsored by National Association of Secondary School Principals (NASSP) and Pathways to College Network. Boston: Pathways to College Network.

Gladieux, L., and W. S. Swail. 1999. "Financial Aid Is Not Enough: Improving the Odds for Minority and Low-Income Students." In *Financing a College Education: How It Works and How It's Changing*, ed. J. E. King. Phoenix: Oryx.

Haller, E. J., and S. J. Virkler. 1993. "Another Look at Rural-Nonrural Differences in Students' Educational Aspirations." *Journal of Research in Rural Education* 9 (3): 170—78.

Hawkins, D. 1993. "Pre-college Counselors Challenged for Misadvising Minorities: Full Array of Options Not Always Explained." *Black Issues in Higher Education*, July, 14—15.

———. 2003. *The State of College Admissions*. Alexandria, VA: National Association for College Admission Counseling. Haycock, K. 2001. "Closing the Achievement Gap." *Educational Leadership* 58 (6): 6—11.

———. 2004. "The Opportunity Gap: No Matter How You Look at It, Low-Income and Minority Students Get Fewer Good Teachers." *Thinking K-16* 8 (1):36—42.

Heller, D. E. 1999. "The Effects of Tuition and State Financial Aid on Public College Enrollment." *Review of Higher Education* 23 (1): 65—90.

Horn, L. 1996. *Nontraditional Undergraduates Trends in Enrollment from 1986 to*

1992 and Persistence and Attainment among 1989—90 Beginning Postsecondary Students. Washington, DC: U.S. Department of Education, National Center for Education Statistics.

Hossler, D., J. Braxton, and G. Coopersmith. 1989. "Understanding Student College Choice." In *Higher Education: Handbook of Theory and Research*, vol. 5, ed. J. Smart, 231—38. New York: Agathon.

Hossler, D., J. Schmit, and N. Vesper. 1998. *Going to College: How Social, Economic, and Educational Factors Influence the Decisions Students Make.* Baltimore: Johns Hopkins University Press.

Hurh, W. M. 1998. "The Korean Americans." In *The New Americans*, ed. R. Bayor. Westport, CT: Greenwood.

Hurtado, A. 2005. "Toward a More Equitable Society: Moving Forward in the Struggle for Affirmative Action." *Review of Higher Education* 28 (2): 273—84.

Hurtado, S., K. K. Inkelas, C. Briggs, and B. S. Rhee. 1997. "Difference in College Access and Choice among Racial/Ethnic Groups: Identifying Continuing Barriers." *Research in Higher Education* 38:43—74.

Immerwahr, J., and T. Foleno. 2000. *Great Expectations: How the Public and Parents—White, African American, and Hispanic—View Higher Education.* National Center Report 00-2. San Jose, CA: National Center for Public Policy and Higher Education and Public Agenda.

Jellison, H. J. 2002. "Buying Homes, Buying Schools: School Choice and the Social Construction of School Quality." *Harvard Educational Review* 71 (2):177—205.

Jencks, C., M. Smith, H. Acland, M. Bane, D. Cohen, H. Gintis, B. Heyns, and S. Michelson. 1972. *Inequality: A Reassessment of the Effect of Family and Schooling in America.* New York: Basic Books.

Jennings, M. 2004. *Alaska Native Political Leadership and Higher Education: One University, Two Universes.* Walnut Creek, CA: Altamira.

Kahlenberg, R. 2004. *America's Untapped Resource: Low-Income Students in Higher Education.* New York: Century Foundation.

Kezar, A. 2000. "Still Trees without Fruit? Higher Education Research at the Millennium." *Review of Higher Education* 23 (4): 443—68.

Kirn, K. S. 1999. "A Statist Political Economy and High Demand for Education in South Korea." *Education Policy Analysis Archives* 7 (19): 1—25.

King, J. 1996. *The Decision to Go to College. Attitudes and Experiences Associated with College Attendance among Low-Income Students.* New York: College Board.

Kirst, M. W, and A. Venezia, eds. 2004. *From High School to College: Improving*

Opportunities for Success in Postsecondary Education. San Francisco: Jossey-Bass.

Manski, C. F., and D. A. Wise. 1983. *College Choice in America*. Cambridge, MA: Harvard University Press.

Marbaix, J. R. 2004. "The Pivotal Decision". *Robb Worth Report: Wealth in Perspective*, May, 58—60.

Martin, J. 1992. *Cultures in Organizations: Three Perspectives*. Oxford: Oxford University Press.

Martinez, M., and S. Klopott. 2003. *Improving College Access for Minority, Low-Income, and First Generation Students*. Boston, MA: Pathways to College Network.

McDonough, P. M. 1994. "Buying and Selling Higher Education: The Social Construction of the College Applicant." *Journal of Higher Education* 65 (4):427—46.

——. 1997. *Choosing Colleges: How Social Class and Schools Structure Opportunity*. Albany: State University of New York Press.

——. 1999. *Doing Whatever It Takes: Conflict-Based College Admissions in the Post-Affirmative Action Era*. Paper presented at the annual conference of the American Educational Research Association, Montreal, Canada, April.

——. 2001. Testimony for California State Senate, Select Committee on College and University Admissions and Outreach, November 8.

——. 2004. *The School-to-College Transition: Challenges and Prospects*. Washington, DC: American Council on Education, Center for Policy Analysis.

——. 2005a. "Counseling and College Counseling in America's High Schools." In *The 2005-05 State of College Admission*, ed. David Hawkins. Washington, DC: National Association for College Admission Counseling.

——. 2005b. "Counseling Matters: Knowledge, Assistance, and Organizational Commitment in College Preparation." In *Preparing for College: Nine Elements of Effective Outreach*, ed. W. G. Tierney, Z. B. Corwin, and J. E. Colyar, 69—88. Albany; State University of New York Press.

McDonough, P. M., A. L. Antonio, M. Walpole, and L. X. Perez. 1998. "College Rankings: Democratized Knowledge for Whom?" *Research in Higher Education* 39(5):513—37.

McDonough, P. M., and S. Calderone. 2006. "The Meaning of Money: Perceptual Differences between College Counselors and Low-Income Families about College Costs and Financial Aid." *American Behavioral Scientist* 49 (12): 1703—18.

McDonough, P. M., and R. E. Gildersleeve. 2005. "All Else Is Never Equal: Opportunity Lost and Found on the P-16 Path to College Access." In *The SAGE Handbook for*

Research in Education: *Engaging Ideas and Enriching Inquiry*, ed. C. Conrad and R. Serlin. Thousand Oaks, CA: Sage.

McDonough, P. M., J. Kom, and E. Yamasaki. 1997. "Access, Equity, and the Privatization of College Counseling." *Review of Higher Education* 20 (3): 297—317.

McDonough, P. M., and K. A. McClafferty. 2001. *Rural College Opportunity*: *A Shasta and Siskiyou County Perspective*. Technical report to the University of California, Office of the President, and McConnell Foundation.

McDonough, P. M., K. A. McClafferty, and A. Fann. 2002. "Rural College Opportunities and Challenges." Paper presented at the annual meeting of the American Educational Research Association, New Orleans, April.

McDonough, P. M., M. Ventresca, and C. Outcault. 2000. "Field of Dreams: Organization Field Approaches to Understanding Transforming College Access, 1965—1995." In *Higher Education*: *Handbook of Theory and Research*, vol. 14, ed. J. C. Smart and W. G. Tierney, 371—405. New York: Agathon.

McGrath, D. J., R. R. Swisher, G. H. Elder Jr., and H. D. Conger. 2001. "Breaking New Ground: Diverse Routes to College in Rural America." *Rural Sociology* 66 (2): 244—67.

McNeil, P. W. 2003. *Rethinking High School*: *The Next Frontier for State Policymakers*. Aspen, CO: Aspen Institute.

Moehringer, J. R. 2004. "Tough Boots to Fill: Army Recruiters Take Orders to Boost Ranks Personally." *Los Angeles Times*, November 21, A1.

Moles, O. C. 1991. "Guidance Programs in American High Schools: A Descriptive Portrait." *School Counselor* 38 (3): 163—77.

NCES (National Center for Education Statistics). 2002. *Nontraditional Undergraduates*: *Findings from the Condition of Education 2002*. NCES 2002—012. Washington, DC: U.S. Department of Education. Available at http://nces.ed.gov/programs/coe/2002/analyses/nonraditional/index.asp.

Noguera, P. A. 2001. "Racial Politics and the Elusive Quest for Excellence and Equity in Education." *Education and Urban Society* 34 (1): 18—41.

Oakes, J. 1985. *Keeping Track*: *How Schools Structure Inequality*. New Haven: CT: Yale University Press.

——. 1989. "What Educational Indicators? The Case for Assessing the School Context." *Educational Evaluation and Policy Analysis* 11:181—99.

——. 2004. "Investigating the Claims in *Williams v. State of California*: An Unconstitutional Denial of Education's Basic Tools?" *Teachers College Record* 106 (10):

1889—906.

Oakes, J., J. Rogers, M. Lipton, and E. Morrell. 2002. "The Social Construction of College Access: Confronting the Technical, Cultural, and Political Barriers to Low-Income Students of Color." In *Increasing Access to College: Extending Possibilities for All Students*, ed. W. G. Tierney and L. S. Hagedom, 105—22. Albany: State University of New York Press.

Oakes, J., A. S. Wells, S. Yonezawa, and K. Ray. 1997. "Equity Lessons from De-tracking Schools: Change Agentry and the Quest for Equity." In *Rethinking Educational Change with Heart and Mind*, ed. A. Hargreaves, 43—71. Alexandria, VA: Association for Supervision and Curriculum Development.

Obidah, J., T. Christie, and P. McDonough. 2004. "Less Tests, More Redress: Improving Minority and Low Income Students' Academic Achievement." *Penn GSE Perspectives on Urban Education*.

Orfield, G. 1996. *Dismantling Segregation: The Quiet Reversal of "Brown v. the Board of Education."* New York: New Press.

———. 1998. "Exclusions of the Majority: Shrinking Public Access and Public Policy in Metropolitan Los Angeles." *Urban Review* 20 (3): 147—63.

Ouchi, W., and A. L. Wilkins. 1985. "Organizational Culture." *Annual Review of Sociology* 11:457—83.

Paulsen, M. B., and E. St. John. 2002. "Social Class and College Costs: Examining the Financial Nexus between College Choice and Persistence." *Journal of Higher Education* 73 (2): 189—236.

Pavel, D. J. 1999. "American Indians and Alaska Natives in Postsecondary Education: Promoting Access and Achievement." In *Next Steps: Research and Practice to Advance Indian Education*, ed. K. G. Swisher and J. W. Tippeconnic, 239—58. Charles, WV: Educational Resources Information Center (ERIC) Clearinghouse on Rural Education and Small Schools.

Pavel, D. M., R. R. Skinner, E. Farris, M. Calahan, and J. Tippeconnic. 1998. *American Indians and Alaska Natives in Postsecondary Education*. NCES 98—291. Washington, DC: U. S. Department of Education, National Center for Education Statistics.

Perez, L. X. 1999. "In Search of the Road to an Open College Door: The Interface of Individual, Structural, and Cultural Constructs in Latino Parents' Efforts to Support Their Children in Planning for College." Ph. D. dissertation, University of California-Los Angeles.

Perna, L. 2005. "The Key to College Access: Rigorous Academic Preparation." In *Preparing for College: Nine Elements of Effective Outreach*, ed. W. G. Tierney, Z. B.

Corwin, and J. E. Colyar, 13—28. Albany: State University of New York Press.

Perna, L., and W. S. Swail. 2002. "Pre-college Outreach and Early Intervention Programs." In *Conditions of Access: Higher Education for Lower-Income Students*, ed. D. Heller. Westport, CT: American Council on Education, Praeger Series on Higher Education.

Perna, L. W., and M. Titus. 2004. "Understanding the Differences in the Choice of College Attended: The Roles of State Public Policy." *Review of Higher Education* 27 (4): 501—25.

Pewewardy, C., and B. Frey. 2004. "American Indian Students' Perceptions of Racial Climate, Multicultural Support Services, and Ethnic Fraud at a Predominantly White University." *American Indian Journal of Education* 43 (1): 32—60.

Plank, S. B., and W. J. Jordan. 2001. "Effects of Information, Guidance, and Actions on Postsecondary Destinations: A Study of Talent Loss." *American Educational Research Journal* 38 (4): 947—79.

Schein, F. 1990. "Organizational Culture." *American Psychologist* 45 (2): 109—19.

Siu, S. 1996. *Asian-American Students at Risk: A Literature Review.* Report 8. Baltimore: Center for Research on the Education of Students Placed at Risk, Johns Hopkins University and Howard University.

Smith, M. J. 2001. "Low SES Black College Choice: Playing on an Un-level Playing Field." *Journal of College Admission* 71:16—21.

Solórzano, D. G. 1992. "An Exploratory Analysis on the Effects of Race, Class, and Gender on Student and Parent Mobility Aspirations." *Journal of Negro Education* 61:30—44.

———. 1995. "The Chicano Educational Experience: Empirical and Theoretical Perspectives." In *Class, Culture, and Race in American Schools*, ed. S. W. Rothstein. Westport, CT: Greenwood.

Solórzano, D. G., and O. Villalpando. 1998. "Critical Race Theory, Marginality, and the Experience of Students of Color in Higher Education." In *Sociology of Education: Emerging Perspectives*, ed. C. A. Torres and T. R. Mitchell. Albany: State University of New York Press.

Spencer, C. 2002. "Policy Priorities and Political Realities." In *Conditions of Access: Higher Education for Lower-Income Students*, ed. D. Heller. Westport, CT: American Council on Education, Praeger Series on Higher Education.

Stampen, J. O., and R. H. Fenske. 1988. "The Impact of Financial Aid on Ethnic

Minorities." *Review of Higher Education* 11 (4): 337—52.

Stein, W. J. 1999. "Tribal Colleges, 1968—1998." In Next Steps: *Research and Practice to Advance Indian Education*, ed. K. G. Swisher and J. W. Tippeconnic. Charleston, WV: ERIC Clearinghouse on Rural and Small Schools.

Stewart, D. M. 1988. "Overcoming Barriers to Successful Participation by Minorities." *Review of Higher Education 11* (4): 329—36.

St. John, E. 2003. *Refinancing the College Dream: Access, Opportunity, and Justice for Taxpayers*. Baltimore: Johns Hopkins University' Press.

Swail, W. S., and L. W. Perna. 2002. "Pre-college Outreach Programs: A National Perspective." In *Increasing Access to College: Extending Possibilities for All Students*, ed. W. G. Tierney and L. S. Hagedorn, 15—34. Albany: State University of New York Press.

Tate, W. 1997. "Critical Race Theory and Education: History, Theory, and Implications." *Review of Research in Education* 22:195—247.

Tejeda, C., M. Espinoza, and K. Gutierrez. 2004. "Toward a Decolonizing Pedagogy: Social Justice Reconsidered." In *Pedagogy of Difference*, ed. P. Trifonas. New York: Routledge.

Teranishi, R., M. Ceja, W. Alien, S. Suh, and P. McDonough. 2004. "Examining College Opportunities for Asian Americans: Ethnicity and Social Class at the Crossroads." *Review of Higher Education* 27 (4): 527—51.

Tierney, W. G. 1992. *Official Encouragement, Institutional Discouragement: Minorities in Academe, the Native American Experience*. Norwood, NJ: Ablex.

——. 1997. "The Parameters of Higher Education: Equity and Excellence in the Academy." *Review of Educational Research* 67 (2): 165—96.

——. 1999. "Models of Minority College-Going and Retention: Cultural Integrity versus Cultural Suicide." *Journal of Negro Education* 68 (1): 80—91.

——. 2001. "A University Helps Prepare Low Income Youths for College." *Journal of Higher Education* 72 (2): 205—25.

Tierney, W. G., and S. Auerbach. 2005. "Toward Developing an Untapped Resource: The Role of Families in College Preparation." In *Preparing for College: Nine Elements of Effective Outreach*, ed. W. G. Tierney, Z. B. Corwin, and J. E. Colyar, 13—28. Albany: State University of New York Press.

Tierney, W. G., and J. Colyar. 2005. "The Role of Peer Groups in College Preparation Programs." In *Preparing for College: Nine Elements of Effective Outreach*, ed. W. G. Tierney, Z. B. Corwin, and J. E. Colyar, 49—68. Albany: State University of New

York Press.

Tippeconnic, J. W. 1999. "Tribal Control of American Indian Education: Observation Since the 1960s with Implications for the Future." In Next Steps: *Research and Practice to Advance Indian Education*, ed. K. Swisher and J. Tippeconnic. Charleston, WV: ERIC Clearinghouse on Rural Education and Small Schools.

———. 2000. "Reflecting on the Past: Some Important Aspects of Indian Education to Consider as We Look toward the Future." *Journal of American Indian Education* 39 (2): 39—47.

Townsend, B. 1997. *Two-Year Colleges for Women and Minorities: Enabling Access to the Baccalaureate*. New York: Falmer.

Villalpando, O., and D. G. Solórzano. 2005. "The Role of Culture in College Preparatory Programs: A Review of the Research Literature." In *Preparing for College: Nine Elements of Effective Outreach*, ed. W. G. Tierney, Z. B. Corwin, and J. E. Colyar, 13—28. Albany: State University of New York Press.

Walpole, M. 2003. "Socioeconomic Status and College: How SES Affects College Experiences and Outcomes." *Review of Higher Education* 27 (1): 45—73.

Ward, C. 1995. "American Indian High School Completion in Rural Southeast Montana." *Rural Sociology* 60:416—34.

Zemsky, R., and P. Oedel. 1983. *The Structure of College Choice*. New York: College Entrance Examination Board.

Zhou, M., and C. L. Bankston. 1998. *Growing Up American: How Vietnamese Children Adapt to Life in the United States*. New York: Russell Sage Foundation.

第四章　大学的影响研究

Sylvia Hurtado

教育研究,尤其那些致力于理解学生学习与学生发展的教育研究,在传统上主要是由心理学家从事的。不过,对于中学后(postsecondary level)学生的研究,多数则研究体现制度特征以及教育项目功能的大学所取得的结果(Pascarella and Terenzini, 1991, 2005)。或许有人会说,大学的影响研究其前提假设是:大学为社会培训劳动力与领导,从而形塑个体(价值观、技能和知识)的发展,因此大学影响的研究本质上其基本前提是属于社会学领域的。从历史上看,最早界定大学影响的研究,的确是以社会心理学和社会学理论作为主要基础的(Feldman and Newcomb, 1969)。自该学科开始创建起,研究者们就侧重关注大学的正规机构特征和社会规范性环境(social normative environments)的影响,关注增强或削弱受"大学影响"的学生行为的社会本质问题。换言之,研究大学影响的学者们认为大学生的发展程度千差万别是理所当然的,他们试图将这种差异与大学环境差异、正规学校结构(特征以及教育项目)以及社会规范性环境中的机遇联系起来。这一研究分支试图为人们提供教育实践和教育政策的相关信息,从而对学生产生预期的影响,为社会带来积极的结果,并证明州郡和私人持续在中学后教育上投资的合理性。本章旨在确认研究者开展的大学影响研究中所普遍运用的社会学思想,并对这些研究加以评论,以期突出他们中一些主要的研究成果,从而指出对该领域进行社会学研究的发展前景。

学科框架中的社会学前提

对于社会结构,社会学家给出的定义千差万别,不过,总体上都将其界定为人与人、人与社会身份之间持续的行为和互动模式(Blau,1975;House,1981)。James House(1981)认为,研究社会结构及其对个体或个性(即信念、动机、行为)的影响,其根基在古典社会学。马克思的异化概念(concept of alienation)本身可以看成是社会结构(资本主义)和其制度两者之间关系的一种社会反应;另一方面,也可以看成是个体信念和动机之间关系的一种社会反应。在 House 看来,"马克思关注的核心是:(1) 社会结构和个体特征之间的'适合性'本质与结果;(2) 社会经济结构中地位如何决定了价值观、信念和动机"(1981:529)。韦伯(1958)也关注社会结构,他认为,社会结构是由信念决定的,一经确立,就会决定着随后几代人的态度、价值观和信念。涂尔干在其《自杀论》(Suicide)(1951)中使用了"失范"(anomie)这一概念,重点关注社会体系、个体思想状态、社会秩序的维系等问题。Alex Inkeles(1960)提出的"趋同论"(convergence thesis),着重关注社会结构借助制度运作所产生的影响,"制度结构一旦相似,参与者个性中的精神结构(psychic structures)或者规律(regularities)就呈现共性,在学校或者其他工作场所中,如果个体的时间在制度中度过,并且这些制度控制着有效的奖赏与惩罚时,个体的精神结构或者规律就更加相似"(引自 House,1981)。社会结构与个性的研究,侧重研究宏观的社会现象、紧密的社会动力、个体互动或者人际环境是如何联系起来形成调解过程的(mediating processes),这是一个基本的研究领域(Elder,1973),研究它们中每一个因素是如何影响个体心理(即个体行为、信念、态度是如何发生变化)的。这些研究中,比较流行的观点是,社会结构及其制度决定了个体。House 则提出,个性(信念和行为一起)也影响着社会结构,不过,他指出,这种现象还缺乏充足的研究。

因此,研究与个性相关的社会结构成了研究大学影响的社会学基础。学者们在证实大学环境是如何形塑学生互动(即人际环境)以及相应的行为、信念、生活方式的偏好、认知与态度时,研究形成该领域中一些颇受推崇的框架,那么这些社会学基础就更为突显。比如,Vincent Tinto (1993, 1975)和 William G. Spady(1970, 1971)提出了学生流失(student retention)理论框架结构,John C. Weidman(1989)提出了本科生社会化模型,他们都直接借用了社会学的理论,建立在他们研究基础之上的其他研究,已经拓展了最初的社会学前提假设。

流失模型

Tinto(1975, 1993)提出的学生自愿离开的理论模型和 Spady 有关本科生辍学过程的理论模型(1970, 1971),都自由地发挥了涂尔干(1951)的自杀理论:在个体没有完全融入标准化的社会结构与知识结构中时,自杀的可能性就会增强。Spady 提出,学生对大学环境作出的反应就与该自杀过程类似,学生一旦"缺乏与他人持续、亲密地互动,其持有的价值观和倾向性有别于一般的社会集体,感觉与直接的社会系统格格不入",就会从制度中退出(1970:78)。Tinto 认为,学生的背景特征、起初的意图、目标、承诺影响着学生在大学正规、非正规的学术和社会结构中的互动行为,反之,后者也进一步地塑造着前者。这些学生互动,引起了(学术和社会上)个人或者规范性整合(normative integration),影响了随后产生的可能导致个体决定离开的意图与承诺。Tinto 指出,在大学环境中社会与学术系统(或曰社会团体)中的**互动**不能保证持久性(persistence),相反,一定程度的"社会与知识的**互动**必须存在,作为延续的持久性存在的前提"(第 119 页,着重部分为笔者所加)。这表明参与大学学术与社会系统(社会结构)所需要的互动,可以独立于个体心理上的整合感之外进行运作。这里,心理感觉指代在理论模型中作为一个独立的构念(construct)的功能,标记为**个体或者规范性整合**。

在这些理论框架广泛地运用于实证研究中,并成为制度实践中话语的一部分的时候,人们开始批判整合概念、批判对大学环境中主流价值观和期待的"规范性整合"(normative congruence)的设想。有学者指出,社会倾向与价值观倾向的规范性整合其实就是历史上社会边缘化群体的文化适应过程,因为只有非传统的学生才最不可能遵守主流的思维模式与行为模式。他们还认为,这种构念忽略了学生在一个不可能彼此面对面地接触、不可能每一个人都彼此认识的规模庞大的大学内建构自己角色意义的方式(Attinasi, 1989, 1992; Tierney, 1992; Hurtado and Carter, 1997; Braxton, Sullivan, and Johnson, 1997)。Spady(1970)和Tinto(1993,对这些批评做出回应时)承认,所谈论的整合可能是不全面的,会受到文化差异的影响,"规范性不整合"的形式可能同时也存在于大学环境中。Spady提议,具有非主流价值观倾向的学生可能与其他"脱离常轨的人"建立密切的关系,找到亚群体支持,从而不顾"一般系统渗透的影响"(1970:78)。他说,学生可能为其不同的观念而向教师寻求支持,不过,在其理论模型中,他详细说明了**朋友支持**的重要性,突显了整合中关键的隶属要素。Tinto对于批评所作出的回应是,整合并不常常与整合现象相关联,"'成员'概念比'整合'更为有效,因为它暗示着"大学环境中"参与的形式更为纷繁多样"(1993:106)。不同群体可以由形形色色的活动与观念组合而成,不过,多年之后人们再简述Tinto的模型时,仍然没有对这一点加以详细说明,高等教育研究者也没有给予应有的重视(Hurtado and Carter, 1997)。所以,我们需要有更多的研究,探讨在导致学生感觉到不同层次的社会内聚力(social cohesion)方面,学生是如何与整个学校环境联系在一起的。

对于大学生、大学内部学生流失的实证研究,积极地运用了以**整合**概念为核心的理论框架中的各个要素。不过,正如社会学中针对社会内聚力的研究那样(Bollen and Hoyle, 1990),实证研究为了捕捉整合现象,采用了如此各异的量度标准,结果导致社会学中的前提假设更加扑朔迷离。为了阐明这些以实证为基础的研究过程,着力于弄清这些模型所依赖的基本社会学前提假设,我们必须努力获取以下一些信息:

- 正规结构与规范化结构(即,学术环境与社会环境)的各个要素;
- 人际环境,或者人际互动的实质与质量;

- 学生自身对社会内聚力或整合的心理感觉；
- 产生相应的结果（如辍学、态度发生变化等）。

这些研究所采用的量度标准至少可以概括成四个方面：
- 特征（即正规结构与教育项目的特点），捕捉社会系统与学术系统的环境描述（或感知）；
- 社会互动——在大学中学术性与社会性参与的质量高低的行为量度标准；
- 成员——群体隶属关系，因群体决定进入权、赋予成员特权的方式差异而千差万别；
- 感知的社会内聚力——学生对大学的心理归属感。

在试图找出这些差异的过程中，我已经发现大学内部的拉丁美洲学生属于不同的群体成员，与其他同学或教师进行不同形式的互动，对大学有不同的描述（或对环境有不同的感知），产生了各个层次的感知的社会内聚力（Hurtado and Carter, 1997）。随后，他人的研究进一步地揭示出，即便在一个人口流动频繁的社区大学，各层次的人际互动都是不可能维系的，学生对大学社区的归属感（即感知的社会内聚力）是与学生流失有关联的（Allison, 1999）。这就是说，正如最初 Tinto 和 Spady 的理论模型中所展示的，个人或规范性整合（或曰，个人归属于更大的学校社会的感觉），与在大学学术结构和社会结构内的人际互动是两回事。后来的实证研究表明，形形色色的学生参与的各种活动、加入的各种群体并不都能产生一种强烈的隶属整个大学的感觉（Hurtado and Carter, 1997）。大学结构或者大学机遇是其中的关键性因素。最近的研究已经说明，学术赞助项目不仅影响到学生对学术技能的信心度，还影响学生在大学内的归属感（Oseguera and Hurtado, 2004；Hurtado and Ponjuan, 2005；Nunez, 2005）。不过，令人遗憾的是，在许多实证研究中，在学生互动之外捕捉个体或规范性整合的这些区别早已被人遗忘（Braxton et al., 1997）。

许多研究不是研究整合现象，而是研究学生的互动（Braxton et al., 1997），随后针对学生参与大学现象的研究表明，学生的特征不变，大学的教育结果却千差万别(Pascarella and Terenzini, 1991, 2005; Astin, 1993)。诚然,从社会学角度看,这些研究,如果忽视对学生整合感的评价,忽略了决定学生在学校内进行互动的机遇结构(opportunity structure)以及大学环境的各个要素,就是不完善的研究。学校整体社会内聚力的程度千差万别,这与规范性结构以及决定学生互动的结构特征(如学校规模、学生宿舍等)息息相关。大学的这些结构特征中,许多都成了大学影响研究的基础,我在下面将有详细的介绍。

本科生社会化模型

Weidman 建构的本科生社会化模型,即本科生获取知识、语言、技能、社会对某特定角色所持的态度等的模式,在高等教育社会学领域是无人媲美的,它最全面、最显性地将社会结构说成是规范性情境,形塑学生对人生的选择、对生活方式的偏好、抱负以及价值观(Weidman, 1989)。它强调了与社会化过程以及规范性过程(即大学预科期和大学)相关联的大学环境中学术与社会性特点的正规与非正规要素,并承认家长和大学的参照群体(如,同辈、雇主、社会组织等)对学生成绩会产生持续的社会化影响。正规的学术情境包括机构质量、机构使命、专业、系科等,非正规的学术情境指隐性课程、支配学术生活的潜规则等,正规的社会情境指大学的结构特点,如机构规模、住所、组织等,而非正规的社会情境则指学生同辈群体。

Weidman 的这一模型虽然具体例证了规范性结构,但是其中的一些要素,比如,隐性课程、教学使命等,却是难以测量的,而且它的复杂性导致我们很难进行大范围的实证检验。不过,他之后的研究者仍然采用该模型中的一些方面来揭示同辈规范对学生成绩的影响。例如,Anthony L. Antonio(2004)研究了学生直接同辈群体(immediate peer group)特征的影响,发现白人学生同辈群体对学位的渴望增强,但同辈群体的学术能力测试(SAT)成绩却降低了他们在智力上的自信心。相反,直接同辈群体的学术能力测试成绩对其他肤色的学生在智力上的自信心却没有造成显著的影响,而且,不同种族或族群间的朋友群体中,直接同辈群体中智力上的自信心很强,会导致这些其他肤色的学生在智力上自信心增强。

该研究发现,规范性同辈情境或者最核心的人际环境,比大学内部学生互动的一般量度标准更具影响力。这些同辈群体施加影响的机制,目前依旧是纯理论性的,有待于我们进一步的探究。或许最核心的人际环境也就是规范性压力最大的地方。运用这种本科生社会化模型,我们就很可能会捕捉到建构规范性结构的系列现象,从而进一步拓展社会学理论。此外,该模型包括了大学外的社会化影响,能最佳地捕捉到那些担任多重角色、易受多重影响的学生的体验。这就是说,这种大学影响模型阐释了既可能增强大学目标与期望,也可能与之相违背的多种社会影响因素。总之,这些社会学理论框架已经很大地提高了我们对学生在教育制度内的体验的认识。下面我将讨论导致高等教育系统中制度内部以及制度之间差异的更为宏观层面的影响。

环境的结构特点及其对大学生的影响

社会结构的基本要素深嵌于我们的教育制度中,分化了个体在制度内的体验。不过,结构特点也在资源、机遇、具体职业与角色培训方面促使大学千差万别。研究者已经探讨了大学环境中的各种结构特征,这些特征(如规模、类型、同质、异质、择优录取等)与学生的教育结果联系密切。从社会学角度看,环境的结构特征是形塑其内部社会互动、个体态度与行为的关键性因素(Kiecolt, 1988)。对于这些结构属性或特征,人们通常借助描述大学的"客观性"量度标准来加以研究,因此,也被称作"情境变量"(contextual variables)(Kiecolt, 1988),或者"远端特征"(distal characteristics)(Jessor, 1979),以区别于最核心的人际环境。

在大学的影响研究中,这些结构特点就是区分大学环境的制度特征,常用于确认"各种的大学影响力"(Pascarella and Terenzini, 1991, 2005)。为了评价大学影响的区别,研究者采用了多机构的样本,每一个样本都包括了足够数量的学生。因此,在他们的研究中,多数规模较为庞大,研究涉及择优录取与教育资源方面的学校质量、学校类型与分类(如两年制、四年制、综合性大学、文科院校等)、种族构成、性别构成、城乡差异,以及机构规模等。这种研究方法审视不同类型的大学对不同类型的学生产生的影响。不过,虽然以上列出的学校特征,毋庸质疑,对学生的体验以及学术组织的生活起着决定性作用,但我们很难为了改进学校的实践活动,而改变学校在城市的地理位置、学校种族构成、私人控制或者公共控制等特征。我们一直在致力研究大学结构内部的这些区别,因为从中可以洞察整个高等教育系统是如何在学校结构、教育资源以及教学结果方面分层的。不过,我们并不认为,大学的这些特征与日常教学实践息息相关,有时甚至完全不研究它。根据现有的研究,我们可以认为,这些特征可能更与政策相关,向公众提供分层信息,告诉公众学校制度或者整个教育系统需要改进的地方。我们也可以认为,就象大学规范性结构难以改变一样,这些结构特征是在集体信念、实践与意识形态长期作用下形成的,很难人为地加以改变。至于这一点,我在本章最后还将进一步讨论。我认为,我们通过历年来大学的影响研究来审视规范性结构的方法还是存在的,至少理论上是行得通的。

在学校结构特征的研究中,许多方面我们可以就其产生的影响以及与社会学的相关性加以分析,这项工作目前多数已经完成了(Pascarella and Terenzini, 1991, 2005)。下面我将侧重讨论学校正规结构特征研究的三个方面——学校规模、择优录取以及种族构成。它们的构成要素对于研究社会结构和个体特征至关重要。这些结构特征确实影响并决定着互动、人际环境、感知与行为,后者还与教育结果息息相关。

学校规模

在涉及学校结构特征的大学影响研究中,一个最具社会学影响力的当属 Peter Blau(1973)的理论与实证研究——《学术工作的组织》

(The Organization of Academic Work),与众不同地揭示了学校的规模特征。他发现,大学规模与大学内许多很独特的概念特点有着密切的联系。比如,收入、行政管理单位或官僚机构在纵向与横向上的分化、新学科学术系科的专业化现象、教师的平均工资、办公人员对教师支持的程度、教师对制度的效忠程度、校长控制权限、大学吸引高材生的能力等。至于结构的规模特征是如何形塑大学环境内部个体互动与体验的本质与程度,他从本质上给予了阐释。这以后,学校规模成了大学影响研究的常规项目,在学校执行其教育使命的过程中、在学生成绩提高的过程中、在许多意义深远的要素深受这一学校规模特征影响的时候,人们更是将学校规模看作是大学影响研究的一个要素。

正如大学影响研究的结果显示,学校规模以几种方式形塑了互动的模式。有研究发现,进入规模较大的学校的大学生,相对而言,缺乏与教师之间的互动、较少参与学生会、很少参与体育或为优等生开设的课程项目、在课堂上发言的机会不多。这样的结果是,他们对与教师的关系、课堂教学的满意程度远远不如那些进入规模小的学校的学生(Astin, 1979)。不过,这些就读于规模较大的学校的学生,在社会生活、科学项目的质量、课程的多样性等方面要比后者更为满意。相对而言,进入规模小的大学的学生特色就是教育成就很高、有着积极的自我形象,进入规模大的学校的学生往往能够取得更大的长期收益和更高的职业地位(Pascarella and Terenzini, 1991)。近期的研究已经发现,学校规模的大小对学校长期的教育结果有着强有力的积极的独立的影响。

同样,一些证据也表明,在规模较大的学校就读的学生,一旦学会如何在学校的社会与自然地理环境中发展自我,就具有了(在社会性上、学术上、情感上)适应大学的能力(Hurtado, Carter, and Spuler, 1996)。L. C. Attinasi(1989)运用民族志研究方法阐释了学生是如何理解规模较大的大学环境的。他说,学生进行认知规划(cognitive mapping),给自我一个定位,将大环境分裂成可以管理的小社会,从中追求自己的兴趣爱好并发展自己的同辈群体。学生成功地进行这些调适的能力,表明大学可以采取相同的策略,正规地组织最核心环境,以便于学生进一步地接触教育制度。除了致力于降低学生流失之外,这也是大学校园内许多特殊的学习团体最近发展起来的动力。

总之,这些研究结果表明,学校规模的大小,影响学生的教育体验类型,不过,大学校学生获取较好的成绩,或许是由于他们有着正规的结构,或许是由于他们抵制学校规模大所带来的一些不良影响而产生的非正规的行为模式。对于这些行为、对于学生因进入大型学校而获得较好的长期效益以及较高的职业地位的机制,有待我们今后进一步的探索。

大学的择优录取

高中毕业生中,几乎有90%的人表明,他们期望将来进入某种中学后机构学习(Hurtado, Inkelas, Briggs, and Rhee, 1997)。人们也认为,与其他国家相比,美国的高等教育更为普及。不过,美国高等教育系统中,一个最显著的特征是入学权的分化,换言之,学校在学生入学权方面存在重大的差异,这是既定的入学政策决定的。我们要将这种差异运用到大学影响的问题上,试问,大学择优录取总体上对大学的产出(college outcomes)产生什么影响?研究大学影响的学者都没有忘记将这种制度特征纳入自己的研究之中,但是,他们存在着一些分歧。E. T. Pascarella 和 P. T. Terenzini(1991)将这种学校择优录取看作是大学质量的指标,实际上却指入学的学生的质量,而不是教育的过程或学生所参加的教育项目的质量。择优录取似乎与机构资源之间有着很高的相关性(Astin, 1985),诚然,许多研究也评估了这些独立于大学择优录取之外的资源所产生的影响。从社会分层视角看,大学择优录取也可以是深嵌于资源不平等分配以及制度分层过程中的一种结构,从中只有少数几个学生可以获得最好的资源。大学择优录取由学校的传统而定,在其入学政策中得以实现。在一些情况下,州的政策体现在公立学校的择优录取权,例如,加利福尼亚州高等教育研究生计划(California Master Plan for Higher Education)给该州的公立机构分配了不同层次的择优录取权,只有最有择优录取权的学校才可以奖励最优秀的毕业生,并授予专业文凭。简言之,大学择优录取权保证了不同的入学权、知识传授方式以及结果,这一切导致了社会中职业地位的不同。多数的学校领导都相信,自己正尽全力地教育那些踏进他们大学门槛的学生,这种观点并没有得到人们的普遍认可,其实,他们重视的往往是大学择优录取权,教师不仅在引入它,还在维系它的运作。

许多的大学影响研究在比较各种教育影响时,将达到学术能力测试或美国大学测试平均分的入学学生作为测量择优录取权的样本,这部分是源自于 Alexander Astin(1965)早期的研究,在当时,他界定择优录取权为大学招收高材生的能力,选用入学新生的学术能力测试平均成绩作参考。P. M. Blau 在其学术组织研究中引用了 Astin 的研究,不过他偏向从落选比率(rejection rate)上来衡量"大学所有申请者实际择优录取权的程度"(1973:132)。这样,学生能力就是一个独立的量度标准,可以独立地加以评估。对他而言,我们关注的重点应是大学的声望、学校选择最佳申请者的灵活度,然而,在随后对大学的影响研究中,几乎没有研究者实际运用了这一择优录取权的量度标准。

大学择优录取的影响广泛,不过,研究者却发现,正如分层观所预测的,择优录取对学生教育抱负、教育成就、职业地位以及长期的收入等方面影响最为显著(Pascarella and Terenzini, 1991)。鉴于此,择优录取的学校将接受更多的大学申请者,这种学校令人向往是因为进入重点大学与否,一般会影响到学生以后的职业流动趋势、职业的成功与否,影响到学生以后进入不同性别的职业情景、参与政治和推进社会自由主义等。根据许多(制度扩大化了的)同辈规范标准中的量度标准,Astin(1993)总结说,择优录取本身不会产生什么直接的影响,相反,应主要归因于大学生的社会经济地位(即同辈社会经济地位)状况,在四年的大学生涯,学生的社会经济地位直接影响了学生的认知、情感以及行为结果。与其他的同辈群体或教师相比,同辈社会经济地位的确影响更为深远。于是,Astin 有效地识别出决定大学择优录取有着如此广泛而深远的影响的机制。这种择优录取的学校给高才能、高社会经济地位的同辈群体的规范性影响创造了互动的平台,提供了丰足的资源。

大学种族构成

在大学的发展过程中,种族构成方面存在巨大的差异,其原因有以下几个:(1)历史上教育的排他行为和种族隔离现象;(2)具体产业(如农业、制作业等)中雇佣的人口分布群存在着地区差异;(3)学校针对不同的种族群体提供不同的资源;(4)通过私人慈善机构以及法律获取资源活动。在后者中,《莫里尔法案》(Morrill Act)与《第二莫里尔法案》(Second Morril Act)一直奉行限制美国南方社会关系的"分开、平等"的原则,直到1954年人们对其提出了异议才终止。其实,在高等教育系统中,大学生的入学权、学生体验以及成绩,迄今为止,一直存在着种族分层现象。例如,现在黑人学生似乎更容易进入白人为主的学校,不过,在过去的30年里,历史上黑人为主的大学接受的低收入黑人新生却一直多于白人为主的大学(Allen et al.,2005)。就美国而言,黑人学生获得的本科学位证书多是由历史上以黑人为主的学校颁发的。

社会科学家Walter Allen研究了有史以来分别以黑人和白人为主的学校中黑人学生的情况,结果发现,他们的大学体验截然不同。在黑人为主的大学内,黑人学生更频繁地与教师接触、支持感更为强烈、学术自我概念也更为积极(1988,1992)。黑人学生虽然对白人为主的大学所提供的资源更为满意,却往往认为,在那种制度下,人们对种族问题的态度更为恶劣(Allen,1992)。我们进一步回顾该领域中大学的影响研究,就不难发现,黑人大学看似对黑人学生的认知发展以及学习成绩的影响适中,在黑人女性职业地位、黑人学生社会以及学术自我形象方面也产生了少量的正面影响(Pascarella and Teremzini,1991)。这种为了黑人的发展而形成的学校规范性结构,似乎实现了自身的目标。不过,我们需要深入研究,将实践中的各种规范性结构要素与其影响联系起来,考察各种规范性结构是否真的对学生的人际环境以及社会流动现象产生巨大的影响。

我们要通过学校特征来研究相关的规范性结构,一种方法就是研究白人学校中不断变化的种族构成。那些研究氛围(climate)(或曰群体观为基础的感知)、整合现象以及教育结果的大学影响研究者,为我们开展这项研究提供了理论与实践基础。一些社会学者已经总结出,鉴于不同种族群体相互争夺资源(Blalock,1967),其主流意识形态、世界观和其他人处于敌对状态(Giroux,1983),在少数族群急剧增长的环境中,种族歧视与冲突就尤为明显。这些理论似乎进一步证实了该领域早期的一些研究。在1971年,Astin与社会学家Alan Bayer携手研究学校抗议与冲突现象,他们发现,这些现象与学校内黑人学生的绝对数量相关联。该发现有助于人们后来认识到"关键大众"(critical mass)的重要性。他们当时记录了公民权以及其他学生运动对大学校园产生的早期影响,揭露出规范性结构与不断变化着的学生价值观、信念之间存在着冲突,这种冲突因当时的历史与社会环境而进一步地扩大。M. W. Peterson等人也记录了黑人入学率的新增长导致学校作出的回应,其中一些显示,入学率变化产生的系列影响,使学校有些措手不及。

这些为数极少的事例促使大学影响的研究轻而易举地作出结论:学校影响学生的发展,招入的学生类型也影响学校的发展。此外,有史以来,学生就要求学校加入社会变革的行列,这样,对社会结构与学生个性之间关系的研究就体现了一种动态的关系。正如House(1981)所说的,尽管人们极不情愿将这些研究称作高等教育研究,但只要变化不涉及学生成绩的差异性,这就归属于高等教育研究。在大学影响方面,考察白人为主的学校中种族或族群多样化对个体学生成绩、给社会带来的长期效益等的研究也逐渐涌现出来(参见本书第九章,多样性的社会学研究)。

上述这些人的研究涉及大学的规模、择优录取、大学种族构成等,体现了在大学影响研究中人们已经探究过的那几个学校结构特征,是对早期社会学前提假设的进一步拓展。不过,如今更为详细阐述的事例并没有只停留在对这些结构特征加以评估这一层面上,许多的研究者考虑到政策(尤其记录各色各样的教育资源与机遇的政策)对学生的影响,选择与它们关联性更大的大学环境量度标准来开展研究。这些结构特征只是为最核心环境中的互动提供一种情境,所以它们的影响实际上或许只是间接的。我们以后可以侧重考虑将这些情境影响模式化,更直接地展示不同环境下学生互动与社会心理反应的变化过程。此外,我们也可拓展大学影响的社会学研究,下一节将讨论一些有待研究的领域。

大学影响的社会学研究展望

大学的影响研究范畴非常广泛,现有的几本研究论文集证实了多年来中学后教育的重要性及其价值(Fledman and Newcomb, 1969; Pascarella and Terenzini, 1991, 2005)。这种研究对政治议程与州郡的预算议程缺乏足够的重视,然而,却没有人质疑它对大学影响的广度与重要意义的前提假设。本章研究的是各种各样的大学教育结果,综述了不同历史阶段学生人口分布差异性,总结出至少两个崭新的发展趋势,以拓展大学影响的社会学研究。

第一,鉴于这是实证研究,拓展甚至取代现有的框架结构形成新的理论,将有很大的发展空间。通过对具体理论模式的分析,我们已经发现,对于部分理论的研究,得出的结果前后是自相矛盾的(Braxton, Sullivan, and Johnson, 1997)。批评家也早已开始质疑支撑现有的理论框架的基础的有效度(Hurtado and Carter, 1997)。这就是说,我们需要对制度与学生以及他们的发展进行全新的思考,要探讨那些产生预期或非预期结果的学生行为中我们已经识别出的微观发展过程,是如何受到宏观社会动力与学校的影响的。比如,研究者可以研究长期低流失的学校是否已经成了高等教育中的"旋转门"(revolving door)(正如铁路线上的小站),或成了学生抵达终点、实现目标的垫脚石(即虽然它们提供四年制学位,本质上却起到转送学生的功能)。正规与非正规结构中的什么制度促使多年之后这种现象成了家常便饭?在这些规范性情境中,教师扮演了什么角色?这些问题表明,在学生整合这一理论框架方面,存在着一种有别于主流观点的新的理论,认为学生是自愿离开的。

第二,历年来大学影响的实证研究论文集是我们鉴定"周期效应"

(period effects)的理想资料。D. F. Alwin,R. L. Cohen 和 T. M. Newcomb(1992)将周期效应界定为生物时期和历史时期的集合体,是学生发展过程中影响一代学生的国家或社会事件所产生的影响。我们知道,学生的政治态度随着时间的推移已经发生了急剧的的变化,他们很容易受到诸如争取公民权阶段、里根统治时期、9.11 恐怖袭击等历史时期的影响。鉴于此,在历史上,大学对具体教育结果所产生的影响程度可能是不一样的,意义也不尽相同。大学影响研究者并不总是认可自己开展研究时所处的社会和历史大情境,不过,这些情境很可能影响他们的研究结果。那么,情境是否真的影响人们的研究结果?我们要想作出判断,一种方式就是去回顾不同时期的研究(这些研究的历时跨度要大于 30 年才行),同时对新历史时期开展相同的研究。要做相同的研究,困难在于学生与学校都在变化,不过,我们要明确大学产生什么影响,明确大学的某些特征所产生的各种影响,就必须充分考虑这些变化。

  要研究影响学校动态机制以及学生成绩的更大的社会动力,另一种方式就是研究高等教育中人口分布的变化。例如,伴随入学政策的变化,学生人口分布发生改变,促使面向西班牙裔人招生的学校蓬勃发展起来(这些机构中西班牙裔学生人数不少于 25%),也出现了大量招收亚裔学生的学校。要研究规范性结构与变化中的学生人口分布如何并存、如何产生冲突,从而导致学生成绩迥异(诚然,西班牙裔与亚裔学生常由于择优录取而进入截然不同的机构学习),那么,上述的这些机构就是理想的研究对象。最近对拉丁美洲裔学生的研究已经揭示,拉丁美洲裔学生招收得越多,学生在四年制大学内就越没有敌对感,就越感受到一种所谓的全纳的(inclusive)氛围(Hurtado,1994)。H. M. Blalock 观点正相反,认为此种情况下,冲突越大。我们仍然需要研究,这些先前以白人为主的学校中的规范性结构,能否像历史上以黑人为主的学校支持着黑人学生的发展那样,帮助拉丁美洲裔学生取得成功。此外,如果变化着的同辈群体规范标准是大学影响许多教育结果的基本因素,那么,迄今为止,我们还不知道亚裔、拉丁美洲裔学生的人数增长情况,也不知道这些新的同辈群体对其他学生所带来的影响。

我们也有必要从微观层面来开展研究,以便更好地理解这些变化过程,鉴定其与宏观情境之间的联系。我们可以进一步研究学生是如何一起在学校表现、学习成绩以及参与特定大学项目方面建构意义的。新的研究可以审视他们对技术的使用方式、他们所接受的常规与习惯、他们所寻求的具体成员类别角色、他们对社会网络的运用情况等,通过这些研究,我们可以更好地了解个体学生反应是如何受到集体期待与实践的影响的,后者既能削弱预期的大学教育结果,也能进一步增强预期的大学教育结果。如今,我们已经有了新的大学运作模式,在时间、教育资源、学校结构以及人生规划允许的范围内,学生正积极地参与着高等教育活动。例如,即使在传统年龄阶段的大学生中,期望边全职工作边上大学的人数在过去的 20 年里翻了一倍(Sax, et al.,2004)。大学影响研究开始涉及这些新兴的变化,这可能违背了人们现存的对学校结构的期待。除此之外,我们也适宜将大学环境中正规与非正规体系中更多的要素描绘出来,因为它们是由学生人数变化引起,并取得了预期的结果。大学的影响研究,主要研究的就是学校、个体、学校和个体在不同情境下作出的各种反应、产生的各色各样的大学教育结果,而后者对我们社会至关重要。因此,这样的研究,理所当然,要借助社会学中新出现的理论,拓展自身的社会学思想。

参考文献

Alien, W. R. 1988. "Black Students in U. S. Higher Education: Toward Improved Access, Adjustment, and Achievement." *Urban Review* 20 (3): 165—87.

——. 1992. "The Color of Success: African American Student Outcomes at Predominantly White and Historically Black Public Colleges and Universities." *Harvard Educational Review* 62 (1): 26—44.

Alien, W. R., U. M. Jayakumar, K. A. Griffin, W. S. Korn, and S. Hurtado. 2005. *Black Undergraduates from Bakke to Grutter: Freshmen Status, Trends, and Prospects, 1971—2004.* Los Angeles: Higher Education Research Institute, University of California-Los Angeles.

Allison, L. 1999. "Integrating Experiences and Retention of Nontraditional

Students." Ph. D. dissertation, University of Michigan.

Alwin, D. R, R. L. Cohen, and T. M. Newcomb. 1992. *Political Attitudes over the Life Span: The Bennington Women after Fifty Years.* Madison: University of Wisconsin Press.

Antonio, A. L. 2004. "The Influence of Friendship Groups on Intellectual Self-Confidence and Educational Aspirations in College." *Journal of Higher Education* 75:446—71.

Astin, A. W. 1965. *Who Goes Where to College?* Chicago: Science Research Associates.

——. 1979. *Four Critical Years.* San Francisco: Jossey-Bass.

——. 1985. *Achieving Educational Excellence.* San Francisco: Jossey-Bass.

——. 1993. *What Matters in College: Four Critical Years Revisited.* San Francisco: Jossey-Bass.

Astin, A. W., and A. E. Bayer. 1971. "Antecedents and Consequences of Disruptive Campus Protests." *Measurement and Evaluation in Guidance* 4(1):18—30.

Attinasi, L. C. 1989. "'Getting In': Mexican Americans' Perceptions of University Attendance and the Implications for Freshman Year Persistence." *Journal of Higher Education* 60:247—77.

——. 1992. "Rethinking the Study of Outcomes of College Attendance." *Journal of College Student Development* 33:61—70.

Blau, P. M. 1973. *The Organization of Academic Work.* New York: John Wiley and Sons.

——. 1975. *Approaches to the Study of Social Structure.* New York: Free Press.

Blalock, H. M., Jr. 1967. *Toward a Theory of Minority-Group Relations.* New York: Wiley.

Bollen, K. A., and R. H. Hoyle. 1990. "Perceived Cohesion: A Conceptual and Empirical Investigation." *Social Forces* 69:479—504.

Braxton, J. M., A. V. Sullivan, and R. M. Johnson. 1997. "Appraising Tinto's Theory of College Student Departure." In *Higher Education Handbook of Theory and Research*, vol. 12, ed. J. C. Smart, 107—64. New York: Agathon.

Durkheim, E. 1951. *Suicide.* Glencoe, IL: Free Press.

Elder, G. H. 19—3. "On Linking Social Structure and Personality." *American Behavioral Scientist* 16:785—800.

Feldman, K. A., and T. M. Newcomb. 1969. *The Impact of College on Students.* San Francisco: Jossey-Bass.

Giroux, H. A. 1983. "Theories of Reproduction and Resistance in the New Sociology of Education: A Critical Analysis." *Harvard Educational Review* 53 (3): 257—93.

House, J. S. 1981. "Social Structure and Personality." In Social *Psychology: Sociological Perspectives*, ed. M. Rosenberg and R. H. Turner, 525—61. New York: Basic Books.

Hurtado, S. 1994. "The Institutional Climate for Talented Latino Students." *Research in Higher Education* 35 (1): 21—41.

Hurtado, S., and D. F. Carter. 1997. "Effects of College Transition and Perceptions of Campus Racial Climate on Latinos' Sense of Belonging." *Sociology of Education* 70 (4): 324—45.

Hurtado, S., D. F. Carter, and A. Spuler. 1996. "Latino Student Transition to College: Assessing Difficulties and Factors in Successful Adjustment." *Research in Higher Education* 37 (2): 135—57.

Hurtado, S., K. Kurotsuchi Inkelas, C. U. Briggs, and B. S. Rhee. 1997. "Differences in College Access and Choice among Racial/Ethnic Groups: Identifying Continuing Barriers." *Research in Higher Education* 38 (1): 43—75.

Hurtado, S., and L. Ponjuan. 2005. "Latino Educational Outcomes and the Campus Climate." *Journal of Hispanic Higher Education* 4 (3): 235—51.

Inkeles, A. 1960. "Industrial Man: The Relation of Status to Experience, Perception, and Value." *American Journal of Sociology* 66:1—31.

Jessor, R. 1979. "The Perceived Environment and the Study of Adolescent Problem Behavior." Paper presented at the Symposium of the Situation in Psychological Theory and Research at LOVTK, Stockholm.

Kiecolt, K. J. 1988. "Recent Developments in Attitudes and Social Structure." *Annual Review of Sociology* 14:381—403.

Kuh, G. D., J. H. Shuh, E. J. Whitt, and Associates. 1991. *Involving Colleges*. San Francisco: Jossey-Bass.

Nunez, A. "Modeling College Transitions of Latino Students." Ph. D. dissertation, University of California-Los Angeles.

Oseguera, L., and S. Hurtado. 2004. "Linking Diversity and Transition to College." Paper presented at the International First Year Experience Conference, Maui, Hawaii.

Pascarella, E. T, and P. T. Terenzini. 1991. *How College Affects Students: Findings and Insights from Twenty Years of Research*. San Francisco: Jossey-Bass.

——. 2005. *How College Affects Students: A Third Decade of Research*, vol. 2. San Francisco: Jossey-Bass.

Peterson, M. W. , R. T. Blackburn, Z. F. Gamson, C. H. Arce, R. W. Davenport, and J. R. Mingle. 1978. *Black Students on White Campuses: The Impacts of Increased Black Enrollments.* Ann Arbor, MI: Institute for Social Research.

Sax, L. , S. Hurtado, J. Lindholm, A. W. Astin, W. S. Korn, and K. M. Mahoney. 2004. *The American Freshman: National Norms for fall 2004.* Los Angeles: Higher Education Research Institute.

Spady, W. G. 1970. "Dropouts from Higher Education: An Interdisciplinary Review and Synthesis." *Interchange* 1:64—85.

——. 1971. "Dropouts from Higher Education: Toward an Empirical Model." *Interchange* 2:38—62.

Tierney, W. G. 1992. "An Anthropological Analysis of Student Participation in College." *Journal of Higher Education* 63:603—7.

Tinto, V. 1975. "Dropouts from Higher Education: A Theoretical Synthesis of Recent Research." *Review of Educational Research* 45:89—125.

——. 1993. *Leaving College: Rethinking the Causes and Cures of Student Attrition.* 2nd ed. Chicago: University of Chicago Press.

Weber, M. 1958. *The Protestant Ethic and the Spirit of Capitalism.* New York: Scribner.

Weidman, J. 1989. "Undergraduate Socialization." In *Higher Education Handbook of Theory and Research*, vol. 5, ed. J. C. Smart, 289—322. New York: Agathon.

第五章 学术职业研究

Gary Rhoades

　　1973年,Burton Clark 发表《高等教育社会学的发展概况》(Development of the Sociology of Higher Education)一文时,我在加利福尼亚大学洛杉矶分校(the University of California—Los Angeles)读大二,刚刚正式选定社会学作为研究方向。我选修了社会学理论的入门课程,学习了涂尔干、马克思和韦伯三位的理论思想。Clark 正是在他们三位的研究成果基础上,着手高等教育社会学研究。后来,我在母校又继续攻读了博士学位,在这三年学习期间,开始对社会心理学以及集体行为颇感兴趣,这些研究领域是我母校的强项之一。不久,我更关注政治社会学、社会运动和社会革命,这部分地反映出时代的发展进程,反映出当时社会各种运动以及政治斗争的显眼之处,从公民权利运动、妇女运动到消费者运动、环境保护运动、尼克松总统的水门事件,它们都对当时的基本制度以及职业状态进行了严峻的挑战。在 Clark 花费八年的时间撰写文章期间,我是他的博士后研究人员,直接目睹了在日益全球化的时期,这位界定性大师(defining contributor)是如何为教师、为高等教育的比较研究作出独特贡献的。我下文将学术职业的研究分为两部分,一方面讨论对社会科学理论与研究作出突出贡献的研究者所具有的双重而彼此又有着千丝万缕联系的身份,另一方面讨论盛行的社会发展趋势。

　　从20世纪70年代中期至今,20世纪初期的老一辈社会学家和20世纪中晚期新生的职业与高等教育学者,都形塑了正在发展中的学术职业社会学研究。此外,20世纪70、80、90年代,美国乃至全球社会与制度的迅猛发展,也对该研究产生了巨大的影响。本文回顾自 1973 以来的研究发展,对各种研究加以整合,并确认研究的新兴分支。Clark 曾经只创造几个关键性概念来捕捉主要的分析点,我将借鉴这种极度俭省的工作方式,围绕几个体现未来重要研究分支的关键性概念来组织讨论。这些概念都涉及研究文献上的断层现象。首先,我讨论学术管理者与教授之间不断变化的权力关系,后者日益转变为"被管理的职业人员"(managed professionals)(Rhoades,1998a)。接着,我探讨学校内非教师职业的崛起,我称他们为"管理职业人员"(managerial professionals)(Rhoades,1998a,1998b;Rhoades and Sporn,2002)。然后,我借助女性主义、市场化以及全球化这三个概念来反映社会与社会科学理论中的主要变化,促使我们逾越传统的界限来研究教师。当然,在探究这些概念之前,我要先分析过去学术职业研究的发展状况,讨论 Clark 对该领域所作出的主要贡献。

学术职业研究的发展概况

自 Clark 的文章发表之后的 30 年里,大量的研究接踵问世,其中有许多研究可以归结为主流社会科学理论与学者派别,即 Clark 所鉴定的马克思、韦伯和涂尔干学派。它们也折射出高等教育外部发展的重要趋势,例如,它们反映出,学术劳动力市场将不断变化、茁壮成长。

Clark 的分析描绘出几个重要的潜在研究分支,它们以社会科学理论的三大主流影响为中心,强调高等教育中的权力与控制、官僚主义与合理化、高等教育与学术职业中规范性与文化层面现象,这些领域直到 20 世纪 80 年代才为人们所重视。除了早期 Thorstein Veblen (1918)和 H. P. Beck(1947)对知识与权力的经典研究之外,人们对这一研究分支尚未大范围地涉足。不过,现在已经是今非昔比了。

仅有少量的学术研究明确地采用了新马克思主义观(neo-Marxist perspective)。继马克思与韦伯学派(参见 Larson,1977),20 世纪 80 年代初期职业社会学崛起之后,Edward Silva 和 Sheila Slaughter(1984)追溯了美国社会科学的崛起及其职业化的过程,揭示出这些领域中国家协会的成员通过"服务于权力"而获取了权力的途径,随后,在Veblen的研究基础之上,Slaughter在其《高等教育与高等技术》(The Higher Learning and High Technology)(1990)中,对集团商业利益(corporate business interests)支配学术团体的现象进行了探讨,Clyde Barrow在《大学与资本主义国家》(Universities and the Capitalist State)(1990)中也对这种现象进行了深入地探究。Slaughter和L. L. Leslie(1997)做了类似的研究,不过,其研究中心是教师,他们详细描述了"学术资本主义"(academic capitalism)的崛起,描述了学术团体参与私人市场的方式。Slaughter 和 Rhoades(2004)则详叙了"学术资本主义与新经济"的崛起,探索教师与学术管理者如何积极追求"新经济"中的经济机遇。事实上,在过去的几年里,学术团体以及学术的商业活动已经成了许多实证研究以及评论的焦点(Readings,1996),这些研究既有采用新马克思主义理论视角的,也有采用其他研究视角的(例如,Bok,2003;Geiger,2004;Kirp,2003)。

对官僚主义这一分支的研究也已经出现,它主要关注学术决策的制定问题。不过,与本文上面所涉及的研究不同,它采用的是内在主义的方式(internalist approach)。正如韦伯的研究方式,决策制定模式与社会中的合理化模式、工业化模式没有联系。Clark 1973年的文章发表没多久,Kenneth Mortimer 和 T. R. McConnell 就写了当代经典研究《有效分享权力》(Sharing Authority Effectively)(1978)。与其说该标题显示了韦伯的官僚主义分析,不如说它突显了"有效"决策制定的功能主义分析,在某种意义上讲,它试图识别出最佳的实践模式。在此脉络之下,90年代出现的研究,鉴别了教师与学术管理者更为有效地进行决策制定的机制与过程。例如,J. H. Schuster 等人(1994)在几个个案研究中详细地讲述"如何更好地制定重大决策",David Leslie(1996)讨论了在"艰难时期"进行"明智运行"的机制。不过,该项研究最主要还是侧重主要的委员会以及结构,如大学教师评议会(faculty senates)等的分析,对教师整体、官僚主义日趋严重的学术团体中的工作环境等方面重视不够。

更多的人则围绕涂尔干有关教师规范标准以及社会化问题展开了更为广泛的研究,其中的许多研究不仅重视教师的态度问题,也关注教师在各种活动中的时间分配问题,因为,时间分配问题能反映出教师对教学与研究的偏好。自 Clark 文章发表之后不久,出现了两个现代经典研究,其一,E. C. Ladd 和 S. M. Lipset(1975),作为美国卡内基高等教育研究考察团(Carnegie Commission Studies of Higher Education)的成员,研究了"分化了的学术团体"的各个层面,其中也涉及教师的政治观点分析。其二,Martin Trow(1975)对教师花费在教学与科研上的时间长短进行了研究,为以后在此方面的持续研究打下了坚实的基础。在 80 年代,Martin Finkelstein 发表了《美国的学术职业》(The American Academic Profession)(1984),权威性地研究了教师的活动情况以及他们对教学或研究的偏好。Howard Bowen 和 Jack Schuster(1986)描述了学术界的种种特征以及种种活动。在 20 世纪 90 年代,E. L. Boyer(1990)提出重新界定"教授的优先权"(priorities of the professoriate),James Fairweather(1996)描绘出从事研究的程度在学术奖励体系中所占据的主导地位。还有一些人研究兴趣正相反,比如,J. M. Braxton 和 A. E. Bayer(1999)研究教师的教学规范标准,D. H. Wulff 和 A. E. Austin(2004)、W. G. Tierney 和 E. M. Bensimon(1996)研究了"教授的成长历程"(pathways to the professoriate),以及新教师融入学术团体的社会化过程。

　　就像对决策制定的研究那样,这些研究主要采取内在主义的视角(internalist focus)开展研究,但是,过多地使用功能主义视角,就不能像涂尔干那样,将学术职业规范标准与后工业社会不断变化的道德秩序联系起来。在麦卡锡(McCarthy)时代,Lionel Lewis(1988)和 Ellen Schrecker(1986)分别对学术界展开的分析研究就是两个典型的特例。近来,一些研究开始逐步从学术界与私营经济之间的关系日趋紧密这一现象来分析时间分配模式和教师的态度(Blumenthal et al., 1986; Campbell and Slaughter, 1999; Louis et al., 1989)。

　　随着人们按照 Clark 在 1973 年所建议的,以经典的学术市场研究为基础,关注学术市场现象,人们对教师的认识也逐渐加深(Caplow and McGee, 1958; Wilson, 1942)。紧随 Clark 1973 年文章发表之后,Lewis 也发表了一篇极具洞察力的文章《象牙塔分层》(Scaling the Ivory Tower)(1975),分析了在学术聘任方面起着关键角色的内置的社会规范标准。他在美国加州大学洛杉矶分校的继任者 Allan M. Carter,也发表了其经典研究《博士与学术界劳动力市场》(PhD's and the Academic Labor Market)(1976)。在 80 年代末,David Breneman 和 Ted Youn(1988)研究了学术界劳动力市场和职业生涯,详细地描述了学术团体中被形形色色的制度部门所分割的劳动力市场。截止 90 年代末,Martin Finkelstein、Robert Seal 和 Jack Schuster 发表了《新一代学术人》(The New Academic Generation)(1999),研究了新教师的发展趋势,绘制出学术界日趋重要的非终身教职的职位(non-tenure-truck position)。

自 70 年代起,相当多的研究陆续涌现出来,详细地描绘了处于学术主流之外的非终身教职教师、兼职教师以及执教于非研究型大学的教师的生活。D. W. Leslie、S. E. Kellams 和 G. M. Gunne(1982)、J. M. Gappa 和 D. W. Leslie(1993)已经分析了"隐形的教师"(invisible faculty),对兼职教师及其经历进行了各种分类。W. N. Grubb(1999)采用了类似的话语,研究了社区大学内"受人尊敬却隐形的"教师的生活,Howard London(1978)、Lois Weis(1985)、Earl Seidman(1885)等也进行了一些类似的重要研究。R. G. Baldwin 和 J. L. Chronister(2001)详细记录了所谓的临时教师(contingent faculty)的工作条件以及他们的生活情况。

Clark 在其文章中预见了上文所述及的美国学术职业研究方方面面的发展。也正如贯穿本文的前提那样,该研究的各个分支都主要侧重于对学术界以及学术组织的内在研究,相对而言,却忽略了这些学术职业的内在特征与学术界、与范围更大的社会之间的联系。这种针对学术界的内在主义的研究方式也是 Clark 自身的研究特征,它有助于形塑高等教育研究者思考与研究美国国内外高等教育的范式。

Clark 对学术职业研究的贡献

Clark 1973 年发表的文章,在某些方面,已经向我们预示,在新兴的比较核心学术的教师所持有的基本价值观与集体身份认同方面、在比较教师在个体组织层面参与管理、参与国家高等教育系统方面，他作出了重要的贡献。分析他的研究，我们不难发现，他聚焦于如何阐明那些体现学术工作的重要功能和结构的个案研究。他的研究，连同他的一生，都与过去25年间日益加强的市场化与全球化模式相吻合。高等教育自萌生以来，就是一种声誉与资源积聚的活动，就是一种分送人才、传播各种政治思想的活动。不过，在20世纪最后的25年间，获取跨国收益的政策、实践以及交流活动迅速滋生并加快了发展的步伐。Clark在其文章中就如是说了这些发展趋势，并创造了一种话语供我们思考并分析它们。

与其他多数研究教师的高等教育研究者相比，Clark在文章中不仅讨论教师工作的结构环境的方方面面，更全面讨论了学术工作的基本功能和特征。他的这些观点、这些概念，至今为止依然是该学科的主要部分。

如果说，多数的研究者关注的是一种制度背景之下的教师，那么，Clark研究的则是美国国内外多种不同情境中的教师。他出版的第一本书《大学入学机会均等》(1960)，研究的是社区大学，他总结道，这些组织具有"冷却功能"，这一主要功能决定了继他之后的研究者将采取什么方式来比较这些处于中学后制度中的学术领域与职业领域中的教师(和学生)。Clark后来的许多研究关注起研究型大学内的教授们，其中一个研究问题就是至关重要的，即"研究与教学的紧密关系"(research/teaching nexus)，当时，人们倾向于将这两者分开，甚至使之对立，他则反对这种做法，并视它们为大学本质上的综合性功能，是"值得探究的地方"(1995)。在此期间，他研究四年制高等院校中另外两个主要部分：私立的文科院校与有硕士学位点的公立综合性学校。他的《学术生活：狭窄的世界、迥异的世界》(The Academic Life: Small Worlds, Different Worlds)(1987a)曾受到美国教育研究协会(the American Educational Research Association)的表彰，主要研究了全国不同类型的制度下教师的生活，为未来的研究者建构了具有决定性影响的准则，并总结了不同的世界观和地方学术实践引导下的学校类型。

通过分析他的作品，我们发现，Clark重点研究学术权威、学术工作以及学术价值。这一点尤其在他详细描述学术界"不同世界"时得到了彰显。鉴于大学教授们所在的学科不同、所处的学校机制不同，他勾勒出了不同的组织权威模式、具有教学科研职责的工作模式、教师对全国职业规范标准以及如何因地制宜地界定这些标准。如今，这些依旧是学术研究者长期关注的重点问题。研究者必须关注组织和系部内部工作场所自身的权力，关注教学科研的职责、教学和科研是如何相关联的，关注他们该采取什么方式来思考并界定自身工作中关键性职业的价值。Clark 的研究明确地表明，学者若真想了解日常生活、职业活动和学术职业中成员的信念，就必须将自身对学术的研究分解为领域与制度两类。

Clark 研究的最大贡献在于，从根本上促进并形塑了美国以及西欧高等教育的比较研究。正如他针对美国学术组织与教师的研究那样，他的比较研究关注学术的权威模式、教学与科研、基本的价值观等。他(1977)首先对意大利全国体系中的学术权力进行了个案研究，探索了教授的寡头统治权威(professors' oligarchic authority)机制，这些机制在某些系统中上升到了国家层面。随后，在《高等教育系统》(The Higher Education System)(1983)中，他首创了后来称做"三角模式"(triangle model)的研究方式，从决定高等教育的国家、市场以及职业三方面的意义来研究跨国间的高等教育系统。这些比较研究的核心是探索学术界的权威基础。接着，他对学术工作的组织、教学与科研、学术价值观等进行了比较研究(1987b,1995)。

Clark 最初是不是学术组织的研究者？是否如他那本富有开创性的比较研究的著作中副标题所显示的那样，他最初是从国际视野来探究学术组织的，这有待争议。然而，教师以及学术功能一直处于他在理解与描绘这些组织时的前沿和中心。研究组织文化的学者一直纠缠于组织自身的影响与学术纪律、系部的影响两者之间的关系问题(Tierney, 1991)。在 Clark 看来，大学的核心是大量学术界已经形塑与界定了的知识。在为高等教育研究者提供图式(schema)，探讨"组织传奇"(organizational sagas)(1970)时，他没有将组织的变化仅仅归功于超凡魅力的领导身上。他促使我们从社会学角度理解具有超凡魅力的领导办事日程的制度化与常规化现象，在这一现象中，那些接受了传奇并将之深嵌于大学课程之中的资历较高的学术教师则扮演了关键性角色。最近,Clark 也开展了欧洲大学的个案研究,探讨了它们的市场化现象,勾勒出其转变为"创业型大学"的组织变迁的图景(1998)。他没有简单地将这些变化归结于校长的领导,而是将教师的组织机构描绘成"指导中心"(steering core),将创业家概念深嵌于学术工作中基本组织结构内部的"学术核心地带"(academic heartland)。在随后的进一步研究中(2000,2004),他再次关注教师的关键性角色,强调持续的、平等分权的而非管理上的创业家概念非常重要。

不过,在 Clark 之前的研究文献,甚至他自己的研究中,存在着明显的研究断层现象,我将之与关键的分析性概念和社会发展联系起来讨论。目前,职业批判社会学研究职业与,诸如在高等教育中联合现象(unionization)增多时显现的更大的政治经济团体以及这种政治经济变化之间的关系,愈来愈注重职业与职业发展之间的关系,不过,研究者却没有将这些视角拓展到对学术界的职业研究上。此外,这些知识以及社会的发展,促使社会科学研究者超越传统的界限研究职业状况。随着全球化日趋增强,职业的国际活动日益频繁,职业模式不断变化,研究者着手研究职业中的性别和社会运动问题,研究职业界与日趋新自由主义化的更大的政治经济界之间的联系。在下文,我将详细阐释上述各个方面,为学术界职业研究勾勒出未来的发展方向。

被管理的职业人员

在美国,多数的高等教育研究者和许多教师都会对教师职业人员(faculty professionals)与联合起来的雇员进行对比,认为两者之间有着本质的区别。在欧洲大陆,多数教授是公务员,是国家的雇佣人员(Neave and Rhoades,1987),而在美国和英国,教授有史以来就被看作是独立于国家政府之外的专业人员,虽然美国公立大学教授在事实上是地方或国家政府的一部分。像其他所谓的自由职业一样,高等教育学术与教学也是一门职业,其特征如下:有先进的教育、垄断一门专业知识、有伦理道德的规范性阐释结构、精英管理的原则、有一定自主权的同辈评论、职业有很大的自我管理权,而且教授有学术自由、共同管理等特征(Goode,1957;Parsons,1954)。从这样一个有利的功能主义角度来看(Durkheim,1957),职业在组织运作中服务于客户和社会,而协会则对职业产生威胁,应该受到强烈的谴责(Metzger,1987b)。

然而,上述研究视角忽视了工作场所的实际情况,忽略了研究职业的另一个有利视角。其实,所有的职业人员,即便在美国最精英化的自由职业中,多数的医生和律师,从本质上讲,都在大型组织中工作,他们的自主权范围受到各种管理人员的限制。对医生(他们中一些确实在90年代联合起来了)和律师而言,他们的协会(美国医学协会(the American Medical Association)和美国律师协会(the American Bar Association)),被一部分人认为是强有力的协会,为使其成员获得利益而四处游说。事实上,在20世纪70年代,职业化现象研究者(Larson,1977)提出了这样的视角:详细阐述职业成为团体的方式;阐释为了该职业成员的利益,职业是如何致力于垄断工作中某些领域的专业知识,并维持这样的状态的。目前,工作场所的现状是,许多职业实际上已经过度地联合化了。

劳动社会学家(sociologists of labor)已经将20世纪最后的25年描绘成"新联合主义"(the new unionism)突起的时期(Troy,1994)。随着经济从工业化转向后工业化发展,美国的工作类型显著增多,接踵而至的是,联合起来的雇员类型也发生了翻天覆地的变化。如前所述,技术类职业急剧增多,经济中服务性部门迅速滋生。随着蓝领协会主要集聚的制造业部门的不断衰退,在20世纪最后的25年间,各种协会中雇佣人数增长幅度最大的是白领集聚的公共部门。目前,美国工作场所中联合化现象最为严重的职业有公立学校教师、护士和大学教师。

随着联合化了的雇员工作场所的变化,这些协会自身的基础以及中心也发生了变更。在与雇主进行协商的过程中,公共部门与白领集聚的协会越来越关注服务质量问题,借助展示自己雇佣条件与所能提供的服务之间的关系,寻求公众支持他们的事业发展。例如,护士关注自身人员不足问题,担心会对病人的健康造成威胁,公立学校教师则关注班级规模及其对教育质量的影响等。

在此情境下,管理层与劳工之间的整个协商过程出现了新的特征,总的来讲,这种协商不再局限于大型私营企业内的雇员与管理者之间。相反,地方与国家政府向人们提供公共服务时变得错综复杂。一些研究者指出,这种发展倾向可能会影响到协商过程,因为它使雇员有能力捍卫自己地位的合法性,维护自己在公共利益上分得一羹的需求,而不是像大多数蓝领协会那样只关注经济影响以及有关工资与福利的生计问题(Johnston,1994)。

在很大程度上,高等教育研究者理解不了出现联合现象的这种发展趋势。如上所说,他们在研究校内权力与权威问题时,侧重于已经界定了的结构,如大学教师评议会、教师、行政参与制定制度的策略方向等(Keller,1983)。高等教育教师开始联合不久,出现了极少数的关于高等教育的集体协商的研究,重点研究联合现象出现的前提条件,研究联合背景下教师的工资问题(参见 Rhoades,1998a)。还有一些研究联合现象对大学教师评议会的影响(Kemerer and Baldridge,1975;Baldridge and Kemerer,1976)。

正是在此情景之下,我写道,教师逐渐发展成为"被管理的职业人员"(1998a),目的是描述处于联合中的教师的特征,并识别出一种适用所有学术劳动分工的模式,因此,我采用的副标题是"联合之下的教师与重构学术劳工"(Unionized Faculty and Restructuring Academic Labor)。在研究联合状态之下的教师集体协商协议时,我从工资、开支缩减、兼职教师的聘任、教育技术、知识产权的种种条件与变化着手。一言以概之,现在流行对学校权威展开分析,流行对教授与行政领导者之间的关系展开研究,而我则超越了这种方式,不关注具体的决策问题,相反,重视在更大层面上与职业自主权和管理决断力相关的工作条件的协商问题。这种协商,我认为是适用于普通教师的,揭示了我们研究的所有领域中管理决断力增强的总体模式。

我提倡的这一研究视角,与其说以决策制定的组织分析为基础,不如说以职业社会学为基础,它展示了各种研究分支。比如,在职业自主权与管理决断力之间的协商方面,我们对教师进行研究并加以概念化时,我们就要关注当地、全国甚至全球范围内教授是如何集体行使权利这一现象。这可能在正规与非正规的学校影响渠道、职业协会与其他相似的机制上得到彰显。在个体教师所从事的各种活动与时间分配方面,对于他们在高等教育制度中系部、学院、大学、市政或州系统中如何集体行使权利、集体抵制行使权利,我们知之甚少。至于他们如何影响州或者国家行政机构与政策的,我们也缺乏了解。对于这样的跨国研究,Clark(1977)已经为我们提供了一个事例,但是,美国高等教育政策的研究,在本质上,忽略了教师、组织与协会的研究(参见特例 Hutcheson,2000)。或许有人认为,这是因为教授对公共政策的影响相对较小。不过,我认为,教授以及他们的协会在科技政策上起着关键作用,他们极大地丰富了我们研究助学金以及高等教育市场的方法。教师是无法管理的吗? 管理他们就如同饲养猫咪一样? 还是教师逐渐被管理,管理的力度以重要的方式冲击着职业自主权? 他们如何努力地抵制管理、实施自身的影响力? 要解决这些问题,我们都必须更好地了解职业权力与影响是如何在教师具体的日常生活中实施的,要对他们所在的组织、他们施与影响的政策有更好的了解。

另一类研究可以侧重于教师的工作条件和他们的体验。目前,尚没有人在全国范围内对决定教师生活中的各种参数的制度政策进行研究。此外,大家普遍认为,虽然高等教育系统发生了翻天覆地的变化,而有助于我们进一步了解这种高等教育系统中教师具体的工作条件及其体验的个案研究还不多。简而言之,我们对教师生活的了解是不全面、不充分的。

正如本章先前部分提到的,教师生活中日常体验之一是,教授在学校内更频繁地接触其他职业人员。学术劳工的重构,与职业劳工的重构、学校内管理职业人员的逐渐增加是息息相关的。这些其他职业人员数量的增长现象,也必须在教师自主权与管理决断力抗衡的情境中加以阐释。

要关注联合状态之下的教师,将他们看作逐渐被管理的职业人员,我们就必须特别重视非精英院校中的教师,关注社区大学和各州体系内的综合性大学以及拥有硕士、博士学位授予权的院校的教师,这些也是我们研究的盲点。尽管这些领域缺乏研究,我这里还是要提几个重要的特例。比如,在社区大学方面,有些借助组织的个案研究,揭示了教师生活的一些重要层面(参见 London,1978;Weis,1985),

有些对教师的类型进行了种种个案分析（Grubb,1999；Seidman,1985）。不过,令人感到遗憾的是,我们对社区大学教师纷繁复杂的类型却缺乏全面的认识,即便对于全职教师,我们也只是一知半解。在公立综合性大学以及非重点的私立文科大学中,人们尚未研究的处于中流水平的那些学校,其内部的教师情况我们更是不得而知。高等教育研究,除了 Clark 在 1987 年所做的研究,和 Dot Finnegan 的研究之外,基本上都忽视了四年制的非精英大学。

我们不仅对这些研究断层的本质茫然未知,在分析上也是困难重重。我们对于教师情况及其在高等教育中的角色等的了解,在很大程度上受到研究型大学教授的情况的影响,或者更确切地讲,研究型大学中教授的情况使我们忽视了对教师情况以及其在高等教育中的角色的研究。也就是说,我们根本就没有完全地理解并精确地揭示研究型大学之外的学校情境中教师所展现的不同特征。此外,在教师与行政管理之间的权威抗衡现象、实施权威的机制方面,研究者只侧重关注学术或大学教师评议会这一个结构,这种结构在名不见经传的学校中是很难找到的。在这种背景之下,权威是在其他的情境中通过其他的机制实施的。

同样的,在教师与学生的社会关系方面,各种研究往往重视分配到教育过程中各个层面的时间数量上。这样,我们对于教师与学生之间互动的质量、比较范围和意义等信息就几乎一无所获。研究已经发现,学生与教师之间的互动情况会影响到学生能否持之以恒地学习,他们之间的互动的本质是一个决定性因素,然而,我们对这种互动的本质的确还是一无所知。比如,教师努力为历史上未被充分代表的学生（underrepresented student populations）提供入学权,这个问题事实上就从来没有研究过。在指导社区大学以及综合性州立大学内联合状态之下的教师工作的过程中,我发现,教师的这种努力程度常是人们有目共睹的。那么,这在教师与一般学生接触过程中又是如何体现出来的？尤其是接触某些特殊学生的时候？他们接触不同类型的学生,与之互动的方式在质量与数量上是否存在差异呢？目前我们还没有明确的答案。

此外,我们对教师参与社区的程度、服务活动的范畴等还缺乏洞察。研究者似乎都相信，研究型大学是不重视服务的，它们所有行为的服务对象不是社区，而是职业。我们关注时间分配，或是研究其产生的结果，抑或研究其对职业生涯的影响，研究结果表明，各种类型的教师在服务的分配方面是不平等的，女性与少数族群教师参与服务工作相对较少。至于参与各种社会服务活动的本质、质量和影响，以及由此对社区、雇佣制度以及雇员产生的影响，目前几乎还没有人研究过（一个特例参见 Baez，2000，他研究与种族相关的服务对制度变革的影响作用）。

总之，高等教育研究还没有注意到职业社会学中的一个根本原则，该原则经由该学科的创始人 Everett Hughes（1958）提出，当时他说，只有研究不太出名的职业及其各部分，我们才可以很好地理解职业。职业生涯中一些层面可能相对不太复杂，形式大致相同。高等教育研究则正相反，它着重关注学术界中最负盛名的那部分。依我之见，这种研究过度简化，并歪曲了学术职业中的主要部分。

管理职业人员

在职业社会学家看来，20 世纪转型期是专业主义文化（culture of professionalism）形成的时期（Bledstein，1976），用韦伯的话来讲，人们研究了专家之于通才的优越性，研究了与专业化相关的全职终身职业组织，并对那些将取代短期职业者或曰业余职业者的专家进行了研究。正如研究者所详细叙述的，职业人员涌现出来，并最终超越其他从事同类工作的人而占主导地位，这表明，教育活动的这些方面得到了重新的组合。诸如做学徒、边工作边学习等其他实践途径，逐渐消失，取而代之的是，人们需要接受长期教育来成为职业人员，需要经由本科教育，通常还有研究生教育或职业教育，来获取专业知识和专业技术。要实现领域专业化，一个方面就是人们要以高等教育为媒介来做好知识装备并获取步入职业的权利。

我们将医生看作是美国享有最高声誉的职业，这还有争议，不过，该职业或许最彰显上述模式。确实，大多数职业社会学都将研究聚焦在精英身上,聚焦在医学和法律等那些所谓的自由职业上。在20世纪之前,医学领域从业者形形色色,从业的途径也多种多样,比如,多数的妇女分娩是由接生婆而不是医生来负责,多数的医生要经过一定的学徒期限方可从业的,而医学专科职业教育中严格的正规训练也缺乏一定的标准。1918年Flexner的研究报告《弗莱克斯纳报告》(Flexner Report)公开谴责了医学领域的教育与培训工作,从而彻底地改变了这一现状。目前,在美国,相对精选的医学院内,准医生们要先后经过长期严格的本科教育、医学院教育、实习期和住院医生实习期,才可以从业。这种模式,其实早在近百年前就已经确立了,重塑并限制着那些即将从医的人。于是,该领域开始专业化了(Starr,1982)。

此时,大学转变成为所有职业的看门人,是步入职业的预备途径,整个学术界也开始专业化。Walter Metzger研究了大学教师的专业化现象,发现其发展的一个关键阶段是,"教师的培训世俗化"(secularization of faculty training)(1987a:134),专业研究领域愈来愈需求博士文凭,而截止到1870年,大量的大学教授接受的是宗教培训,获取的是神学学士学位。Sliva和Slaughter(1984)在各种社会科学中也发现了这种专业化现象,他们从历时角度详细地分析了历史、经济、社会学和政治学中出现的各种职业协会,对比了扮演重要教育角色的新兴专业人员与当时身为大学教师的"业余人员"这两者之间的各种观念以及政治地位。同其他的职业社会学家一样,他们研究新兴的专家与通才之间的竞争与斗争,看谁掌控了大学教育这一领域。与此同时,他们认为,社会科学家的职业化,其成功之处在于,运用其专门知识为具体的实业家和帝国主义国家的崛起提供服务。

结果是,职业以及所谓的半职业(semiprofessions)与辅助职业(paraprofessions)不断增生,促使一些社会学家谈论的是"每个人的职业化现象"(Wilensky,1964)。从本质上看,大型组织内的每个职业都企图通过彰显职业人员的外部特征、要求再延长正规教育时间,而成为"专业"。这种现象如此显著,社会学家不得不开始认为,我们的社会是个"文凭至上的社会"(Collins,1979)。

在20世纪,职业化现象不断增生,学术界认为,自己是学校内唯一的专业人员。其他所有人员,是"行政管理人员"、办公室工作人员、或看门人,不具备专业化特征。或许有人要说,那些教师相信自己就是大学的一切。一旦这样的(职业)地位观点被证实是合理的,那么实际情况就不再是这样了。

职业与组织社会学家已经开始意识到,在大型组织范围内,运作中的职业团体远不止一个。要想全面地了解大型、复杂的组织,我们必须了解这些多种职业之间的关系与互动现象。比如,在健康护理方面,医生与护士之间的关系,长期以来一直是我们了解医院、了解病人护理的关键因素。随着医学出现了越来越多的先进技术,随着健康护理领域各种职业的专业化,我们愈来愈清晰地认识到,要理解病人的经历、知道健康护理组织的运作过程,我们就必须也要研究医生与操作着先进的医学仪器的各种医学专家之间的互动关系(barley,1986)。

再者,在任何大型的、复杂的组织内部,各种专业为了一个具体活动领域的权限而进行激烈的竞争。20世纪90年代,促进职业社会学发展的两大主要研究突显了职业"权限"协商的重要性(Abbott,1988),它们分别是,Brint对具体工作场所的控制,和对大型组织之间及其内部职业人员市场地位的分层现象的研究(Brint,1994);J. R. Sutton 和 Frank Dobbin(1996)用以展示这些概念知识是如何促使我们理解组织实践的精彩研究。后者详细地分析了大型私营公司在国家(和州)聘任制度发生变化之际,是如何进行调整,修改聘任政策以及具体实践的,并认为,如果要理解这些变化着的政策与实践,那么,对于律师和人力资源职业人员这两类在工作场所有一定的权限、都声称拥有专业技术的职业人员,我们就必须清楚地了解他们对聘任律法的截然不同的对抗性阐释。

正是这些专业人员促使我们制定了大学内的聘任政策,多数大型学校都有内部法律工作人员,所有的大学都有人力资源专业人员来阐释聘任律法,决定着招聘、任命、检查、减裁,以及退休政策和具体实践运作等工作。

在大学校园内,人们广泛从事的职业已经日趋专业化,这些职业中的成员学历水平有了很大的提高,不过,教授和行政管理人员不在此列。根据国家统计数据,这些人形成了"辅助专职人员"(support professional)或曰"非教师的专职人员"(nonfaculty professional),其中最显著的一类当属那些为学生提供各色服务的专职人员,他们是招生与财政辅助人员(admissions and financial aid personnel)、安排就业(career placement)以及提供学术服务的(咨询与指导)职业人员。简言之,他们完全是辅助的角色,承担着剩余的功能(residual)。然而,在过去的30年里,他们成了高等教育职业人员聘任中发展最快的一类人,仅在1975—1985年间,行政领导、管理与行政岗位就比教师的岗位增长速度快了三倍,而辅助职业人员的数量增长又是行政领导人数增长的三倍。

这种现象不能简单地理解为,是因为其人数少而得以迅速地增长。到2000年,高等教育中教师占了所有职业雇员的53%,比其30年前缩减了近三分之二。而学校内职业人员职位中,辅助职业人员占了近30%,是行政管理人员职位的三倍多(Rhoades, 1998b)。

简单地说,不管教授们意识到没有,不管他们承认与否,他们不再是学校内唯一的职业人员。许多非学术性职业也开始出现在学术界中。高等教育研究必须密切注意这一重要的实证发展。然而,很少有学者研究该部分的雇员情况(有一特例,参见 Linda Johnsrud 的研究,例如,Johnsrud, Heck, and Rosser, 2000)。其实,学校是研究者所揭示的宽泛意义上的工作场所的真实反映。Stephen Barley(1996)和其他人曾经指出,针对职业的社会学研究,主要采取的途径是,分析白领与蓝领工作之间一般性的区别,这种研究方法长期以来没有改变。然而,职业增长现象涉及的不仅是白领人数与就业率的增长问题,也是蓝领人数与就业率的增长问题。国家分类体系也指出,蓝领在逐渐衰退,发展依旧不完全,而技术人员与职业人员迅速增长并过度发展。此外,对于高等教育中辅助职业人员与众不同的分化了的特征,美国国内的各种研究也没有明确指出来。

我杜撰了术语"管理职业人员",特指这些辅助职业人员(Rhoades, 1998a, 1998b),旨在捕捉学术界中这些职业之间根本的跨接现象,即(学术)职业人员的类别与管理者(行政管理人员)之间的联系。这些现象具有许多职业特征,例如它们需要高等教育以及大量技术知识,拥有自己的协会,举办各种年会,有期刊杂志登载本领域先进的实践研究,有自己的职业道德规范。诚然,它们相对缺乏那些有终身职位的教师所享有的职业自主权的许多基本特征。例如,其成员既没有学术自由,也没有知识产权,他们就是"为酬金而工作",结果,他们更多地注重管理,其聘任模式更多地取决于管理者的模式,而不是教师的模式。这些职业人员一般按照11个月的财政年度,而不是一个学年来签定合同,比起教师来,他们的工作更倾向于早九晚五制。教师需要职业同辈的评论进行聘任与解聘,而这些职业人员则完全由督学审查、聘任与解聘,属于管理职业人员。

他们究竟是些什么人?在与 Barbara Sporn(Rhoades and Sporn, 2002a)合作发表的一篇文章中,我识别出了三类管理职业人员。在大学校园内最持久的职业是,向越来越多进入高等教育学习的学生提供各种服务,如上所说,这些人是形形色色服务学生的学校职业人员,所涉及的服务项目有招生与财政辅助、居住生活与娱乐、咨询、学生规划、文化中心、计算机辅助、职业辅导与安排就业等。这些职业人员,大多数曾在大学学生档案管理(college student personnel)专业与高等教育专业接受了先进的教育。

我们可以从三个动态机制来理解这类管理职业人员持续增长的现象。首先,美国高等教育不断地扩大招生,在欧洲,这被称之为"大众化现象"(massification),在人们对高等教育需求膨胀时,教育需要适应学生人数不断增长的需求。其次,学生不断增多,其人口分布发生了显著的变化,具体体现在性别、族群、求读状态(是半工半读还是全职)、年龄等许多因素上。前所未有的新的学生人口分布,导致新类型的学生服务应运而生,并不断地壮大起来。再者,各种类型的学校,为了劝说学生申请就读本校,都重视自身所能提供给学生的服务与辅助范畴,这样,学校招收学生的竞争力逐渐增强,这促使管理职业人员持续地增多起来。

第二类管理职业人员,他们的出现是近来的现象,他们参与有关职业发展与评估方面的大范围的学校活动,其宗旨在于,加强、监控与展示高等教育,尤其是面向学生的教育工作的质量。在他们中,制度研究者,一个存在已久却仍然在不断壮大的职业人员,收集数据资料研究本校的生产力以及质量问题,尤其研究本校学生满意度模式以及学生的成功模式。此外，各种评估人员直接评价学生的进展情况以及学术计划。再者，职业雇佣者是为教师的职业发展服务的，他们在教学中最为显眼，常常与教师一起工作，将教学技术融入到课堂上。或许，还包括最近出现的另一类职业人员，他们是大学校园内信息技术使用逐渐增多现象的产物，通常监控与加强着教育质量以及教育生产力。在中心管理层面，这些人员常被称为信息总管（chief information officer, CIO），一个新近出现的行政管理职位，这一职位及其相关公文逐渐出现在学校内。

这些保证教育质量的管理职业人员数量不断地增长，这一现象我们可以归结于两大动态机制的作用。其一，诸如国家管理委员会、国家立法、评议员、雇主，或只是"公众"等多种外在因素，对问责制的需求急剧膨胀，人们越来越强烈要求，大学要有功效性、要有效率。于是，人们更多地关注起如何改进质量的各个层面，尤其关注如何在教育中改进质量的问题。其二，技术革新冲击着大学校园。技术的使用，通常是与质量相提并论的，比如，我们讲要改进教学，通常就是指要更多地使用教学技术，至少后者是教学改进的基础。

第三类管理职业人员是创业家，也许最明显的例子是所谓的发展职业人员（development professionals），或曰提高职业人员（advancement professionals），在他人的眼里就是筹集资金者（fundraisers），几十年来，普遍存在于多数的大学校园内，不过，在独立的高等教育和公立高等教育体系中，教职员工人数都有了增长，此外，在过去的20年里，研究型大学和其他院校已经扩大了技术转换职业人员（technology transfer professionals）的聘任力度，以帮助教师将其研究与发现转换成成果，以便适于在私营部门销售。于是，学校加强了聘任各种经济发展职业人员（economic development professionals）的力度，更广泛地关注他们如何与社区、地方上有权力的经济团体建立联系，关注他们如何与公司、商业群体、市政、国家经济发展行政部门确立各种形式的合作关系。

这些创业型管理职业人员人数的增长，与美国创业型大学的出现与扩张是息息相关的。在过去的30年里，大学已经逐步运作，为自身创造了越来越多的收益，更加自给自足。这种模式，与全球新自由主义政策的普及是步调一致的，降低了高等教育公共部门津贴的重要地位,同时鼓励教育制度向独立的公司方向发展。此外,这种模式与美国新保守主义政策的出台是一致的,该政策呼吁减少公共教育支持,减少其他的公共事业,同时,鼓励对这些事业进行监控与界定。

这些管理职业人员,值得我们进行研究,其原因有以下几个。首先,从纯粹的经济角度来看,他们在劳动力中所占据的比例愈来愈大,在劳动力成本中的比例也逐渐加大。任何对高等教育生产力的分析,都必须关注这些管理职业人员在自身领域中具有的独特的生产力,关注他们对学校其他领域的生产力的促进作用。最显而易见的是,在经济上,创业型职业人员的研究聚焦在其生产收益上,这样,问题就来了:这些职业人员在自我提高、经济发展和技术传递方面取得的成就如何?

其次,从社会学的角度来看,在高等教育基本的生产过程中,如教学、科研与服务等,管理职业人员日趋活跃起来,他们是高等教育中不断变化的生产模式中的一部分(Rhoades and Sporn,2002a)。因此,了解他们内部以及他们与学术界在具体的职业权限方面所产生的互动和竞争现象,就逐渐地重要起来。比如,教学中心、职业发展、与评估职业人员和教授合作进行教学改进、教学改革的有效程度如何?当我们投入更多的职业人员来为学生提供更广泛的服务时,这些职业人员与教师联合、竞争,有时甚至相抵触,他们在招生以及推动学生毕业方面的有效程度如何?如果与管理职业人员的互动,的确极大地增强了本科生与研究生的体验,那么,具体体现在哪些方面呢?如果这些人员直接挑战大学,积极地改革大学,那么,又有哪些具体的体现呢?

再次,从女权主义视角来看,管理职业人员是高等教育职业聘任中唯一一个女性占主导地位的职业(一个最好的事例是图书管理人员)。这就引发了一些有趣的问题,例如,这些工作成为职业的途径与策略是什么(参见 Witz 在 1992 年对保健职业的讨论)?人们就进一步研究管理职业人员与学术职业之间、他们与那些男性占主导地位的、和学术界之外密切相关的工作(如技术转换职业人员)之间的社会关系。各种管理职业(如在创业型职业而不是社会公益服务职业)的分层情况如何?它们千差万别的机构投资如何?此外,重要而有趣的问题是,这些职业的意识形态如何?自我的概念如何?它们扮演公众角色以及私人生活的方式有哪些?

最后,从比较高等教育的视角来看,管理职业人员提出了相当重要的问题:学术界的某些功能是如何实现的？如果美国能够就每个新的功能,创造出新的职业,而不影响到已有的职业,那么,在国家其他的系统中,我们就可能会发现学术界的一种模式,循环地扮演着这些角色,却没有形成新的专业化的职业。或许,在更多的英美大学管理模式被采用之际,我们可以发现新的专业化职业,同时也会发现在管理职业人员的聘任上人数有了显著的增长。

目前,上述的研究分支在本质上都尚待开发,我认为,管理职业人员代表了1973年之后职业组织的关键性发展,尤其代表了在这段时间内美国高等教育职业组织的关键性发展。我们对学术组织的全面了解与否,取决于我们是否开始分析这些学校雇员所扮演的角色及参与的各种活动。

逾越界限

社会学家已经认为,20与21世纪的更替就是新经济萌生的时期,其特点是,在全球经济背景之下,逾越国家界限的临时的、偶然的、兼职劳动力以及劳动力市场逐渐成为一种主流趋势。一些研究者也强调,在此新经济中,妇女与少数族群所遭遇的社会分层以及不平等现象更加严重(Sassen, 2001)。虽然人员聘任的界限发生了变化,自Clark 1973年发表了那篇文章之后的几十年里,人们对教师的研究多数还是明显地属于传统上以研究文献为基础的研究。不过,社会的主要模式,与社会科学理论的关键性发展相对应,为未来的研究指明了重要的方向。其中,最重要的三个模式分别是女权主义、自由市场经济化与全球化。它们都迫使高等教育研究者超越那些主要界定教师研究的传统的界限。

美国社会以及过去30年里美国社会科学的发展过程中,女权运动是一个最重大的社会运动。在各种现象中,女权主义研究蓬勃发展起来,对社会科学、人文学科和艺术中的学术领域,甚至法律与医学这样的精英职业学校都产生了深远的影响。妇女以及妇女问题的研究开始出现分科,许多学科的研究者,为了增加自身的可信度,必须不断增强女性视角,专注于女权主义知识。这一变化意义极为深刻。在高等教育方面,女性运动以及女性研究也有一定的影响,虽然其影响程度不及在社会科学上的影响,不过,相对而言,在最重要的高等教育期刊杂志上,人们还只是简单地将性别看作一个变量的显性的女权主义研究(Hart,2006)。在高等教育研究中,另一个同等重要的是批判种族理论(critical race theory),和公民权利运动的影响问题,不过,令人感到遗憾的是,这种研究也极为鲜见。

有一些特例为未来高等教育职业的研究指明了道路。例如,女性科学家的历史分析(Keller,1983;Rossiter,1995),举例说明了研究者如何可以逐步将顶尖的学术女性身上的"女性特点"融入于她们的生平传记以及历史中,看她们独特的世界观是如何与自身的性别相联系的?一些高等教育研究者探索了女性所扮演的独特的"领导类型"(Bensimon,1991)。还有些人研究女性如何将自身性别角色与女权主义视角带入诸如历史、社会学、哲学等学科中,形成崭新的研究分支,从根本上重新形塑了这些学科领域(参见 Gumport,2002)。一些研究者逾越了原有的界限,不再仅仅关注教师的公开生活,而是将女性教师的公开角色与"私生活"联系起来,研究性别化了的教师角色条规(Perna,2001a;Ward and Wolf-Wendel,2004)。

研究学术女性的研究者,除了识别出她们的社会心理差异之外,可以紧随 Sharon Traweek(1988)的步伐,研究性别化了的职业政治如何使女性分轨,女性又是如何进行相应的抵制与反击的,研究她们是如何克服困难度过这一过程的。族群性、社会地位、性别以及它们之间的融合体在研究者所描述的生活中彰显出来,一些研究者已经对它们的作用方式作了研究(Jacobs,Cintron,and Canton,2002;Padilla and Chavez,1995;Sackrey and Ryan,1984;Tokarczyk and Fay,1993)。M. L. Bellas(1997)研究了一个学科女性化现象与该学科所有教师工资下降之间的联系,让我们更为完善地理解性别的结构层面对薪水所产生的影响。

研究者另一种研究途径是关注女性运动对学术界的影响,换言之,我们不仅有必要从性别角度研究新经济中的分层地位,而且要认识到以性别和以教师的其他特征为中心的社会运动对重新形塑学术界的作用,并加以研究(Glazer-Raymo,1999)。这样,我们就能够开始更多地研究女性教师建构并参与的各种激进主义组织(Hart,2002)。总之,研究职业人员的角色与社会分层、制度、社会的变革之间的关系,将进一步拓展学术界职业社会学学科的发展。

进入21世纪,一个关键性的变化是,经济公共部门与私营部门之间的联系更为加强,彼此之间的界限在缩小,有时甚至融为了一体。这种关系是新自由主义政策与实践的显性部分,产生了各种混合的组织形式。这种现象在学术界尤其明显,已有学者对创业型大学与学术的市场化现象加以了研究。

公共部门与私营部门之间关系的变化意味着,教师在市场以及市场行为中的参与活动开始增强。如前所示,有几个研究者探索了教师在创业性活动中的参与行为,由于自然科学,尤其是生命科学中教师参与创业性活动的现象最为突出,这些研究者就探索了这些学科中的教师角色。不过,我们对于普通教师还缺乏更为全面的了解,关于他们是如何参与市场行为的,我们也还是一知半解。

我们要全面了解教师和学生之间的社会关系,就有必要全面掌握上述的这些关系。为了获取私营部门的资助,为了使教师工作(通常在教师有经济利益关系的公司中)生产出市场化产品,原有的教师行为规范标准、原有的教师工作的界限发生了变化。这种变化几乎必然影响到学生与教师之间关系的界限。一些研究者发表文章讨论了学术界社会关系的这种"重规范现象"(renorming)(Slaughter and Rhoades,1990;Slaughter et al.,2002)。不过,我们需要对教师、学生以及私营部门市场和雇主的复杂关系做进一步深入的研究。

在个体教师和学生之外,我们有必要探究更广泛的学术聘任模式,这种模式在许多方面反映了大型经济中正在发生着什么。正如普通劳动力中不断涌现出兼职与临时的劳动力一样,学术界中兼职教师的比例呈急剧上升趋势。即便我们已经在很大程度上认识到了这种趋势,还是不能全面了解兼职与临时教师的生活情况,不清楚他们与其他教师、与学生的关系。

目前,已有的研究倾向于着手分类这些兼职教师,形成有效管理他们的规则与实践。我们需要从集体而不是个体教师的角度来研究他们,兼职和临时雇员类别的出现应该归功于全国劳动力运动的复兴。学术界也是如此。学术界联合现象的增长,促使以赢取集体协商权为目标的兼职和临时教师协会不断涌现,而且获取该权利的脍炙人口的事例也逐渐增多。当前,管理与劳动力之间的斗争,主要集中在如何界定基本聘任权、如何提高工作条件等问题上。随着就业现象中这些临时类型的教师,尤其是一代一代新教师所占比例在逐渐增长,高等教育研究者必须关注这些教师是如何集体界定学术聘任现象的。

同样,研究生雇员,尤其是教学助理出现了联合现象,如上所示,一些高等教育学者研究了进入学术职业的途径,着重关注研究生如何被招聘、如何被社会化融入职业的。不过,联合现象的本质我们还不曾知晓,联合行为的方式以及相应而生的工作环境究竟是如何决定了新教授的视角与实践的,我们也不得而知。除了一些针对这些新协会的研究(Julius and Gumport, 2003; Rhoades and Rhoads, 2003; Schmid and Herman, 2003),亟待我们做的事情还很多,因为这些特殊的雇员挑战并打破了我们传统上所接受的界定学生、界定教授的界限。在抵制联合现象中,许多的大学都认为,研究生雇员是职业中的学徒,是学生角色。不过,与此同时,由于大学愈来愈想利用知识产权,鉴于知识产权相关的政策,大学又将学生看作雇员。总之,学术工作与职业生涯之间的明确界限已经消失。除了研究生雇员,各种类型的临时学术雇员也是如此,他们通常在不止一个大学内工作,扮演着不止一个角色。

经济领域雇佣临时工的制度,伴随着服务部门经济的崛起,在学术界中以各种形式体现了出来。人们开始重新界定包括教育服务在内的各种服务。高等教育研究者要想全面了解学术雇员的体验,尤其是想了解就业现象中临时雇员的体验,就必须研究聘任模式中更为普遍的变化,这种变化重新界定了雇员与组织之间的界限关系。

最近几十年里,人们频繁逾越传统研究界限的是针对国家的研究,许多人开始研究全球化现象(Appadurai, 1996; Burbules and Torres, 2000; Castells, 1996; Marginson and rhoades, 2002; Ritzer,

1998),不涉及国际化和全球化现象,而去讨论策略方向以及未来的学术组织的研究是凤毛麟角的,不过,对于影响学术界以及被学术界影响的复杂的国际化系统、协会以及组织,我们还是一无所知。

目前现有的研究采取跨国研究法,比较两个国家的教授情况。即便是这样的比较,也无法使我们深入了解不同国家中教授的日常生活与活动。此外,尽管 Clark(1983,1987)的研究为后人明示了研究方向,但是对于不同国家不同的组织、工作模式之间更为微妙、意义更为深远的差异,我们还缺乏足够的研究。

通过这种国家之间的个案比较,我们不能获悉高等教育中职业在地区、国家和全球性层面上的相关知识。总体上看,职业与教授是观念的传播者。职业人员的地区性与国际性的系统是如何在不同国家形塑了高等教育政策、高等教育实践模式的?确切地讲,是如何决定了知识模式的?在发达的工业国家,关键性机制可能在于职业人员的网状系统之中,在他们的协会、出版物、全球流动以及充当顾问的角色之中(Rhoades and Sporn, 2002b)。在发展中国家,有效机制可能截然相反,可能存在于诸如世界银行等国际组织与国家高等教育政策制定中心之间的关系之中(Maldonado Maldonado, 2004)。

因此,地区、国家和全球范围内教授的职业活动,在日常是如何借助先进的信息技术进行互动,这亟待我们进行大量的研究。在个体方面,研究涉及教授与同事、学生和全世界其他的人接触时的日常生活,而其集体动态机制,即,国际上教授与学生之间的网状系统以及虚拟的大学,可能会影响聘任的模式及其学术生涯的成功取得。比如,一个合理的工作假设是,参与国际职业人员的网状系统,能积极地推动个体在学术界的向上流动,极大地影响那些促使个体发展自身职业机遇、扩大资源的网状系统。这种影响,也许对一定的学术类别,如女性,尤为重要。在国家寡头政治体系中,机遇相对有一定的局限性,女性学术界或许可以利用国际网状系统以及国际联系,跨越国家的界限来发展自身的职业。她们可以在国际上获取丰富的资源、取得应有的地位,以便在自己的国家内进一步增强自身发展的机遇。逾越了国家界限的地区性、全球性学术市场,使我们能够对学术劳动力市场以及职业开展广泛的研究。

总　　结

　　Clark 于 1973 年发表的那篇文章,勾勒出高等教育社会学的研究分支,给予了合理的建议,其后的 30 多年里,出现了许多有关教师的研究,其中,多数局限于他对该学科的定型。该领域尚待进一步的研究。

　　在本章中,我提出了三种概念,用于指导学术界未来的职业研究。这三种概念以职业社会学的关键知识、组织研究中关键的社会发展知识为基础,其中,管理职业人员这一概念指出了界定大学轮廓以及未来发展过程中,职业自主权与管理决断力之间的协调的重要意义,也指出了关注教师工作环境和学术劳动力的重构的价值。管理职业人员,有着不同的类型,显示出大学校园内新兴职业的重大意义。而女权主义、市场化和全球化概念则指出,逾越传统的教师研究界限,注重教师工作的公共与私有层面之间性别化了的关系和联系,注重学术界和私营部门(包括偶然、临时学术聘任形式)之间逐渐加强的相互联系,注重知识经济中专业工作的全球层面、变化以及组织现象,是极有价值的。

　　在搁笔之前,根据 Clark 结束分析时所提出的担忧,我就高等教育职业社会学提出自己的几点想法。鉴于高等教育研究者在高等教育社会学中探究的问题范畴存在一定的局限性,Clark 曾经提出警告,"高等教育社会学如何避免成为管理社会学的同时,能在教育实践者的关注中获取有用信息,并给予实践者积极的帮助?我们进行研究,凭的是对研究的执著"(1973)。他接着指出,引导我们研究的问题多"演变成社会学问题,而且代表着管理与公共政策的直接需求","即使我们对当前的教育实践持批判态度,我们对教育工作的目标始终保持一贯的立场,依旧将实践定为实现这些目标的有效途径"。

　　他的这些话,对于高等教育职业人员的研究,尤其是针对教授的研究,有着很强的启发性。研究者最容易获取的教师相关信息,研究者最常提出的问题,都与教师在科研和教学上的时间分配有关。我们很难否认,这种研究视角与直接的管理政策、国家政策研究毫无联系。我们提出教师活动的相关问题,在很大程度上取决于管理者、政策制定者和所谓的(我引用的)"公众"的相关问题,即,教师是如何支配时间的。

不过,遗憾的是,即便是这些精细界定的术语,我们也只是一知半解。比如,在教师服务社区、参与社区活动方面,我们依旧侧重研究这些有限的问题,是极为不利的,它会阻碍我们全面理解教授对所在社区的影响。而要研究与高等教育生产力相关的一般政策问题,我们就必须逾越当前研究的界限,理解管理职业人员所起的作用,理解生产力中临时学术雇员所起的作用(Rhoades,2001)。

Clark 在结束时提出了他的建议,我结束本章时也提议,我们要在各种社会发展现象的折射与影响中,洞察社会科学知识。我们应当更全面地理解学术组织中职业的变化全貌,全面地理解这些职业未来对学术组织的轮廓的影响,理解职业对彼此、对学生和社会的影响。我们需要逾越当前概念上的界限。我相信,研究学术职业和职业人员提出的更广泛的问题,将会使这些研究者、实践者,乃至整个学科受益非凡。

参考文献

Abbott, A. 1988. *The System of Professions: An Essay on the Division of Expert Labor.* Chicago: University of Chicago Press.

Appadurai, A. 1996. *Modernity at Large: Cultural Dimensions of Globalization.* Minneapolis: University of Minnesota Press.

Baez, B. 2000. "Race-Related Service and Faculty of Color: Conceptualizing Critical Agency in Academe." *Higher Education* 39 (3): 363—91.

Baldridge, J. V., and F. Kemerer. 1976. "Academic Senates and Faculty Collective Bargaining." *Journal of Higher Education* 47:391—441.

Baldwin, R. G., and J. L. Chronister. 2001. *Teaching without Tenure: Policies and Practices for a New Era.* Baltimore: Johns Hopkins University Press.

Barley, S. 1986. "Technology as an Occasion for Structuring: Evidence of Observations of CT Scanners and the Social Order of Radiology Departments." *Administrative Science Quarterly* 31:78—108.

———. 1996. "Technicians in the Workplace: Ethnographic Evidence for Bringing Work into Organization Studies." *Administrative Science Quarterly* 41 (3): 404—41.

Barrow, C. 1990. *Universities and the Capitalist State: Corporate Liberalism and the Reconstruction of American Higher Education, 1989—1928.* Madison: University of Wisconsin Press.

Beck, H. P. 1947. *Men Who Control Our Universities.* New York: King's Crown.

Bellas, M. L. 1997. "Disciplinary Differences in Faculty Salaries: Does Gender Bias Play a Role?" *Journal of Higher Education* 68 (3): 299—321.

Bensimon, E. 1991. "A Feminist Reinterpretation of Presidents' Definitions of Leadership." *Peabody Journal of Education* 66 (3): 143—56.

Bledstein, B. 1976. *The Culture of Professionalism: The Middle Class and the Development of Higher Education in America.* New York; W. W. Norton.

Blumenthal, D., M. Gluck, K. S. Louis, M. Soto, and D. Wise. 1986. "University-Industry Research Relationships in Biotechnology: Implications for the University." *Science* 232:1361—66.

Bok, D. 2003. *Universities in the Marketplace: The Commercialization of Higher Education.* Princeton, NJ: Princeton University Press.

Bowen, H. R., and J. H. Schuster. 1986. *American Professors: A National Resource Imperiled.* New York: Oxford University Press.

Boyer, E. L. 1990. *Scholarship Reconsidered: Priorities of the Professoriate.* Princeton, NJ: Carnegie Foundation for the Advancement of Teaching.

Braxton, J. M., and A. E. Bayer. 1999. *Faculty Misconduct in Collegiate Teaching.* Baltimore: Johns Hopkins University Press.

Breneman, D., and T. Youn, eds. 1988. *Academic Labor Markets and Careers.* New York: Falmer.

Brint, S. 1994. *In an Age of Expert: The Changing Role of Professionals in Politics and Public Life.* Princeton, NJ: Princeton University Press.

Burbules, N. C., and C. A. Torres, eds. 2000. *Globalization and Education: Critical Perspectives.* New York: Routledge.

Campbell, T. D., and S. Slaughter 1999. "Faculty and Administrators' Attitudes toward Potential Conflicts of Interest, Commitment, and Equity in University-Industry Relations." *Journal of Higher Education* 70 (3): 309—32.

Caplow, T. , and R. McGee. 1958. *The Academic Marketplace*. New York: Basic Books.

Cartter, A. M. 1976. *PhD's and the Academic Labor Market*. New York: McGraw-Hill.

Castells, M. 1996. *The Rise of the Network Society*. Oxford: Blackwell.

Clark, B. R. 1960. *The Open Door College: A Case Study*. New York: McGraw-Hill.

——. 1973. "Development of the Sociology of Higher Education." *Sociology of Education* 46 (1): 2—14.

——. 1977. *Academic Power in Italy: Bureaucracy and Oligarchy in a National University System*. Chicago: University of Chicago Press.

——. 1983. *The Higher Education System: Academic Organization in Cross-National Perspective*. Los Angeles: University of California Press.

——. 1987a. *The Academic Life: Small Worlds, Different Worlds*. Princeton, NJ: Carnegie Foundation for the Advancement of Teaching.

——, ed. 1987b. *The Academic Profession: National, Disciplinary, and Institutional Settings*. Los Angeles: University of California Press.

——. 1995. *Places of Inquiry: Research and Advanced Education in Modem Universities*. Los Angeles: University of California Press.

——. 1998. *Creating Entrepreneurial Universities: Organizational Pathways of Transformation*. Oxford: International Association of Universities Press and Pergamon.

——. 2000. "Collegial Entrepreneurialism in Proactive Universities: Lessons from Europe." *Change* 32 (1): 10—19

——. 2004. *Sustaining Change in Universities: Continuities in Case Studies and Concepts*. New York: Society for Research into Higher Education and Open University Press.

Collins, R. 1979. *The Credential Society: An Historical Sociology of Education and Stratification*. New York: Academic.

Durkheim, E. 1957. *Professional Ethics and Civic Morals*. London: Routledge and Kegan Paul.

Etzioni, A. 1969. *The Semi-professions and Their Organization: Teachers, Nurses, and Social Workers*. New York: Free Press.

Fairweather, J. 1996. *Faculty Work and Public Trust: Restoring the Value of Teaching and Public Service in American Academic Life*. Boston: Allyn and Bacon.

Finkelstein, M. J. 1984. *The American Academic Profession*. Columbus: Ohio State University Press.

Finkelstein, M. J., R. Seal, and J. H. Schuster. 1998. *The New Academic Generation: A Profession in Transformation*. Baltimore: Johns Hopkins University Press.

Gappa, J. M., and D. W. Leslie. 1993. *The Invisible Faculty: Improving the Status of Part-Timers in Higher Education*. San Francisco: Jossey-Bass.

Geiger, R. 2004. *Knowledge and Money: Research Universities and the Paradox of the Marketplace*. Stanford, CA: Stanford University Press.

Glazer-Raymo, J. 1999. *Shattering the Myths: Women in Academe*. Baltimore: Johns Hopkins University Press.

Goode, W. W. J. 1957. "Community within a Community: The Professions." *American Sociological Review* 22: 194—200. Grubb, W. N. 1999. *Honored but Invisible: An Inside Look at Teaching in Community Colleges*. New York: Routledge.

Gumport, P. 2002. *Academic Pathfinders: Knowledge Creation and Feminist Scholarship*. Westport, CT: Greenwood.

Hart, J. L. 2002. "Activism among Feminist Academics: Professionalized Activism and Activist Professionals." Ph D. dissertation, Center for the Study of Higher Education, University of Arizona.

———. 2006. "Women and Feminism in Higher Education Scholarship: An Analysis of Three Core Journals." *Journal of Higher Education* 77 (1): 40—61.

Hughes, E. C. 1958. *Men and Their Work*. Glencoe, IL: Free Press.

Hutcheson, P. 2000. *A Professional Professoriate: Unionization, Bureaucratization, and the AAUP*. Nashville: Vanderbilt University Press.

Jacobs, L., J. Cintrón, and C. E. Canton, eds. 2002. *The Politics of Survival in Academia: Narratives of Inequity, Resilience, and Success*. Boulder: Rowman and Littlefield.

Johnsrud, L. K., R. H. Heck, and V. J. Rosser. 2000. "Morale Matters: Midlevel Administrators and Their Intent to Leave." *Journal of Higher Education* 71 (1): 340—59.

Johnston, P. 1994. Success *While Others Fail: Social Movement Unionism and the Public Workplace*. Cornell, NY: ILR Press.

Julius, D., and P. Gumport. 2003. "Graduate Student Unionization: Catalysts and Consequences." *Review of Higher Education* 26 (2): 187—216.

Keller, E. F. 1983. *A Feeling for the Organism: The Life and Work of Barbara McClintock*. San Francisco: W. H. Freeman.

Keller, G. 1983. *Academic Strategy: The Management Revolution in American Higher Education*. Baltimore: Johns Hopkins University Press.

Kemerer, F., and J. V. Baldridge. 1975. "Senates and Unions: Unexpected Peaceful Coexistence." *Journal of Higher Education* 52:256—64.

Kirp, D. 2003. *Shakespeare, Einstein, and the Bottom Line: The Marketing of Higher Education*. Cambridge, MA: Harvard University Press.

Ladd, E. C., and S. M. Lipset. 1975. *The Divided Academy: Professors and Politics*. New York: McGraw-Hill.

Larson, M. S. 1977. *The Rise of Professionalism: A Sociological Analysis*. Berkeley: University of California Press.

Leslie, D. W. 1996. *Wise Moves in Hard Times: Creating and Managing Resilient Colleges and Universities*. San Francisco: Jossey-Bass.

Leslie, D. W., S. E. Kellams, and G. M. Gunne. 1982. *Part-Time Faculty in American Higher Education*. New York: Praeger.

Lewis, L. 1975. *Scaling the Ivory Tower: Merit and Its Limits in Academic Careers*. Baltimore: Johns Hopkins University Press.

——. 1988. *Cold War on Campus: A Study of the Politics of Organizational Control*. New Brunswick, NJ: Transaction.

London, H. 1978. *The Culture of a Community College*. New York: Praeger.

Louis, K. S., D. Blumenthal, M. Gluck, and M. Soto. 1989. "Entrepreneurs in Academe: An Exploration of Behaviors among Life Scientists." *Administrative Science Quarterly* 34:110—31.

Maldonado Maldonado, A. 2004. "The Influence of International Organizations in the Field of Higher Education in Mexico." Ph.D. dissertation, Boston College.

Marginson, S., and G. Rhoades. 2002. "Beyond Nation States, Markets, and Systems of Higher Education: A Glonacal Agency Heuristic." *Higher Education* 43 (3): 281—309.

Metzger, W. 1987a. "The Academic Profession in the United States." In *The Academic Profession: National, Disciplinary, and Institutional Settings*, ed. B. R. Clark, 123—208. Los Angeles: University of California Press.

——. 1987b. "A Spectre Haunts the Professions." *Educational Researcher* 16 (6): 10—19.

Mortimer, K., and T. R. McConnell. 1978. *Sharing Authority Effectively*. San Francisco: Jossey-Bass.

Neave, G., and G. Rhoades. 1987. "The Academic Estate in Western Europe." In *The Academic Profession: National, Disciplinary, and Institutional Settings*, ed. B. R. Clark. Los Angeles: University of California Press.

Padilla, R. V., and R. C. Chavez. 1995. *The Leaning Ivory Tower: Latino Professors in the Academy.* Albany: State University of New York Press.

Parsons, T., ed. 1954. *Essays in Sociological Theory.* New York: Free Press.

Perna, L. 2001a. "The Relationship between Family Responsibilities and Employment Status among College and University Faculty." *Journal of Higher Education* 72 (5): 584—611.

———. 2001b. "Sex Differences in Faculty Salaries: A Cohort Analysis." *Review of Higher Education* 24 (3): 283—307.

Readings, B. 1996. *The University in Ruins.* Cambridge, MA: Harvard University Press.

Rhoades, G. 1998a. *Managed Professionals: Unionized Faculty and Restructuring Academic Labor.* Albany: State University of New York Press.

———. 1998b. "Reviewing and Rethinking Administrative Costs." In *Higher Education: Handbook of Theory and Research*, vol. 13, ed. J. C. Smart, 111—47. New York: Agathon.

———. 2001. "Managing Productivity in an Academic Institution: Rethinking the Whom, Which, What, and Whose of Productivity." *Research in Higher Educational* (5): 619—32.

Rhoades, G., and R. A. Rhoads. 2003. "The Public Discourse of U.S. Graduate Employee Unions: Social Movement Identities, Ideologies, and Strategies." *Review of Higher Education* 26 (2): 163—86.

Rhoades, G., and B. Sporn. 2002a. "New Models of Management and Shifting Modes and Costs of Production: Europe and the United States." *Tertiary Higher Education and Management* 8:3—28.

———. 2002b. "Quality Assurance in Europe and the U.S.: Professional and Political Economic Framing of Higher Education Policy." *Higher Education* 43 (3): 355—90.

Ritzer, G. 1998. *The McDonaldization Thesis.* London: Sage.

Rossiter, M. W. 1995. *Women Scientists in America: Before Affirmative Action, 1940—1972.* Baltimore: Johns Hopkins University Press.

Sackrey, C., and J. Ryan. 1984. *Strangers in Paradise: Academics from the Working Class.* Boston: South End.

Sassen, S. 2001. *The Global City: New York, London, Tokyo.* 2nd ed. Princeton, NJ: Princeton University Press.

Schmid, J. M., and D. M. Herman. 2003. *Cogs in the Classroom Factory: The Changing Identity of Academic Labor.* Westport, CT: Praeger.

Schrecker, E. 1986. No *Ivory Tower: Mccarthyism and the Universities*. New York: Oxford University Press.

Schuster, J. H., D. G. Smith, K. A. Corak, and M. M. Yamada. 1994. *Strategic Governance: How to Make Big Decisions Better*. Phoenix: Oryx.

Seidman, E. 1985. *In the Words of the Faculty: Perspectives on Improving Teaching and Educational Quality in Community Colleges*. San Francisco: Jossey-Bass.

Silva, E., and S. Slaughter. 1984. *Serving Power: The Making of the Social Science Expert*. Westport, CT: Greenwood.

Slaughter, S. 1990. *The Higher Learning and High Technology: Dynamics of Higher Education Policy Formation*. Albany: State University of New York Press.

Slaughter, S., T. Campbell, M. Holleman, and E. Morgan. 2002. "The 'Traffic' in Graduate Students: Graduate Students as Tokens of Exchange between Academe and Industry." *Science, Technology, and Human Values* 27:282—312.

Slaughter, S., and L. L. Leslie. 1997. *Academic Capitalism: Politics, Policies, and the Entrepreneurial University*. Baltimore: Johns Hopkins University Press.

Slaughter, S., and G. Rhoades. 1990. "Renorming the Social Relations of Academic Science." *Educational Policy* 4 (4): 341—61.

——. 2004. *Academic Capitalism and the New Economy: States, Markets, and Higher Education*. Baltimore: Johns Hopkins University Press.

Starr. P. 1982. *The Social Transformation of American Medicine*. New York: Basic Books.

Sutton, J. R., and F. Dobbin. 1996. "The Two Faces of Governance: Responses to Legal Uncertainty in U.S. Firms, 1955 to 1985." *American Sociological Review* 61 (5): 794—811.

Tierney, W. G., ed. 1991. *Culture and Ideology in Higher Education: Advancing a Critical Agenda*. New York: Praeger.

Tierney, W. G., and E. M. Bensimon. 1996. *Promotion and Tenure: Community and Socialization in Academe*. Albany: State University of New York Press.

Tokarczyk, M. M., and E. A. Fay. 1993. *Working Class Women in the Academy. Laborers in the Knowledge Factory*. Amherst: University of Massachusetts Press.

Toutkoushian, R. K., and M. L. Bellas. 2003. "The Effects of Part-Time Employment and Gender on Faculty Earnings and Satisfaction: Evidence from the NSOPF:93." *Journal of Higher Education* 74 (2): 172—95.

Traweek, S. 1988. *Beamtimes and Lifetimes: The World of High Energy Physicists*. Cambridge, MA: Harvard University Press.

Trow, M., ed. 1975. *Teachers and Students: Aspects of American Higher Education.* New York: McGraw-Hill.

Troy, L. 1994. *The New Unionism in the New Society: Public Sector Unions in the Redistribute State.* Fairfax, VA: George Mason University Press.

Veblen, T. 1918 (1954). *The Higher Learning in America.* Stanford, CA: Academic Reprints.

Ward, K., and L. Wolf-Wendel. 2004. "Academic Motherhood: Managing Complex Roles in Research Universities." *Review of Higher Education* 27 (2): 233—58.

Weis, L. 1985. *Between Two Worlds: Black Students in an Urban Community College.* Boston: Routledge and Kegan Paul.

Wilensky, H. L. 1964. "The Professionalization of Everyone?" *American Journal of Sociology* 70:137—58.

Wilson, L. 1942. *The Academic Man.* New York: Oxford University Press.

Witz, A. 1992. *Professions and Patriarchy.* London: Routledge.

Wulff, D. H., A. E. Austin, and Associates, eds. 2004. *Pathways to the Professoriate: Strategies for Enriching the Preparation of Future Faculty.* San Francisco: Jossey-Bass.

第六章 大学:组织研究视角

Marvin W. Peterson

本章讨论大学的各种组织研究法,这是在 20 世纪后半期,尤其是最后的 40 年内,才形成并突显出来的一个高等教育研究分支。我们研究大学组织模式,主要是出于对其可行性和相关性的考虑。首先,由于篇幅原因,不可能详细地陈述对大学结构、过程、功能、关系(学校内部与外部关系,与周围环境之间的关系等)的多种特征以及动态机制进行广泛的研究。研究组织模式有助于我们理解大学的组织构成与组织角色在哪些方面区别于次级组织单位(如系部、办公室等)的动态机制,了解大学内部的参与者群体(如教师、学生、行政领导者等),了解大学之间跨机构的安排(如协会、工会、体系等)。其次,社会团体的组织,本质上是社会学这一学科的核心要素。附属高等教育、同时又推进高等教育发展的具体组织模式是如何萌生的?理解了它,对我们理解高等教育的社会功能意义重大。再者,这显然不只是社会学范畴,应属于跨学科领域。

这里,"模式"一词不仅仅指我们研究组织的方式,而是指研究者企图在理论上理解、阐释学术生活的发生地——大学的结构以及动态机制。它为我们提供了一系列概念,或曰构念,提供了我们可以界定、系统地研究的一系列关系。我们可以分析它是否适合真实的组织行为,比较它与其他模式的差异,研究它是否最能促进我们对该组织现象的理解。

因此,本章的基本目的有三个。其一,回溯自 50 年代以来出现的大学组织模式,尤其侧重 1973 年 Clark 评估之后的大学组织发展情况。在他之前,几乎没有人正规地研究过大学的组织特征,发展相应的理论,人们大多只是对各种类型的组织加以客观地描述。自 Clark 以后,组织的发展与限制、危机与挑战重塑了高等教育。在此期间,我们形成了一系列广泛的模式,阐释大学组织是如何运作的,从而加深了对它的理解。

其二,目的在于研究哪些因素影响了这些组织模式的发展,从而提出一个概念框架帮助理解这一系列广泛的模式。1950—1970 年间,高等教育的扩张,吸引了首批研究者,他们主要来自社会科学,发展了这些关键性的社会组织的早期模式。不过,自 1970 年后,崭新的更为复杂的模式萌生了,尽管其发展速度减缓,还是给大学带来了新的挑战。

其三,目的在于研究社会学与其他学科在大学组织研究方面所做的贡献,由此提供一些洞见。正如下文所示,种种针对大学的组织研究法,为我们提供了一组高度折中的、多姿多彩的跨学科知识。

组织研究综述

鉴于对组织研究的需求,这里简单地对大学的组织现象进行历史分析。到了 19 世纪末期,多数的大学类型已经萌生,如赠地大学(public land grant universities)、综合的公立大学(the complex public university)、私立教会学院(private sectarian college)、军事院校(military institutions)、技术大学(technical universities)以及不胜枚数的各种私立大学。20 世纪上半期,出现了大专院校(junior college),或曰社区院校。然而,尽管当时已经出现了形式各异的高等教育机构,人们对于怎样将这些大学描绘成各种结构类型,并没有给予太多的关注,也没有形成相应的理论(机构存在的悠久历史除外),研究者没有投入任何精力来研究大学的组织现象。

于是,那些观察敏锐的研究者相继作出评论,指出我们迫切需要对大学组织模式和动态机制进行系统的研究。例如,早在 1928 年,Alfred North Whitehead 就注意到,"问题的关键是在规章制度之外"

(Whitehead, 1928:638)。到了 20 世纪的后半期, Frederick Rudolph 在其历史书《美国大学》(The American College and University)中,描绘了高等教育的变化。他说,(这种变化是)"逐渐游离的(drift)、勉强的适应性调节,人们的认识是滞后的,也就是说,还没有人研究时,变化事实上已经发生了"(Rudolph, 1962:491)。正如 1965 年耶鲁大学受人尊敬的校长 Kingman Brewster 所提议的,"要为大学设制一个策略,更别说是一个计划,其真正的问题是,我们(教师)在本质上都是无政府主义者,杰出的思想、艺术与行动必须是有创造力的。这种创造力本质上与预测的计划格格不入"(Brewster, 1965:45)。任何研究这些机构的学者,都预先得到充足的警告,要注意组织自身复杂的变化本质。

警告虽然存在,大学的组织研究最终还是开始蓬勃发展起来,1950 年之后,有两个学者最先对这种研究的发展现象进行了研究,为本书关注高等教育组织的动态机制提供了基本原理。这两个人分别是加利福尼亚大学伯克利分校高等教育研究中心的主任 T. R. McConnell 和密歇根大学高等教育研究中心的主任 Algo Henderson,他们在不同的文章中,都指出在大学组织以及行政领导方面我们缺乏理论文献、缺少研究(McConnell, 1963; Henderson, 1963)。

十几年之后,发表在《教育研究评论》(Review of Research in Education)第二卷中的《高等教育组织与行政管理》(Organization and Administration in Higher Education)(Peterson, 1974)一文,对现有文献做了一个全面的综述,最先列举出了 500 多种出版物,多数是 1950 年之后的,其中只有 200 种是以研究为基础的。这些研究,虽然数量有限,其质量却似乎愈来愈高,吸引了来自包括社会学在内的几个社会科学学科的学者的关注。十年之后,出现了一篇综述《组织研究的新兴发展》(Emerging Developments in Organizational Research)(1985)的文章,从中我发现,以研究为基础的研究超出了 1000 个。在分析了日趋复杂化的理论与研究基础的发展之后,我将 McConnell 和 Henderson 所描述的研究分为三类:1963 年之前的是"早期童年"阶段;1936—1974 年间,是"青春期前期"(pre-adolescence),而那些截止到 1985 年的研究则属于"青春期晚期"(advanced adolescence)。如今,高等教育中组织研究方面的文献研究,将全然超越了本章所讨论的范畴。因此,本章关注高等教育机构与中学后教育机构的组织理论或概念化模式。至于大学组织内部的动态机制研究,不在本章讨论之中。

组织模式与环境:一种权变视角

十多年前,Clark Kerr(1993)回顾了自身的职业生涯,反省了自己对卡内基委员会(Carnegie Commission)全面研究高等教育这件事情的忽视,指出,高等教育环境中的变化不是一种进化,是革命性的运动。在20世纪60年代晚期,组织行为的研究者开始摈弃封闭体系,转向采用一种开放系统研究法研究组织(Katz and Kahn,1966)。自1970年起,高等教育研究者也将这种开放系统研究法纳入组织研究法中,研究高等教育。在步入21世纪之际,人们达成了共识,都认识到这种环境之下的变化依然是无处不在的,教育制度仍然受着外界的影响、并努力适应着外界的需求。

鉴于权变视角(contingency perspective)关注的是环境在影响以及形塑高等教育机构中扮演的关键角色,本文的构思框架就采用这种视角,保证组织理论不断地发展,我们也可以将之作为一种途径,来理解与阐释大学是如何努力应付这些环境所带来的问题的。

这种权变框架内的根本要素、环境使得开放系统命题清晰明了。外在社会动力就是变化中的环境条件,通过自身呈现的机构管理问题直接影响或形塑着大学的动态机制,同时,也通过改变我们产业的本质、改变产业的竞争范围,间接地影响或形塑着大学的动态机制。大学受到的影响、大学对机构问题的回应,都直接来自环境,或间接地来自产业本质的变化,这就导致出现了一种新的组织模式,阐释这一切影响与回应(对该框架与产业的构念详细讨论参见 Peterson, Dill, and Mets, 1997)。

该权变框架中产业(industry)的构念,有利于我们进行多种阐释。在普通组织研究中,人们对产业一词有着充分的认识,一般将之界定为一系列的组织,这些组织使用或需要相似的资源、吸引类似的顾客,生产相近的产品与服务。产业的构念,有助于我们界定一个组织的市场以及其竞争范围(或一部分竞争范围),有助于我们识别产业所遵守的政府控制与政府管理的模式。产业、产业内部各组织竞争的加强,是由5个因素决定的(Porter, 1980):(1)新组织成员对产业的威胁;(2)关键性资源供应商的谈判能力或控制能力;(3)购买产品、服务的顾客的谈判能力;(4)新组织生产出的代用产品与服务;(5)产业中组织的核心技术改进。很显然,我们可以将高等教育、高中后教育看作是一产业。

下文将对1950年以来不同时期中运作的主要环境条件加以鉴别,研究这些条件究竟是如何影响、重新界定产业的,接着,讨论环境条件对机构造成的主要的直接影响,讨论产业变化对机构造成的主要的间接影响。新的组织模式作为对这些影响的回应,在不同时期都有所体现,或流行起来,它们有助于我们理解大学的这些转变过程。最后,本文讨论了这些模式的演变过程以及其本质。

传统高等教育发展到大众高等教育:1950—1972年间从稳定到扩张

虽然本文讨论的中心是1970年之后的变化,对1950年前的高等教育进行回顾依然是有必要的,这里,我们将之称为传统高等教育系统或产业,具体包括公立四年制大学、私立四年制大学、综合性大学、达到大学水准的院校。当时,两年制大专院校与社区大学几乎没有,也不是其他院校的重要竞争对手。这种传统高等教育的概念,为我们拓展1970年之后的组织研究提供了必要的情境。

第二次世界大战之后的这段时期,大学开始扩招,并持续到了20世纪的后半期。虽然这种环境条件影响了机构,却没有促使产业的本质发生巨大的改变,机构问题也没能实质性地改变机构的特征,没能改变管理的方式。当时,大学的组织研究几乎是不存在的,多数的研究只是详细地描绘了大学的不同类型(参见表6.1,每一时期与其特征)。

表6.1　组织模式的发展变化

	主要的环境压力	主要的机构问题	新兴的组织模式	代表性研究及作者
	从传统高等教育到大众高等教育(1950—1972)			
1950—1964年	发展与扩张	发展方向与问责制问题	社区模式	Clark (1960) Goodman (1962) Millett (1962)
			理性的或者官僚主义的模式	Corson (1960) Stroup (1966)
	高中后教育时期(1972—1995)			
1965—1972年	混乱现象以及少数群体的需求	秩序、控制以及入学权问题	传奇模式 政治模式 联合企业模式	Clark (1970) Bridridge (1971a&b) Lee and Bowen (1971)
			松散耦合模式 无政府模式	Weick (1974) Cohen and March (1974)
1972—1985年	需求模式衰退、经济不景气、资源限制	市场压力、效能、生产力问题	市场模式 制度理论模式 资源依赖模式 技术管理模式	Kotler (1975) Meyer and Rowan (1977) Pfeffer and Salancik (1978) Lawrence and Service (1977) Hopkins and Massy (1981)
			战略模式	Peterson (1980) Keller (1983) Chaffee (1985)
1985—1995年	质量、入学权和机会平等	有效性、复杂性、重新建构和重新设计的问题	文化模式	Masland (1985) Tierney (1990) Berquist (1992) Peterson and Spencer (1993) Simsik and Louis (1994)
			矩阵模式 控制论模式	Alpert (1985) Birnbaum (1988)

（续表）

主要的环境压力	主要的制度问题	新兴的组织模式	代表性研究及作者
新兴的高中后知识产业（1995—2005）			
变化迅速、动荡不安、期望值高、无法进行预测	制度再设计问题	适应性模式	Gumport and Sporn (1998) Sporn (1999) Gumport and Pusser (1999)
	重新界定、重新指定方向、重新组织以及更新的问题	情境模式	Peterson (1997)
多样性、远程信息处理、新的学习市场、质量、经济生产力、全球化现象、资源限制		创业型模式	Slaughter and Leslie (1997) Clark (1998)
		虚拟模式	Carchidi and Peterson (1999)
		联盟模式 合作模式 合资模式 跨国网络模式	我们需要的新模式

1950—1965 年：发展与扩张的时期

环境条件与产业变化 在 1950 年至 20 世纪 60 年代后期，美国联邦政府的两项举措导致学生入学人数不断增长、公立院校的数量与类型不断扩张，此外，尤其是那些公立大学的规模也开始扩大。随着《美国军人权利法案》（G. I. Bill）颁布和 1950 年发表的《关于高等教育的杜鲁门考察团报告》（Truman Commission Report on Higher Education），推进了高等教育面向所有高中毕业生，造成了四年制大学扩大招生的需求，触发了好几百家社区大学应运而生。显然，这段时期高等教育的发展具有挑战性是可以预见的，政策制定者和公众都相当支持。教育资源即便总是姗姗来迟，也即将来到。这样，决定产业的两种因素——顾客需求的不断增长（学生入学人数）、新组织成员的加入

（更多的机构与社区大学）——推动着我们从传统的高等教育产业发展为1970年以后的所谓的大众高等教育产业，后者规模更大，机构更多样复杂，也更具竞争力（至少，在获取教育资源、发展自身方面更具竞争力）。

机构管理问题 在此时期，环境迫使高等教育发展、扩张、向大众高等教育产业转变，其主要的管理问题是，如何在扩张过程中清晰阐明机构的发展**方向**或**目标**？面对自己负责的教育资源日趋增长，机构该如何确保承担更大的**问责制**？新机构致力于解决组织的发展方向与目标问题，而老机构则要解决如何在快速发展中组织与管理自身的问题，解决如何承担责任，如何在招生、教师、空间、设施、财政资源需求方面提供更多的信息。

内部组织模式 为了分析大学组织解决上述这些问题的方式，截止1970年，人们已经建构了三个早期的理论或概念模式。首先，John Corson 和 H. H. Stroup 在韦伯研究的基础上，将大学的动态机制描绘成正规组织的**官僚主义**，他们运用社会学模式探究管理制度发展与问责制问题，分别发表了《大学的管理》（Governance of Colleges and Universities）(1960) 和《高等教育的官僚主义》（Bureaucracy in Higher Education）(1966)。其次，《学者共同体》（The Community of Scholars）(1962) 的作者 Paul Goodman 和《学术共同体》（The Academic Community）(1962) 的作者 John Millett，他们都以社会学为基础指出大学事实上更应看作是共同体。前者发展了平等主义观（egalitarian notion），认为大学是学习者的共同体（a community of learners），在大学这样的组织中，教师、学生和管理者都是平等的。而后者则提出了一个更为局限性的观念——学术专业人员共同体（a community of academic professionals），即教师。这两种共同体或曰大学模式，似乎更适用于小规模的私立大学，其发展速度不如公立学校，又返回到传统的高等教育时代，忽略了对官僚主义模式中隐性的增长与扩张现象的阐释。再次，Burton Clark 选择研究发展迅猛的社区大学，其《大学入学机会均等》(1960)，以社会学与人类学为基础，采用了一种深入的个案分析法。

这些著作中贯穿了两个基本思路，其一，所有的人都直接、间接地以社会学知识为基础，研究官僚主义、共同体，运用一种深入的个案分析法形成一个新的机构类型模式。其二,都认为,大学是为其目的服务的,形成了在很大程度上内在导向的组织模式。这之后,占主流地位的是开放系统观。

1965—1975 年:十年冲突

环境条件 在这十年里,高等教育本来应持续保持迅猛发展与扩张的势头,向大众高等教育系统转变,然而,其环境条件发生了翻天覆地的变化,国家极其动荡不安,其混乱现象、少数族群的各种需求,充斥在大学校园内。这种动荡局面主要来自三个主要的相互关联的因素。其一,20 世纪 60 年代早期言论自由运动,触发了许多学校内有组织的学生分裂,例如,加利福尼亚大学伯克利分校 Mario Savio 领导的学生分裂运动。其二,越南战争,举国上下争议不断,导致国家出现了严重的政治动乱,出现了许多暴力冲突,如 1968 年全国民主大会(Democratic National Convention)上,芝加哥七君子(Chicago Seven)组织的暴力冲突。此战争也是大学校园里的一个重要事件,引发了许多事件,如密歇根大学成立了学生民主社团(Students for a Democratic Society, SDS),肯特州立大学(Kent State University)警察枪杀举行抗议的学生等。其三,20 世纪 60 年代中期,全国的公民权利运动,大学校园内学生和教师等非暴力积极分子广泛地给予支持。不过,1968 年,Martin Luther King 被刺杀,预示了他的这种非暴力获取公民权利的方法接近尾声。取而代之的是 Stokely Carmichael 等人领导之下的黑人民权运动(Black Power)的崛起,以一种截然不同的方式争取民权。与之相关的,在 20 世纪 60 年代末 70 年代初,许多以白人为主的大学开始努力提升黑人的入学率。虽然这些黑人学生常常只占了学生整体的一小部分,在许多学校内学生数量方面,这种变化是关键性阶段(Peterson et al., 1978)。以上三个因素一起,促成了许多积极分子团体的形成,与行政领导、教师进行抗争。

机构问题 此阶段的机构管理问题来自两种略微有别的压力。其一,政府与政策集团对学校内外施加的压力,要求增大黑人和其他少数族群学生的入学权,这是许多机构和教师积极支持的事情。不过,新近招收的黑人学生的出现,证明了他们遭受不公正的待遇、课程偏向中立、教师冷淡态度、缺乏应有的服务,他们控诉种族歧视、漠视教师与行政领导,而后者中许多还曾积极支持过少数族群入学政策,认为自己是公民权利的支持者。黑人学生的出现也表示了对上述这一切的强烈抗议。少数族群学生的分裂更促使言论自由运动与越南战争等事件引发出更多的问题。

其二,来自政治家、家长、一些学生和教师的压力。他们要求学校维系良好的秩序和管理,保证学生能持续学习,不受任何干扰。威胁往往也来自警察或国民警卫军等外在强加的压力,这是多数教师、学生和行政领导所深恶痛绝的。

组织模式 为了解决这些问题,许多研究者探究了各种冲突、各种机构反应,然而却没有能形成一个全新的组织模式。显而易见,高等教育的组织研究者需要采取新的开放系统视角,后者可以阐释外在变化的作用,阐释决定各种回应、新组织动态机制的冲突现象。组织研究者早已利用它来探究非高等教育组织(Katz and Kahn,1966)。在此时期,有5位高等教育研究者尽管不是直接解决外在冲突问题,都以开放系统观为基础形成了各种组织模式(其后的多数模式也是以此为基础的)。

Burton Clark(1970)在《有特色的大学》中进行了深入比较研究,虽没有直接研究对于秩序、控制与入学机会产生的压力,却再一次利用社会学与人类学研究法,引出了组织传奇(organizational saga)的概念,研究冲突中的学校动态机制。他的研究注重改变组织文化的传奇,同时也运用了开放系统观,识别出形塑传奇的外在动力的作用,将冲突的研究视角看作是理解变化发生方式的重要部分。

J. Victor Baldridge 在社会学与政治利益群体理论(political interest group theory)基础之上,引出了高等教育组织的政治模式。该模式使人注意到,大学内问题如何产生、如何导致利益群体的形成、如何支配决策过程。他最初在《大学内的权力与冲突》(Power and Conflict in the University)(1971b)中,将这种模式运用到制度中的内在动态机制研究,接着在《学术管理:制度政治与决策制定的研究》(Academic

Governance: Research on Institutional Politics and Decision Making)(1971a)中,拓展到内在、外在动态机制的合并现象研究中。

此时期出现的另三个模式,反映出人们希望理解环境给组织带来的影响,希望理解早期官僚主义模式或共同体模式不能轻易捕捉到的大型复杂机构中的动态机制。首先,Karl Weick,社会心理学家,提出了大学是松散耦合的组织(loosely coupled organizations)这一概念(1976),试图捕捉大学更为流动的、权力分散的特征。作为一种组织模式,它没有其他的一些模式全面,不过,这种概念上的主张已经得到人们广泛地认可。人们认为它有利于我们理解大学的运作方式。其次,同一时期,Michael Cohen 和 James March,从社会学与政治学视角,对校长进行了研究,提出了决策制定模式,颠倒了问题—分析—结果这一理性的范式,并认为许多的大学决策制定是垃圾箱法(the garbage-can approach),即,寻找问题过程中的解决办法(solutions in search of problems)。他们的经典著作《领导力与不确定性》(Leadership and Ambiguity)(1974),认为这种过程发生的原因是大规模的复杂的大学处于组织化了的无政府状态,是只需要有限协作的高度权力分散的单位的一种合并。第三,Eugene Lee 和 Frank Bowen(1971)运用了一种商业构念(a business construct),认为要理解大学的复杂性,应该将之看作像联合企业(conglomerates)那样的一种集团模式(a corporate model)。

总之,该时期人们将大学看作是开放系统,导致出现了5种新的组织模式:传奇、政治实体、松散耦合的组织、组织的无政府状态、联合企业等。这些研究者都以社会学为基础,同时兼顾其他学科的知识。其中,Clark 利用的是社会学和人类学,Baldridge 用的是政治利益理论,Weick 的是社会心理与组织心理学,Cohen 和 March 的是社会学和政治学,Lee 和 Bowen 的是商业管理。在此时期,大学的组织研究中一种更为跨学科的研究法即将萌生,在下一个十年间,将自身看成是组织行为跨学科领域的一部分的高等教育研究者也将出现,随后的研究与模式仍然以社会学为根基,但同时也与其他学科的理论与概念交错在一起,此时,社会学的作用不太明显。

新兴的高中后教育产业:
1972—1995 年间的机构变化时期

界定一个新的产业

1972 年,美国国会颁布的《高等教育修正案》(Higher Education Amendments),几乎瞬间产生了一个新的概念——中学后教育(参见图表 6.1)。它较先前有了两个关键性变化,其一,联邦助学金(federal student aid)的分配发生了变化。先前,财政资助金是发放到学校,再经学校发放给它们认为合格的入校生。根据此修正案,助学金直接由国家政府发放给合格的学生,学生可以自由支配进入任何一所他们获准进入的合格的学校。这就降低了学校的控制权,增强了学生的选择权,尤其增强了学校争夺生源的激烈程度。其二,该修正案在"高等教育"四个字之前添入了"中学后"三个字,却没有明确地给予界定。那些授予学位的私立院校是后来才包括进去的,这就有效地将近 7,000 所新学校纳入大众高等教育产业中,潜在的符合国家助学金发放标准的学生数量翻了一倍多(Carnegie Commission, 1973)。在传统高等教育向大众高等教育转型的过程中,该修正案通过改变决定产业竞争力的五大要素中的两个,重新界定了产业,将私有机构这种新的组织纳入产业中,增加了客户(学生)的数量,增强了他们的谈判能力,这些学生不仅数量更多,种类繁多,而且能够自主选择大学。一个竞争力更强的产业即将诞生。

1972—1985 年:调整适应中学后产业

环境条件和产业变化 在此时期,大致有四种不同的环境动态机制:大学间竞争力加强、学生需求模式衰退、经济不景气、对教育资源限制的长期展望。如上所说,1972年的修正案,是对高中后高等教育产业的重新界定,这种教育为更多的大学内学生提供更多的竞争机会。高中毕业生进入大学的比例已经从"二战"后的近20%提高到1980年的近50%,大众高等教育硕果累累。传统公立大学的入学率在20世纪80年代持续增长,不过,增长的速度减缓。因此,随着更多的院校陆续出现,学生入学率增长速度逐渐减缓,院校面临的需求似乎在下降。

20世纪70年代末80年代初,经济大衰退。通货膨胀率一下窜至15%—18%,失业现象骤然大幅度增加。这种影响在大学中尤其严重,这是因为,由于要购买的商品与服务成本增长太快,高等教育物价指数(the Higher Education Price Index)也相应升高。这些条件使得学生更负担不起高等教育、中学后教育,多数的大学预算也都相应有了严格的财政限制。

随着更多的院校竞争力进一步增强,招生入学率开始均衡,人们预计经济复苏时间将会较长,大学开始计划长期抑制招生增长以及财政支持。

机构问题 20世纪60年代末70年代初的冲突逐渐消失,新的环境问题逐渐增加,这在人们的意料之中。大学开始关注来自市场的压力,在这个竞争力更强的中学后产业中,我们究竟如何更有效地市场化学校以便吸引学生?经济不景气的结果,长期教育资源紧缩的前景,迫使大学要增强自身的效能,提高生产力。效能已经引起了生产力问题,原来并不是高等教育、中学后教育研究的中心,到如今,成了多数专业会议、学术会议讨论的焦点,新的组织模式应运而生。

组织模式 在此期间,先后出现了5种新模式,都以显性的开放系统观为基础,事实上,其中4种主要侧重于制度与环境之间的关系上。第一,Phillip Kotler根据自身的商业管理观,撰写了《市场营销管理》(Marketing Management)(1976),在大学内广为引用。因为,它虽然不是显性地研究高等教育、中学后教育,却捕捉到了中学后教育产业中新的竞争本质,为我们如何看待组织的市场倾向提供了一个模式。这个模式不是明确的组织模式,也不能广泛运用到高等教育、中学后教育研究中,却极大地吸引了我们专业会议的重视,正如 Robert Zemsky 20 年之后所指出的,大学领导试图更加地以市场为导向,更加地具有"市场灵敏度"(market smart)(NCPI,2001)。

第二,1978 年,两位社会学家 Pfeffer 和 Salancik(1978)提出了组织的资源依赖模式(the resource dependency model)。和 Kotler 一样,他们开始也不是具体研究高等教育、中学后教育。不过,大学是资源依赖的制度模式得到人们广泛地认可,在很大程度上形塑了我们组织的研究。

第三,20 世纪 80 年代早期,大学开始被看作是战略性组织,试图找到自身的市场位置,在一个复杂多变的环境中,均衡内部结构、过程、优先权、决策等。三位学者从组织行为视角出发,努力界定这一模式。其中,在 1980 年,我本人综述了组织研究文献中各种不同的战略研究法(Peterson,1980)。George Keller 在其有很大读者群的经典著作《学术战略》(Academic Strategy)(1983),深入探究大学作为战略性组织的新兴本质,进一步充实了这一观点。Ellen Chaffee 在她的《三种战略模式》(Three Models of Strategy)(1985a,1985b)中,将该观点阐释为一种概念性模式。大学是战略性组织,这种概念继续在演变着,目前仍然是我们老生常谈的话题。其研究者有 1988 年的 Hearn,1995 年的 Gumport 和 Pusser,1997 年的 Peterson 等人,1999 年的 Presley 和 Leslie,等等。

第四,在 20 世纪 70 年代末期,出现了截然不同的观点,更注重大学的内部要素,将大学视为技术管理组织(technomanagerial organization),处理要求提高效能与生产力的压力问题,因而备受人们的关注。这是大学的资源依赖观与早期的官僚主义观、正规组织观等的联合产物,注重界定各种单位来测量大学内各种形式的资源流动现象,随后,关注如何建立计算机理性模式(rational computer-based models),研究成本与生产力方面的管理决策的意义。这种研究方法,是运筹学原则运用到任务中的体现,在这十年中,支持并领头开展研究的是美国国家高等教育管理系统中心(the National Center for Higher Education Management Systems,HCHEMS)的研究者们。G. B. Lawrence 和 A. L. Service 的《高等教育管理的定量研究法》(Quantitative Approaches to Higher Education Management)(1977)对此方法进行了综述。D. S. P. Hopkins 和 W. F. Massy 在《规划大学模式》(Planning Models For Colleges and Universities)(1981)中,提出了将这种技术管理研究法运用到具体的机构中,汇集了信息理论、运筹学、大学管理的正规的理性研究法等。如今,这种有关大学规划和管理问题的技术与正规的理性研究法,多数体现在那些支持制定管理决策的很寻常的分析研究中。

此时,另一种研究法应运而生,它依旧关注环境的作用问题,由 John Meyre 和 Brian Rowan 首创。他们在其经典文章《教育组织的结构》(The Structure of Educational Organization)(1978)中提出了制度理论(institutional theory),尽管没有涉及高等教育、中学后教育,他们如同社会学家研究组织现象一样,指出了早期内在导向的正规理性模式存在的局限性、新兴环境组织模式(市场、资源依赖、战略性组织模式)的局限性,这是制度理论成为一个融合正规组织结构和环境理论的新视角的基础。人们认为,结构不是组织遭遇环境具体要素所产生的结果,是更广泛的社会环境衍生出来,并加以了合法化。截止最近的十年,这种制度理论只是零星地运用在高等教育、中学后教育的组织研究中。如今,那些直接运用此理论的学者有 Patricia Gumport(Gumport and Sporn, 1999)、Burton Clark(1998, 2005)、Hassan Simsek(1997)、和 Barbara Sporn(1999)等,下文将会进一步加以讨论。

此阶段提出各种组织模式的学者,以社会学、信息理论、运筹学、商业、组织行为等知识为基础,都研究了大学的整体组织现象,合并了不同的组织模式,研究结构模式以及战略,利用组织环境模式理解显性的正规的大学回应方式,理解内在与外在动态机制的关系模式。

1985—1995 年:约束、质量与机会平等

新的条件:人们对学术界的关注　在 1985—1995 年期间,我们重新界定高等教育为中学后产业还没有成型,随着(非传统的)私有机构的确认与合法化,"中学后"这术语开始逐渐为人所接受。此时,代表着这些组织的协会日趋活跃起来,他们积极确立财政援助使用的标准

以及规章制度,随后明确阐释并使之具体化。在这些以及相似的发展过程中,所有中学后机构中的制度范围、竞争领域都更为明确地表达出来,得到了人们更好的理解。

然而,某些环境条件发生变化,会使大学面临新的制度问题,这些问题与以往不同,主要是管理问题,在本质上更加具有学术性。在此时期,高中毕业生的大学入学率超过了60%,比黑人、西班牙裔少数族群学生入学率高出了10%以上(如果考虑少数族群高中毕业率较低这一事实的话,从年龄分组上看,这差距更大)。未被充分代表的群体的入学权与教育机会平等这两个问题,人们最先在20世纪60年代提出,如今成了国家政策、大学领导者所面临的至关重要的问题。

《国家在危机中》(A Nation at Risk)(National Commission on Excellence, 1983),是关于K-12教育的一个报告,极具批判性,在政治上也备受人关注,公布于众后,美国教育研究院院长(the Director of the National Institute for Education)接着委任一个研究小组,研究美国高等教育卓越的条件(the Conditions of Excellence in American Higher Education)。高等教育、中学后教育中这些著名的学者和领导者,就承担起了这项重任,研究国家的本科教育,提出改进意见,并发表了研究报告《学习的参与现象》(Involvement in Learning)(Study Group, 1984),突显了许多的问题,提出了有关本科生教育质量的问题,为所有的参与者——政策领导者、行政领导者、教师和学生等,在政策、管理以及教与学方面,提出了许多的建议。积极学习、制定更高的期待、改进回馈与评估活动是该研究的三个主要问题。至于前两个问题该如何解决,政策制定者感到很茫然,因此,他们重视评估活动,并取得了一定的进展。

学术管理问题　先前的环境条件,通过影响组织以及产业客户的数量和类型,重新形塑了产业,提出了基本的管理问题。这些新的环境条件解决的则是学习、教学和科研中的核心学术功能。上述的研究小组报告强调学术话题、学术问题,那些政治群体、少数族群联盟和立法者却在同时强调入学权与教育机会平等问题。自1985年起,人们逐渐呼吁评估活动,要求评估学生的参与情况和学习成绩、教师的作用以及教学行为、课程以及教学的质量、国家、系统和制度的教育结果。这种希望同时解决学术质量、入学权和教育机会平等现象问题的呼吁使人感到十分的气馁。

因此,在此时期,人们不再像在过去的几十年里,要求大学领导者和教师只关注管理绩效(managerial performance),相反,首次呼吁他们解决大学的学术目标和教育结果问题。这一点在人们对教育有效性(educational effectiveness)(不只是效能和生产力)的关注中得以彰显。这些要求彼此矛盾,也迫使我们研究大学的学术目标、课程以及过程中的复杂性,我们也需要重新建构、重新设计学术和行政领导的过程与功能。

新模式 人们要求教育有效性,要求理解中学后机构的学术复杂性、组织结构以及如何提高入学率、教育机会平等以及质量的方法,这一系列的要求导致文化(cultural)模式、矩阵(matrix)模式和控制论(cybernetic)模式应运而生。这三种组织模式没有直接运用制度理论,而是从整体上展望大学,试图思索组织与环境之间界面的复杂性,从管理和学术双重视角来研究学校组织。

在这十年间流行的模式中,最突出的是大学的文化组织模式。Andrew Masland 利用当时现存的高等教育、中学后教育之外的组织研究,在 Burton Clark(1960, 1970)和 David Dill(1981)的早期研究基础之上,简明扼要地撰写了《高等教育研究中的组织文化》(Organizational Culture in the Study of Higher Education)(1985),识别出组织文化的基本要素,以及研究它的方法,提出了重视组织文化的理由。之后,George D. Kuh 和 Elizabeth J. Whitt,在其《无形的多姿多彩的画面》(Invisible Tapestry)(1988)中,进一步拓展了 Masland 的陈述,William Tierney 的《进入学术文化与氛围中》(Accessing Academic Culture and Climate)(1990),研究了大学的文化组织模式以及这种模式的实际运用。William H. Bergquist 的《学术界四大文化》(Four Cultures of the Academy)(1992),将高等教育、中学后教育中的组织文化概念与组织的其他模式联系起来,体现了 Lee Bolman 和 Terrence Deal 在《重新建构组织》(Reframing Organizations)(1991)中的经典研究。我本人和 Melinda Spencer(Peterson and Spencer, 1993)进一步地详细阐明了文化与氛围之间的区别、文化的几个层面,以及研究组织文化的质性、量化研究法之间的区别。在这十年间开展的研究、发表的文章、出版的书籍举不胜举,它们都运用了文化模式进行大学的组织研究。

为了理解研究型大学中学术结构与科研结构之间的复杂关系,Daniel Alpert 在《成就与停滞现象》(Performance and Paralysis)(1985)中,介绍并运用了组织的矩阵模式,阐释不同外部资源环境对研究单位、学术系科、跨学科结构等产生的影响,这里,他设计的跨学科结构是为了在教学与科研这两大主要的、往往又彼此冲突的结构上架构一座桥梁。有趣的是,Alpert 是位物理学家,这就丰富了高等教育、中学后教育组织研究者的一系列学术背景。

第三种组织模式试图分析大学组织的复杂性,研究如何提高大学的有效性。Robert Birnbaum 的《大学如何运作》(How Colleges Work)(1988),从信息与系统理论(information and systems theory)引出控制论模式,研究大学决策制定以及组织动态机制。像 Bergquist 那样,他也试图将该模式与其他现存的组织模式(平等分权模式、官僚主义模式、松散耦合模式、权变模式、政治模式、无政府主义模式等)整合起来。不过,他提出的模式也许是最新近的,试图呈现一个全面、整合的大学组织模式。

有趣的是,在此十年间的出版物承继着这些发展趋势,拓展与具体化我们大学组织研究中跨学科的影响。文化模式主要以人类学为基础,矩阵模式以商业管理为基础,而控制论模式则以信息与系统理论为基础。它们都反映了我们从整体上理解大学的倾向,也反映出我们趋向将大学看作是规模、结构、决策制定、环境互动等方面复杂的实体。文化和控制论这两种模式,甚至还努力与先前的组织模式、组织环境模式联合起来,甚至一体化。

中学后知识产业:1995 年及其后的转型期

中学后知识产业(a postsecondary knowledge industry)的构念,是用于阐释中学后产业在信息时代、知识时代被重新安排时所发生的一切(参见表6.1)。不过,与只是技术上的提高促使信息无处不在、从而影响我们机构的传播能力相比,研究中的转型现象更为复杂。在这十年间,出现了几个其他的环境动态机制,或曰环境变化的条件,其研究趋势很可能继续重新形塑着中学后知识产业,以显著的方式影响着我们的大学个体。

环境条件

多数的研究者都会承认,在中学后教育中,有以下几个在运作中的环境动态机制或环境条件可以追溯:人们渴望多样性、革新远程信息处理技术、重视学术质量、关注经济生产力、积极寻求新的学习市场、全球化的扩张、资源限制持续发展等。鉴于篇幅问题,不能对所有这些环境条件进行详细的阐释,不过,我可以对其进行简单地综述。这些条件意义重大,这一点毋庸置疑,它们都对上文中指出的重新形塑产业的环境条件中的五大因素(新组织成员对产业的威胁;关键性资源供应商的谈判能力或控制能力;购买产品、服务的顾客谈判能力;新组织生产出的代用产品与服务;产业中组织的核心技术改进),起到了实质性的影响。

多样性指人们要求向未被充分代表的群体增加服务,让不同种族、族群、社会和经济背景的学生能够入学、接受教育并得以毕业。界定多样性的各个层面在不断地增加,新的面向少数族群的机构、新的招生需求、新的教育需求、新的教育方法、新的少数族群专业协会和政治压力集团(political pressure group)都诞生了,影响并改变着我们的产业。

远程信息处理指计算、电信、信息数据库迅速的更新以及相互关联发展的拓展。这不仅影响我们的核心的教学、学习和科研过程,而且可以重新形塑我们的传授系统,从而产生新的虚拟机构,或新的传授系统,教学与科研可以全球性地连接起来。这就成功地影响了那些需要不同传授模式的新学生,他们可以从这些使用此技术的教育设计师——教师——处获取新的技能。其他产业,如电信、计算,甚至娱乐公司等,它们的新组织正参与着设计、传授中学后教育、提供学习机遇。

质量指人们加强了对学术评估的要求,更强调对学生学习、教学设计、课程设计、教师生产力、课程以及机构绩效等的问责问题。这影响了我们教与学的传递过程,也影响了我们鉴定组织的模式。于是,出现了特殊的学校部门执行这一功能,改变了国家政府与公立大学之间的关系,人们常常用质量好坏来安排计划,决定如何分配资源。这个压力程度丝毫没有减低。

新的学习市场指人们愈来愈要求为年长学生提供中学后学习机遇,为那些寻求高级文凭的人、寻求职业提高以及职业培训的人提供继续教育。这些市场主要包括非传统性的学生,他们有着特殊的课程兴趣、新的学习需求,这就常常需要新的传授模式来实现。这是一个规模巨大的市场,吸引着许多私有机构、培训与发展公司、商业与政府组织中的培训项目。提供这些服务的,可能是以机构为基础的继续教育、职业教育的竞争者,也可能是潜在的客户或者合作者。

经济生产力指人们要求学校培训学生,以便他们能够获取收入颇丰的职业,向其他院校提供研究结果以供使用,同时又要借助科研和服务更直接地促进地区、州乃至国家的经济富裕。这种需求已经迫使学校和教师将教学和科研更紧密地与产业的生产需求结合起来,于是产生了科学研究园(research parks),这种科学研究园是机构进一步地扩展,科技传授能力增强,甚至酝酿出了新的企业。它刺激了各种中学后院校中新的合作关系的出现,也促成了学校与政府机构、私营公司之间新的合作关系。这样的活动成了更多创业型院校的资金来源。

全球化现象不只是指交换留学生、交换教师、关注国际与全球问题上的教学与研究,也指日趋增多的一系列跨国、国际安排。一些教育机构已经发展到了国外,另一些与国外高等教育机构建立了友好合作关系。远程信息处理技术的运用,使得教育资料的传递成为可能,教师甚至不用离开自己的学校,就可以建立国际性研究型机构。此外,也出现了研究者所谓的"公民社会"(civil societies)这种逐渐发展的模式。这些研究型机构通过网络将大学教师、政府政策制定者、商业代表汇聚在一起,解决全球问题,讨论全球议题。

资源限制指在多数高等教育、中学后教育机构中,要维系课程以及活动的正常进行所需要的教育成本与对新课程和高质量的需求相结合,这导致人们持续需要寻求新的资金。随着机构成本逐渐升高、国家和州的支持逐渐减少、学生以及其家庭支付能力有限、争取基金会赠予、私人捐赠的竞争更加激烈、争取合同签订以及授予专用拨款的竞争也日趋激烈,多数机构面临着资源匮乏的困境,都一直需要建立新的收入来源。

新兴的中学后知识产业

重新形塑产业 这些环境压力的影响,显而易见,改变了重新形塑产业的五大要素,我们只能"透过玻璃模糊地"审视这一切(Dill and Sporn,1995)。潜在的学生群(客户)包括了更多的有着特殊需求与兴趣的少数族群学生,以及那些再学习的年长学生,后者更是各色各样的,有着特殊的课程需求和传授方式的偏好。我们资金支持的来源和关键性资源(供应者)都有着一定的限制,更可能需要特殊的课程、服务与传授模式。随着信息时代的到来,随着新的客户、新的教育传授模式的出现,非高等教育组织正变成产业(新组织或替代服务),作为竞争者、作为潜在的合作伙伴,提供着中学后教育与服务。新的远程信息处理技术(即核心技术)的出现,使得教育传授方式有了改变的可能,以满足当前需求以及新学生的需求,也使得研究者的合作关系以及我们自身虚拟学习和科研能力会因此而发生变化。

无论是从传统教育转变成大众教育,还是从大众教育转变成中学后教育,在以前的这些转型期间,重新形塑我们产业的五大要素中只激活了其中的两个,与2006年我们现在的状况截然不同。中学后知识产业不仅根植在传统的高等教育和私立教育机构中,而且依赖商业与政府的培训项目、虚拟机构和传授系统、面向特殊人群的新的机构、一些提供中学后教育服务的电讯、计算和娱乐公司、新的机构合作关系模式、合资,甚至进行中学后研究与教学的跨国、国际计划安排等。中学后知识产业是一个颇有竞争力的领域,挑战着我们传统的高等教育、私有机构,迫使它们在新的投机活动中以新的方式进行竞争、协调或合作。

机构问题　在步入大众高等教育时代,学校面临的主要问题是如何控制增长和教育扩张现象,如何管理学生分裂现象,如何满足少数族群学生新的要求。在向中学后教育时代转变的过程中,人们呼吁组织首先解决学生需求模式衰退、经济不景气和教育资源有限制等问题,然后再解决质量、入学权和教育机会平等的问题。在步入中学后知识产业时代,人们的需求更为繁多。首先,大学必须努力理解自身产业的本质,如变化中的市场、需要中学后知识的不断变化的客户与支持模式、教学与科研新的传授模式、提供中学后教育服务的新组织、该产业的竞争性动态机制等,并重新加以界定。大学需要考虑更改自身的使命,改变自身与那些能提供中学后知识、学习体验和研究支持的中学后教育组织和其他非高等教育组织之间的关系。在此过程中,它们需要考虑重新组织自身的组织结构和行政管理结构,更紧密地顺应环境变化中的使命、外部环境、组织之间的关系。此外,也需要改革学术角色、教师角色,为学术工作创造一个新的文化氛围。

大学或许需要从宏观或者转型的组织变化来有效地探索如何重新设计自己的制度。这是一个全方位的、意义重大的挑战,短期内不太可能实现。因为,这样的举措将取决于新的中学后知识产业的本质以及其发展(至于新兴的中学后知识产业以及其制度问题的详细讨论,参见 Peterson, Dill, and Mets, 1997)。

综合教育模式

大学既要保持新出现的中学后知识产业,又要解决这种产业给机构带来的复杂问题。面对这些广泛的环境压力,四种新的组织模式,或曰四种早期模式的改进应运而出,其中的适应性(adaptive)模式、情境(contextual)模式、创业型(entrepreneurial)模式,都是20世纪八九十年代战略选择模式(the strategic choice model)的详细阐释,都关注综合教育机构的变化模式。不过,它们也有别于战略模式,将机构看作是理性地审视环境,确认自身的市场位置,形成一种回应策略,通过一系列有区别的合理化选择（即目标、优先权、课程与资源）来适应环境。这些新的模式，为了理解大学所作出的回应，采取了一种分析研究法，体现了制度理论的影响力。它们是特定形势的体现，在动荡不安的新环境中，采取的是更为前摄的立场（proactive stance），积极地参与进去（甚至企图加以改变），而其他时候则进行宏观的转型变化。这些模式都从整体上将大学看作一个组织及环境，以制度理论为基础，常合并了早期模式中的各个要素。

Gumport 和 Sporn 在其《制度适应现象：管理改革的需求以及大学行政管理》（Institutional Adaptation：Demands for Management Reform and University Administration）(1999)中，研究了环境的作用以及大学管理适应环境的方式。他们注重环境中的各种动力因素、环境对制度的需求与大学作为组织所作出的回应之间的关系，并用此研究综合并呈现了他们的组织适应性模式。他们以几种组织环境模式（种群生态学、制度理论或曰同构现象、权变、资源依赖、战略选择模式等）为基础加以阐释，从而理解组织是如何适应变化、如何使这些变化合法化的。Sporn 在其《适应性大学的结构》（Adaptive University Structures）(1999)一书中研究了美国和欧洲的六所大学。这些大学面临新的环境变化时，都发生了翻天覆地的变化。她就采用了适应性模式观，合并或者整合了其他的各种模式进行研究。在此研究基础之上，加上自己和 Gumport 的研究，她拓展了组织适应性理论，具体说明了支撑大规模适应动态的、动荡不安的环境的命题和条件。

情境模式（Peterson，1997）是在中学后知识产业新兴出现之后，用于解决人们呼吁更基本的制度改革或制度变型的需求的一种策略。因为，对于中学后知识产业，人们一知半解，而且它变化迅速，令人难以琢磨。这种模式与 Gumport 和 Sporn 的适应性模式相似之处是都从制度理论着手进行研究。其区别在于，情境模式强调产业是大型社会环境与制度管理问题之间的中介（intermediary），并指出前文讨论的七大社会动力因素的本质、新兴的中学后知识产业都需要进行根本的制度改革。在此产业变革的环境与变革时期内，大学可能面临着四个问题：重新界定大学产业以及大学自身承担的角色；改变或者修改大学的使命以及外部组织关系；重新组织学术和行政领导结构、功能以及过程;恢复或者重建大学学术工作场所以及大学文化。为了实现这些变革,他们提议,在研究那些已经经历过巨大的、转型性的变革的制度的基础之上,进行相对不太理性化的规划或变革。此规划过程涉及以下六个活动:洞察与展望中学后知识产业新的发展可能性;推进变革的开始、形成变革的总方向;投资基础设施支持变革的开始;提供各种刺激性奖励,鼓励教师与其他职员积极参与变革;学校内外都使用信息通信来监控变革、支持变革;整合那些颇有成效的制度变革。

适应性模式和情境模式的一个变化形式是,Clark 在《创造创业型大学》(Creating Entrepreneurial Universities)(1998)中提出的创业型大学模式。在此书中,他指出了该模式在新的中学后知识产业中改变自身的方式。根据经历了根本性变革的五所欧洲大学的个案研究,他总结出,这样的大学具备的五大要素,或曰五大特征,分别是:有一个强化了的核心层、外围单位的发展得以加强、有一个可随意支配的资金中心(抑或自主寻求资源与分配资源)、来自中心地区的刺激(即,学术单位应对环境的选择性发展)、创业信念和一系列制度价值观增强。虽然这项研究以欧洲大学为研究对象,其研究结果可以推广到 Gumport 和 Sporn 所研究的大学上。

Sheila Slaughter 和 Larry Leslie 在其《学术资本主义》(Academic Capitalism)(1997)中,研究了一所研究型大学中学术单位的行为,描绘了它们如何受到创业决策、资本决策的影响。本质上,这不是组织模式,却极好地运用了多种模式来描绘行为。他们认为,学术单位处于制度之内,是松散耦合的组织化的无政府状态。于是,他们运用资源依赖模式,研究这些单位与自身的支持环境之间的关系。此外,借助制度理论,他们阐释了什么合理化了学术声誉的信念,并阐释了获取教育资源来维系与加强自身地位的重要性。

下面谈一下第四种模式,虚拟大学模式。我和 D. M. Carchidi(Carchidi and Peterson, 2000)研究了这些新组织的本质,对于那些有着虚拟传授系统的组织,那些有着虚拟组织和行政管理模式的组织,以及那些两者兼备的组织,我们进行了结构上的区分,识别出这种组织的六种原型。Carchidi(1997)在研究虚拟组织的不同类型时详细地阐述了这种区别。他从开放系统、制度理论视角出发,根据适应性模式和资源依赖模式,研究了当时的管理模式。不过,虚拟大学的组织模式还没有得到很好地发展。

在这个时期,研究者们再次突显了社会学以及其他学科的作用。例如,Clark 和 Gumport 是社会学家,Sporn 专长是商业,Leslie 是经济学家,Slaughter 是政治科学家,Carchidi 和 Peterson 来自组织行为研究专业,他们都使用了各种组织观与组织模式。很显然,大学的组织研究已是一种跨学科的研究。

权变视角:形塑组织的模式

本章已经提供了一种模式,有助于我们阐释各种组织模式的成因,指导我们思索未来的模式发展趋势。很明显,在过去的 50 年间,大学环境、组织运作赖以生存的产业都发生了巨大的变化,直接影响了各种组织模式。图 6.1 是一个总体框架,用于理解概念上的组织模式,在本质上是如何直接回应环境条件、是如何随着我们主要产业观的变化而发生改变的。

基本产业概念	环境条件以及压力		
	稳定的、可预测的、支持性的	变化的、不能完全预测的、中立的	动荡不安的、不能预测的、机会主义的
高等教育(传统的、由许多部分组成)↓	封闭的、自治的、易反应的		
大众高等教育(扩张的)↓		部分的、有选择性的、易反应的	
高中后教育(重新组织的、分段的)↓		开放的、互动的、适应性的	
高中后知识产业(重新界定、新兴的)			相互依赖的、创业的、前摄的

图 6.1 权变视角:决定新兴的组织模式的基本产业与环境条件

内部模式:1972 年之前

我们着重关注 1970 年以后的大学。其实,组织模式早在先前两代人中就出现了,这时期的社会环境相对比较稳定,有一定的预示性,对大学有支持作用。具体而言,在 20 世纪五六十年代,资源(如招生、资金)增长迅速,发展比率平稳,人们在很大程度上可以预测未来,事实上,此时主要的规划模式就是预测未来(Peterson,1986)。公众热情高涨,国家政策支持高等教育,各州也支持新的院校、支持院校扩张,支持启动资金扩大招生人数。

我们认为,在 1950 年之前是传统的高等教育产业,之后的则是大众高等教育产业,这是毋庸置疑的。当时,大学在很大程度上根据制度类型(研究型大学、综合性大学、文科院校、社区大学、公立、私立)分成亚群体,或者根据大学所识别的并将之看作主要竞争产业的各个组成部分,进一步分成各种亚群体。

在这样的环境之下,我们早期的组织模式(如官僚主义模式、共同体模式、平等分权模式)将大学看作是本质上封闭的系统,有着大量的自主权,仅受外部变化的影响。此时,招生人数大幅度增长,学校急剧扩张,社区大学在这一方面最为明显。发展中的大学机构增强了行政管理的官僚主义,增加了教师人数,来满足学生的种种需求。

在 20 世纪 60 年代末 70 年代初,社会上出现了形形色色的混乱现象(如越南战争、自由言论、公民权利等),显然,高等教育制度不能幸免于它们的影响。环境开始变得更具侵入性,更加扑朔迷离。公众不再那么热衷于教育,国家政策制定者提出,要想持续支持扩张大众高等教育,支持少数族群的入学权,院校必须有更多的秩序与控制权。

对于这样的环境以及产业的转换,我们的组织模式只是部分地作出回应,而且是有选择地进行了回应。虽然传奇模式和早期政治模式承认,大学是开放系统,不可能不受到外部变化的影响,它们最初主要关注的是内部动态机制。松散耦合模式和组织化的无政府主义模式也意识到了外部条件的影响力,却侧重关注那些规模逐渐扩大、有着形形色色的学术与职业单位的大学的复杂性。

外部模式:1972—1995 年

到 1972 年,紧随大众高等教育之后,环境发生了巨大的变化,大批学生进入大学,少数族群呼吁入学权,经济不景气限制了机构经费。1972 年的修正法案,增加了私立院校的成立,改变了助学金分配模式,开启了中学后教育的新时代,使得教育产业更加分裂,更具竞争力(参见图 6.1)。社区大学和私有机构开始出现在该产业中,前者的数量之多史无前例。争夺生源的竞争逐渐加剧,机构不得不更明确地界定所要招收的学生客户,分清与之竞争的其他机构,它们开始更以市场为导向。在 20 世纪 80 年代,人们要求质量,要求机会平等,加上经济限制等,机构变得更为复杂。机构问题也开始更具学术特征,与严格的管理特征截然相反,更加地关注有效性,而不是效能与生产力问题,后者失去了在先前几个时期的支配地位。环境发生了变化,招生人数与资源也越来越不确定,国家政策对高等教育的支持转向更加中立。

现有的种种组织模式意识到了变化中的机构问题,很显然,它们都是开放系统模式,重点关注组织环境之间的关系。市场模式、资源依赖模式、战略模式、矩阵模式、文化模式,以及分析组织的制度理论研究法的重新使用,都强调这种界面互动的本质,都开始认识到制度在努力适应(而不是仅仅应付)新产业模式、外部动力因素以及它们带来的问题。

适应性模式与前摄模式:1995—2005

此十年间的环境,正如前面讨论过的,导致机构面临一系列大范围的变化,这些变化着的环境条件也产生了中学后知识产业这一新的观念,它有着自身的意义,挑战着大学。这一环境只能说是动荡不安的。对于机构管理来讲,财政与招生模式是一个主要的难以预料的因素。产业的本质、参与者、竞争或合作的模式,都发生了改变,然而这种变化方式我们却不得而知。公众对高等教育的期待逐渐增强,资源支持却逐渐减少,这就迫切需要出现新的资源、开发新的投机活动并积极开展起来,对机构而言,这些都是至关重要的。机构必须以市场为导向,更为迅速地抓住一切机会。对其中的一些机构而言,重新设计制度、进行宏观、转型性变革,不只是战略性反应问题,实际上是不可或缺的。

这种环境呼吁另一类组织模式的出现。因此,几个息息相关的模式应运而生,分别是适应性模式、情境模式和创业型模式,它们都反映出,我们对环境在形塑大学组织中的作用的理解日趋占主导地位。与先前十年间出现的模式相异之处在于,它们对待环境的立场不同。在先前,机构被看作是与环境相互作用、适应环境的组织,而这些新的模式则强调一种对环境更为依赖的与积极主动的立场——制度抑或转型,抑或寻求与环境啮合,抑或改变环境中的部分要素转为对其有利因素。这些模式也更重视创业行为。

迫切需要的未来模式

或许,我们可以运用这种环境、产业变化影响组织模式的框架(参见表6.1),展望即将、必将出现的新的模式。到2005年底,这种极度不稳定的新兴的中学后知识产业将会发展成什么新的模式,我们还不能看清楚,不过,在我们已经见到的这些模式中,几种新的可能性值得我们从概念上、科研上加以关注。首先,大学的虚拟组织模式,如上所示,还有待进一步的研究。其次,如今的大学与其他的大学、其他的政府和商业公司正建立着一系列新的联盟、合作关系和合资活动。这些可以成为新的跨组织模式,或许只是代表了Clark提出的创业型组织的一种要素,即创业型组织增强的边缘地带。跨国的、国际间的大学组织本质,不同系统的国家运作中的合作关系或投机活动,都值得我们去关注。这些组织与新的非高等教育、其他政府或商业企业建立的合作关系或合资活动,我们又将如何看待它们?个体松散组织化的网络像公民社会,有或者没有大学支持对复杂的社会问题与议题进行学习与研究,也值得我们进一步地探究。网络组织观可以有助于我们理解这些新的跨组织计划安排中的一些范围。显而易见,我们仍然需要找到更好的方式来理解变化着的大学机构,因为它们处于永远变化着的环境之中,处于新兴的中学后知识产业之中。

一些演变的启示

在过去的几十年里,出现了许多高等教育的组织模式,在追溯这些模式的演变以及形塑它们的动力因素的过程中,我们可以获得许多的启示。

这些模式的本质是借用的、累积的

这些高等教育模式,很明显,有两大特征。其一,多数是借用来的,来自各个学科的理论与概念,也通常在非高等教育组织的研究中得以发展或界定,之后才推广到高等教育中。事实上,Cohen 和 March 的理论基础来自其他学科的决策制定概念,他们提出的组织化的无政府主义模式,可能是唯一一个主要在高等教育情境中发展起来的模式。

其二,这些模式不可以替代。多数模式是作为独立的、相对清晰的模式出现的,用以概括大学的组织行为特征,它们的运用及其效果是累积的。它们中没有哪个是不可信的,不是来自我们无数的概念模式的。官僚主义模式演变扩展成为如今流行的正规理性化模式(formal-rational model)(事实上,我认为这只是一种扩展,在此就不深入探讨了)。平等分权模式和共同体模式,如今仍然很流行,其实,所有的模式可以说都很流行。在这些模式形成的时候,捕捉到了大学机构对一组问题的回应方式,如今,这些模式仍然适用。此外,我们的模式研究中心已经从组织的具体要素转向从整体上研究整个组织,或从整体上研究组织与环境。这些新近模式中,许多合并了其他模式,或者是其他模式的改进(如 Birnbaum 提出的控制论模式,1988;Gumport 和 Sporn 提出的适应性模式,1999)。

社会学的作用以及跨学科研究的崛起

很显然,早期的官僚主义模式、共同体模式等组织模式,直接源自社会学。在此期间,许多模式都受到社会学的影响,或许有人会认为,这些模式研究的是组织,属于社会学领域,就应该将它们归为社会学。不过,大学的组织研究也严重地依赖于其他学科,如人类社会学、组织与社会心理学、政治科学与公共管理学、商业管理、运筹学、信息科学、生物学等。也许,更为重要的是,这一系列跨学科资源所体现的是组织行为学的诞生,这是一个跨学科领域,它的研究者对组织研究颇感兴趣。研究高等教育组织的早期研究者和学者中,许多都来自不同的学科,而最近的这些研究者和学者中多数也有这样的背景,那些在高等教育课程中接受教育的人,教育背景尤是如此。因此,我们更难断定,某项研究、某个模式是否明显属于社会学领域。

内在—外在—整体模式

早期的组织模式,如官僚主义模式、分权模式等,很显然,体现的是从内在导向和封闭系统视角出发的大学组织。然而,在 20 世纪 70 年代早期,理论家开始采用开放系统观,这是在更广泛的组织研究领域中流行的研究视角。事实上,自 1975 年起,所有的模式实际上都显性或隐性地采用了这种研究视角。最近出现的组织与环境模式,显性地识别了组织与环境这两个领域的合法性与重要性。

除了从内在关注转向对外在的研究,组织模式从早期对组织具体要素或者动态机制的研究,转向更广泛的、整体的研究。例如,官僚主义模式关注理性化过程与结构,而后来的传奇模式、组织化的无政府主义模式、文化模式则试图从组织的其他方面或动态机制来进行研究。即便组织环境模式开始关注的是组织与环境之间关系的具体动态机制,后来也涉及这种关系的许多不同方面。例如,资源依赖模式,通过资源流动,关注组织与环境之间的具体关系。后来的战略性模式、矩阵模式试图在一组理性的组织动态机制中拓展这种关系。最近的适应性模式、情境模式以及创业型模式都试图从整体上研究环境与组织。

制度理论、后现代主义和整体整合框架

在高等教育组织行为的分析方面,本章已经指出了其三个重要的影响因素,分别是制度理论、后现代主义和整体框架。但是,这些不是组织模式。虽然我们广泛地引用、运用它们,它们并不是阐释组织如何结构化、组织如何运作的真正的模式,相反,只是一种方法,用于分析大学的组织现象。

制度理论从整体上研究社会情境,探究此环境之下的各种动力因素是如何产生结构或过程的同构现象的,是如何产生结构或过程的新的合法化模式的。它主要是质性研究,常合并了其他的模式来理解合法化过程。Michael Bastedo(2005)最近对董事会进行了研究,Gumport 和 Sporn(1999)对变化中的管理模式进行了研究,这些都极好地例证了我们该如何将其他模式融入分析中,阐释组织发生的一切。制度理论是个很有价值的分析研究法,不过,它缺乏组织行为本身的其他模式的构念、概念的特征。

Bolman 和 Deal 最新版的《重新建构组织》(Reframing Organizations)(2003)中所用的整体整合框架(holistic integrated frameworks),是在其他模式基础之上进行组织分析的一种综合研究法,其本身不是一种模式。结构模式(官僚主义模式、理性模式)、人力资源模式(共同体模式)、政治与象征性模式(文化模式)等,都是截然不同的视角或框架,有助于形成一种整合的分析模式,理解组织动态机制,不过它们都没有突显某一个具体的模式。其他人,如 Bergquist(1992)试图整合几种不同的模式,形成一个文化模式更为整合的研究视角,然而,这也没有形成一个明确的模式。

后现代主义理论,无论社会学家、其他社会科学家,还是几个相关专业中的组织研究者都不会感到陌生。在那些认为组织行为是一个研究学科的人眼里,这种研究视角也很寻常(Gergen,1993)。它强调用一种相对不太理性、不太正规的研究法来理解组织,关注推论分析,得出组织生活中出现的各种意义以及各种关系。高等教育中的组织知识人们还没有涉足,以至这一直属于其他的应用专业领域。后现代主义理论常常与文化模式中的一些研究法相重叠,也隐藏在其中。迄今为止,一直是一些颇有思想性的讨论的中心议题,如 Harland G. Bloland 的《后现代主义与高等教育》(Postmodernism and Higher Education)(1995),在高等教育研究中一些具体组织动态机制方面,如领导力与决策制定(Tierney,1993)和权力的本质(Simsek,1997),隐性地运用了后现代主义理论。然而,要用这种理论来阐释高等教育的组织本质是无效的,它甚至是与后现代主义观对立的,用以表明它可以成为一个模式。

权变视角研究组织模式的启示

本章提出了权变视角研究法,以理解过去 50 年里纷繁多样的组织模式的发展过程。这一视角认为,大范围的环境动力因素与环境条件,重新形塑的不只是我们的制度,也决定了我们的教育产业状态。环境条件和变化着的产业本质这两个因素,促使大学面临着重大的学术性问题与管理问题。这些问题,加上新结构、发展过程与其他动态机制形塑着机构的方式,机构相应作出的反应,都刺激着新组织模式的出现,帮助阐释、理解机构变革和新的动态机制。社会学,不是我们组织模式的唯一基础,却是许多模式赖以存在的坚实的根基。因此,社会学是我们从权变视角研究许多大学组织模式的基础。

参考文献

Alpert, D. 1985. "Performance and Paralysis: The Organizational Context of the American Research University." *Journal of Higher Education* 56 (3): 241—81.

Baldridge, J. V. 1971a. *Academic Governance: Research on Institutional Politics and Decision Making*. Berkeley, CA: McCutchan.

——. 1971b. *Power and Conflict in the University: Research in the Sociology of Complex Organizations*. New York: Wiley.

Bastedo, M. 2005. "The Making of an Activist Governing Board." *Review of Higher Education* 28 (4): 551—70.

Bergquist, W. H. 1992. *The Four Cultures of the Academy: Insights and Strategies for Improving Leadership in Collegiate Organizations*. San Francisco: Jossey-Bass.

Birnbaum, R. 1988. *How Colleges Work: The Cybernetics of Academic Organization and Leadership*, 1st ed. San Francisco: Jossey-Bass.

Bloland, H. 1995. "Postmodernism and Higher Education." *Journal of Higher Education* 66 (5): 522—59.

Bolman, L. G., and T. E. Deal. 1991. *Reframing Organizations: Artistry, Choice, and Leadership*. San Francisco: Jossey-Bass.

Brewster, K., Jr. 1965. "Future Strategy of the Private University." *Princeton Alumni Weekly*, 45—46.

Carchidi, D. M. 1997. "Virtual Postsecondary Educational Organizations." Ph. D. dissertation. Center for the Study of Higher and Postsecondary Education, University of Michigan, Ann Arbor.

Carchidi, D. M., and M. W. Peterson. 2000. "Emerging Organizational Structures." *Planning for Higher Education* 28 (3).

Carnegie Commission on Higher Education. 1973. *The Purposes and Performance of Higher Education in the United States*. New York: McGraw Hill.

Chaffee, E. E. 1985a. "The Concept of Strategy: From Business to Higher Education." In *Higher Education: Handbook of Theory and Research*, vol. 1, ed. J. C. Smart, 133—72. New York: Agathon.

——. 1985b. "Three Models of Strategy." *Academic Management Review* 10 (1).

Clark, B. R. 1960. *The Open Door College: A Case Study*. New York: McGraw-Hill.

———. 1970. *The Distinctive College: Antioch, Reed, and Swarthmore.* Chicago: Aldine.

———. 1998. *Creating Entrepreneurial Universities: Organizational Pathways of Transformation,* 1st ed. New York: Pergamon.

———. 2005. *Sustaining Change in Universities.* Maidenhead, UK: Open University Press, McGraw Hill Education.

Cohen, M. D., and J. G. March. 1974. *Leadership and Ambiguity: The American College President.* New York: McGraw-Hill.

Corson, J. J. 1960. *Governance of Colleges and Universities.* New York: McGraw-Hill.

Dill, D. 1981. "The Management of Academic Culture: Notes on the Management of Meaning and Social Integration." In *Organizational Governance in Higher Education,* ed. M. W. Peterson. ASHPE Reader Series 5. Needham Heights, MA: Ginn.

Dill, D. D., and B. Spom. 1995. *Emerging Patterns of Social Demand and University Reform: Through a Glass Darkly,* 1st ed. Tarrytown, NY: Pergamon.

Gergen, K. J. 1993. "Organization Theory in the Postmodern Era." In *Rethinking Organization: New Directions in Organizational Theory and Analysis,* ed. M. Reed and M. Hughes. London: Sage.

Goodman, P. 1962. *The Community of Scholars.* New York: Random House.

Gumport, P. J., and B. Pusser. 1995. "A Case of Bureaucratic Accretion." *Journal of Higher Education* 66 (5): 493—520.

———. 1999. "University Restructuring: The Role of Economic and Political Contexts." In *Higher Education: Handbook of Theory and Research,* vol. 14, ed. J. C. Smart. New York: Agathon.

Gumport, P. J., and B. Sporn. 1999. "Institutional Adaptation." In *Higher Education: Handbook of Theory and Research,* vol. 14, ed. J. C. Smart. New York: Agathon.

Hearn, J. C. 1988. "Strategy and Resources." In *Higher Education: Handbook of Theory and Research,* vol. 4, ed. J. C. Smart. New York: Agathon.

Henderson, A. 1963. "Improving Decision Making through Research." In *Current Issues in Higher Education,* ed. G. Smith. Washington, DC: American Association of Higher Education.

Hopkins, D. S. P., and W. F. Massy. 1981. *Planning Models for Colleges and Universities.* Stanford, CA: Stanford University Press.

Katz D., and R. Kahn. 1966. *The Social Psychology of Organizations.* New York: John Wiley and Sons.

Keller G. 1983. *Academic Strategy: The Management Revolution in American Higher Education.* Baltimore: Johns Hopkins University Press.

Kerr C. 1993. "Universal Issues in the Development of Higher Education." In *Higher Education in Indonesia: Education and Reform*, ed. J. B. Balderston and R Balderston. Berkeley: Center for Studies in Higher Education, University of California.

Kotler, P. 1976. *Marketing Management.* Englewood Cliffs, NJ: Prentice-Hall.

Kuh, G. D., and E. J. Whitt. 1988. *The Invisible Tapestry: Culture in American Colleges and Universities.* College Station, TX: Association for the Study of Higher Education.

Lawrence, G. B., and A. L. Service. 1977. *Quantitative Approaches to Higher Education Management: Potential, Limits, and Challenge.* AAHE-ERIC Research Report 4. Washington, DC: American Association of Higher Education.

Lee, E. C., and F. M. Bowen. 1971. *The Multicampus University: A Study of Academic Governance.* New York: McGraw-Hill.

Masland, A. T. 1985. "Organizational Culture in the Study of Higher Education." *Review of Higher Education* 8 (2).

McConnell, T. R. 1963. "Needed Research in College and University Organization and Administration." In *The Study of Academic Organizations*, ed. T. Lunsford. Boulder: Western Interstate Commission for Higher Education.

Meyer, J. W., and B. Rowan. 1978. "The Structure of Educational Organizations." In *Environments and Organizations*, ed. M. W. Meyer and associates. San Francisco: Jossey-Bass.

Millett, J. D. 1962. *The Academic Community: An Essay on Organization.* New York: McGraw-Hill.

National Commission on Excellence in Education. 1983. A *Nation at Risk: The Imperative for Educational Reform; A Report to the Nation and the Secretary of Education*, United States Department of Education. Washington, DC: National Commission on Excellence in Education.

NCPI (National Center for Postsecondary Improvement). 2001. "Resurveying the Terrain: Refining the Taxonomy for the Postsecondary Market." *Change Magazine*, March/April. Written as part of the Landscape series, without attribution, by Robert Zemsky.

Peterson, M. W. 1974. "Organization and Administration in Higher Education: Sociological and Social-Psychological Perspectives." In *Review of Research in Education*, ed. F. Kerlinger. Itasca, IL: Peacock.

——. 1980. "Analyzing Alternative Approaches to Planning." In *Improving*

Academic Management: Handbook of Planning and Institutional Research, ed. P. Jedamus and M. W. Peterson and associates. San Francisco: Jossey-Bass.

——. 1985. "Emerging Developments in Postsecondary Organization Theory and Research: Fragmentation or Integration." *Educational Researcher*, March.

——. 1986. "Continuity, Challenge, and Change." *Planning for Higher Education* 14 (3).

——. 1997. "Using Contextual Planning to Transform Universities." In *Planning and Management for a Changing Environment*, ed. M. W. Peterson, D. D. Dill, L. A. Mets, and associates. San Francisco: Jossey-Bass.

Peterson, M. W, and D. D. Dill. 1997. "Understanding the Competitive Environment of the Postsecondary Knowledge Industry." In *Planning and Management for a Changing Environment*, ed. M. W. Peterson, D. D. Dill, L. A. Mets, and associates. San Francisco: Jossey-Bass.

Peterson, M. W., D. D. Dill, L. A. Mets, and associates, eds. 1997. *Planning and Management for a Changing Environment: A Handbook on Redesigning Postsecondary Institutions*, ist ed. San Francisco: Jossey-Bass.

Peterson, M. W., and M. Spencer. 1993. "Qualitative and Quantitative Approaches to Academic Culture." In *Higher Education: Handbook of Theory and Research*, vol. 9, ed. J. C. Smart, 344—88. New York: Agathon.

Peterson, M. W, et al. 1978. *Black Students on White Campuses: The Impacts of Increased Black Enrollments*. Ann Arbor, MI: Institute for Social Research.

Pfeffer, J., and G. R. Salancik. 1978. *The External Control of Organizations: A Resource Dependence Perspective*. New York: Harper and Row.

Porter, M. E. 1980. *Competitive Strategy*. New York: Free Press.

Presley, J. B., and D. W. Leslie. 1999. "Understanding Strategy: An Assessment of Theory and Practice." In *Higher Education: Handbook of Theory and Research*, vol. 14, ed. J. C. Smart. New York: Agathon.

Rudolph, F. 1962. *The American College and University*. New York: Vintage.

Simsek, H. 1997. "The Power of Symbolic Constructs in Reading Change in Higher Education." *Higher Education* 33 (3).

Simsek, H., and K. S. Louis. 1994. "Organizational Change as Paradigm Shift." *Journal of Higher Education* 65 (5).

Slaughter, S., and L. L. Leslie. 1997. *Academic Capitalism: Politics, Policies, and the Entrepreneurial University*. Baltimore: Johns Hopkins University Press.

Sporn, B. 1999. *Adaptive University Structures*. London: Jessica Kingsley.

Stroup, H. H. 1966. *Bureaucracy in Higher Education*. New York: Free Press.

Study Group on the Conditions of Excellence in American Higher Education, National Institute of Education. 1984. *Involvement in Learning: Realizing the Potential of American Higher Education*. Washington, DC: National Institute of Education, U. S. Department of Education. Tierney, W. G. 1990. *Assessing Academic Climates and Cultures*. San Francisco: Jossey-Bass.

——. 1993. *Building Communities of Difference: Higher Education in the Twenty-first Century*. Westport, CT: Bergin and Garvey.

Weick, K. E. 1976. "Educational Organizations as Loosely Coupled Systems." *Administrative Science Quarterly* 21 (1): 1—19.

Whitehead, A. N. 1928. "Universities and Their Functions." *Atlantic Monthly* 141 (5).

第三编

研究的新兴领域

第七章 作为一种制度的高等教育[①]

John W. Meyer, Francisco O. Ramirez,
David John Frank, and Evan Schofer

人们常用具体组织、地方组织、角色类型、互动方式、经济交易等具体术语来分析高等教育。这些分析也许从具体的学生个体着手,研究这些在特定组织情境中与具体教师、同辈群体集聚一堂学习特定科目的人。或者,这种分析也许将大学和学生置于当前劳动力市场和经济情境中,研究相关个体和集体的利益与需求。但是从本章所提供的社会学制度主义视角来看,高等教育深受某些结构的影响。实际上,高等教育就是这些结构的实施,几百年来,这些结构的性质与意义已经被制度化,现在已经适用于全世界。诸如学生、教授、大学或毕业生等各种范畴的意义,或物理、文学等话题的意义,受地方的影响是次要的,而历史影响、全球影响则占举足轻重的地位。显而易见,这些范畴、话题广泛的意义,对地方环境的具体内容和特征有着普遍的影响,

---

① 这里呈现的各种观点是我们几位作者多年合作的结晶,本文中也有所提及。该研究受到斯坦福大学 Freeman Spogli 研究所与斯宾塞基金会(Spencer Foundation)(20060003)对 Francisco Ramirez 和 John Meyer 研究的资助。

有助于我们阐释其他分析手段无法阐明的许多高等教育特征及其影响。

本章探讨将高等教育视为一种制度(an institution)会如何有助于我们阐释现代社会中高等教育的许多特征和影响。社会学制度主义理论(sociological institional theory)部分源自教育社会学的研究(Meyer,1970,1977;Meyer and Rowan,1977),后来研究证明,它对现代社会高等教育的分析有着深远的影响。一般而言,制度理论强调地方社会组织对广域环境的意义、界定、规则以及模式的依赖性。社会科学通常认为这种依赖性是因果关系,其实,这种依赖性远非如此。从制度理论角度看,环境构成了地方情景——确立并界定了地方情景的核心实体、中心目标和基本关系。

这种思维对分析高等教育极为有用,具体原因有:与特定详述的观点不同,制度理论视角有助于人们意识到,地方高等教育制度安排甚至比大多数地方工作组织还要倚重更广泛的制度。这就是说,在大的文化、组织环境中缺失了"大学"这一概念,要创建一所大学就会举步维艰;大环境一旦存在建构"大学"的蓝图或者模式,大学的整个创建过程就会轻而易举。事实上,正如图7.1所示,近几十年里,数千所大学应运而生,学生人数空前,并呈增长趋势。

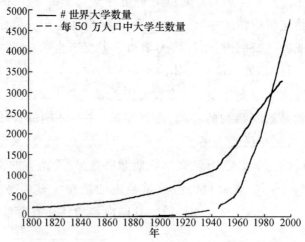

图7.1 全球大学与中学后教育扩招(1800—2000年)

资料来源:Banks,2001;Schofer and Meyer,2005;UNESCO,2000;2004。

另一方面与传统观点不同,制度理论视角将高等教育看作是一种制度,这使得我们集中关注嵌入于大的国家和世界环境中的文化脚本(cultural scripts)与组织规则,它们确立了地方情景的主要特征。在核心的"大学"形式中,高等教育有着近乎千年的历史,在此期间,几乎垄断了西方以及现今世界对进步和正义认知模式实施的一些关键阶段。如今,这些认知模式重复并传播着高等教育中广泛流行的卓越(进步)和公平(正义)这两个主题。每个国家的大学及其学科领域、学术角色基本上都借助全球统一而明晰的术语加以界定、测评与具体说明,并汇报到联合国教科文组织等国际机构。这样,这些大学就可以很好地适应跨国评价以及全球统一的标准,国际组织则一直坚持不懈地描绘公平、公正的大学特征以便全球效仿。最近,大学诸如社会学教授的创设,使之享有了全球性地位,确切地说,他们拥有了全世界统一的地位(类似于传教士),有此头衔的人可以周游列国,与相互认可的同行们进行互动。此外,国际会议、国际性协会数量迅猛增长,展示出了一系列的学科、跨学科、职业、理论和研究应用活动,后者在发展高等教育的同时,事先预设人们对进步与正义的一般认知模式。会议和协会,事实上就是大学本身,是更大的环境模式的载体,是理论阐述的场所,最终,其自身存在的合理性正取决于这些文化模式。综上所述,我们有必要将高等教育看作一种制度,研究其广泛、深入地制度化的结果。具体步骤是先简要回顾社会学制度主义理论的创新传统,突显其核心思想。然后,在本章的中心部分讨论该理论中有助于我们对高等教育进行社会学分析的解释性观念。

社会学制度主义理论

20世纪70年代,功能主义、马克思主义理论/冲突理论的各种分支盛行于美国社会学。它们极力从功能需求、活跃于地方情境中的行动者的权力与利益等方面来解释社会结构的生产问题。制度理论则是对它们的一种回应,强调地方组织完全诞生于地方环境之外,源自更大的社会文化环境。这些社会文化环境支持甚至要求围绕外生模式和意义进行地方结构化(local structuration)。该理论基于三大主要思想(详细综述参见 Thomas et al., 1987; Meyer et al., 1997; Hasse & Kruechen, 2005)。

制度环境建构地方结构

制度理论的第一个核心议题是,环境为建构地方结构设计了蓝图,同时也是地方结构的基础部分。这一点研究者已经从个人、组织和社会层面在总体上、在高等教育情境中加以了探究。这些分析层面本身,在一系列确立现代社会框架的文化假设和组织规则中,也被精心地制度化。

在个人层面,现代生活过程或经历严重地仿效外生模式(exogenous models)及其定义,其中包括那些将所有现代人都界定为"个体"的外生模式及定义(Meyer, 1977; Meyer and Jepperson, 2000)。法律规定,每个个体必须就读小学,至于哪个国家不限(Ramirez and Ventresca, 1992),个体想进入称心的职业培训领域,一般都需要拥有高级的教育证书(Brint, 1998; Brown, 2001)。这种教育与职业之间的联系,构成了制度界定的一个厚层,这与实际角色行为相差甚远。在现代社会,个体没能从正规的大学获得正规的证书,即便拥有了这些大学毕业生应有的技能,也不一定获得相应的职业。相反,一旦个体有了正规的证书,他/她的实际能力如何通常就不重要了(Collins, 1971)。

在组织层面上,扮演规则角色的外生模式的存在与合法化的能力,对于创造和稳固各种日常结构是至关重要的(Meyer and Rowan, 1977)。公司、医院、政府机构,如果制度环境没有预先构思这些形式,也不可用,那么一般就不会在地方土壤中破土而出(Scott, 2002)。相比起来,学校因为文化向心性(cultural centrality)(尽管其任务模糊,目标复杂)的缘故更是依赖于外在文化模式。当高等教育组织模式全球性制度化,本质上讲,每个地方都可能出现独特的事例,事实上也是如此。

在社会层面上,习以为常的文化和组织模式极大促成国家机构的成建(Anderson, 1991; Meyer et al., 1997),也很大程度上影响了公民权的内容以及范围(Ramirez, Soysal, and Shanahan, 1997)。此外,世界脚本(world scripts)也界定了正规社会组织的种种特征。例如,有关健康方面的(Inoue, 2003)和自然环境方面的社会组织特征(Frank, Hironaka and Schofer, 2000)等。在这种种模式中,教育自然是核心,有些国家的学校教育安排,如上所述,极大地反映了更大的世界模式,这一点都不奇怪。

制度模式反映集体和文化过程

现有研究已经强有力地证明了上述的第一个议题——制度环境建构地方结构,不过,这也有力地给我们提出了另一个问题:如果承认外在文化模式(external cultural models)推动着地方社会组织的运作,那这种模式又来自何处呢?一些社会学家认为,主流模式反映出环境中最强劲的行动者的利益以及权力,或者是进化选择的结果,或功能适应的产物。

在现代系统中,上述论点存在许多不足之处,都不能很好地阐释世界上许多最生气勃勃的运动,没能阐释为什么强大的国家和主流公司几乎都没有推进大规模的环境保护运动(Frank et al., 1999),也没有激励人权运动(Ramirez and Meyer, 2002)。事实上,它们既没有为拓展科学领域而引领现代社会运动(Drori et al., 2003; Schofer, 1999),也没有为实现组织合理化而引领现代社会运动(Drori, Meyer, and Hwang, 2006)。它们没有推进全球的各种教育运动,比如,全民教育运动(Education for All)(Chabbott, 2002)、高等教育扩招运动(enrollment explosion)(Schofer and Meyer, 2005)。追溯既往的报告可有助于了解环境保护、人权等的实施质量,然而人们预期它们所带来的正面影响的实证资料常常是转而即逝的(参见 Schofer, Ramirez, and Meyer 于 2000 年对科学与发展关系的研究)。

制度理论指出,上述所有这些社会大运动都是由高度制度化的集体权威决定的,这些权威中,许多还与大学有着千丝万缕的联系。他们规避宗派之间的利益之争,被人们公认为公共美德和普遍真理的代表(Meyer and Jepperson,2000)。在上述事例中,职业人员成为知识体系、各种科学的权威,制定着办事日程。非政府协会也担此角色(Boli and Thomas,1999),在国家乃至全球范围内开展活动。此外,国家和全球性的社会运动也起着这样的作用。这样,专业人员、协会和社会运动,以集体利益为名,成为现代体系中国家和全球模式的创造者、承运者。最后,制度理论家呼吁人们注意全球社会分层系统是如何支持成功个案成为众人敬仰的模式,而不是仅仅借助权力与优势来运作的。

所制定的制度模式很可能与地方实践、现实相脱节

正如上文强调的,制度理论预见,地方结构体现着更大的模式。这些模式促进、引导着地方进行组织活动,地方情景通过遵循这些模式而获得意义、权威,并得以合法化。如果地方商业遵循标准的法律与职业模式组织起来,运作稳定,那么,没有生产力、利润为导向的地方大学就更应该如此,其生存与消亡完全取决于自身是否正式地遵循了更大的规则。

显而易见,此时制度视角有着深远的意义:与其调整外生合法化的特征形式来适应地方的各种可能性与需求,不如接纳这些特征,后者通常比前者更为重要。在制度理论中,合法化的模式与它直接实施之间的差异通常被称为"松散耦合现象"(loose coupling)或"去耦现象"(decoupling)(Meyer and Bowan,1977;Meyer and Scott,1983;Weick,1976)。就高等教育而言,显然,大学必须有效地遵守固有的标准,至于它们能否在实践中持续下去另当别论。这样,教师研究必须由大学正式承担,哪怕这所大学资源枯竭也必须如此。高入学标准也存在逃避遵守的方法,歪曲了教育结果,却又不公开挑衅精英目标。即便人们发现了差异,那些有效地顺从模式的大学,至少因遵守游戏规则而得到了大家的一致好评。

高等教育中制度的阐释

综述了社会学制度主义理论的一些核心思想之后,我们下面谈谈这些思想所提出的一系列论点以及相关研究,其中有许多实证研究,也有对现存研究的再解释。

阐释全球同构现象与同构变化

大学是一个世界性制度 鉴于国家内部社会、文化、经济差异巨大,国与国之间的差异更是如此,多数的社会学理论流派都认为,不同国家、不同区域教育制度特征差异非常大,教育制度的发展和变化的轨迹也截然不同。制度理论,与众不同,预见了同构现象与同构变化。

这或许是制度理论中唯一的一个最重要的推论。它认为,高等教育结构,像大学那样,反映国家乃至全球环境之下一般的模式,那么它必然表明,迥异的环境中有着出人意料的相似性,经历时间的流逝而变化方式却不尽相同。大家都承认,大学确实是一个全球历史上的核心制度,是西方乃至现今全球社会发展的特殊轨迹的核心[参见例如,Eisenstadt,1986;1987 对知识分子他治现象(heteronomy)的研究]。

在这一问题上,实证研究为我们提供了明晰的证据。首先,全球的教育系统有着惊人的相似,随着时间的推移而更加接近。在历史上,高等教育以大学为形式,在全球范围内扩展,导致大学抱负与内容上存在大量的同构现象(Global Isomorphism)(Riddle,1989,1993)。在中世纪,大学具有全球性、普遍性特征,只要西方体系触及的地方就有它的足迹,保持着全球性的抱负(Rashdall,1895/1987;Thorndike,1944;Altbach,1998)。研究当代大学普及性以及跨国扩张现象,也发现了同样的同构现象。例如,Paul Windolf(1997)曾指出,高等教育扩张的模式相似,具有西方几个国家的典型特征。Evan Schofer 和 John W. Meyer(2005)也发现,在 20 世纪,尤其是 20 世纪后 50 年,全球招生增长模式一直没有改变。

其二,那些分析大学课程内容的研究也揭示出了一模一样的模式。在 18 世纪的多数时期,大学保留着中世纪多数的文化特征,到 19 世纪转变成更具现代气息的科学模式,到了 20 世纪就更加崇尚理性,发展成了一个全球制度。David Frank 和 Joy Gabler(2006;Gabler and Frank,2005)分析了 20 世纪大半世纪中全球范围内大学教师构成的变化,发现了这段时期持续的全球发展趋势,同构现象也呈增长趋势,这戏剧性地将人们关注的重心拓展到社会科学、人文学科上,略微地削弱了人们对自然科学的关注。在学识上,所谓的应用学科胜过了所谓的基础学科(Brint, 2002b)。Gili S. Drori 和 Hyeyoung Moon(2006)、Francisco Ramirez 和 C. Min Wotipka(2001)分析了 20 世纪后三四十年中各个学科招生现象,也得出了相同的模式。研究者在研究牛津大学等久负盛名的学校时,也发现其课程发展倾向与世界发展趋势相吻合(Ramirez, 2006a)。

其三,制度的全球特征体现在其自指概念(self-referential conceptions)上。学校将自己归属于"大学",极力地求得大家的公认,以此增强自身存在的永恒性。正如 Clark Kerr(1987,以及在其他地方)的著名论点所说,世界上真正能持久存在的组织多数是大学。Phyllis Riddle(1989)进一步指出,高等教育制度竭尽全力将自身描绘成大学,常常炫耀不符合实际的制度历史或者自画像,"(其)编撰的传统"中,多数是民族国家自身典型的特征(Hobsbawm and Ranger, 1983)。

大学是一种国家制度、一种组织模式　随着中世纪和谐的基督教国家分崩瓦解,威斯特伐利亚(Westphalian)和约签定之后欧洲民族国家崛起,大学开始与宗教、君权脱离,和新兴的民族国家(以及亚民族国家)(subnational states)紧密联系起来。在文化内容和学术权威的本质方面,大学保留了其全球普遍的形式和抱负。不过,在组织方面,19 世纪的大学总体上更加的国有化,人们续而将之描述成"国家主义的试点"(Reisner, 1922)、国家规划的支持者(Readings, 1996)。

因此,关注大学组织形式的研究强调一种与上述文化全球化模式截然不同的模式。在文化内容方面,如果大学在全球范围内出奇地相似,在变化轨道上趋于同构,那么,不同国家,有时甚至民族国家内部不同阶层、不同类别之间的组织模式也不尽相同。例如,各个国家高等教育的公立、私立程度就是千差万别的(Levy, 1986)。它们区别甚大,在组织结构模式以及组织控制模式方面呈系统性差异。这一点在 Burton Clark 和他的同事所开展的有关大学(或职业)自治和特殊化程度等方面对组织所存在的各种差异的意义深远的研究中得以佐证(Clark, 1983, 1987, 1998,同时参见 Schriewer, 2004)。

这类研究对于同构现象的总体概论作了一定的限制,它们认为,组织结构跨国之间的差异,影响着大学所承载与传递的文化内容的变化方式。一些大学体系变化相对缓慢,这与变化中的社会有着广泛的联系,而另一些大学则惊人地开放(Ben-David and Zlochzower, 1962;参见 Lenhardt 对德国和美国大学所作的详细的对比,2005)。Ramirez(2002, 2006a, 2006b)对美国颂扬大学与社会建立紧密联系的倾向(如,政府赠予土地建立的大学)以及欧洲(如德国)建立明显的界限来排斥社会的传统作对比时,强调了这些差异。

Ramirez 的研究引起了我们对核心区别的重视。几乎每个地方的大学,都声称与普遍的、全球或曰世界性的知识体系有着密切的联系,不过,在整个近代时期,大学是在特殊的(通常也就是民族的)政体结构中传播这种知识(这也是 Riddle 的中心论点,1989)。大学的组织结构,与其文化内容和权威相对立,反映了当时特定的政体与国体的组织状况。这样,美国大学常发展为私立正规的组织,主要根植于"公民社会"和市场结构中,而欧洲的大学则更直接地在官僚主义国体的控制之下进行运作。

高等教育的组织结构,在某种意义上讲,反映的不是教育制度结构,而是政治制度结构。在更中央集权的政体中,大学趋向更加的中央授权与中央资助,教授也更可能成为国家公务员(Ramirez and Rubinson, 1979)。这种区别的一个主要意义在于,在更中央集权的政体中,人们感觉到高等教育的成败更可能归因于国体、国家教育部,而不是创业型大学(entrepreneurial university)的校长或者友善的赞助人。于是,弥补这些失败的改革,很可能促使更中央集权的路线出现。不过,人们觉察到的成功与失败,与教学和研究的实际内容的差异之间不可能有很大的相关性。正因为此,几乎没有什么实证研究发现,高等教育的组织结构和教学科研的实际内容之间有着密切的关联性(特例参见 Lenhardt, 2005)。比如,虽然众所周知,国家高等教育系统存在着巨大的组织差异性,在社会学领域,社会不公平现象的研究依旧在整个系统中开展。

此外,大学内容,因民族国家而产生的差异似乎随着时间的推移而逐渐消失。整个学术界跨国之间的差异在 20 世纪也呈缩小趋势(Frank and Gabler, 2006)。在全球多数的大学中,特定的民族国家的历史研究开始逐渐退出舞台(Frank et al., 2000)。

这种同质现象逐渐增强,如今,似乎还扩展到了高等教育的组织结构上。有趣的是,当初极力将大学紧密地与新兴的民族国家联系起来,分裂中世纪更具世界性的大学体系的先锋们,如今却携手努力实现组织同构现象。"博洛尼亚进程"(Bologna Process)体现了人们最近对制度标准化的一致认可,极大地影响了欧洲大陆上的大学制度(参见 Kruechen and Meier, 2006;Teichler, 2002)。

总而言之,高等教育系统展示的不只是全球同构现象,更是全国范围内的同构现象。议题、学科领域以及各种证书趋向于享有更多的共性(至于 20 世纪哈佛大学和威斯康星大学的历史课程发展趋势对比,可参见 Frank, Schofer, and Torres, 1994)。教育社会学的大纲内容显示出,大学的法律地位、整体的声誉、联邦教育给教师拨款的多少,对大纲的制定没有影响(参见美国社会学协会网站,教育社会学大纲专栏)。成功的革新在各种国家体系中是一致的(Kraatz and Zajic, 1996;Soule, 1997,与即将出版)。这一点在美国高等教育中尤其突出,因为美国体系(1) 由整合的政治当局极为微弱地控制着;(2) 有着形形色色的选民基础;(3) 有着各级别的广泛的资源。不过,在定义、内容、学历等方面该体系也有着惊人的同质现象:各类学校的学生都是"大学生",令人惊奇的是,毕业生也有着极其相似的权利与机遇(参见 Karabel, 2005;Dougherty, 1994)。许多对高等教育各种影响的研究表明,学校特征的影响相对较小,而学生个体的背景特征却起着重要的作用。

在那些高等教育更加中央集权化的国家,学校的结构有时清晰明了,有着鲜明的类别,截然不同的地位与权利。这里,国家层面的制度有着明显不同的规章,将学校和学生鲜明地区分开来(Meyer,1970,1977)。正规的区分是以社会分层(如一些国家在大学和理工院校之间的区分)、或者以学科界限(如特殊的工科院校、理科大学等)为轴心。在这些事例中,学生获得的机会之间也存在着显著的差异,这一点下面将详细阐述。

高等教育扩张以支持民族国家的高度现代化

很明显,高等教育有着全球的模式,这些模式将高等教育看作是民族国家成功的关键因素。事实上,国家制度扩展到哪里,高等教育都以相当标准化的形式延伸到哪里。也就是说,大学的特点就是伴随着独立的国家实体以及政体组织的形成而诞生的。

不过,任何一个相关的模式都不是静止不动的,也不体现现实社会。随着19世纪民族国家体系逐渐巩固起来,延伸至西半球,扩展到全球,高等教育的全球制度化模式也在拓展与变化着。这样,国家一直忙于实现动态中的目标。制度理论,正如上文所讨论的,有助于我们阐释全球高等教育为何反映共同的模式。此外,也有助于我们了解这些共同的模式是如何在1800年至"二战"期间推进近乎全世界的高等教育扩张的。

高等教育与现代化 在19世纪,具有竞争力的民族国家迅速开始要求权利、承担义务,对国内外公共生活进行治理。它们的目标以"进步"和"正义"为指导,也日趋理性化,这些目标制定的动力来自最新兴的知识体系(Toulmin,1989;Schofer,2001,2003)。这段时期,人们设想的科学以及理性化的力量,就如同从雅典、罗马和耶路撒冷分别流传下来的民族高雅文化(high culture)、开化的高雅文化,是一种神话。

在19世纪,高等教育逐渐发展成为这种新知识体系中的制度核心。在现代社会的早期,那些培训极少量传教士、律师、医生和教师的老牌大学,重新恢复以往的生机。大学的绝对数量开始迅速增长,拥有大学的国家数量开始猛增,招生人数开始膨胀,学术议题的范围开始更为迅猛的拓展。先前几百年缓慢、稳定地发展起来的高等教育，开始迅速发展起来（Riddle，1989）。鉴于高等教育是遵循一定模式而发展起来的制度，其目的不是管理一个稳定的社会，而是创造一个循序渐进的平等的未来，它的发展基础广泛，不仅出现在工业、商业发展的领域，而且出现在新的民族社会模式所触及的任何地方。例如，发达的欧洲与美国乡村都有了高等教育。这种教育扩张的合理性在象征（进步）的人力资本和象征（正义）的公民权、人权上得以大量的证实。

现代化与大学的生存、发展 研究高等教育的历史发展过程，一个核心的问题是，大学是如何生存和发展的。这是一个关键点。在过去的两百年里，该问题在高等教育长期扩张的过程中被人忽略是有许多明显的实践和理论原因的。首先，在19世纪初期，批评家指责大学太陈旧，与旧的政体、文化联系太密切，指出我们要用新兴的科学技术的专业化教育来取而代之。这样，到了19世纪末期，Andrew Carnegie痛惜地说，年轻人一生中最悲哀的事莫过于接受大学教育。他认为，新体系的出现迫在眉睫，这种体系与更为复杂、分化的经济、政体和社会所需要的专业化保持一致。

在较为激进的国家，大学真的被部分地取代了。比如，在法国出现了一系列国家服务性工作（state service）的专科制度。美国在Jackson摧毁了核心精英垄断权（Hofstadter，1963）的过程中，出现了一种新的大学体系。在德国、西班牙等其他国家，一股大学沉寂风潮也出现了（Riddle，1989，1993）。不过，到19世纪末期，大学又无处不在了。

这样又出现了一个问题：这些现代化而又分化的社会，为什么没有像许多人所期待的、所寻求的（甚至恐惧的）那样，不回归大学、不扩张大学，而是产生专业化教育制度，与其结构需求相联系？到了20世纪末期，这种大学扩张现象如此普遍，以至于许多国家的商业甚至都以大学为大本营（Moon，2002）。种族和女性研究也是如此，深受多元文化和全纳现象（inclusiveness）中其他创新的影响（Brint，2005）。

要理解这一切，我们就必须了解，19世纪的现代化广泛需要相当复杂的技术，这其中制度化的文化基础究竟是什么？表面上，现代化需要的是大量的高等教育专业化培训,然而,这种需求不仅反映了当时社会的功能性现实,更建构了发展中的民族国家联合的权威、权力和统治权的神话。大学对于个体实际统治能力的培养是无效的,不过,在大学层面拓展政府治理(governmentality)却是最佳场所(Foucault, 1991)。将知识和权威结合起来,这是所有原则的基础,大学正实现了这种需求。换言之,大学不单纯传授知识本身,它将知识的整个体系的形成与人们对世界的假设结合起来。一句话,与身为组织的大学相比,身为制度的大学更加重要(也更有效)。

实际分析19世纪大学课程,事实上,分析任何国家的大学课程,我们都会对上述情况一目了然(Frank and Meyer, 2006)。当时,大学主要是维系一种高度理性化的(民族或开化的)文化,而不是培训学生适应分层社会的各种职位。例如,1879年,据说是政府赠予土地而建立的威斯康星大学,32%的学生学习古代经典课程,以拉丁文和希腊文为中心,39%的学习当代经典课程,法语或德语替代了希腊文。在该世纪末,社会学的诞生,进一步例证了这一点:当时社会学全然没有实用知识,技术很肤浅。那时人的观点是,人生的整个活动过程可以通过科学原则来加以分析与安排,而这些原则是未知的,却可以在未来为人所创造(Hamilton and Sutton, 1989)。

大学中知识与权威的联合得以持续,不是因为它是新机制中人力部分的有效培训体系,而是高度现代化的核心文化基础。在Newman, Humbolt和Hutchins的理论得以继续发展的历史时期,大学不是成功的组织领导者或管理者,而是"智力都市"(city of intellect)(Brint, 2002)的核心制定者。

全球化与后民族大学(postnational university)

一些类似于阐释国家高度现代化期间出现的大学扩张(以及生存)现象的事情,在"二战"之后这段时间也出现了。

全球性扩张的阐释　要了解这些,就得回答一个关键性问题:高等教育为什么自1955年起开始急剧地扩张?事实是确凿的,1900年,全球同龄人中接受高等教育的不到1%,1950年,该数字上升至2%—3%,如今是20%左右(Schofer and Meyer, 2005)。像哈萨克斯坦(Kazakhstan)这样的国家,如今接受高等教育的学生人数与1900年全球大学生人数相等。值得注意的是,这种大学扩张的基础是开放政策,那些世界各地有史以来都被排斥在大学教育门外的人群,尤其是女性,有了就读机会。"二战"之后,高等教育中女性在同龄群体中的人数、在整个高等教育入学人数中所占的比例都有了大幅度的提高(Bradley and Ramirez, 1996)。课程领域得以拓展(Ramirea and Wotipka, 2001)。即便在牛津大学(Soares, 1999)、常青藤联盟的大学(the Ivy League)(Karabel, 2005)等最一流的大学中,女性逐渐增多。在此期间,大学课程内容开始急剧拓展,几百年来一直遭排斥的种种问题都成了大学关注的中心。毫无疑问,社会科学的崛起自然是这一变化中最惹眼的事情。缺失了世界进步与正义的模式、缺失了这些模式在民族和地方上的实施,我们就很难掌握世界持续发展的趋势。

(无论激进还是保守的)古典功能主义观都无法阐释大学最近异乎寻常的扩张现象,因为我们完全没有证据说明大学的这种发展主要是受到社会秩序整合需求的驱动,还是受到阶级再生产需求的驱动。在角色培训方面,发达国家的职业结构,在整个20世纪都在稳健地转型着。虽然"二战"或许是大学急剧发展的原因,但在其后专业化方面却没有突然发生骤变、出现大的断层(参见Windolf, 1997)。此外,贫困、发展中国家的大学扩张现象几乎与发达国家的程度一致。

人们常用激烈的竞争与冲突来阐释这种现象(Collins, 1971, 1979;Boudon, 1973;Bourdieu and Passeron, 1977,等)。其理念是,随着大众教育的扩张,社会地位的竞争、群体竞争转移到高等教育层面,通货膨胀随之蔓延开。人们普遍认为,这种过程发生在一些薄弱的、权力分散的国家,因为这些国家没有能力阻止这一切的发生(这是早期美国迅速扩张的一个经典阐释)。不过,这种阐释有其局限性。首先,它不能阐明教育为什么在全球范围内发展成为社会地位竞争的首要的合法化基础。其次,它不能阐明,那些有足够能力控制教育成功的精英们为什么还持续扩张教育?为什么不单纯限制那些地位较低的竞争对手的入学门槛呢(Rubinson, 1986)?再次,它没有阐明现代社会以及他们的精英们为什么一般都颂扬大学扩张的价值,而不担心过度教育(overeducation)所产生的结果呢?事实上,之前许多精英们确实是担心高等教育会过度地扩张(Shils,1971;Dore,1976;Freeman,1976)。他们担心这样一来,教育效率不高,同时,会产生过度的抱负与期望,从而出现失范状态(anomie)。如今,这些担心看来是不合理的,也几乎消失殆尽了。比如,世界银行在为整个发展中国家提供资助发展和扩张高等教育时,就没有提到这些担心(World Bank,2000)。

对于过度教育,人们普遍认为这是低效的,会产生失范状态,这种担心依旧存在于一些精英中,或许最多见于欧洲。然而,精英与政治力量在限制当今迅猛扩张的高等教育的实际操作上,完全是失效的(Schofer and Meyer,2005)。目前欧洲的"博洛尼亚进程",事实上给教育持续高速扩张施加了很大的压力。有趣的是,在"二战"后的全球中,有意愿、有权力减缓扩张步伐、阻止扩张的精英都来自社会主义国家。事实上,在20世纪70和80年代,东方各个国家为了使教育满足民族需求,甚至想阻碍那些受过高等教育的精英的崛起从而削弱无产阶级及其政党,都减缓了高等教育扩张的步伐。具体参见Gero Lenhardt和Manfred Stock(2000)。

从民族社会需求角度评价过度教育的思想逐渐减少,这成为扩张问题的一个关键点。在"二战"前的高度现代化时期,高等教育明显地存在于民族的国家中。人们将这样的国家看作是一个有限制的法人团体,扮演着有限的角色,教育就是根据这种相对固定的角色结构生产出相应数量的人才。"二战"、经济大萧条、人权危机、冷战、非殖民化以及新兴的原子时代,都削弱了这种民族主义(nationalist)、社团主义(corporatist)的形象(Djelic,1998)。"二战"之后,美国成了霸主,比先前欧洲的强国更加强调自由主义而忽视社团主义,进一步推进了高等教育的转变。这种新的社会模式在概念上更加不稳定,逐渐倾向于形成一种全球社会。这样,"全球化"这一时尚的概念不仅指生产和互换制度、治理结构的基本变化,也指人们对社会的认知模式的根本变化(Robertson,1992),这种变化逐渐关系到整个人类的命运(Boli,2005)。

新的全然乐观主义的社会模式认为,个人与社会的发展过程在任何地方都可以实现。于是,发展理论(development theories)开始流行,成为世界银行、联合国等机构和主流国家制定主要的世界政策的指导方针。个体发展,即接受教育,(从理论上讲)将会推动社会的进步,从而产生一个更加公正、平等的社会秩序。这样,在这个新的文化组织蓝图中,教育不再是培训基地,只为稳定的国家社会秩序中特有的那些角色进行培训。教育成了人类、社会、文化和经济资本的根本来源。在这个新的模式中,教育再怎么增加也不为过的,通常是教育越多越好。于是,无论是在个体还是集体利益上,教育扩张的合理性都有了最佳的证实。一个社会的全球制度化模式就生成了一个崭新的高等教育扩张模式,并在全球范围内迅速扩张(Schofer and Meyer,2005)。

全球化情境中大学取得成功的原因 当代高等教育大规模的扩张,主要出现在那些拥有相当于大学学术地位的整合性制度中。虽然大学取得了惊人的成绩,如数量倍增、招收人数猛增、直接的研究对象增多,但普遍为人们所接受的详尽的学术研究则在哀叹此情境中存在的危机和衰弱现象。在研究上,面对社会上形形色色的应用利益所带来的资助、所产生的压力,大学的核心开始分崩瓦解(Slaughter and Leslie,1997;Kirp,2003)。在教学上,由于现代对专业化要求极高,要求进行应用职业培训,来自非学术界的竞争激烈,核心学术价值缺失,这些导致大学核心开始瓦解(Gumport,2000)。在多数情况下,这些变化,被描绘成是文化的毁灭,非常令人恐惧(Readings,1996;Aronowitz,2000)。有时,比如在对创业型大学的庆祝中,人们也接受,甚至称赞这些变化,将之看作是组织趋向理性化、有效性不可或缺的成功之路(Clark,1998;Branscomb and Keller,1998)。

目前大学成功地转变成了一个全球性制度,但这同时也是大学分崩瓦解的时期。在这个意义上讲,目前的阶段类似于19世纪,人们普遍对大学的未来深表忧虑与期待。

这里,我们作阐释的目的只是想知道,复杂而分化的后民族社会,为什么同前一个世纪一样,没有创造一组完全分化的研究、培训制度来支撑其特定的复杂的角色结构?其问题关键在于,后民族社会,同早期的现代社会一样,依赖于普遍价值观、人民的赋权、科学知识和理性化等相关的文化假设。大学与直接进行角色培训的工作相比,在培训人员适应特定角色方面成效不大,不过,它定位极佳,正好有力地支持着这些普遍的角色概念。学生乃至社会自身了解到,当代社会所有特定的职业化角色基本上都建立在一般的科学知识和合理性基础之上,借助教育,普通人可以获得相关的技能。不过,实际的角色培训不是如此,不然,如果真是这样的话,大学真的会衰退、分崩瓦解,更多有效的竞争对手将取得最后的胜利。当代体系中,这种对培训后的意识的强调,以一种奇特的方式反映、再次激活了当代合理性原则和科学知识所附属的旧时的自然法则概念。这个问题不属于本文的讨论范围,不过,也值得我们进行深入分析。

制度理论认为,后民族社会,同民族社会一样,最终取决于人们对科学、合理性、人类能力的信念程度,很像宗教上的领悟。这种联合大学,不管它在教授具体的职业化角色方面是多么的无效,即在理论上建立起来展示知识和文化权威的统一,证实了人类在新兴的全球世界中运作的这种异乎寻常的能力。

大学和全球"知识社会" 上述的讨论表明,广泛受人欢迎的"知识社会"(knowledge society),作为对世俗的社会秩序的实际描述,远不如作为一组假设和文化需求来得重要、现实。可以被称作拥有"知识经济"的国家甚至似乎只有那么少数的几个。即便在这些国家,下文将有详细的介绍,大学与角色体系之间的关系也出奇的薄弱。实际上,象比尔·盖茨、斯蒂义·乔布斯这样的科技产业名人,也没有大学文凭。

然而,"知识社会"一直就是大学处于后民族、日趋全球化的世界核心地位的关键。目前,世界自由主义政体迫切需要民族国家、组织和个体等社会参与者为实现私人与公共目标而奋斗。全球知识社会这一神话不仅使得这些参与者能力倍增,而且为他们彼此间的协调提供了基础,这导致人们(集体等)的各种行动异乎寻常的多(Olson, 1971; Drori, et al., 2003; Drori, Meyer, and Hwand, 2006)。大学、科学、合理化的知识一起建构了一个象征性的基础结构,维系着个体和国家这些所谓的"参与者"的地位,为全球化无国籍的世界的良好秩序提供了坚实的基础。在此意义上,后现代世界,正如 Alexis de Tocqueville 所分析的,与 19 世纪的美国有许多的相似之处。当时,美国人为了使无国籍的世界有秩序,高度赞扬个体被赋予的权力与能力、科学与元科学基本原则、组织合理化的益处等。当今的全球化体系也正是这样做的。美国人将迅速扩张的教育体系看作是这一切的核心,整个世界如今的行为也如出一辙。

知识社会的神话,促使我们有理由相信,在一个科学与合理性共存的共同的客观文化中,接受了教育的个体得以发展并具备了胜任的能力,正是这些人维系着我们世界的存在。这种假设只是部分切合实际。正如 Yehudi Cohen(1970)在几十年前就预知,现今的世界充斥着大学毕业的精英们,共享着大量的文化因素(Nussbaum, 1997)。许多国家的精英们与自己小地方的平民交流,远远不如同其他国家的精英们交流得那么顺畅。

确实,在全球化社会中,由于知识社会这一神话的存在,科学界与大学精英起着举足轻重的作用。科学家和专业知识构成了许多国际流动以及协调的基础。受过大学教育的专家将政策模式传向世界各地,成了革新的散布者、接纳者(Frank et al., 2000)。例如,在拉丁美洲确立新自由主义(neoliberalism)的过程中,大学毕业的经济学家起到了关键性作用(Fourcade-Gourinchas and Babb, 2002)。同样,在散布全球环境保护论(environmentalism)的过程中,科学家也至关重要(Frank et al., 2000; Hironaka, 2003)。实际上,当代多数的社会变化,如环境问题、人权问题、本土居民运动、经济政策问题等等,都可以追溯至全球网络中的"知识社会"参与者所扮演的关键性角色(参见 Suarez, 2000, 对教育专业人员的人权问题的研究)。

全球化以及与知识社会相关的种种强有力的神话,不仅促进全球大学进行扩张,也导致组织结构发生了巨大的变化。传统上,学术型大学常常是遵循教育部的指令行事的,而现在,全球性社会没有了它的管制与庇护。就像 de Tocqueville(和我们自己)笔下的美国社会,是一个开放、竞争的地方。于是,像许多其他组织一样,管理主义(managerialsim)在大学结构中广泛流行起来(Drori, Meyer, and Hwang, 2006; Moon, 2002)。被控制、被行政管理的大学在日趋全球化的层面上进行残酷的竞争,一系列迅速拓展的地方或全球计划制定出来,根据标准对大学进行鉴定、分级、确认达标程度。欧洲受其影响最深,同时也受到博洛尼亚进程的影响,不过其结果是全球性的。远隔重洋的韩国汉阳大学(Hanyang University)(一所为人瞩目的私立学校)宣布了一项战略性计划(2005),内容是:"汉阳最近制定的'汉阳大学2010年项目',设想培养出世界级领导,并将之纳入计划中培养这些领导者,能够积极解决全球环境的相关问题……这种发展的结果是,汉阳大学成为韩国负有盛名的大学之一。此外,在韩国国内的成功导致它计划进一步地发展,到2039年加入世界最强的百所大学行列"。随着全球出现了典型的新的合理化体系,汉阳大学从16个层面报道了自身所处的等级,评价论文研究质量、校友的成功程度以及整个大学的地位。

因此,现代大学是全球化、合理化的世界中有目的的参与者。在这个虚构的同质世界里,标准化的等级因素、证书以及鉴定合格都是有意义的。全球的大学可以进行比较,依据标准等级进行鉴定。如果是有效、有目的地管理之下的组织,或许它们就能提高自身在全球所有大学中的等级地位。

高等教育制度所产生的影响

传统上,高等教育观是指,特定的高等教育项目创造出知识和技能,有形地影响了个体角色的扮演以及社会的进步。其理念是,这一切发生在研究、革新过程中,这是事实,同时也发生在接受教育的个体毕业生的生产过程中。有些人将高等教育理解成一个潜在的、有效的教育机器,他们认为,这是阐释增生现象和发展的主要的正当理由。

然而,有关上个世纪高等教育大规模扩张现象出现的主要理由,我们却缺乏前后一致的研究加以证实(Rubinson and Browne, 1994);是否缺少资料证实大学的发展在减缓,似乎也微不足道(Chabbott and Ramirez, 2000),这一现象值得我们深思。

与那些没有大学文凭的人相比,拥有大学文凭的个体固然能赚到更多的钱。然而,我们很难证实接受过大学教育的个体生产力更强(Boudon, 1973),也不清楚他们是否比那些没有接受过大学教育的人做得更好(Berg,1970)。此外,研究没能发现整个高等教育扩张对经济发展是否有着任何总体的影响,而中学教育所产生的巨大的、正面影响,我们已经在常规中得以了发现(Benavot,1992;Barro,1991;Levine and Renelt,1992;Schofer,Ramirez,and Meyer,2000)。如果将高等教育看作是一个制度,认为大学的存在,与其说是装备学生来扮演社会的各种角色,不如说是将社会的角色结构与普遍的文化知识联系起来,我们就会觉得这更好理解了。角色学习,最好的方式终究是进行贴近角色的教育,如在实践、学徒、技术培训情境中进行。在常规下,将有更多的这种实践项目评估着相关的角色学习与能力。这正是大学所没有做的事,这种疏忽几百年来也一直受到人们的批评。我们与其继续背负这样的指责,不如考虑一下,长期以来大学为何一直规避着直接的结果评估(immediate outcome assessment)。

后现代社会职员与知识的合法性　将大学看作是一个制度而不是组织,生产出受过良好教育的个体,此时,大学承担的是高度集体化的功能。它将一定类型的知识界定为社会的权威性知识、在文化最高原则(如科学、合理性、自然法则等)基础之上的权威性知识。在现代历史中,树立权威的一个基本策略就是,将相关的知识置于一般性学术原则的情境中。组织这种知识,根据社会定义,将之融入那些清楚区分拥有执照的个体的类别中,是非常关键的(Collins,1979)。人们讨论职业化现象,通常会注意到,将职业教育贴近文化中心是非常重要的,因此职业教育也进入了大学(如,Abbott,1988)。

分析现代社会分层现象的主要研究中,戏剧性地出现了这些历史上具有权威性的项目的成功事例。本质上,在现代的所有社会,该职业所需要的教育以及在职者所接受的教育,是预示职业社会地位的唯一最有效的方式。显然,这种影响是制度化的,在集体层面上借助文化术语来界定。那些偏袒受教育者的规则直接、间接地在律法中组织起来。职业位置通常需要具体层面的教育,但不管怎样,根据个人所获得的教育文凭来分配重要职位,是极其合理的。在受教育程度上的歧视,与其他多数的歧视有着鲜明的对比,在本质上是不违法的。请注意,这些需求以及合法性通常不以经过实际审视被证明合格的个体为基础,也不取决于对认为是重要的知识进行的任何直接的评估。员工以及知识的合理化不是个体的,而是制度的、集体的,它们经过岁月的磨练而崛起,并在全世界范围内或多或少保持着一致的状态。

各种研究已经讨论了许多具体的事例。比如,D. A. Barrett(1995)将跨国人口统计分布归因于国家实施的人口控制政策。Moon(2002)发现,商业管理主义的崛起是与商业学校、工商管理项目的发展密不可分的。C. N. Wotipka 和 Francisco Ramirez(2004)研究发现,高等教育中女性所占的比例与早期确立女性研究课程有很大的关联性。这里,因果关系显然是双向的。经人们确认的学术知识的出现,促成现代社会中相应角色的扩展以及权威性的树立,接着,这些重要的角色又以学术化的知识作为取得成功的砝码(Abbott, 2005)。这样,人口问题、管理问题以及性别问题的专门知识,因这些领域中学术专业化现象的进一步加强而得以巩固。

所有这些更为制度化的联系,因培训和工作之间的个体、活动缺乏关联性而得以巩固。如果个体真的是根据技能分配工作,如果涉及的知识真的与组织绩效挂钩,高等教育的权威就会受到严重的削弱,人们要求将职业活动与最高的文化知识联系在一起的这种需求的合法性就会降低。总而言之,高等教育体系向人们提供了抽象的合格证书,使具体技能与个体能力脱离这种体系,维系了大学集体文化的权威性以及能力。

制度化的高等教育与社会分层　将地方实际的个体体验脱离于高等教育和社会制度的连接之外,极大地影响了个体教育体验以及教育结果。在每一个阶段,学生和毕业生的角色都是根据非常一般性的制度规则来组织的,他们因此也有着以下的体验:个体知道自己是学生,努力获取证书,掌握合格的知识,获取合格的能力。其他的人也清楚这一点。在这种情况之下,知识是否真实存在?学生是否真的掌握了知识?这已经不大重要了。

这些观点有助于我们从整体上阐释美国高等教育社会学中最核心、最令人头疼的实证研究。其研究发现,高等教育组织在教育资源以及教育质量上变化极其大,常常导致许多社会结果出现惊人的差异,而个体特征(能力、动机等)依旧保持不变。这个研究结果由来已久(Jacob, 1957; Feldman and Newcomb, 1969),也一直遭到人们的质疑（参见 Pascarella and Terenzini, 1991 的综述）。许多研究确实发现了正面影响，但在学生样本收集方面存在缺陷（对比 Useem and Karabel, 1986 与 Bowen and Bok, 1998, Kruger and Berg, 2002）。

一些分析者认为，教育影响来自学生在直接环境中的互动以及体验，在他们看来，上述的研究发现是非常不切实际的。不过，从制度理论角度来看，这种研究结果是合理的。学生在现实的国家、全球制度中承担着一种角色、拥有一种身份。这种角色、身份有着卓越的意义，这每个学生都知道，学生周围的每个人，包括社会中形形色色的掌权人都知道。个体的机遇与期待因自身成为大学毕业生而完全发生了变化，这种变化在很大程度上与哪所大学、学生具体的体验是不相干的。学生获取的是大学毕业生一般化的特权与地位（Meyer, 1970）。因此，除了影响教育结果的个体特征（主要包括动机、计划、个体抉择的整个手段等），高等教育中的形式规则（formal rules）起着重要的作用。

因此，个人的大学体验细节可能对其生活机遇有着适度的影响，而成为一名大学生对其未来的一生起着至关重要的影响，每个努力考取大学的人都清楚这一点。自然，个体的智力与心理也受到广泛的影响。要以大学毕业生身份度过余生的人和要以非大学毕业生身份度过余生的人，是有天壤之别的。

只要个人生活结果受到了影响，那么高等教育本身就是分层的、按照类别区分的。例如，美国的社区大学，对其毕业生的积极影响就远不如四年制大学（Dougherty, 1994；Brint and Karabel, 1989）。在一些国家，与大学毕业生比较而言，工艺学校毕业生所获得的机遇局限性更大，有时，法律也是这样规定的。正因为这些毕业生之间的差别如此之大，他们最终生活结局也就截然不同。在中等教育中，情形也是如此。例如，接受中等教育的学生，如果学校没有能力转送他们就读高等教育，他们显然就不可能接受高等教育。对大量的教育项目进行比较，我们也不难发现类似的情形。要步入特定的角色，需要专门学习一门特定的学科，甚至保持个体特征不变化，人们知道了这种要求，那么，这种需求就能为人们提供成功进入高等教育的机会。

所有这些影响都深嵌于现代社会的制度结构中，成为文化和组织的规则,其深远的意义与各种结果影响着独立于个体特征之外的个体生活过程。当个体意识到控制自己生活和各种机遇的规则时,他自然就获得了适宜的意识、能力以及恰当的定位。

总结与启示

高等教育是现代体系的核心文化制度,长期以来一直如此。几百年来,它将一系列持续扩张的特定的行为、角色、组织与普遍的联合的文化核心联系起来,将合格的个体类别分为承载这些连接、不仅具备相关文化核心而且拥有特殊的权威和能力来执行这些角色的两类。

将高等教育看作是一种制度,我们可以从中获得几个重要的启示。首先,人们可以更加着重关注那些提供高等教育,尤其是大学的国家乃全全球的框架结构,它们有着引人瞩目的基本原理。大学,从中世纪发展到后民族时期,不仅仅是特定的经济、政治功能所证明合理的地方组织,也不仅仅是特定的历史遗产或权力争夺所形塑的地方组织,它常常渗透了更广泛的文化与文明使命。在历史上,其存在的合法性以及发展过程一直与实施这一大使命相关联。如今,出现了一个新的理念,即,大学是引领社会进步的发展基地。

这引出了第二点启示:大学(与其他各种的教育不同),虽然运作效率不高、出现分裂现象、遭受人们的严厉批评,却能持续下来,而且还很盛行。从最普通的意义上讲,市民和大学师生之间关系紧张,这由来已久,不过并没有妨碍各个国家相继扩张高等教育体系、在大学基础上组织高等教育。无论在何处的扩张现象中,大学都是中心角色,试图终止大学运作的努力都屡试屡败。强调地方独特特征,甚至国家独特特征的各种理论,都无法阐释"二战"之后出现的全球高等教育扩张现象。这种出人意料之外的发展,很显然,是为了适应招生面广、有利社会、组织灵活的大学的全球管理以及跨国仪式,出现在各种国际会议、协会上。多数的跨国专业知识成为学习型社会、学习型社会中的大学根基和各种关系的基础。

第三点启示是,高等教育不仅扩张,而且逐渐在全球标准化起来。

在资源和传统上,各个社区和国家千差万别,然而大学在其目标与项目上,因要实现这些目标而日趋相似。跨国高等教育中,招生面广导致学生群更加纷繁复杂,而大学课程却朝相似的方面变化着。社会进步的目标导致出现、添加了人们认为更有利于社会的课程。人文学科所体现的规范模式,被更加合理化、以人为本的社会科学课程取而代之。反映地方乃至国家"路径依赖"(path dependencies)的组织差异意义深远,因跨国标准化过程而削弱了效力(Teichler, 2002;Lenhardt, 2005;Kruechen and Meier, 2006)。后者甚至更坚定地将大学置于全球范围内,加强多层面的比较。那些坚决主张各个大学具有独特性的观点,似乎是经不起推敲的。博洛尼亚对高等教育的声明,中国上海进行的全球大学评估,都有了深入的洞察。

上述的这些研究,看似不同于许多比较教育研究,后者继续强调高等教育鲜明的国家体系。然而,它们需要在三个方面进行改进:(1)我们需要认识到,大学在民族主义时代之前就已经出现并发展起来。这些大学具有成为世界性、全球性的前景。(2)这种民族主义倾向多数体现在正规的组织中,体现在大学、其特权、其传奇历程的文化阐释上。不过,课程中还存在比人们公认的共性更深层的普遍特点。(3)我们再一次生存在一个跨国、全球化的世纪中,这导致国家内部、国家之间组织的差异逐渐缩小。例如,在商业学校的扩张中,这种现象很显然,不过我们有必要认识到,其他与企业联系不密切的研究项目,如女性研究,也在逐渐广泛地扩展。这种扩展现象大多数得以正面地理论化,再现卓越与公平的结构。

从整体上看,这些发展表明,人们颂扬"高等教育之外没有其他的解救办法",并被极度地制度化,这种力度是前所未有的。在过去,世界银行担心过发展中国家内部高等教育的发展问题,不过,如今它再也不愿与更中央集权化的经济一起进行人力计划编制(如 Lenhardt and Stock, 2000)。此外,高等教育"最佳的"体系、"最好的"大学是什么样,由于跨国高等教育专家小组的崛起、组织的各种活动,很可能更为全世界所知晓。跨地区进行比较,其意义已经不再新鲜。不过,在一个更加整合的世界中,我们应以成功的体系或者大学作为典范,寻求更多的高等教育改革。我们必须明确各种严肃的工具性目标(instrumental goals），不过，首要的过程将依然是如何扮演适宜的身份。我们会发现，人们愈来愈清楚正确的目标是否确定，不过，与此同时，这些目标实现了没有，却越来越不清楚了。大学将继续按模式发展下去，这些模式也将具有全球性的特征与影响。

将高等教育看作一个制度，能给我们指明未来什么样的研究方向呢？首先，也很明显，我们可以预测到，其他因素的要点是，国家越孤立，其高等教育就越难以发展。这里，孤立是指国家与世界上教育会议、教育协会、来自世界主要核心国的大学和教育权威等联系有限，或者根本就没有联系。研究方向基本指的是创造一组指标，表明国家与全球教育模式、地区教育模式之间建立的教育联系程度。第二个相关的研究途径的依据是，一个国家或者大学采纳一种教育项目、教育改革或者教育目标，其发生的可能性受到地区或者全球类似现象出现的比例的影响。例如，一个国家、一个地区许多其他的大学都已经在法学院开设了人权的课程、启动了环境保护研究项目，那么，这所大学更可能也这样做。

进行阶段性而不是地区、跨国间比较，我们可以发现，当前阶段是否确实存在更多的全球性、地区性教育会议与教育协会？参与这些会议的比例是否增加？参加协会的成员人数是否增多？这些是不是当今时期特有的特征？制度理论希望能发现不同时期之间存在的这些差异。这也是我们希望在现今这个拥有相对纷繁的教育人际网络中能够发现的，这种网络关系较为有力地预告了教育的结果，如发展情况、标准化现象等。

最后，我们也需要更多的质性研究，分析全球模式结构，分析它们在地方上实施的情况。我们认为，世界进步和公正的模式产生了高等教育中的卓越和平等结构。我们进一步认为，高等教育中许多的变化是围绕这些结构而得以合理化的。这种变化如何在高等教育、大学的特殊体系中结束，是一个非常重要的问题。我们设想，大学历史越久远，名气越大，就越能够抵制变化，处于历史较为悠久、较为富裕的国家的大学尤其如此。不过，这些确认的事情随着时间的流逝也发生了变化，转向认可女性的地位、发展非传统的研究项目、区别大学内教授与管理者等。全球教育政体的重点究竟是教育可及性、有用性还是灵活性更为持久？什么原因？会产生什么结果？研究这个问题依旧是很有意义的。

高等教育的制度化特征，通过高度的文化、集体过程支持当代社会的组织和角色结构，在核心文化知识、权威、各种具体的角色和活动之间营造了一个关系重复的网络。高等教育导致人们推测合法化知识的存在，推测到传承这知识的权威人士。结果，对于该知识、人员的具体的社会审视却常常被削弱甚至取消。接受了教育的个体，仅根据社会定义来看，拥有着相应的证书，掌握了被传授的知识。这本身就导致高等教育对个体的影响，在很大程度上，极其标准化。

参考文献

Abbott, A. 1988. *The System of Professions: An Essay on the Division of Expert Labor.* Chicago: University of Chicago Press.

——. 2005. "Linked Ecologies: States and Universities as Environments for Professions." *Sociological Theory* 23 (3): 245—74.

Altbach, P. G. 1998. *Comparative Higher Education: Knowledge, the University, and Development.* Greenwich, CT: Ablex.

Anderson, B. 1991. *Imagined Communities: Reflections on the Origin and Spread of Nationalism.* London: Verso.

Aronowitz, S. 2000. *The Knowledge Factory: Dismantling the Corporate University and Creating True Higher Learning.* Boston: Beacon.

Banks, A. S. 2001. *Cross-National Time-Series Data Archive.* Dataset. Binghamton, NY: Computer Systems Unlimited.

Barrett, D. A. 1995. "Reproducing Persons and a Global Concern: The Making of an Institution." Ph. D. dissertation, Stanford University.

Barro, R. 1991. "Economic Growth in a Cross Section of Countries." *Quarterly Journal of Economics* 106 (2): 407—43.

Benavot, A. 1992. "Educational Expansion and Economic Growth in the Modern World, 1913—1985." In *The Political Construction of Education*, ed. B. Fuller and R. Rubinson. New York: Praeger.

Ben-David, J., and A. Ziocozower. 1962. "Universities and Academic Systems in

Modern Societies." *European Journal of Sociology* 3:45—85.

Berg, I. E. 1970. *Education and Jobs: The Great Training Robbery.* New York: Praeger.

Boli, J. 2005. "Contemporary Developments in World Culture." *International Journal of Comparative Sociology* 46 (5—6): 383—404.

Boli, J., and G. M. Thomas, eds. 1999. *Constructing World Culture: International Nongovernmental Organizations since 1875.* Stanford, CA: Stanford University Press.

Boudon, R. 1973. *Education, Opportunity, and Social Inequality.* New York: John Wiley.

Bourdieu, P., and J. C. Passeron. 1977. *Reproduction in Education, Society, and Culture.* London: Sage.

Bowen, W., and D. Bok. 1998. *The Shape of the River: Long-Term Consequences of Considering Race in College and University Admissions.* Princeton, NJ: Princeton University Press.

Bradley, K., and F. O. Ramirez. 1996. "World Polity and Gender Parity: Women's Share of Higher Education, 1965—1985." *Research in Sociology of Education and Socialization* 11:63—91.

Branscomb, L. M., and J. Keller. 1998. *Investing in Innovation: Creating a Research and Innovation Policy That Works.* Cambridge. MA: MIT Press.

Brint, S. 1998. *Schools and Societies.* Thousand Oaks, CA: Pine Forge.

———, ed. 2002a. *The Future of the City of Intellect: The Changing American University.* Stanford, CA: Stanford University Press.

———. 2002b. "The Rise of the 'Practical Arts.'" In *The Future of the City of Intellect*, ed. S. Brint, 231—59. Stanford, CA: Stanford University Press.

———. 2005. "Creating the Future: New Directions in American Research Universities." *Minerva* 43:23—50.

Brint, S., and J. Karabel. 1989. *The Diverted Dream: Community Colleges and the Promise of Educational Opportunity in America, 1900—1985.* Oxford: Oxford University Press.

Brown, D. K. 2001. "The Social Sources of Educational Credentialism: Status Cultures, Labor Markets, and Organizations." *Sociology of Education*, extra issue, 19—34.

Chabbott, C. 2002. *Constructing Education/or Development: International Organizations and Education for All.* London: Taylor and Francis.

Chabbott, C., and F. O. Ramirez. 2000. "Development and Education." In *Handbook of the Sociology of Education*, ed. M. T. Hallinan, 163—87. New York: Plenum.

Clark, B. 1983. *The Higher Education System: Academic Organization in Cross-National Perspective*. Berkeley: University of California Press.

——, ed. 1987. *The Academic Profession; National, Disciplinary, and Institutional Settings*. Berkeley: University of California Press.

——. 1998. *Creating Entrepreneurial Universities: Organizational Pathways of Transformation*. Oxford: Pergamon.

Cohen, Y. 1970. "Schools and Civilization States." In *The Sociol Sciences and the Comparative Study of Education*, ed. J. Fischer. Scranton, NY: Industrial Textbook.

Collins, R. 1971. "Functional and Conflict Theories of Educational Stratification." *American Sociological Review* 36:1002—19.

——. 1979. *The Credential Society. An Historical Sociology of Education and Stratification*. New York: Academic.

Djelic, M-L. 1998. *Exporting the American Model: The Postwar Transformation of European Business*. Oxford: Oxford University Press.

Dore, R. 1976. *The Diploma Disease*. Berkeley: University of California Press.

Dougherty, K. 1994. *The Contradictory College. The Convicting Origins, Impacts, and Futures of the Community College*. Albany: State University of New York Press.

Drori, G., J. W. Meyer, F. O. Ramirez, and E. Schofer. 2003. *Science in the Modern World Polity: Institutionalization and Globalization*. Stanford, CA: Stanford University Press.

Drori, G., I. W. Meyer, and H. Hwang, eds. 2006. *Globalization and Organization*. Oxford: Oxford University Press.

Drori, G., and H. Moon. 2006. "The Changing Nature of Tertiary Education: Neo-institutional Perspective on Cross-National Trends in Disciplinary Enrollment, 1965—1995." In *The Impact of Comparative Education Research on Institutional Theory*, ed. D. P. Baker and A. W. Wiseman, 163—92. Boston: Elsevier JAI.

Eisenstadt, S. 1986. *The Origins and Diversity of Axial Age Civilizations*. Albany: State University of New York Press.

——. 1987. *European Civilization in Comparative Perspective*. Oslo: Norwegian University Press.

Feldman, K. A., and T. M. Newcomb. 1969. *The Impact of College on Students*. San Francisco: Jossey-Bass.

Foucault, M. 1991. "Governmentality." In *The Foucaiilt Effect*, ed. G. Burchell, C. Gordon, and P. Miller. Chicago: University of Chicago Press.

Fourcade-Gourinchas, M., and S. L. Babb. 2002. "The Rebirth of the Liberal

Creed: Paths to Neoliberalism in Four Countries." *American Journal* of Sociology 108: 533—79.

Frank, D. J., and J. Gabler. 2006. *Reconstructing the University: Worldwide Changes in Academic Emphases over the Twentieth Century.* Stanford, CA: Stanford University Press.

Frank, D. J., A. Hironaka, J. W. Meyer, E. Schofer, and N. B. Tuma. 1999. "The Rationalization and Organization of Nature in World Culture." In *Constructing World Culture*, ed. J. Boli and G. M. Thomas, 81—99. Stanford, CA: Stanford University Press.

Frank, D. J., A. Hironaka, and E. Schofer. 2000. "The Nation-State and the Natural Environment over the Twentieth Century." *American Sociological.* Review 65: 96—116.

Frank, D. J., and J. W. Meyer. 2006. "The University: Worldwide Expansion and Change." Manuscript, Department of Sociology, University of California-Irvine.

Frank, D. J., E. Schofer, and J. C. Torres 1994 "Rethinking History: Change in the University Curriculum, 1910—90." *Sociology of Education* 67:231—42.

Frank, D. J., S. Y. Wong, J. W. Meyer, and F. O. Ramirez. 2000. "What Counts as History: A Cross-National and Longitudinal Study of University Curricula." *Comparative Education Review* 44:29—53.

Freeman, R. 1976. *The Overeducated American.* New York: Academic.

Gabler, J., and D. J. Frank. 2005. "The Natural Sciences in the University: Change and Variation over the Twentieth Century." *Sociology of Education* 78:183—206.

Gumport, P. J. 2000. "Academic Restructuring: Organizational Change and Institutional Imperatives." *Higher Education* 39:67—91.

Hamilton, G., and J. R. Sutton. 1989. "The Problem of Control in the Weak State: Domination in the United States, 1880—1920." *Theory and Society* 18:1—46.

Hanyang University. 2005. *University Development Plan.* Seoul: Hanyang University.

Hasse, R., and G. Kruecken. 2005. *Neo-institutionalismus.* Rev. ed. Bielefeld, Germany: Transcript-Verlag.

Hironaka, A. 2003. "Science and the Environment." In *Science in the Modern World Polity*, ed. G. Drori, J. W. Meyer, F. O. Ramirez, and E. Schofer, 249—64. Stanford, CA: Stanford University Press.

Hobsbawm, E., and T. Ranger, eds. 1983. *The Invention of Tradition.* Cambridge: Cambridge University Press.

Hofstadter, R. 1963. *Anti-intellectualism in American Life.* New York: Alfred A.

Knopf.

Inoue, K. 2003. "*Vive la patiente*! Discourse Analysis of the Global Expansion of Health as Human Right." Ed. D. dissertation, Stanford University.

Jacob, P. E. 1957. *Changing Values in College. An Exploratory Study of the Impact of College Teaching*. New York: Harper.

Jepperson, R. L. 2002. "The Development and Application of Sociological Neoinstitutionalism." In *New Directions in Contemporary Sociological Theory*, ed. J. Berger and M. Zeiditch Jr., 229—66. Lanham, MD: Rowman and Littlefield.

Karabel, J. 2005. *The Chosen: The Hidden History of Exclusion and Admission at Harvard, Yale, and Princeton*. Boston: Houghton Mifflin.

Kerr, C. 1987. "A Critical Age in the University World." *European Journal of Education* 22 (2): 183—93.

Kirp, D. L. 2003. *Shakespeare, Einstein, and the Bottom Line: The Marketing of Higher Education*. Cambridge, MA: Harvard University Press.

Kraatz, M. S., and E. J. Zajak. 1996. "Exploring the Limits of the New Institutionalism: The Causes and Consequences of Illegitimate Organizational Change." *American Sociological Review* 61:812—36.

Kruecken, G., and F. Meier. 2006. "Turning the University into an Organizational Actor." In *Globalization and Organization*, ed. G. Drori, J. Meyer, and H. Hwang, chap. 10. Oxford: Oxford University Press.

Kruger, A., and S. Berg. 2002. "Estimating the Payoff to Attending a More Selective College: An Application of Selection on Observables and Unobservables." *Quarterly Journal of Economics* 4:1491—527.

Lenhardt, G. 2005. *Hochschulen in Deutschland und in den U. S. A. : Deutsche Hochschulpolitic in der Isolation*. Wiesbaden, Germany: VS Verlan fuer Sozialwissenschaften.

Lenhardt, G., and M. Stock. 2000. "Hochschulentwicklung und Burgerrechte in der BRD und der DDR." *Kolner Zeitschriftfur Soziologie und Sozialpsychologie* 52:520—40.

Levine, R., and D. Renelt. 1992. "A Sensitivity Analysis of Cross-Country Growth Regressions." *American Economic Review* 82 (4): 942—63.

Levy, D. 1986. *Higher Education and the State in Latin America*. Chicago: University of Chicago Press.

Meyer, J. W. 1970. "The Charter: Conditions of Diffuse Socialization in Schools." In *Social Processes and Social Structures*, ed. W. R. Scott, 564—78. New York: Holt, Rinehart, and Winston.

———. 1977. "The Effects of Education as an Institution." *American Journal of*

Sociology 83:55—77.

Meyer, J. W., J. Boli, G. Thomas, and F. O. Ramirez. 1997. "World Society and the Nation-State." *American Journal of Sociology* 103:144—81.

Meyer, J. W., and R. L. Jepperson. 2000. "The 'Actors' of Modern Society: The Cultural Construction of Social Agency." *Sociological Theory* 18:100—20.

Meyer, J. W., D. Kamens, A. Benavot, and Y. K. Cha. 1992a. *School Knowledge for the Masses: World Models and National Primary Curricular Categories in the Twentieth Century*. Washington, DC: Palmer.

Meyer, J. W., F. O. Ramirez, and Y. N. Soysal. 1992b. "World Expansion of Mass Education, 1870—1980." *Sociology of Education* 65:128—49.

Meyer, J. W, and B. Rowan. 1977. "Institutionalized Organizations: Formal Structure as Myth and Ceremony." *American Journal of Sociology* 83:340—63.

Meyer, J. W, and W. R. Scott. 1983. *Organizational Environments*. Beverly Hills, CA: Sage.

Moon, H. 2002. "The Globalization of Professional Management Education, 1881—2000." Ph.D. dissertation, Stanford University.

Nussbaum, M. C. 1997. *Cultivating Humanity: A Classical Defense of Reform in Liberal Education*. Cambridge, MA: Harvard University Press.

Olson, M. 1971. *The Logic of Collective Action*. Cambridge, MA: Harvard University Press.

Pascarella, E. T., and P. T. Terenzini. 1991. *How College Affects Students: Findings and Insights from Twenty Years of Research*. San Francisco: Jossey-Bass.

Ralph, J. H., and R. Rubinson. 1980. "Immigration and the Expansion of Schooling in the United States, 1890—1970." *American Sociological Review* 46:943—54.

Ramirez, F. O. 2002. "Eyes Wide Shut: University, State, and Society." *European Educational Research Journal* 1:255—71.

——. 2006a. "Growing Commonalities and Persistent Differences in Higher Education: Universities between Globalization and National Tradition." In *The New Institutionalism in Education: Advancing Research and Policy*, ed. H-D. Meyer and B. Rowan. Albany: State University of New York Press.

——. 2006b. "The Rationalization of Universities." In *Transnational Governance: Institutional Dynamics of Regulation*, ed. M-L. Djelic and K. Shalin-Andersson. Cambridge: Cambridge University Press.

Ramirez, F. O., and J. W. Meyer. 2002. "Expansion and Impact of the World Human Rights Regime: Longitudinal and Cross-National Analyses over the Twentieth

Century." Funded proposal. National Science Foundation, Sociology Program.

Ramirez, F. O., and R. Rubinson. 1979. "Creating Members: The National Incorporation of Education." In *National Development and the World System: Educational, Economic, and Political change*, 1950—1970, ed. J. W. Meyer and M. T. Hannan, chap. 5. Chicago: University of Chicago Press.

Ramirez, F. O., Y. Soysal, and S. Shanahan. 1997. "The Changing Logic of Political Citizenship: Cross-National Acquisition of Women's Suffrage Rights, 1890 to 1990." *American Sociological Review* 62 (5): 735—45.

Ramirez, F. O., and M. Ventresca. 1992. "Building the Institution of Mass Schooling: Isomorphism in the Modern World." In *The Political Construction of Education*, ed. B. Fuller and R. Rubinson, 47—59. New York: Praeger.

Ramirez, F. O., and C. Min Wotipka. 2001. "Slowly but Surely? The Global Expansion of Women's Participation in Science and Engineering Fields of Study, 1972—1992" *Sociology of Education* 74:231—51.

Rashdall, H. 1895/1987. *The Universities of Europe in the Middle Ages*. Oxford: Clarendon.

Readings, B. 1996. *The University in Ruins*. Cambridge, MA: Harvard University Press.

Reisner, E. H. 1922. *Nationalism and Education since 1789: A Social and Political History of Modern Education*. New York: Macmillan.

Riddle, P. 1989. "University and State: Political Competition and the Rise of Universities, 1200—1985" Ed. D. dissertation, Stanford University.

——. 1993. "Political Authority and University Formation in Europe, 1200—1800." *Sociological Perspectives* 36:45—62.

Robertson, R. 1992. *Globalization: Social Theory and Global Culture*. London: Sage.

Rubinson, R. 1986. "Class Formation, Politics, and Institutions: Schooling in the United States." *American Journal of Sociology* 92:519—48.

Rubinson, R., and I. Brown. 1994. "Education and the Economy." In *The Handbook of Economic Sociology*, ed. N. Smelser and R. Swedberg, 583—99. Princeton, NJ: Princeton University Press.

Schofer, E. 1999. "The Rationalization of Science and the Scientization of Society: International Science Organizations, 1870—1995." In *Constructing World Culture*, ed. J. Boli and G. M. Thomas. Stanford, CA: Stanford University Press.

Schofer, E. 2001. "The State and the Expansion of European Science, 1750—

1990." Paper presented at the annual meetings of the Pacific Sociological Association Meetings.

——. 2003. "The Global Institutionalization of Geological Science, 1800—1990." *American Sociological Review* 68:730—59.

Schofer, E., and J. W. Meyer. 2005. "The World-wide Expansion of Higher Education in the Twentieth Century." *American Sociological Review* 70:898—920.

Schofer, E., F. O. Ramirez, and J. W. Meyer. 2000. "The Effects of Science on National Economic Development, 1970—1990" *American Sociological Review* 65:877—98.

Schriewer, J. 2004. "Multiple Internationalities: The Emergence of a World Level Ideology and the Persistence of Idiosyncratic World-View." In *Transnational Intellectual Networks*, ed. C. Charle, J. Schriewer, and P. Wagner, 473—534. Frankfurt: Campus Verlag.

Scott, W. R. 2002. *Organizations: Rational, Natural, and Open Systems*. 5th ed. Englewood Cliffs, NJ: Prentice-Hall.

Shils, E. 1971. "No Salvation outside Higher Education." *Minerva* 6:313—21.

Slaughter, S., and L. Leslie. 1997. *Academic Capitalism: Politics, Policies, and the Entrepreneurial University*. Baltimore: Johns Hopkins University Press.

Scares, J. 1999. *The Decline of Privilege: The Modernization of Oxford University*. Stanford, CA: Stanford University Press.

Soule, S. 1997. "The Student Divestment Movement in the United States and the Shantytown: Diffusion of a Protest Tactic." *Social Forces* 75:855—83.

——. Forthcoming. "Divestment by Colleges and Universities in the United States. Institutional Pressures toward Isomorphism." In *How Institutions Change*, ed. W. Powell and D. Jones. Chicago: University of Chicago Press.

Suarez, D. 2005. "Education Professionals and the Construction of Human Rights Education." Paper presented at the 49th annual conference of the Comparative International Education Society, School of Education, Stanford University, Stanford, CA, March 22.

Teichler, U. 2002. *Towards a "European Higher Education Area": Visions and Realities*. Centre for Research on Higher Education and Work. Kassel, Germany: University of Kassel.

Thomas, G. M., J. W. Meyer, F. O. Ramirez, and J. Boli. 1987. *Institutional Structure: Constituting State, Society, and Individual*. Newbury Park, CA: Sage.

Thorndike, L. 1944. *University Records and Life in the Middle Ages*. New York: Columbia University Press.

Toulmin, S. 1989. *Cosmopolis: The Hidden Agenda of Modernity*. New York: Free Press.

UNESCO (United Nations Educational, Social, and Cultural Organization). 2000. *Statistical Yearbook*. Paris: UNESCO.

——. 2004. UNESCO Online Database. Paris: UNESCO Institute for Statistics. Useem, M., and J. Karabel. 1986. "Pathways to Top Corporate Management" *American Sociological* review 51:184—200.

Weick, K. 1976. "Educational Organization as Loosely Coupled System." *Administrative Science Quarterly* 21:1—19.

Windolf, P. 1997. *Expansion and Structural Change: Higher Education in Germany, the United States, and Japan*. Boulder: Westview.

World Bank. 2000. *Higher Education in Developing Countries: Peril and Promise*. Published for the Task Force on Higher Education and Society. Washington, DC: World Bank.

Wotipka, C. M., and F. O. Ramirez. 2004. "A Cross-National Analysis of the Emergence and Institutionalization of Women's Studies Curricula." Paper presented at the annual meetings of the American Sociological Association, San Francisco, August.

第八章　学术系科的社会学研究*

James C. Hearn

学术系科(Academic departments**)是美国大学的基本单位。课程、学位点、评分、研究、教师行为规范、价值观以及职业生涯都是在此形成的,此外,也正是在这里共享学术治理(academic governance)的观念最完善(Peterson,1976;Trow,1976)。学术职业是一个整体,学术学科也多种多样,这些特征在学术系科中得到了最公开的组织层面的展示(Clark,1983,1987b)。鉴于此,这些单位所形成的结构、所履行的功能长期以来一直备受社会学的关注。

事实上,社会学研究的广度与学术系科的研究之间有着惊人的潜在关联性。在学术系科内部资源分配方面,社会学研究的文献极其丰富,对于大学教员角色、成就以及期待等的社会学研究也很多(例如,Finkelstein,1984;Bayer,1991;Fox,1996)。十分幸运的是,本书中其他几位作者(如 Gumport,Rhoades,Meyer 等)对这些研究都做了精湛的分析。因此,本章讨论的只是那些与内在学系结构与过程相关的

---

* 本文作者首先衷心感谢 Patricia Gumport,她在本文修改稿中提出了许多好的建议,此外,也感谢研究助理 Alexander Gorbunov 和 Ying Liu。

** 作者在本章的题目中使用的是 academic departments,但是在文章中,很多时候只是使用 department(s)。因此,译者在作者使用 academic departments 时就翻译成"学术系科",在作者使用 department(s)时就翻译成"学系"。作者有时也使用 academic unit(s),此时翻译成"学术单位"。——译者注

议题,并尽可能地侧重讨论作为一种社会组织的学术系科①。

此外,本章也几乎完全聚焦于那些明显采用社会学研究方法的研究,因为目前许多有价值的学术系科研究是源自经济学、管理科学、运筹学、心理学、高等教育研究等多重不同的视角(如,James and Neuberger, 1981; Manns and March, 1978; Massy and Zemsky, 1994; Hackman, 1985; Biglan, 1973; Baird, 1986)。有时候,非社会学家运用了近似社会学学科的概念来进行研究,如 W. F. Massy 及其同事(Massy, Wilger, and Collbeck, 1994)杜撰了术语"徒有其表的共同掌权"(hollowed collegiality),描绘在学术系科中,教师共同讨论一些事情(尤其那些促进研究的事情),而通常规避讨论另一些事情(尤其那些提高教与学质量的事情)的规范性风气(normative climate)的种种特征。该研究提出,这种组织情况很有可能产生"徒有其表的共同掌权"的行为模式。还有一些研究提出或者使用了类似社会学效果的观点,将这些研究从另一些基础社会学研究中区别出来,这是需要异乎寻常的洞察力的,至少说这种需求的标准是什么,我们是难以描述的。因此,本章以基础社会学研究为目标,并加以总结,自然有许多的不足之处,敬请大家谅解。

话虽如此,我们仍然可以识别出相关社会学研究的几个领域,本章就对这些领域的研究依次进行综述,最后提出所有这些研究的缺陷,讨论存在的理论和政策问题。

对学系进行的社会学研究,其之间的相互关联性足以令着手分类的类型学家感到沮丧。不过,我们仍然可以鉴别出六大独特的理性的研究分支,它们分别是,学术工作的构成,学系内部的竞争、冲突和变化,资源依赖和权力关系,学科差异的组织含意,构成模式,学生发展和社会化的学系情境等等。由于许多研究涉及多个领域,对于其最好

---

① Peterson(1976)明确地提醒我们,学术系科不是独一无二的主要学术亚单位(academic subunit),学部(divisions)、研究中心(centers)、研究所(institutes)等都是学术单位,这些学术单位彼此竞争,吸引教师的注意力、争夺资源、争取教师为之工作。由于这些学术单位在某种程度上与学术系科有着不同的特征,因此它们不在本文的研究之中。Gumport 和 Snydman(2002)提醒我们,学术结构主要有两个基本的要素:学术系科与学位点。这两个要素有着本质的不同,因此,学位点也不在研究范围之内。

归属哪个类别就得作出明确的判断①，因此，人们对这些判断不可避免地存在争议，此外，这六个领域陈述的先后顺序也值得商榷。然而，不管如何，类型学确实为我们提供了一个有价值的框架结构，来阐述有关学术系科的各种社会学视角的研究。

学术工作的构成

19世纪晚期美国开始出现学术系科，长期以来，其组织意义稳步增强。如今，据推测，美国两年制、四年制高校拥有了四万多个学系，平均每个学系大约有20位教师②。这些学系是容纳成千上万教师和成百万学生的高等教育中最显著的组织。不管人们关注的是教学、研究、服务还是它们之间的关系，学系一直是学术工作的中心。所以，许多社会学家一直致力于研究学术系科中学术工作的构成，我们对此一点也不意外。

其中一位社会学家，Burton Clark，已经发现，高校基础庞大的组织形式中，处于最前沿的是各个学术系科，其原因是，每个学系"在前沿任务中首当其冲，这是不言自明的，每个都是自身学科领域的权威，在国内其他地方甚至全球的同行学系或同仁中还具有行为暗示作用"（1987a：381）。正因为如此，它体现了学科与制度之间有趣的组织趋同（organizational convergence）。Clark于是提出，为了自身的利益，教师要逐渐能够很好地利用学系：

即便学系是官僚主义结构中主要的运作要素，它也是教师霸

---

① 例如，对于校园内学系之间资源、权力关系和竞争现象的研究，往往突显了学科的差异性，如，基于不同类型的知识基础，一些学科总是有利于另一些学科（参见 Salancik and Pfeffer, 1974；Salancik, Staw, and Pondy, 1980）。

② 更确切地讲，根据1988年美国中学后教师普查（National Survey of Postsecondary Faculty）（参见 Russell et al.,1990），当时有41,000个学术系科，其中四年制大学中有31,000个。还没有理由显示这些数字在缩减。在博士培养的机构中，1987—1988年间，一般的学术系科规模是28名教师，而在非博士培养的公立四年制大学内，教师平均为18人，在非博士培养的私立四年制大学内则为10人。总的说来，四年制大学中一般的学术系科有18名教师，其中12名为全职正式教师，2名为正式兼职教师，4名是临时的。

权(faculty hegemony)的基础部分。作为专业组织中新奇的创造之一,学术系科遭受那些想驯服专家的人的大肆谩骂。即便如此,它在美国学术界的工作、文化以及权威的地位如此重要,以至于日趋发展壮大,对此人们却无法阐释清楚。它解决了许多问题,其解决问题的方式与学术界自我界定的兴趣志趣相投。缺乏学系的国家系统似乎正在向这样的学系结构发展,以驯服个体专业人员更为狭隘的倾向,将共同掌权的原则摆在我们的前面(1987a:154—55)。

Peter Blau(1973)也注意到学系形式对教授的有利之处。他说,逐渐增强的学术专业化和官僚化现象已经拓展了高职位教师的自主、权威的组织能力。教师拥有了自主和权威,就在一定程度上远离支配性的行动。

这样,我们可以将学系看作是教师影响自我权威的一种手段。在Clark眼里,教授"将学系当作工具,调和特定大学情境的现实与他们自身学科的需求、期望之间的关系……学系形成了教师权力结构的基础,加固了大学内部双重权威结构的发展基础……学系是地方庇护所,是学术界发言权的基石,是学术界有能力在自身所属的组织内部发生影响并把这种影响扩展到组织范围之外的有组织的基地"(1987a:64—65)。

这样的体系不可避免地在个体与组织之间产生张力。学系是个体在学科研究领域内以及课堂上生产力的支持基地。与此同时,学系必须提供内部和外部支持者所期待的服务。Clark指出,"在基础的运作单位内,如何平衡个体与大学之间、个体权利和权力与集体权利和权力之间的关系,是个严峻的问题。过度偏向个体会产生巨头,用行业术语来讲,就是那些在整个过程中完全控制各自领域的人员和学徒的大师。而过度偏向大学会导致个体能动性处于集体窒息的氛围中……于是,能动性所能引发的行动和创造就受到了一种非理性化的限制"(1987a:153)。这样,各单位借助多人论题委员会(multiperson thesis committees)、学生对教师教学的评价等方式对个体的能力进行反复核实。

无论是什么学科,学系这一形式或许给人们带来了权力,但其基础是千差万别的。Talcott Parsons 和 Gerald Platt(1974)指出,有区别的学科知识组织体现了机构中认知合理性(cognitive rationality)的共享价值观。学系使机构进行横向、纵向分化,以辨别各种学习、研究领域,同时在规模更大的大学内提供独特的专业家园。Blau(1973)认为大学各系科例证了这样一个为人熟知的组织的不可避免趋势:对组织的产品或服务的需求日趋增高,会产生分化,而这种分化又需要更大范围内的协作,于是新的行政管理要素就出现了。Blau发现,大学招生人数的增多、研究经费的增长,刺激着学术系科规模的扩大、范围的拓展。

当然,结构分化不仅反映了机构中知识是如何组织的,也体现了什么样的知识是有价值的(Gumport and Snydman, 2002)。究竟什么样的知识是有价值的,这是随时间的变化而变化的。这就是说,学系也随时间而变化,校园内各个学系都是如此。结构不但使知识合法化,也决定了机构如何回应外界有关保持还是变革问题的压力和期待。有趣的是,结构(即学系的排列)是很少收缩的。例如,Patrica Gumport 和 S. K. Syndman(2002)的研究表明,面对知识的变化,大学倾向于增添更多的学系,而不是去掉一些学系。任何改革必须在现存的体系中进行考虑,常见的结果是,学系非但没有被替代,反而在缓慢地增加①。

Andrew Abbott(2002)指出,学校内学科花名册往往是不变的,即便有所增长,速度也是缓慢的。这是因为,学术科目深深根扎于教师劳动力市场的宏观结构以及每所大学的微观结构制度化的社会结构中。他认为,促使大学内学系稳定的因素有三个:阻碍单个学科发展过大,阻止单个学科规模收缩,限制其他高等教育供应者权力。这三个因素一起维系着学科劳力分工,这种现象在自然科学最为明显,因为这些学科有着"普遍性的自然等级制"(natural hierarchy of generali-

---

① 正如 Gumport 和 Snydman(2002)所强调的那样,我这里有必要指出的是,各个学系和它们所在的学校代表的只是结构的一个方面,即官僚主义结构。而另一个方面是计划性的(即课程和学位点所提供的结构),与官僚主义结构密切联系,不过,在多学科性以及其他因素方面,它们存在着一些差异。

ty)(第217页),而社会科学和人文学科往往在许多方面是一致的(如对文化的关注)。总而言之,Abbott 认为,只要学科结构是稳定的,在多数的学校里,跨学科性(interdisciplinarity)反而是个棘手的问题。

学系花名册的变化似乎缓慢,这并不必定表明学系内部自身变化也很迟缓。诚然,学术体系松散耦合的特征确实可以使各学系具有非常强的适应性与灵活性(Weick,1976)。Clark 指出,"尽管许多研究者相信,学术体系只有受到来自外界因素的压力才会发生重大的变化……在学系以及与之配对的体现学科和专业的单位工作中,创造和传播现象是被制度化了的……人们在很大程度上忽视了这种变化……在一个基础庞大的知识机构中,基层的创新就是变化的核心"(1983:234—35)。Clark 秉承同一个脉络,并提出,甚至最受压制的官僚主义化的学系体系,偶尔可以脱离个体权威,甚至脱离超凡的权威,变得开放并接受变革(1984:124)。

当然,像上述这样的概括因美国高等教育各部门之间普遍的组织差异而有所调整。学术工作的构成尤其随着大学在制度分层系统(the institutional stratification system)中的地位而变化纷呈。重要的是,诸如研究型大学等享有声誉的大学,其教师工作情境似乎更多的是平等分享权力,而管理的、官僚主义的特征却在逐渐减少。Janice Beyer Lodahl 和 Gerald Gordon(1973a)研究发现,在解释学术单位内共同掌权的程度方面,大学在国内的声誉比具体的学科更有优势。这就是说,共同掌权现象的出现不是因为这是会计学系,或是英语系,而是和该学校地位高低有关。Clark 认为,在享有较高声誉的机构中,"模糊性是有作用的,能使行政管理适应教师分散的浓厚的职业特性,于是大家都称赞'共同体'(community)对官僚主义的支配性"(1987:152)。Clark 说,相反,社区学校教师经历着更强烈的制度"管理主义"(managerialism),在一些情况下,也体验到强制实行联合而产生的官僚主义的协调性。在这些情境中,制度监督就限制了学系的共同掌权与自治。

学系之间的差异至关重要,而同等重要的还有学系内的分层现象[参见《美国新闻》(U.S. News)和《世界报道》(World Report)中本科教育各学科历年排名情况]、学科内部和学系之间的分层现象(参见

《美国新闻》和《世界报道》中研究生教育各学科历年排名情况)。分层体系有一致的地方,但其重叠方式十分复杂。比如,在研究型大学,单个学系的质量无疑影响到学校的声誉问题,但学校的特征,如在全国的声誉等,也影响到该学系自身在国内的声誉以及研究成果上的排名。我们不得不承认,学系的排名也许主要受到大学"光环"的影响。例如,哈佛大学是排名前列的机构,同时也有排名前列的化学系,这两个事实是相辅相成的。

各种社会学研究已经触及到了这个问题。例如,W. O. Hagstrom(1971)在传统的框架下进行了分析研究,他发现自然科学中具体学系的国内声誉是与该学系的规模、教师的背景、学生的特征、研究的机遇与成果、教师奖励、学科处等有密切关联。D. H. Kamens(1972)对此提出异议,他认为,Hagstrom 指出大学内各学系是在相对自治的劳动力市场中运作的,因而,决定一个学系的吸引力,并随之出现成功招生、招聘现象的因素是与其他互不相干的,这一观点是不正确的。根据早期 Allan Carter(1966)的研究发现,Kamens 指出,通过控制资源、传统,以及与大学外部一定支持者的关系,大学有效地控制着学系的发展,他总结说,我们应该更多地研究大学的政治经济状况,研究它是如何影响大学和学系内部运作的。

因此,一个特殊的社会学研究热点就是学系情境中教师生产力的相对重要性问题,这不同于个体、其他组织以及整个社会的因素。Jeffrey Pfeffer, Anthony Leong 和 Katherine Strehl(1976)比较了学系在国内声誉排名公布前后所发表研究论文的水平,发现排名的公布与研究论文发表程度之间没有相关性。P. D. Allison 和 S. J. Long(1990)分析了导致学术界科学家生产力(即出版物以及被引用率)差异的原因究竟是学系因素还是个体因素,得出的结论与上述 Pfeffer、Leong 和 Strehl 的有点差异。他们指出,学系的隶属关系对个体生产力的影响,比个体生产力对学系隶属关系的影响更为重要,这就是说,虽然突出的教师聘任到优秀的机构中,但机构的本质(尤其是聘任教师的学系)自身可以取代筛选效应(selection effects),从而来解释个体教师的生产力。这就与先前 J. M. Braxton(1983)的研究结果如出一辙,后者尤其表明,那些先前研究成果比较匮乏的教师,受到学系的影响就非常强烈。

　　Bruce Keith(1999)明确地将研究中心锁定在声誉(prestige)这一机构角色上。通过分析五个学科领域(社会行为科学、人文学科、生物科学、数学物理科学、工程学)在全国声誉的排名情况,他指出,学系博士点的排名情况主要彰显其代表大学的情境特征(主要是卓越的地位),而不是以绩效为基础(performance-based)的学系特征。一定机构中的学术系科,在外界评估质量的人眼里是相近的。"学系是在一个稳定的大学机构情境中运作的,在这个大学机构中,人们所感知的学系的声誉是其附属的大学的一个功能"(Keith, 1999:411)。Keith的研究方法以及例证让我们对那些认为学系排名是以绩效为基础的众多研究产生质疑。

　　学校声誉上的差异对教师的每一天都有着重要的影响。Stephen Cole 和 Jonathan Cole(1967)研究发现,不同学校的物理系中,学系奖励体系的运作是不一样的。在国内排名较低的学系,教师晋升的衡量标准更可能仅仅看出版物的数量,而排名较高的学系奖励制度取决于研究论文的质量。诸如此类的情况下,我们要记住,国内声誉不一定与学校内部学科本身、学科之间声誉绝对一致,比如,排名不错的教育学院在学校却没有受到重视,而排名较低的物理系在学校的声誉却有可能名列前茅。

　　人们或许会猜测,国内声誉不同可能导致学术领域中沟通模式存在差异。不过,目前为止,我们缺乏确凿的证据证明这一点。例如,Cole 和 Cole(1968)研究发现,学系的国内排名对物理学家的沟通模式没有产生太大的影响。有些研究者发现,学系内部、学系之间研究沟通模式受到专业化这一因素的影响。例如,N. E. Friedkin(1978)研究一所著名研究型大学不同学系中物理学家之间的沟通,结果发现,形形色色专业化的物理学家所建构的沟通网络,比像学术系科那样同质专业化的物理学家所建构的,在结构上凝聚性更强(比如,他们更清楚彼此的活动,彼此之间保持联系)。于是,Friedkin 认为,大学教师之间的研究沟通模式用学术系科来阐释是不恰当的,至少在物理科学这一学科是不恰当的。

　　尽管如此,学术系科对教师的行为还是有着显著的影响。D. H.

Kamens 和 Gian Sarup(1980)实证研究了组织影响教师对集体谈判和罢工的感受的两个模式。其中,"分层模式"(stratification model)聚焦于学校单位的组织分层引起不满的情绪,而"连贯模式"(consistency model)的核心是,既定的学系目标与实际奖励政策之间的矛盾产生疏远感。他们的研究结果证实了这两种情况。这就是说,大学内部学系的差异性确实显著地影响着教师的态度。

在学系的社会学研究方面,一个永恒的议题是,学系形式达到公平的程度。一种观点是,公平与否关系到学系的成功与否。例如,Clark 就强调人才市场是公平的有力武器,"学系组织倾向于打破……个体为中心的权力机构,将权力就地分给许多平等享有正规权力的正教授,并相对较少地分给在职位以及责任上呈现梯度下降的副教授和助理教授……在学系的组织之下,个体自身享有更多的平等权。在美国大学各学系进行争夺地位的残酷竞争中,人才聘任和保留就尤为重要。由于最优秀的人才不在其应所属学系的可能性通常是极大的,所以近亲繁殖的结果是令人怀疑的,我们应该提防这一点"(1987b:383)。在另一篇文章中,Clark 提到了学系的形式,"这种强有力的手段在其内部运作中一直遵循着民主原则……行政管理领导轮流做,每个成员都拥有他人所具有的自主教学和科研的机遇,都可以享受到各种支持,如教学助理、研究助理、研究资金、学术休假等"(1987a:64—65)。

然而,并非所有的研究者都抱如此的乐观态度。例如,M. L. Bellas and R. K. Toutkoushian(1999)研究教师的工作时间、研究生产力、以及在教学、科研和服务上所分配的时间,结果发现,学术单位内部、学术单位之间教学与服务工作的重担往往落在女性与有色人种教师身上,呈现显著的不公平现象。

学系内部的竞争、冲突和变化

许多社会学家研究了大学中存在的竞争、冲突以及策略性变化(如 Slaughter,2002),这种研究传统也拓展到对学系内部运作的研究。

例如，Jeffrey Pfeffer 与其同事广泛地研究了学系在彼此竞争的教师中分配稀有资源的方式。Pfeffer 和 Nancy Langton（1988）得出的结论是，一个学系内部教师工资分散度逐渐增大，显然是由以下几个因素导致的：私人机构的控制、学系规模的扩大、独自工作的倾向性更强等。他们指出，要更公平地分配工资，就需要学系内部成员之间进行更广泛的社会接触、学系治理需要更有民主性和参与性、在人口上要更具有同质性。他们总结道，在工资分化上社会因素、可预测的个体因素是有一定影响力的，"学系内部社会关系、组织管理工作的方式和工资不公平现象之间是有着重要的关系的"（第603页）。接着指出，他们的研究结果，与社会心理学关于规范、社交活动、社会关系如何影响奖励体系的理论是一致的。

后来，A. M. Konrad 和 Jeffrey Pfeffer 在1990年分析了来自200所高校中5000多个学术系科资料，进一步证实了先前的研究结果。他们发现，教师生产力的强弱、教师工资的高低，与学系是否有强劲的研究规范、是否属于享有较高声誉的私立机构、是否由劳资双方就工资等问题谈判达成协议来治理、是否体现教师之间更多的研究合作和社会活动、学术领域是否拥有更为超前的科学范式、是否都有固定任期较短的系主任，都有着很大的正相关性。

确定这些导致学系内工资分化的因素之后，Jeffrey Pfeffer 与其同事转向研究工资分化带来的影响。Pfeffer 和 Langton（1993）研究发现，工资分化现象严重的学系，其教师的满意度趋向较低、研究成果较少、合作研究的可能性也较低。不过，如果教师任期较长，所在的学科中有更超前的科学范式，所在的单位工资分配更多地取决于经历以及学术活动，在教师满意度上的这种负面影响似乎就减弱了。即便在这些情况之下，我们可以预测到，那些工资较低的教师不满意程度相对要高一些。此外，我们可以想象到，在私立高校工资收入是不太可能公之于众的，因此，它们中教师满意程度受工资分化现象的负面影响较小。一句话，Pfeffer 和 Langton 的研究结果表明，一个人在工资结构中所处的地位、工资不公平的信息公布与否、奖励分配的社会合法化基础，这些都会影响工资分化所产生的负面影响的程度。

工资水平和年增薪额是学系内竞争的结果，令人遗憾的是，竞争还导致道德滑坡。Meilissa Anderson、Karen Seashore Louis 和 Jason Earle(1994)证实,学系内竞争和个人主义的社会氛围可以导致研究生和教师出现学术不端行为。这样的情景和不端行为,尤其会滋生于大型的研究项目中。有趣的是,他们的研究表明,在滋生不端行为的环境方面,学系的社会氛围比其结构特征更为重要,这两者也比学系内部纪律显得更为重要。

我和 Anderson(Hearn & Anderson, 2002)的研究结果也突显出结构因素在冲突事件产生方面起着重要的角色。我们注意到,为我们所熟知的组织冲突三域模式(three-domain model of organizational conflict)——关系模式(relationship-based)、任务模式(task-based)、过程模式(process-based),通过合并冲突的原因、表现以及效果而过于简单化。我们认为,"理解学术系科内冲突的最有效方式,不是来自针对个性、任务和过程这些冲突的表现特征,而是其根本的结构因素"(第506—7页),于是我们研究了关于教师晋升与任期决定中的争执现象,结果发现,那些承担更重的教学任务、内部课程专业化程度较低的学系,更有可能在晋升和任期问题上发生争执。有趣的是,除了这些结构影响外,我们还发现,冲突也彰显了学科差异性,即,属于"软"知识学科("soft" knowledge base)的学系,更可能出现晋升和任期问题上的冲突。

一些研究者从冲突事件的成因研究,转向对其影响的研究,他们研究学系是如何处理诸如研究行为不端所产生的各种问题的。这里,社会和结构特征再次成为重要的因素。例如,Braxton(1991)研究了因教师违反科学规范而做出相应举措的单位,结果发现,学系在国内声誉排名越高,其对违反科学规范的行为所采取的回应措施就更加的正规。接着,他指出了其中的几种可能因素:学校声誉越高越趋向正规化;希望避免联邦政府可能对基金给予进行制裁;面对消极的公众形象,努力保持声誉等。

虽然各个单位基础结构有可能导致一致或冲突,它们却不得不适应不断变化的环境。Curtis Manns 和 James March(1978)利用斯坦福大学中的预算记录与课程记录,研究了变化中的财政情况和学系更改自身课程之间的关系。他们的研究假设是(1)在财政困难时,学系更努力地提高自身课程的吸引力;(2) 在财政困难时,有着良好研究声誉的学系努力改善课程的力度不如那些声誉较差的。为了验证这些假设,他们研究了学系课程的八个特征:课程选修人数的差异、学系单位平均的差异、目录中课程描述的长度、正教授承担的本科课程教学所占的比例、非竞争时期开设的课程比例、没有前提条件要求的课程比例、单位获得课程的平均数、课程中的平均等级等。研究结果证实了先前的假设,指出,学系的课程设置与财政状况的逐渐恶化有着显著的相关性,有着良好研究声誉的学系,相对而言,反应不如声誉较差的学系那么强烈。

Manns 和 March 在强调学系课程变化的组织情境时,避免了传统上分析这些变化时所出现的一些我们熟悉的陷阱。Sheila Slaughter (2002)曾令人信服地指出,对于课程变化的研究,忽略或贬低学术科目和学术单位的社会情境是司空见惯的事情。例如,有关学科和领域的出版物,往往忽视学者工作所处的现存的奖励体系的作用,如忽视教师对理论与方法的既定兴趣,这些理论与方法会给教师带来声誉、地位和资源。在高等教育研究中,分析课程变化可以了解到人口变化、经济对技能变化需求的重要性,但是,人们对组织的变化机制却似乎缺乏一定的关注。市场为导向的叙述,关注的是人力资本的投资、作为教育产品消费者的学生,这方面的研究颇有成效,但是却忽略了权力和地位的社会(非经济)结构,正是它们决定着市场的影响。Slaughter 注意到这些研究的缺陷,提出了课程形成与变化的另一种社会学模式,关注学科发展如何影响教授的研究兴趣,关注与女性和少数族群研究计划等崭新学科相关的社会运动,关注政治经济中强大的组织现象。在这当中,他倾向于强调强大的外在组织在职业提供和研究方向上的重要性。他认为,在学校和学系层面,刺激课程发生变化的可能不是更为抽象的理想,而是上述这些世俗的力量。

资源依赖与权力关系

许多杰出的社会学家研究了大学里促使学系成功进行资源分配

的各种因素。正如本章中所介绍的,这些研究在某些方面持有的不是学系取向,而更是机构取向,此外,这些研究与本章中其他的研究相重合,不过,不管如何,还是非常重要、非常突出的,值得在此进行详细的介绍。

Jeffrey Pfeffer 和他的同事们,在研究组织中资源依赖的过程中,将学术系科当作一个主要的经验背景,他们特别关注权力关系是如何促使大学学系之间进行资源分配的。Pfeffer 和 Gerald Salancik(1974)研究发现,单位的相对政治/特殊(particularistic)权力(例如,单位在学校治理活动中的代表性)、单位在官僚/普遍性(universalistic)方面的标准(如工作量、国内的排名、教师的数量等),这两者在决定学系命运的大学预算决策中起着关键性作用。有趣的是,研究结果表明,学术系科享有更多的政治权力,其分配的资源更不足,这对学系的工作量以及学生对课程开设的需求有着直接的作用。他们总结说,只有在组织决策不受其他因素制约时,如其他组织、国家立法、政府机构等,学系的权力才对组织决策施加影响。

同年,在另一项研究中,Salancik 和 Pfeffer(1974)提出假设,那些有助于学校获取重要资源的学系,尤其能获取组织中重要的稀少的资源。研究结果显示,学系能否获取外界研究基金、能否与外界签约,决定了其在组织内部预算决策中的命运。此外,在国内的声誉以及研究生教育的规模,也同等重要。所有这些因素影响着组织对研究经费、声誉和学费等某些关键性资源的依赖程度。我们或许希望,很难取得外界资源的学系更容易获得组织内部资源的分配,这样就有效地补偿了它们在外界资源获取上的落后状态。然而,Salancik 和 Pfeffer 指出,内在资源分配体系加剧了资源分配的不平等现象,那些获取外界资源最多的学系,相应获得的内部资源也最多[①]。

在随后的研究中,Pfeffer 和其他人证实了大学运作中"权力生成权力"(power of power)现象。例如,Pfeffer、Salancik 和 Huseyin Leblebici(1976)研究发现,国家自然科学基金会(the National Science Foun-

---

① 这一模式引出了 Merton(1968)提出的"马太效应"(Matthew Effect),即越富裕的学系变得越发的富裕。1996 年,Cordes 和 Walker 在发表于《高等教育纪事》(Chronicle of Higher Education)的文章中表明,这样的模式长期存在。

dation，NSF）分配到各学系的基金，与学系在其咨询委员会（advisory boards）上出现的顺序有着显著的相关性。Pfeffer 和 Salancik 于 1974 年就研究发现，学系在学校治理中拥有代表权的高低，是与学校内部预算体系偏向程度相关的。1976 年的研究结果正是 1974 年研究结果的外部体现。再回到组织内部方面，Moore 和 Pfeffer（1980）发现，学系在学校内的政治权力，似乎加速了学系中教师晋升、向终身职位发展的频率。学系中处于较高职位的一定比例的教师也促进了职位的迅速晋升。另一方面，学系发展的速度、学系科学范式的水平、学系在国内的声誉，对发展都没有什么影响。Pfeffer 和其同事还进行了其他的研究，分析了特定情况之下政治权力的影响程度。例如，Pfeffer 和 Moore（1980b）研究结果是，资源匮乏时，学系政治权力显得不太重要，而此时，普遍的、非政治标准可能起着重要的作用。

在另一研究分支中，Sheila Slaughter 和其同事（Slaughter, 1993; Slaughter and Leslie, 1997）发现，高等教育资源再分配模式，是与更大的社会财富和权力持续再分配相一致的。Slaughter 运用新马克思主义理论、后现代主义理论、女权主义理论，将高等教育中教职缩减（faculty retrenchment）模式解释为是深受以阶级为基础的政治/经济冲突影响的，而且这些冲突正在重新构建一个更广范围的经济制度。虽然人们通常认为这些变化是市场驱使的，Slaughter 和其同事却认为，这种缩减现象也是社会建构的重要方式。他们的研究所呈现的事例表明，在组织内部，那些最能够吸引到外界资源、最迎合市场需求的研究领域，在分配过程中是最不可能被缩减的。这些受青睐的单位通常是男生占多数。Slaughter 的研究表明，中学后教育没有被缩减，相反，正在被重新建构，新的预算资源正不均衡地分配给那些已经拥有丰富资源的学系和学校。在这种环境中，努力吸引资金的学系被迫学习其他学校较为成功的相同学科单位，学习自己学校内其他的学科部门，呈现它们的特征。

Slaughter 在后来的研究中，特别注重公立体制中这些分配模式所具有的社会意义，她指出，"供应机构的资源分配政策倾向于把较少的国家资源分配给那些拥有大量女性和少数族群教师的学系和/或研究领域"（1998：234）。她总结道，"作为共同体的大学，应该明确地处理学系之间日趋增长的资源差距问题"(第239页),应该重新思考其使命、市场需求、内部资源分配模式,以及何类知识应该得到资源分配的信念等。接着,C. S. Volk,Slaughter和S. L. Thomas(2001)以一所公立研究型大学内各个学系为对象,研究了这一议题。他们注意到他人的研究没有充分地认识到学系是与大学机构、个体相对立的,于是他们强调,学系在个体教师成就与能力以及积累机构资源的机会方面扮演着强有力的媒介角色。"讲授不同课程的教师获得的资源可能是不一样的,同样,那些培训学生进入某些职业的学系中教师所获取的支持,与那些更受青睐的学系中教师获取的支持是不一样的"(第338页)。Volk,Slaughter和Thomas对比了理性/政治理论(rational/political theory)和批判/政治理论(critical/political theory),前者是指,"资金流向那些对实现使命最为关键的学系,那些承担最关键性工作量的学系,那些在学生学分课时、研究基金、合同以及教师学识方面最有成效的学系和那些质量高的学系"(2001:389);后者则指,学系的资源分配受到性别、种族、权力、对外界权威支持者所提供的服务等因素影响。研究结果分别证实了这两种模式,不过,他们也发现,许多研究结果,比如高年级学生修完学分所需要的资源缺失问题,与上述的两种模式不匹配,有多种阐释途径。于是,他们总结道,"大学经常试图通过关注市场需求来明确自身的使命。然而,市场,像使命一样,是多样复杂的,甚至有时是矛盾的……不存在一个直线性市场逻辑,指示着国家资金如何分配给各个学系,因此,我们不能够绝对地依赖市场模式"(第407页)。

学科差异的组织含意

长期以来,社会学家用理论来阐释具体学术领域和其所在的学术系科的组织特征之间的关系。他们几乎都认为,教师进行工作时,学系就是他们各自学科的根基。Tony Becher(1989)着重研究了每个学科中新成员特有的培训、入会仪式和社会化的过程,以及随后与相关学科和学术单位之间互动的鲜明特征。Clark也指出,学术系科中的教师：

是没有被组织来执行组织化了的等级制中名义上的上级的意志；相反，他们形成了自己对一个主题与其相关问题的研究动机，以及独特的合作形式。事实上，正是这些教师的动机和努力奋斗构成了高校的运作水平，而决定许多学系、学院和二级学院实际目标的那些被宣称为高等教育宽泛目标的则没此功能。这些运作单位，即便我们不能将之看作是学科的一部分，至少可以将之看作属于大学机构的一部分，在研究胜于教学、专业化培训比文科教育更为重要的时期，更该是如此(1987b:381)。

社会学家往往一发现差异，就期望发现其中的社会分层现象，我们所谈论的这一类研究者也是如此。例如，Clark 认为学系处于两个社会分层体系的交叉点上。单位的声誉，因他们所代表的学科所处的地位及其学系自身在该学科中的地位不同而千差万别。他说，"声誉很好的学科中排名较高的学系，在自主决策制定方面就有着双重有力的理由"，而"声誉相对较差的学科中排名较低的学系，就很可能面临信任与权力的丧失，可能获取的只是'桌角的一点残羹'式的权力"(Clark，1987b：169—70)①。当然，与其他机构相比，大学内的这些外部权威的参照对象更为重要。Clark 写到，"尤其在两年制的院校内，地方区域的框架结构中学校董事(school trusteeship)和行政管理演变的烙印，与学科影响相比较，能使得机构的管理更加强劲。至于是英语语言、物理还是工商管理的学术，这毫无影响力。决定它们权威性的因素，最主要的是他们是在一个社区学校内"(1987a：174)。

声誉似乎与学科内所谓的"知识发展水平"成正比。一系列著名的社会学研究显示，一个学科内知识的发展对于该学科相关的学术系科的组织运作具有重要含意。这些研究中，早期的有 Lodahl 和 Gordon (1972，1973a，1973b)的研究，通过对大学内教师教学和科研活动的

---

① Clark (1987a：170)指出，"'好的就更好，差的就更差'，也就是说，越是强大的，就变得更为强大。这种现象也出现在各个学系之间以及学系内部。"例如，因为研究领域有着较高的声誉、奖励颇丰，而具有权力的教师，往往能长期获得较高的工资、丰富的研究经费、较广的赞誉。

分析,探讨了 Thomas Kuhn 提出的"范式"概念的实用价值①。他们假设,通过沟通和获取储存信息过程的改善,学科中高层次的知识(范式)发展促进了科研和教学。研究结果是,物理学家和化学家(代表高范式学科的教师)与社会学家和政治科学家(代表低范式学科的教师)相比,更能在学科内容上达成一致意见,也更愿意、更满足于与研究生共度时光。

接着,Judith Adkison(1979)进一步证实了 Lodahl 和 Gordon 的观点:范式发展影响学系内部以及学系之间的互动模式。她将自己的研究成果与规范结晶的程度(*normative srystallization*)(即大家对一个学科核心规范标准的意见一致程度)联系在一起。正如上文提到的,Hearn 和 Anderson(2002)研究发现,有关晋升和任期问题的冲突现象尤其出现在意见不一致的学科内。这就证实了 Clark(1987a)的研究成果——那些发展良好、知识体系得以公认、对公平界定有着相同看法的学系中,人们就更可能达成共识。所有这些研究结果说明,学科差异是学术单位中教学和科研的核心差异。要改变大学,我们就必须充分考虑到,不同学科的结构和大学各学系迥异的运作模式之间存在着密切的关系②。

在一系列针对大学决策制定的重要研究中,Pfeffer 和其同事不断地发现,一个学科知识发展水平极大地影响着学系的运行。Pfeffer、Leong 和 Strehl(1976)研究结论是,在范式发展程度最高的学科中,学系声誉的好坏与论文发表多少(即生产力)之间的关系更为明显,而范式发展程度低的学科中,论文发表多少与生产力没有太大的关联性,这就表明,高范式的学科中出版物的质量更会前后保持着一致。Pfeffer、Leong 和 Strehl(1977)再次发现,学系在享有声誉的期刊布告栏中再现情况,对成员意见高度一致的学系论文发表率有着很大的影响,远远超过了对那些成员意见不一致的学系论文发表率的影响。Pfeffer

---

① 几乎在同一时间,Anthony Biglan (1973)运用了心理学研究方法研究学科差异性,识别出各个领域中差异的关键性要素,它们分别是:纯理论学科与应用学科、软学科和硬学科、生命学科与非生命学科。针对学术系科的许多研究都采用了他的研究法,不过,与本章节中所提到的那些研究者所从事的研究相比,他的研究明显不太属于社会学研究。

② 有关社会学相关问题的研究,可参见 Neumann and Boris, 1978;Nwumann, 1979;Bresser, 1984。

和 Moore(1980a)研究发现,拥有得到成员广泛认同的高学科范式的单位,其系主任的任期相对较长。有意思的是,规模较小的学系(我们可以推测,也更具凝聚力、更融合),其系领导任期也较长。这些结论说明,人们意见一致加强了行政管理的稳定性。Pfeffer 和 Moore(1980b)研究结果极大地改进了 Pfeffer 和 Salancik 早期提出的阐释模式(1974),其研究发现,单位的范式发展水平有助于我们阐释预算分配现象,具体而言,高水平的范式发展能够明显地增大学系从学校政治权力以及招生改进措施中所获取的预算津贴。

Salancik、B. M. Staw 和 L. R. Pondy(1980)也进行了相似的重要研究。他们分析了一所大学内的 20 个学系,结果发现,学系所在学科范式发展程度、学系成员之间资源的相互依赖程度、历史上行政管理领导权动荡程度,这些因素相互作用会导致学系内部行政管理人员的(即学系领导的任命与辞职)更替。James Thompson(1967)的经典言论是这项研究实施的基础,它涉及组织不确定因素和管理稳定之间的关系问题。此外,这项研究的结果符合 Pfeffer 和 Salancik(1974)的说法,即要调整组织控制使组织与自身新出现的环境保持高度的一致。

这里,我有必要指出,Pfeffer、Salancik 和他们的同事认为,用于解释特定学系成果的复杂多元的理论模式中,经验证明,范式发展是一个变量,它在这些模式中所起的影响不是一元的,而是情境化的。换言之,除了表明二元相关性之外,这些研究结果令人不得不相信,学科的根基与学系成果是因与果的关系。

J. M. Braxton 和 L. L. Hargens(1996)综述了有关学系知识发展的有效影响的研究后发现,与在学科领域缺乏一致意见的学系相比,意见高度一致的学系工作效率往往更高,更容易进行变革与适应,成员彼此冲突较少,人员更替不太频繁,在论文发表方面更合作,也更能有效地实现目标、获得资金和人力资源。不过,他们也提醒研究者不要夸大差异,对实现本科教育目标、满足学生和教师需求方面的成功与否,学系意见一致似乎并不重要,也不影响到人们对科研首要性问题或其他价值观的争执。

我们了解了学系学科根基的影响,或者至少说,了解了学系学科根基的关联因素,就有必要考虑这些差异出现的方式及其成因。正如

Broxton 和 Hargens（1996）所说的，我们需要审视学系差异的成因以及相应产生的结果。学系成员达成一致意见，是因为社会结构的特征（Fuchs，1992）、科研技术（Collins，1994）、学科本身的特点（Cole，1994）？还是学科内成员的人格类型（Smart，Feldman，and Ethington，2000）？在意见一致、学科社会结构和科研技术之间可能存在一种实质的交互的因果关系吗（Pfeffer，1993）？这些问题我们目前还不能回答，不过，那些被认为是非正式的自然实验，如学校内新单位的兴起，可以给我们提供一些相关的信息。

Z. F. Gamson（1966）分析了一所新近建立的小规模学院内两个学系教师中出现的集体观念与规范标准。这两个学系分别是自然科学和社会科学，是这所学校的主要部门，它们呈现出了极大的差异性，可具体分为两大信念体系。自然科学学系追求的是以"功利主义"（utilitarian）为主的方法，强调对学生的认知影响，而不太关注学生是否参与学院的各项活动，忽略师生之间的互动。而社会科学部门正相反，追求一种"规范性"（normative）方法，鼓励学生积极参与学院活动，鼓励教师努力在人格和智力两个方面"影响"学生。研究结果表明，学系之间存在的差异，某些方面，在某种意义上讲，是教师先前社会化、教师价值观和个人风格演变的产物。

Gumport（1988）列举了历经重重困难而最终成立的学系。她认为，课程发展的艰辛程度反映出学校内学术旨趣交叉与冲突的方式，她研究了女性研究领域中的利益群体、跨学科项目和各个学系。她说，在这样的新兴学科中，教师是新的思想、地方组织机遇、根植于外部文化运动中的政治使命这三者之间的媒介。新兴的学者亚文化潜在的与传统学术的理解存在冲突，使得这些亚文化更不易得到组织的认同。她说，毋庸质疑，知识本身是动态发展的，组织和重新组织学术知识之所以这么难，是因为学校内学科结构在抵制变革，或至少可以说，这些结构在独立地维持着自身的发展。

不管我们对学科差异的根源以及意义有什么样的理解，这些差异是不容忽视的。学系层面的研究者往往会发现这些差异就是自己研究结果中最显眼的地方，就算不是最引人注目的，也是最显眼的结果之一（Peterson，1976；Braxton and Hargens，1996；Smart, Feldman, and

Ethington, 2000; Hearn and Anderson, 2002)。我们面临的问题是,如何提供各种理论工具来"解开"这种差异如此普遍之谜。

构 成 模 式

许多社会学家的研究表明,学校内部的性别、年龄、资历情况、种族/族群分布情况等构成因素,可能影响学系的运作。例如,这些因素会影响工资分配或决策风格。这种见解建立的理论逻辑是,"组织成员地位分布特征所构成的社会关系情境,常常决定了这种地位分布特征对个体的、组织的成果的影响程度"(Tolbert and Bacharach, 1992: ix)。

越来越多的人采用这一视角进行研究,这有力地表明,单位内部的人口分布情况是一个颇具影响力的组织变量(参见 Pfeffer, 1983; Stewman, 1988; Bacharach and Bamberger, 1992; Mittman, 1992; Hearn and Anderson, 1998)。换言之,人口分布因素,不只体现组织内部成员总的人口分布特征,还对组织有着非常重要的影响。

人口分布框架下的组织分析研究中,"原始文本(ur-text)"当属 Ken McNeil 和 J. D. Thompson(1971)发表在《美国社会学评论》(American Sociological Review)上的文章。它虽然为后来研究者研究各种组织环境创造了条件,但值得注意的是,McNeil 和 Thompson 分析并创立理论的焦点是学术单位(academic units)[①]。他们论点的运作机制是他们所谓的单位的新陈代谢(unit's metabolism),即成员出入组织时的组织稳定与再生现象。他们认为,教师社会化现象是组织"社会再生"的核心,或曰在时间流逝过程中新成员与资深成员之间的比率模式。健康的再生比率是适度的、不高不低。这表明,人员不可避免地在流动,而其所在组织还是稳定的。很明显,在 McNeil 和 Thompson

---

[①] 这里,我们需要注意的是,McNeil 和 Thompson(1971)并不是第一个研究学术系科中教师人口分布的研究者。早在两年之前,Corwin(1969)就开展过研究,其结论是,年长的、同质性的、相对稳定的教师队伍,可能尤其愿意加强有力的社会化统治,驱除出那些不愿服从的新成员。不过,McNeil 研究的理论范畴以及细节,与 Thompson 对于该问题的研究,把这个问题推进到更高的清晰度和认同度。

看来,再生现象缓慢而稳定的组织内社会化过程是比较容易的。如果组织稳定,人们就更集中精力实现其基本目标。而再生比率一旦升高,了解组织文化的人逐渐减少,社会化与常规化要求必然就增强。人数相对较少的资深教师必须社会化新手,虽然前者有着极大的优势,新的习俗和规范标准往往形成于人数不断上升的后者。因此,当单位不得不雇佣大量的年轻人员,促使自身迅速再生时,部门内部就可能处于混乱状态。

人们后来的研究发现,年龄、职位、服务年限长短分布等以多种方式影响学系的正常运作,这证实了上述 McNeil 和 Thompson 的论点。这些研究中,Bruce McCain、Charles O'Reilly 和 Pfeffer(1983)的研究极其有趣。他们发现,大学中教师群体存在实质差异的学术系科,自愿退休、辞职、非自愿移职以及过期委任现象出现的比例就增高,究其原因,他们认为,一起或差不多是同一时间进入组织的人看待组织的方式是相似的。组织内部人口分布显而易见的间断或者暴涨,就为更替创造了成熟的条件。

较为年轻、资历较浅的教师,在争夺研究经费上与资历较深的同事相比,遭遇是不一样的。那些整体上由资历相当浅的教师构成的学系,其资金分配模式完全不同。因此,随着时间的推移,学系构成从资浅发展到资深教师为主,或从资深发展到资浅教师为主,这就影响到学系整体的资金分配模式。M. S. Anderson(1990)研究了一所规模较大的大学中的各个学系。他们发现,学术系科中经验的不断积累,会影响到其保护自身不受内部预算缩减影响的能力,也影响到其聚集外界研究资助的能力。学系随着自身资历越来越深,就越依赖有限的、相对重要的资助。例如,一些学系在某些时候极度依赖联邦政府科研经费,那么,随着这些系科教师资历的逐步加深,获取的联邦政府资源比例也随之增加。相反,当这些学系教师资历逐变得更浅时,学系就转向寻求联邦政府资助之外的资源。对于学系长期持续进行的资金安排以及所维持的关系,这种转向具有不同的含义。

除了资历问题、相关的年龄和服务年限长短问题,研究者还分析了其他的人口分布组成因素,其中,最受瞩目的是性别问题。众所周知,女性教师趋于集中在劳动力市场条件待遇最差的学科中,与男性教师相比,受教育程度较低,经验较少,论文发表较少(Bellas, 1994)。所有这些差异导致她们工资显著低于男性(Bellas, 1994),工资增长速度也较为缓慢(Bellas, 1997)。M. L. Bellas(1994, 1997)指出,毫无疑问,特殊的生活选择导致了这些不利因素的出现,但是,机构内部尚未测量的内部因素也导致了高等教育内工资分配出现不平等现象。我们可以推断,学系对其教师实施的工资分配就是Bellas所说的内部复杂因素之一。然而,可能还涉及拥有大量女性教师的学系的待遇问题。Slaughter(1993)证实,有大量男学生(于是,该职业中有大量的男性教师和男性成员)的学系,在大学内资源分配方面进展相对较好。

一些有关性别问题的研究,分析了男女比例对学系内在运作以及行动所产生的影响。例如,我的研究(Hearn, 1980),我和Susan Olzak(1981, 1982)的研究,V. D. Alexander和P. A. Thoits(1985)的研究都以学生为中心,研究发现,大学学系内学生的性别构成能影响学生的成绩以及态度。Pamela Tolbert等(1995)以教师为对象,研究了50所社会学系11年来的性别构成,发现随着女性教师所占比例在男性为主的学系中逐渐加大,女性内部的更替也逐渐增加,这表明少数族群规模开始相对扩大,其族群内部的竞争与冲突现象就逐渐增加。不过,到女性比例达到35%—40%左右这一临界值时,学系内部的更替就开始减少。

上述所有这些研究都得益于社会学家Rosabeth Moss Kanter的开创性理论。Kanter(1977)提出的理论是,组织内部的性别比例是重要因素,有助于我们理解和预测大量的行为现象。如不同性别在工作中所感受到的权力大小,不同性别处理职业和个人压力的方式等。意义最为重大的是,他指出,组织环境中单位内的性别构成到达一定的"引爆点"(tipping points),工作关系就会发生戏剧性的变化。他的这些关于性别构成的影响理论,后人进行了令人信服地拓展(如Wharton and Baron, 1991),对高等教育以及其他环境中的研究依旧影响巨大。

在理论和研究方面,性别构成向我们提出了一些重要的测量问题,Kanter的研究以及之后出现的对性别构成的研究都强调引爆点,即人口分布因素开始发生变化的百分比。要鉴别出组织内的引爆点,可以研究不同环境、不同时间激活点(activation point)的差异。例如,组织外部社会对性别态度的不断变化,可能导致组织自身激活点的上下浮动。Pfeffer 和 Moore(1980a)在研究学术系科领导的任期时,为了了解学系内部教师平均的地位等级,他们使用了一个相当简单明了的资深教师构成作为指标,具体做法是:看一个变量的学系平均数,个体变量值是,助理教授为 1,副教授为 2,正教授为 3。虽然这个指标对 Pfeffer 和 Moore 的研究有一定的作用,我和 Anderson(Hearn and Anderson,2002)却认为,它不能对他们的学系冲突研究有任何的作用,这是因为,它可能过度简化了构成的影响。例如,根据这个指标,一个学系可以得 2 分,然而该学系却可能有三种截然不同的构成——或许助理教授和正教授人数相等,或许助理教授、副教授和正教授人数相等,或许清一色的是副教授。

McCain、O'Reilly 和 Pfeffer(1983)研究单位更替(unit turnover)现象,采用的是一个更为复杂的学术构成指标。该研究的独特之处在于,它着眼于教师人口分布的一个具体方面——聘任的教师群体以及他们之间的差距。其基本人口分布指标是学系建成之后 5—8 年间没有聘任新的教师。根据这一指标,0 表示日期那一栏下的分配相对较为平均,而高数值则表明该日期栏下明确的新聘教师数量有所增长。McCain、O'Reilly 和 Pfeffer 还采用了服务年限长短这个更简单的人口分布指标,看资历最深的群体中教师所占的比例。

显而易见,学系的构成特征潜在的指标多种多样,研究者可以设计并运用多样性、工资不平等、双模态资深教师体系(bimodal seniority systems)等量化指标。组织测量研究文献(如,Price and Mueller,1986)为这样的研究提供了多种方向。不过,在开展这样的研究之前,我们必须明确支撑指标形成的理论基础,不然,设计和检测指标的过程就只能是徒劳。

学生发展与社会化的学系情境

学生大部分时间是在学术系科度过的,他们也非常依赖于学术系科获取自己中学后的成功体验,毫无疑问,学术系科能够影响学生的价值观、态度、个人风格、学业成果以及他们的知识结构,正是因为这种影响能力,社会学长期以来一直关注着学系对学生的影响。早期的研究着眼于本科生、研究生的社会化影响以及职业教育,后期的研究强调教师和学生之间的互动以及他们与职业和分层体系的关系。

在20世纪50、60年代出现了一系列经典研究,其中,Howard Becker与其同事分析了研究生与职业学院内社会化过程中出现的社会心理因素。与本科教育相比较而言,学士后(postbaccalaureate)教育中,大学内部的学系或者单个学院显然更是学生发展的主要因素。Becker和J. W. Capper(1956)访谈了生理学系、哲学系、机械工程系的研究生,研究表明,学生在研究生攻读阶段参与学系社会活动的差异,导致他们获取或者维系着特定的职业身份认同类别。于是,他们总结道,通过与社会化相关的几种社会心理机制的运作,社会参与影响了学生的身份认同,这几种机制是:发展探索问题的兴趣和技能自豪感的机制、意识形态获取机制、投资机制、动机内化机制和资助者机制。

Becker和Blanche Geer(1958),Becker等(1961)随后做了相似的研究,研究了医学院新生在大学四年期间从全然的理想主义转变成理想主义和犬儒主义(cynicism)参半的过程。最值得我们注意的是,这些研究指出,理想主义和犬儒主义是情境化的,不是固定不变的,个体或多或少地具有它们这些特征。Becker和其同事还指出,像医学院这样的教育单位,我们可以将理想主义和犬儒主义态度看作是集体而非个体的特征。

David Gottlieb(1961)作了类似研究生社会化现象的研究,结果发现,学生在其所在的学系内部与教师的交流和融合的特征,对学生随后职业规划的变化起到关键性影响,影响到他们将来是否选择到研究倾向的学系工作。Clark(1983)进一步拓展了研究,将研究生院的社会化现象联系到高校教师自我管理的能力。刚进入一个学术领域,与自己的指导教授一起工作,接触并内化了该领域的研究和教学规范、支持学术生涯的总体价值观,其中包括致力于同行评审以及学术自由等。学科文化在教师从事职业的早期和持久的社会化过程中得以永久化,并依次传递给新手们。

芝加哥大学社会学家 Rebecca Vreeland 和 Charles Bidwell(1966)将研究的重心转向本科生的社会化现象。他们引用有限的资料,研究主要学系所产生的不同影响,认为系统地建立理论是研究学系影响本科生的关键。他们的这篇论文代表为该研究领域提供理论基础的一种尝试。他们说,首先,单纯的学科差异不能阐释学系之间学生成绩存在的差异性,由此并假设,促使学生态度和价值观朝主要学系目标发展变化的两大关键性因素分别是,学系的规范性目标结构("技术"—"道德")和学系的情感性氛围(affective climate)(教师对本科生的好奇心以及与本科生的互动)。这种规范性假设是,学系对道德目标越重视,其学生的价值观和态度变化就越具有一贯性。后者情感性假设是,学系中教师兴趣越大,学生和教师互动越多,学生同辈互动越频繁,其学生价值观和态度的变化范围就更广。

根据上述 Vreeland 和 Bidwell 的理论,相似学系的影响也可能不一样。例如,德语系和哲学系都属于人文学科,但是前者的教师更强调技术目标,与学生的互动很有限,而后者中的教师社会化目标可能很模糊,他们追求的是与本科生广泛、深入地互动。这样,哲学系因为其吸引人的社会气氛而强化了自身宽广的规范性目标,就更有可能影响学生的态度。

Vreeland 和 Bidwell 说道,"学系是……大学主要的工作场所,其目标和对学生的期待相对明确,实施强有力的规范性和功利性的约束"(1966:238),这在 John Weidman(1974,1979)的实证研究中得以了证实。他分析了全国九个学科所在学系的大样本,结果显示,学系教师和学生之间互动的强度以及频率对学生的价值观(如"助人为乐"、"创造性"、"职业价值观"等)有着积极的重要的影响。规范性氛围意义重大,但是影响价值观的程度却不大,相反,与情感性氛围关联密切。也就是说,那些强调德育目标的学系,不同于那些以掌握技术为目标的学系,其中的教师和学生的互动更为频繁,强度更大,道德更可能发生变化。这正与 Vreeland 和 Bidwell 的假设一致。不过,他们的区别在于,Weidman(1974)研究发现,情感性氛围似乎不像作为媒介的规范性氛围那样扮演着重要角色。

Vreeland、Bidwell 和 Weidman 的研究成果有助于我们更为明确地研究学系和更大的社会系统之间的联系。随着学系的社会情境发生变化,它们实施影响的程度与性质也似乎发生了变化。John Meyer认为,

> 大学对典型的学生施加影响,其中最为重要的是影响其职业的选择……对社会重要还是对学校重要,这是职业培训植根于大学结构中的程度问题。学生是在大学或者其他地方获悉职业的信息并形成印象吗?大学教师都是职业成员吗?是否有学系由专门从事讲授职业相关信息的成员组成呢?或者,另一方面,学生与实践者认为大学工作对于实际的培训或实践来说仅具有边缘或准备性的意义吗?他们将大学中的工作质量看作是以后职业成就高低的指标吗?还是仅仅认为它影响到学生能否有优势地进入职业行列?(1965:14—15)

Meyer(1965,1970)强调,许多科学的和学术的职业几乎无一例外地要求在特定的学术系科内就业。这些职业,有别于法律、医学、工商,在学术界之外没有稳固的大本营。而且,大学之外的年轻人几乎没有机会认同这些职业角色,也没有机会有志扮演这些角色,但是,这些角色在数量、从业者人数上呈上涨趋势。对Meyer来说,这意味着,大学承担着一个更大的责任,要社会化科学的和学术的职业方向的学生,这样,大学的种种特征对这些领域的学生作用更为显著。"对于将成为学者、科学家的学生而言,职业身份认同在大学内形成,并受到大学的控制"(1965:17)。在这些学术的、科学的专业以及职业选择领域中,(1)既然更大的职业文化界定如此之模糊,这些领域中大学互动式支持必须更为强劲,这就非常有必要进行角色扮演、与角色拥有者进行互动,促使学生形成身份认同;(2)由于学生未来的职业角色基础就在大学学术结构之内,对学生来讲,其结构中的各种奖励与评价,显得更令人欣喜,也更匮乏。换言之,"与多数的学生不同,自从(这些学生)将更多的本我(ego)容入大学竞技场中,要维系本我就需要更多积极的评价与支持"(Meyer,1965:18)。Meyer提到的学系内同辈之间的互动,更为重要的是,在个人和职业问题上教师给予学生

的支持,都是这种积极的支持。

因此,这些科学的、学术的专业学系独特之处在于,比其他学系更能直接地社会化学生,其原因是,学生、教授和外界的社会认为它们是其领域的中心。社会学认证的效果更有说服力,Meyer 说,在其他学系,"大学对学生价值观或其他私人性品质的影响似乎更可能发生在制度化界定行动者的过程中,而不是在大学自身中互动的一些直接影响上"(Meyer, 1972:116)。这就是说,研究生不是在更广泛的专业学系或学院内的体验中获取自身独特的价值观,相反,是在更大的社会界定他们为大学生、研究生的过程中他们所体验到的期待和互动中获得。在科学的、学术的学科中,制度化界定源自大学本身,并影响着学生。

我们通过对比两个本科生专业课程来说明 Meyer 的观点。工商课程和历史专业课程在与外界社会的联系上存在着差异,前者工商专业中,教授(而不是商人)教学生如何在外界"自然秩序"中进行"真实"的检验,而教授那些立志成为历史学家的本科生的是实践历史学家,历史专业的学生渴望一直呆在这一领域,就必须继续在学术环境中攻读博士学位,或者从事大学之外以历史为方向的职业,如高中历史教师,这样学生的角色就和历史教授几乎一样了。鉴于此,Meyer 认为,历史教授在一个职业化更为突显的职业中工作,因而比工商专业教授影响力更大。显而易见,本科生所攻读的不同的专业对于学校之外的社会而言,有着各种验证和门户看守的功能。

很明显,不同的专业其社会经济结果也不同。长期以来,工程专业学生毕业后挣钱比哲学专业毕业生多,究其原因,一来是前者学科的社会声誉高,二来前者本科专业中传递的是技术知识。Kenneth Wilson(1978)、Wilson 和 Lynn Smith-Lovin(1983)证实,以职业与地位为指标的本科专业正面地影响着毕业生的收入、职业成就以及声誉。

20 世纪 80 年代出现的一系列研究发现,学系的社会心理、社会结构因素可能对本科生的成绩影响巨大,而对毕业生的收入、职业声誉高低等影响不大。我自己的研究(Hearn, 1980, 1987)、我和 Olzak 的研究(Hearn and Olzak, 1981, 1982)结果是,学系与职业更大的社会结构所维系的联系程度以及种类可能影响学生的情感健康、满意度、抱负和研究生学习计划。此外,影响收入高低的还有个体因素和社会因素,前者有学生的背景特征、在大学内的学习成绩、父母支持程度等,后者如学系的性别构成情况、教师和学生的互动、学系的主要氛围等。这些不同的因素,其相关作用因性别的差异而千差万别,这就需要我们在学系影响的研究中进一步关注性别差异性。

结论:未来的理论与研究发展方向

30 年前,Marvin Peterson 就评价了我们对学术系科的了解程度,直率地说道,"学术系科的研究文献庞大,但多数是非理论的,没有以研究为基础。有关学术系科说法非常之多,但是其适当与否人们一直存在着争议,这样,一个有吸引力的、简单的议题就立刻变得困难重重,令人沮丧"(1976:22)。本章之所以撰写就是想修正 Peterson 上述的评论,甚至是反驳其观点,至少是针对学系的社会学研究方面反驳其观点。俗话说的好,"有了总比没有好"。如今,有关学系的理论研究确实有了巨大的发展,但是这些研究依旧不完善,我们不能简单地认为自己已经理解了学系的种种现象。

Peterson(1976)在其文章中指出了有待我们进一步研究的领域:学系外部环境(组织和环境之间的关系、跨界交流等)、学系目标的形成以及意义、生产力的决定因素、学系活动的管理、人力资源的加强、学系间交流、变化与适应等问题。他悲叹,我们没有对学系的影响、变化和适应问题进行研究。他还指出有待于进一步研究的问题:劳资双方就工资等问题的集体谈判逐渐增多现象、资源分配体系日趋理性化现象、多变的聘任制度以及预算优先权所产生的影响、对于创新性学术项目规划、传递以及技术的重视程度逐渐加强现象。

毫无疑问,自从他的文章发表以来,我们对于学系的社会学阐释有了显著的进步。如今,一群倍受尊敬的社会学家,如 Clark、Pfeffer、Gumport、Slaughter 对学系资源、结构、过程、变化以及适应现象进行了深入的研究,有了丰硕的成果。回视过去整个学系的研究,我们不得不承认,Peterson 的哀叹完全是合理的。

或许学系研究缺乏研究目标与眼界。正如 Charles Perrow(1986)和其他许多人指出的,组织分析似乎是以某个相当容易识别的理论和学科视角为基础的。有趣的是,人们一旦采取了特殊视角进行研究,就倾向于从实证角度分析与该视角相关的组织现象。例如,组织生态学家(organizational ecologists)总是研究诸如报纸行业、啤酒厂、葡萄酒厂等动态的领域(Carroll,1988)。与此同时,研究者也从特定的视角来研究特定的情景。正如 G. T. Allison(1971)曾令人信服地列举道,研究者通常将政府单纯看作一个理性的参与者。作为研究对象,学术系科一般适合从有限的理论和学科视角进行研究。目前,研究者已经从非社会学角度研究了学系,而社会学家所采用的具体研究视角也千差万别,这正说明,学系的社会学研究视角有待进一步拓展。

开始,人们很少关注学系层次的象征(symbols)、仪式(rituals)和其他的组织文化。Clark(1972)写了《有特色的大学》,令人信服地表明了人们对大学历史成就、认同和目标的集体共识。他认为,有着这种组织"传奇"的机构,拥有吸引人的仪式、象征和传统,在学生、教师、职工以及毕业生中唤起了无限的忠诚。这种理论视角目前还没有系统地运用到学术系科的研究中,不过,我们在阅读有造诣的学术论文集以及其他流行著作中,可以觉察出相同的主题。几乎在每一个主要机构中,存在着一个学系,它拥有似乎符合"传奇"观的独特的令人激动的历史。例如,在芝加哥大学的经济学系(参见 http://economics.uchicago.edu/about_history.shtml),斯坦福大学的电机工程学系(参见 www-ee.stanford.edu/history.php),明尼苏达大学儿童发展研究所(参见 http://education.umn.edu/ICD/about/default.html),人们将学系当作组织进一步深入探索其文化基础,对于学系的研究而言,毋庸置疑,也将受益匪浅。

在学系的研究中,制度化和合法化的社会学概念也很少有研究者涉及到。从字面上看,这是需要作跟踪研究的。Blau(1973)是首批指出高等教育组织研究过多的是一种横断面(cross-sectional)的研究的学者之一。迄今为止,学系的跟踪研究依旧相当匮乏。长时间跟踪研究学系,看它们如何应对发展中的危险以及机遇,我们可以受益匪浅。此外,研究学系和各种培养学生的计划的诞生与消亡过程,我们也可以收获颇丰。如今,新的学系正层出不穷,代表的是诸如生物工程等的混合领域(hybrid fields),或诸如管理、公共卫生等职业化跨学科领域。与此同时,因为削减和重新建构,先前独立的单位开始合并而成立新的学系[1]。在当代研究者中,Gumport 和 Snydman(2002)、Volk, Slaughter 和 Thomas(2001),为我们研究学系问题提供了敏锐的、有价值的跟踪研究[2]。不过,我们在此方面还有待作进一步的研究。

我们要加深对学系的理解,就非常需要有关学系的有价值的跟踪研究资料,尤其需要进行机构比较的跟踪研究资料。目前,肯定还是无人涉足[3]。此外,有关学系的研究设计、研究方法也必须体现出组织理论日趋发展的深度和广度,反映出更普遍的社会学深度和广度。正如上文提到的,我们必需重视测量部门的结构和过程。尽管这类研究最近几年已经有了一些起色,但是在其他组织的研究中,测量的具体细节以及研究的范畴仍然经常缺失(参见 Price and Mueller, 1986)。同等重要的是,学系研究者几乎没有表明,他们使用了更新的时间序列或横断面设计、事件历史(event-history)设计、生存分析(survival-analysis)设计等,这些设计在社会学、政策学、政治学以及经济学中日趋盛行(例如,McLendon, Heller, and Young, 2005)。

更为基础的是,学系的内部运作也值得我们进行更为详细的理论和实证研究。近几年来,我们几乎没有关注学术领域与学系组织中的各个方面之间的联系。或许正如 Cole(1994)所说的,学系运作(如努力成功地使教师意见一致)是受到一个领域所研究现象的本质影响的。采用特定的研究技术可能产生一模一样的结果,随着结果的积聚、详尽地阐释,人们的意见就会趋向统一。然而,人们对于采取什么研究方法意见不能达成一致,就会出现冲突现象(Collins, 1994)。除了个别的研究(如 Smart, Feldman and Ethington, 2000),学系结构和功

---

[1] 教育学院的教师非常熟悉这样一个事例:先前独立的高等教育与学校行政领导学系合并成为新的"教育领导与政策"(educational leadership and policy)学系。

[2] Gumport 和 Snydman 强调,学系和各种培养学生的计划是不同的构念,研究者在研究过程中有时会忽略这一点。因此,研究各种培养学生的计划的变化以及学系的变化都是至关重要的。

[3] 至于对学系的研究,我们所能获取的基本数据,以及获取数据所存在的问题等,请参见 Hearn and Gorbunov, 2005。

能差异的学科基础以及认识论基础,最近还尚待研究。

学科对学系产生了社会经济以及认识论上的影响。不过,目前还没有人研究学生专业学系社会联系(societal connections)的期待效应。如果研究的话,我们就可以进一步地探索,那些依赖于母学科(parent disciplines)更大的社会情境的不同学术系科,对其学生的不同影响程度以及影响类别范围。Meyer 提出的制度理论,人们有所争论,认为其主要侧重学校以及社会系统层面的分析,却没有研究学系是否因特定学科的学位和毕业后地位高低或因特殊职业之间关系的本质和透明度存在差异,而对学生产生不同的影响(参见 Meyer,1970,1972,1977;Kamens,1971)。

要采用这些视角,我们一方面要研究当前组织安排与假设是否相一致,另一方面,要研究新兴的外部环境。Gumport 和 Snydman(2002:402)提出了一个颇有争议的问题,即"学系结构和关键性的教育过程(包括教和学)之间是否存在一个巨大的鸿沟?"也就是说,组织形式变得不适应(maladaptive)了吗?同样,Volk、Slaughter 和 Thomas 认为,

> 我们需要重新思考资源分配的模式,重新审视对于使命和市场的观念。要这样做,我们就必须界定如今使用的类属,例如,重新概念化教学,将之分为低年级教学(lower-division teaching)、高年级教学(higher-division teaching)和研究生教学。我们需要思考教学如何与学位完成相联系,该如何进行相关奖励……在研究方面,必须考虑学系与联邦研究市场之间的紧密程度,换言之,支持学科研究的重大联邦项目是否存在?如果没有,我们必须决定是对这些学系进行补偿还是惩罚……因为机构有着多重使命和多种市场,变得更加的复杂化、官僚化,我们过去一直使用的资源分配模式,已经不再适应了。我们必须打破这些模式(2001:407—8)。

未来对学系的研究还应该关注跨学科性日趋发展的势头,尤其是研究型大学内跨学科性发展的动力。在新兴的研究和教学情境下,内部结构和传统正以前所未有的方式面临着外部的机遇和压力,此时,

什么具有适应性？什么具有不适应性？我们根本不得而知。例如，在创业型大学，组织的矩阵形式可能会更加地流行，教学是一种程式化的安排，不再由学系组织，教师被委任参与的项目也不止一个。在这样的情况下，学系形式的生存能力就有了很大的不确定性。学系的种种功能是否仍然存在？如 Gumport 说的，"学系存在的意义是什么？"① 要鉴定这些设想中的组织模糊性，寻求解决的办法，就需要进行分析研究。

不过，在界定和提炼研究议程时，求助于过去我们熟悉的某些研究议程，是一种明智之举。比如，对学系中学生开展社会学研究。该领域的研究似乎与我们的愿望完全相反。20 年前，Clark(1983)认为高等教育研究过多地关注"人的加工"(people-processing)功能，而对知识加工(knowledge processing)功能却缺乏应有的重视，他提出，后者是学术组织的核心之所在。他评论说，"教育结构是一种有效的知识理论，可有助于界定当前什么算是知识"(1983:26)，这个观点极大地影响了以后的研究者以及各种研究。Clark 是正确的，作为高等教育中一个核心的结构要素，学系自然对知识加工过程至关重要，许多社会学家（如，Rhoades、Slaughter、Gumport 等）都认可了他的呼吁，更关注知识加工过程。毫无疑问，知识加工过程的研究目前还有待进一步地完善，亟待我们更全面地理解。不过，这也说明，至少在学系层面上，知识加工过程而不是人的加工过程，近年来更受到社会学的重视。除了 Austin(1996, 2002)、Gumport(2000)、Weidman 等(2001)的研究之外，近来无论是本科生还是研究生教育层面，都缺少社会学研究分析学系在教学、社会化和证明学生合格方面所起的作用。在学术单位对学生的影响方面的研究，几十年前由 Becker、Vreeland 和 Bidwell 发起，目前还有待社会学家进行大量的研究。对于高等教育的知识加工功能，我们必须继续加以研究，或许，现在正是我们再次强调学系的人

---

① 这一问题得益于 2004 年 11 月 16 日与 Patricia Gumport 的私人交谈，简单而言，她指导我朝这一方向进行思索。

的加工过程意义同等重要的时候了①。

社会学视角的局限性与发展可能性

综述现存的针对具体组织领域,包括学术系科的社会学理论和研究,有可能是不完善的。这样的一种综述既没有关照该主题的非社会学视角,也没有涉及学系是一种社会组织的社会学视角。换言之,我们可以将社会学视角看作是一系列合法化、有价值的跨情景理论视角中的一个,学术系科是许多合法化的理论关注对象中的一个,不过,如果研究的任务是分析这两种视角交汇点究竟是什么的话,对任何一个研究视角而言都是不公正的。我们一直认为,学术系科可以从广泛地研究视角中有所受益,组织的社会学研究也只是有所选择性地运用到学系的研究中。因此,要更全面地理解学术系科,我们就需要从本章狭隘的视角中走出来,朝两个不同的视野进行下去,它们分别是:其他学科的视角与本情景中还没有考虑的组织社会学理论。

不过,即便实现了这两个视野的研究,也许仍然是不够的。还有第三种研究方向——真正的跨学科研究。或许人们已经早已熟悉,成功的可能性也很渺茫,但是其基本原理是强大的。近来,在自然科学中,间质合作(interstitial collaborations)以及迁徙(migrations)现象开始普及,生物学家开始研究团体行为的基因决定因素,心理学家和神经科学家在经济学家长期关注的商业交易中开始努力理解个人推理过程。有时,出乎其他社会科学家的意料,经济学家已经将他们的模式运用到诸如婚姻、选举行为等新兴的领域。这样的研究可以转向单纯学术化的领域,比如,社会生物学家声称,他们对社会行为的阐释要优越于社会学、心理学和人类学所提供的社会行为阐释,人们对此争执不休。不过,这样的研究也导致真实权力和范畴上的突破。例如,Daniel Kahneman 和 Amos Tversky(1979)就是一个最轰动的事例——

---

① Gumport 在 2000 年所进行的分析,是该领域近来社会学研究中最有争议的。该研究超越了已有很好研究的学科差异的影响性、学系构成和实践等层面,而具体分析了不同学科的研究生教育与社会化过程中,机构声誉和资源多少所产生的鲜明的影响方式。

他们根据组织理论、心理学和经济学的资源进行的研究,获得了经济学诺贝尔奖。有关复杂的跨学科的学系研究真的会出现吗?

结语

社会学家 Andrew Abbott(2002)在其一篇颇有争议的文章中指出,我们似乎总是低估了当代各种压力对大学组织的影响。并提议,在更大的社会中人口分布变化、经济变化最终可能限制了对学科中学术研究行为的影响,至少在学术的专业大本营、在研究型大学内是如此。在他看来,在声誉不高的大学内,商业竞争会腐蚀学术自治、侵蚀学术结构,削弱学术传统,而已经确立的组织结构和学术生涯的形式,不管身在何处,将在未来可预知的几十年里持续下去。这种不可渗透性如同缓冲器,可能令人既感到欣慰又感到痛苦。换言之,在成长很好的高校内部学系可能会持续存在于严重制度化的内部和外部环境中,不论好坏,能够抵制变化的压力[1],这样,我们可以预见,一些学术单位将会发生显著的变化,而另一些却相对稳定。

在这样一个复杂的情况下,理论上来说,有关学术系科的社会学观念持续对未来的理论、政策和实践"有参考价值",这种价值或许可以延伸到高等教育之外的领域。本章旨在提高我们对学系的理解,然而,学术系科可能总体上与组织社会学理论的关联性逐渐加强。学系主要是由职业人员构成,展示了他们流动性地参与治理与领导活动,常常依赖不断变化的、适应性强的团队布局(team configurations)。与20世纪相比,新兴的国家经济轮廓使得这些更成了当今组织总体的典型特征。如果有人认为学术系科就是那些有限的总体利益的组织外层人,或许在不久的将来我们就会认为其言过其实了。

---

[1] 这样,Meyer 和 Rowan(1978)早期描述的模式还是适用的。

参考文献

Abbott, A. 2002. "The Disciplines and the Future." In *The Future of the City of Intellect*, ed. S. Brint. Stanford, CA: Stanford University Press.

Adkison, J. 1979. "The Structure of Knowledge and Departmental Social Organization." *Higher Education* 8 (1): 41—53.

Alexander, V. D., and P. A. Thoits. 1985. "Token Achievement: An Examination of Proportional Representation and Performance Outcomes." *Social Forces* 64 (2): 332—40.

Allison, G. T. 1971. *Essence of Decision: Explaining the Cuban Missile Crisis*. Boston: Little, Brown.

Allison, P. D., and S. J. Long. 1990. "Departmental Effects on Scientific Productivity." *American Sociological Review* 55 (4): 469—78.

Anderson, M. S. 1990. "Resource Dependencies and Organizational Demography: A Study of Academic Departments." Paper presented at the annual meeting of the Association for the Study of Higher Education, Portland, OR.

Anderson, M. S., K. S. Louis, and J. Earle. 1994. "Disciplinary and Departmental Effects on Observations of Faculty and Graduate Student Misconduct." *Journal of Higher Education* 65:331—50.

Austin, A. E. 1996. "Institutional and Departmental Cultures: The Relationship between Teaching and Research." In *Faculty Teaching and Research: Is There a Conflict?* ed. J. M. Braxton. New Directions for Institutional Research 90. San Francisco: Jossey-Bass.

——. 2002. "Preparing the Next Generation of Faculty: Graduate School as Socialization to the Academic Career." *Journal of Higher Education* 73 (1): 94—122.

Bacharach, S., and P. Bamberger. 1992. "Alternative Approaches to the Examination of Demography in Organizations." In *Research in the Sociology of Organizations*, ed. P. Tolbert and S. B. Bacharach, 10:875—111. Greenwich, CT: JAI Press.

Baird, L. 1986. "What Characterizes a Productive Research Department?" *Research in Higher Education* 25:211—25.

Bayer, A. E. 1991. "Career Publication Patterns and Collaborative 'Styles' in American Academic Science." *Journal of Higher Education* 62 (6): 613—36.

Becher, T. 1989. *Academic Tribes and Territories: Intellectual Enquiry and the Cultures of Disciplines*. Buckingham, UK: Society for Research into Higher Education and Open University Press.

Becker, H. S., and J. W. Capper. 1956. "The Development of Identification with an Occupation." *American Journal of Sociology* 41 (4): 289—98.

Becker, H. S., and B. Geer. 1958. "The Fate of Idealism in Medical School." *American Sociological Review* 23 (1): 50—56.

Becker, H. S., B. Geer, E. C. Hughes, and A. Strauss. 1961. *Boys in White: Student Culture in Medical School*. Chicago: University of Chicago Press.

Bellas, M. L. 1994. "Comparable Worth in Academia: The Effects on Faculty Salaries of the Sex Composition and Labor-Market Conditions of Academic Disciplines." *American Sociological Review* 59:807—21.

——. 1997. "Disciplinary Differences in Faculty Salaries: Does the Gender Bias Play a Role?" *Journal of Higher Education* 68 (3); 299—321.

Bellas, M. L., and R. K. Toutkoushian. 1999. "Faculty Time Allocations and Research Productivity: Gender, Race and Family Effects." *Review of Higher Education* 22 (4): 367—90.

Biglan, A. 1973. "The Characteristics of Subject Matter in Different Academic Areas." *Journal of Applied Psychology* 57 (3): 195—203.

Blau, P. M. 1973. *The Organization of Academic Work*. New Brunswick, NJ: Transaction.

Braxton, J. M. 1983. "Department Colleagues and Individual Faculty Publication Productivity." *Review of Higher Education* 6 (2): 115—28.

——. 1991. "The Influence of Graduate Department Quality on the Sanctioning of Scientific Misconduct." *Journal of Higher Education* 62 (1): 87—108.

Braxton, J. M., and L. L. Hargens. 1996. "Variations among Academic Disciplines: Analytical Framework and Research." In *Higher Education: Handbook of Theory and Research*, vol. 11, ed. J. C. Smart. New York: Agathon.

Bresser, R. K. 1984. "The Contexts of University Departments: Differences between Fields of Higher and Lower Levels of Paradigm Development." *Research in Higher Education* 20 (1): 3—15.

Carroll, G. R., ed. 1988. *Ecological Models of Organizations*. Cambridge, MA: Ballinger.

Cartter, A. 1966. *An Assessment of Quality in Graduate Education*. Washington, DC: American Council on Education.

Clark, B. R. 1972. "The Organizational Saga in Higher Education." *Administrative Science Quarterly* 17(2): 178—84.

———. 1983. *The Higher Education System*. Berkeley: University of California Press.

———. 1984. "The Organizational Conception." In *Perspectives on Higher Education*, ed. B. R. Clark. Berkeley: University of California Press.

———. 1987a. *The Academic Life: Small Worlds, Different Worlds*. Princeton, NJ: Carnegie Foundation for the Advancement of Teaching.

———, ed. 1987b. *The Academic Profession: National, Disciplinary, and Institutional Settings*. Berkeley: University of California Press.

Cole, S. 1994. "Why Sociology Doesn't Make Progress." *Sociological Forum* 9 (2): 133—54.

Cole, S., and J. R. Cole. 1967. "Scientific Output and Recognition: A Study in the Operation of the Reward System in Science." *American Sociological Review* 32:377—90.

———. 1968. "Visibility and the Structural Bases of Awareness of Scientific Research." *American Sociological Review* 33:397—413.

Collins, R. 1994. "Why the Social Sciences Won't Become High-Consensus, Rapid-Discovery Science." *Sociological Forum* 9 (2): 155—77.

Cordes, C., and P. V. Walker. 1996. "The Widening Gap: Departments' Clout at Universities Depends on Grantsmanship." *Chronicle of Higher Education* 42 (40): A014, available at http://chronicle.com/prm/che-data/articles.dir/art-42.dir/issue-40.dir/4oaoi401.htm

Corwin, R. G. 1969. "Patterns of Organizational Conflict." *Administrative Science Quarterly* 14:507—20.

Finkelstein, M. 1984. *The American Academic Profession: A Synthesis of Social Scientific Inquiry since World War II*. Columbus: Ohio State University Press.

Fox, M. F. 1996. "Publication, Performance, and Reward in Science and Scholarship." In *Faculty and Faculty Issues in Colleges and Universities*, 2nd ed., ed. D. E. Finnegan, D. Webster, and Z. F. Gamson, 408—28. Needham Heights, MA: Simon and Schuster Custom Publishing.

Friedkin, N. E. 1978. "University Social Structure and Social Networks among Scientists." *American Journal of Sociology* 83 (6): 1444—65.

Fuchs, S. 1992. *The Professional Quest for Truth: A Social Theory of Science and Knowledge*. Albany: State University of New York Press.

Gamson, Z. F. 1966. "Utilitarian and Normative Orientations toward Education." *Sociology of Education* 39:46—73.

Gottlieb, D. 1961. "Processes of Socialization in American Graduate Schools." *Social Forces* 40 (*1*): 124—31.

Gumport, P. J. 1988. "Curricula as Signposts of Cultural Change." *Review of Higher Education* 12 (1): 49—61.

——. 2000. "Learning Academic Labor." In *Comparative Social Research*, vol. 19, ed. R. Kalleberg, 1—23. Stamford, CT: JAI Press.

Gumport, P. J., and S. K. Snydman. 2002. "The Formal Organization of Knowledge: An Analysis of Academic Structure." *Journal of Higher Education* 73 (3): 375—408.

Hackman, J. D. 1985. "Power and Centrality in the Allocation of Resources in Colleges and Universities." *Administrative Science Quarterly* 30:61—77.

Hagstrom, W. O. 1971. "Inputs, Outputs, and the Prestige of American University Science Departments." *Sociology of Education* 44:375—97.

Hearn, J. C. 1980. "Major Choice and Well-Being of College Men and Women: An Examination from Developmental, Organizational, and Structural Perspectives." *Sociology of Education* 53:167—78.

Hearn, J. C. 1987. "Impacts of Undergraduate Experiences on Aspirations and Plans for Graduate and Professional Education." *Research in Higher Education* 27 (2): 119—41.

Hearn, J. C., and M. S. Anderson. 1998. "Faculty Demography: Exploring the Effects of Seniority Distribution in Universities." In *Higher Education: Handbook of Theory and Research*, vol. 13, ed. J. C. Smart. New York: Agathon.

——. 2002. "Conflict in Academic Departments: An Analysis of Disputes over Faculty Promotion and Tenure." *Research in Higher Education* 43 (5): 503—29.

Hearn, J. C., and A. V. Gorbunov. 2005. *Funding the Core: Understanding the Financial Contexts of Academic Departments in the Humanities.* Occasional Paper of the American Academy of Arts and Sciences. Cambridge, MA: American Academy of the Arts and Sciences.

Hearn, J. C., and S. Olzak. 1981. "The Role of Major Departments in the Reproduction of Sexual Inequality." *Sociology of Education* 54:195—205.

——. 1982. "Sex Differences in the Implications of the Links between Education and the Occupational Structure." In *The Undergraduate Woman: Issues in Educational Equity*, ed. P. Perun, 275—99. Lexington, MA: Lexington.

James, E., and E. Neuberger. 1981. "The University Department as a Non-profit Labor Cooperative." *Public Choice* 36:585—612.

Kahneman, D. , and A. Tversky. 1979. "Prospect Theory: An Analysis of Decision under Risk." *Econometrka* 47:263—91.

Kamens, D. H. 1971. "The College 'Charter' and College Size: Effects on Occupational Choice and College Action." *Sociology of Education* 44 (3): 270—96.

——. 1972. "Commentary on Hagstrom's 'Inputs, Outputs and the Prestige of American University Science Departments.'" *Sociology of Education* 45 (4): 446—50.

Kamens, D. H., and G. Sarup. 1980. "Departmental Organization, Legitimacy, and Faculty Militancy: Structural Sources of Pro-union Sentiment in a Public University." *Research in Higher Education* 13:244—59.

Kanter, R. M. 1977. "Numbers: Minorities and Majorities." In *Men and Women of the Corporation*, 206—42. New York: Basic Books.

Keith, B. 1999. "The Institutional Context of Departmental Prestige in American Higher Education." *American Educational Research Journal* (3): 409—45.

Konrad, A. M., and J. Pfeffer. 1990. "Do You Get What You Deserve? Factors Affecting the Relationship between Productivity and Pay." *Administrative Science Quarterly* 35 (2): 258—85.

Lodahl, J. B., and G. Gordon. 1972. "The Structure of Scientific Fields and the Functioning of University Graduate Departments." *American Sociological Review* 31: 355—65.

——. 1973a. "Differences between Physical and Social Sciences in University Graduate Departments." *Research in Higher Education* 1:191—213.

——. 1973b. "Funding the Sciences in University Departments." *Educational Record* 54:74—82.

Manns, C., and J. G. March. 1978. "Financial Adversity, Internal Competition, and Curriculum Change in a University." *Administrative Science Quarterly* 23 (4): 541—52.

Massy, W. F., A. K. Wilger, and C. Colbeck. 1994. "Overcoming 'Hollowed' Collegiality." *Change* 26 (4): 10—20.

Massy, W. F., and R. Zemsky. 1994. "Faculty Discretionary Time: Departments and the 'Academic Ratchet.'" *Journal of Higher Education* 65 (1): 1—22.

McCain, B., C. O'Reilly, and J. Pfeffer. 1983. "The Effects of Departmental Demography on Turnover: The Case of the University." *Academy of Management Journal* 26: 626—41.

McLendon, M. K., D. E. Heller, and S. Young. 2005. "State Postsecondary Education Policy Innovation: Politics, Competition, and the Interstate Migration of Policy

Ideas." *Journal of Higher Education* 76 (4): 383—400.

McNeil, K., and J. D. Thompson. 1971. "The Regeneration of Social Organizations." *American Sociological Review* 36: 624—37.

Merton, R. K. 1968. "The Matthew Effect in Science." *Science* 159:56—63.

Meyer, J. W. 1965. "Working Paper on Some Non-value Effects of Colleges." Manuscript, Bureau of Applied Social Research, Columbia University.

——. 1970. "The Charter: Conditions of Diffuse Socialization in Schools." In *Social Processes and Social Structures: An Introduction to Sociology*, ed. W. R. Scott, 564—78. New York: Henry Holt.

——. 1972. "The Effects of Institutionalization of College in Society." In *College and Student: A Sourcebook in the Social Psychology of Education*, ed. K. A. Feldman. New York: Pergamon.

——. 1977. "The Effect of Education as an Institution." *American Journal of Sociology* 83:55—77.

Meyer, J. W., and B. Rowan. 1978. "The Structure of Educational Organizations." In *Environments and Organizations*, eds. M. Meyer et al., 78—109. San Francisco: Jossey-Bass.

Mittman, B. 1992. "Theoretical and Methodological Issues in the Study of Organizational Demography and Demographic Change." In *Research in the Sociology of Organizations*, vol. 10, ed. P. Tolbert and S. B. Bacharach. Greenwich, CT: JAI Press.

Moore, W. L., and J. Pfeffer. 1980. "The Relationship between Departmental Power and Faculty Careers on Two Campuses: The Case for Structural Effects on Faculty Salaries." *Research in Higher Education* 13 (4); 291—306.

Neumann, Y. 1979. "Determinants of Faculty Salary in Prestigious versus Less-Prestigious Departments: A Comparative Study of Academic Disciplines." *Research in Higher Education* 10 (3); 221—35.

Neumann, Y, and S. Boris. 1978. "Paradigm Development and Leadership Style of University Department Chairpersons." *Research in Higher Education* 9:291—302.

Parsons, T, and G. M. Platt. 1974. "The Core Sector of the University: Graduate Training and Research." In *The American University*, 103—62. Cambridge, MA: Harvard University Press.

Perrow, C. 1986. *Complex Organizations: A Critical Essay*, 3rd ed. New York: Random House.

Peterson, M. W. 1976. "The Academic Department: Perspectives from Theory and Research." In *Examining Departmental Management*, ed. J. R. Smart and J. R.

Montgomery, 21—38. New Directions for Institutional Research 10. San Francisco: Jossey-Bass.

Pfeffer, J. 1983. "Organizational Demography." In *Research in Organizational Behavior*, vol. 5, ed. L. Cummings and B. Staw, 299—357. Greenwich, CT: JAI Press.

———. 1993. "Barriers to the Advance of Organizational Science: Paradigm Development as a Dependent Variable." *Academy of Management Review* 18:437—55.

Pfeffer, J., and N. Langton. 1988. "Wage Inequality and the Organization of Work: The Case of Academic Departments." *Administrative Science Quarterly* 33:588—606.

———. 1993. "The Effects of Wage Dispersion on Satisfaction, Productivity, and Working Collaboratively: Evidence from College and University Faculty." *Administrative Science Quarterly* 38:382—407.

Pfeffer, J., A. Leong, and K. Strehl. 1976. "Publication and Prestige Mobility of University Departments in Three Scientific Disciplines." *Sociology of Education* 49 (3): 212—18.

———. 1977. "Paradigm Development and Particularism: Journal Publication in Three Scientific Disciplines." *Social Forces* 55:938—51.

Pfeffer, J., and W. L. Moore. 1980a. "Average Tenure of Academic Department Heads: The Effects of Paradigm, Size, and Departmental Demography." *Administrative Science Quarterly* 25:387—406.

———. 1980b. "Power in University Budgeting: A Replication and Extension." *Administrative Science Quarterly* 25 (4): 637—53.

Pfeffer, J., and G. R. Salancik. 1974. "Organization Decision Making as a Political Process: The Case of a University Budget." *Administrative Science Quarterly* 19:135—51.

Pfeffer, J., G. R. Salancik, and H. Leblebici. 1976. "The Effect of Uncertainty on the Use of Social Influences in Organizational Decision Making." *Administrative Science Quarterly* 21:227—45.

Price, J. L., and C. W. Mueller. 1986. *Handbook of Organizational Measurement*. Marshfield, MA: Pitman.

Russell, S. H., R. C. Cox, J. M. Boismier, and J. T. Porter. 1990. A *Descriptive Report of Academic Departments in Higher Education Institutions: 1988 National Survey of Postsecondary Faculty*. Contractor survey report NSOPF-88, January. Washington, DC: National Center for Education Statistics.

Salancik, G. R., and J. Pfeffer. 1974. "The Bases and Uses of Power in Organizational Decision Making: The Case of a University." *Administrative Science Quarterly* 19: 453—73.

Salancik, G. R., B. M. Staw, and L. R. Pondy. 1980. "Administrative Turnover as a Response to Unmanaged Organizational Interdependence." *Academy of Management Journal* 23 (3): 422—37.

Slaughter, S. 1993. "Retrenchment in the 1980s: The Politics of Prestige and Gender." *Journal of Higher Education* 64 (3): 250—82.

——. 1998. "Federal Policy and Supply-Side Institutional Resource Allocation at Public Research Universities." ASHE presidential speech. *Review of Higher Education* 21 (3): 209—44.

——. 2002. "The Political Economy of Curriculum-Making in American Universities." In *The Future of the City of Intellect*, ed. S. Brint. Stanford, CA: Stanford University Press.

Slaughter, S., and L. L. Leslie. 1997. *Academic Capitalism: Politics, Policies, and the Entrepreneurial University*. Baltimore: Johns Hopkins University Press.

Smart, J. C., K. A. Feldman, and C. A. Ethington. 2000. *Academic Disciplines: Holland's Theory and the Study of College Students and Faculty*. Vanderbilt Issues in Higher Education. Nashville: Vanderbilt University Press.

Stewman, S. 1988. "Organizational Demography." In *Annual Review of Sociology*, vol. 14, ed. W. Scott and J. Blake, 173—202. Palo Alto, CA: Annual Reviews.

Thompson, J. D. 1967. *Organizations in Action*. New York: McGraw-Hill.

Tolbert, P. S., and S. B. Bacharach. 1992. Introduction to *Research in the Sociology of Organizations*, vol. 10, ed. P. S. Tolbert and S. B. Bacharach. Greenwich, CT: JAI Press.

Tolbert, P. S., T. Simons, A. Andrews, and J. Rhee. 1995. "The Effects of Gender Composition in Academic Departments on Faculty Turnover." *Industrial and Labor Relations Review* 48 (3): 562—79.

Trow, M. 1976. "The American Academic Department as a Context for Learning." *Studies in Higher Education* 1 (1): 89—106.

Volk, C. S., S. Slaughter, and S. L. Thomas. 2001. "Models of Institutional Resource Allocation: Mission, Market, and Gender." *Journal of Higher Education* 72 (4): 387—413.

Vreeland, R., and C. Bidwell. 1966. "Classifying University Departments: An Approach to the Analysis of Their Effects upon Undergraduates' Values and Attitudes." *Sociology of Education* 39:237—54.

Weick, K. 1976. "Educational Organizations as Loosely-Coupled Systems." *Administrative Science Quarterly* 21 (1): 1—19.

Weidman, J. C. 1974. *The Effects of Academic Department on Changes in Undergraduates Occupational Values*. Final Report. Washington, DC: National Center for Educational Research and Development.

——. 1979. "Nonintellective Undergraduate Socialization in Academic Departments." *Journal of Higher Education* 50 (1): 48—62.

Weidman, J. C., D. J. Twale, and E. L. Stein. 2001. *Socialization of Graduate and Professional Students in Higher Education: A Perilous Passage?* ASHE-ERIC Higher Education Report 28 (3).

Wharton, A. S., and J. N. Baron. 1991. "Satisfaction? The Psychological Impact of Gender Segregation on Women at Work." *Sociological Quarterly* 32 (3): 365—87.

Wilson, K. L. 1978. "Toward an Improved Explanation of Income Attainment." American *Journal of Sociology* 84 (3): 684—97.

Wilson, K. L., and L. Smith-Lovin. 1983. "Scaling the Prestige, Authority, and Income Potential of College Curricula." *Social Science Research* 12:159—86.

第九章　多样性社会学

Anthony Lising Antonio and Marcela M. Muniz

1973年,美国所有在校大学生中,种族和少数族群学生不超过10%(Snyder and Hoffman,1991)。这就难怪Burton Clark在评论高等教育社会学时,没有识别出高等教育中以种族①为核心的研究分支。种族,作为一个特殊的研究对象,的确是出现在社会学研究的两大主要流派中的一个,即中学后教育不平等现象研究,是社会分层中三大基础(社会阶层、性别和种族)之一。不过,Clark识别出的研究流派中显著的、有潜在发展可能性的研究侧重于社会阶层对社会流动的影响(例如,Lynd and Lynd,1929;Warner and Lunt,1941;Hollingshead,1959;Clark,1960;Sewell and Shah,1966)。他认为,高等教育社会学未来的发展趋势是跨国研究、历史分析,这也没有将种族纳入研究的中心议题。

Clark在做评价时,无法预见在随后的几十年里,学校内种族和少数族群人数将急剧增长,这巨大的变化会影响到高等教育社会学研究。移民现象、教育普及的加强、中学后证书的经济需求,这一切共同刺激了本科生人口特征发生变化,从白人占绝对主导地位,转变成有色人种大量出现。1980年,少数族群学生占本科生总人数的17%,到1993年,比例超过25%(Synder,1995)。在一些州,学生人口分布变化更为瞩目。例如,在加利福尼亚大学,1980年白人占全体本科生人

---

① 在本章中,种族(race)和族群(ethnicity)交替使用,当前研究中这些术语也是这么用的,以避免它们之间最棘手的区别。

数的72%,十年之后,下降至55%①,是人数上略显优势的多数派,随后2004年的入学资料表明,该大学的8所分校中,白人本科生成了少数派的有6所。其他州,如纽约、得克萨斯、佛罗里达、新墨西哥,这样急剧多样化发展的趋势也很明显。

这种人口分布变化非常的显著,正如Clark发现的,20世纪50、60年代整个高等教育、整个美国发生了变化,有力地增强了高等教育对大众、商业和政府的重要作用,刺激了该领域研究的迅猛发展。21世纪初,大学校园内社会、文化布局等有了极大的改变,意义深远。学生群体呈现多样化,与我们对高等教育中抱负和参与情况的记录是相吻合的。例如,十年级学生中10人中有9人想读大学(Wirt et al.,2004),事实上,在毕业后的两年里,75%的高中毕业生正式获得大学的录取(Berkner and Chavez, 1997)。学生群体发生变化之际,相关的利益共享者人数也以同等速度在增长着。

这些发展趋势给高等教育带来了新的问题,也引出了有别于30年前Clark所设想的新的社会学研究分支。这些问题具体包括:如何让多种种族群体接受高等教育的机会均等? 如何使以学生群体多样化为特征的、人数空前绝伦的"新"学生学习知识、得到发展? 如何处理群体多样性导致的紧张状态和冲突? 为了更好地服务群体多样性的学生,如何使白人占主导地位的教师群体多样化? 一般性教育课程中男性、白肤色欧洲人、欧洲籍美国人的规范在非西方的少数族群学者的著作中占有一席之地,它所引发的冲突如何进行调解? 这些问题产生了新兴的研究分支,它们不必是新颖的,反映的是社会学中既定的分支领域中人们的研究兴趣点:分层与不平等现象、社会化现象、群体之间关系、职业、知识社会学等。不过,在人口分布不断变化的压力之下,人们开始了大量的研究,种族和族群多样性,即便不是解决问题、分析问题的核心,也是至关重要的。本章重点讨论的就是这种新兴出现的高等教育社会学知识领域。

学校多样化的社会学研究,总体上存在于1973年Clark所识别出

---

① 学生数据资料来自加利福尼亚中学后教育委员会(California Postsecondary Education Commission)网站,www.cpec.ca.gov/。

来的大类目中。近来许多的研究以群体多样性为核心,这是有着一种特殊的分析视角的研究领域。这项研究一般由四个人们习以为常的假设为基础,它们分别是:

1. 人口分布的变化引出了种族多样性这一新问题,使我们有必要重新研究高等教育中的社会学问题。

2. 种族多样性是社会学问题中的一部分,黑人和白人这两元分析法已经不再适合用来解决种族问题。

3. 种族和族群不只是背景、控制变量,而是研究的核心构成。

4. 人口分布的变化引出群体的多样性,社会学问题也相继出现,这需要我们在制度变革和转型的框架结构中加以解决。

因此,从根本上讲,多样性社会学首先努力理解学生、教师、制度是如何体验、应对学生群体种族多样化这一现象的?是如何受到这一现象影响的?其次,努力将学术知识运用到制度的变革中。我们已经识别出了五种研究分支,分别为入学与多样性、群体多样性对学生的影响研究、群体之间的关系研究、课程的多样性研究、全体教授的多样性研究。在这目前仍然新兴的学术领域,就在过去10—12年期间出现了大量的研究,主要分成群体多样性的影响研究和群体之间关系的研究两类。这些研究没有一致的学科中心,由社会学家、社会心理学家和高等教育学者独立或者合作完成。

读者了解了高等教育中种族多样性的学识,就会注意到,该项研究中多数出现在最近几年一些很不错的论文集和综合性出版物中,例如,《多样性的教育受益:来自多个部门的证据》(The Educational Benefits of Diversity: Evidence from Multiple Sectors)(Milem, 2003),《大学环境、多样性与学生学习》(College Environments, Diversity, and Student Learning)(Hurtado, Dey, Gurin, and Gurin, 2003),《高等教育中种族与族群多样性的受益》(The Benefits of Racial and Ethnic Diversity in Higher Education)(Milem and Hakuta, 2000),以及《多样性研究:学生如何受益的新问题》(Diversity Works: The Emerging Picture of How Students Benefit)(Smith et al., 1997) 等。所有这些文章,都对当前种族和族群多样化的学生群体的学习成绩的相关研究进行了详细、

充分的阐述。我们这一章不是想重复或者更新他们的阐述,相反,将多样性社会学描述成高等教育学术探究的一个新兴的、生机盎然的领域。我们将总结前文提到的五个研究分支中研究者所探讨的问题、讨论他们前后的研究成果,并思索未来研究的前景。

入学和多样性

自20世纪30、40年代开始,教育社会学就开始重点关注教育不平等现象。在高等教育领域,这种研究主要是试图描述、理解和阐释种族、社会阶层和性别差异导致教育入学、教育成绩(educational achievement)和教育成就(educational attainment)比率差异这一现象。正如Patricia McDonough在前面第三章中所说的,研究者已经从个体、组织和领域三个层面研究了不平等现象。不过其中,个体层面的研究是主流,主要研究教育入学的分层现象(侧重教育抱负和大学选择的研究)和教育成就(即在大学中取得的进步以及本科、硕士、博士学位的取得)。关于组织和领域层面的研究,出现的较晚,成果也不丰富。

20世纪70、80年代大学适龄学生的种族开始呈多样性发展,突显了非裔美国人、拉丁美洲人、美洲土著人的学生所占名额持续不足,换言之,大学招生人数在增多,这些少数族群所占比例的发展却非常的缓慢(Astin, 1982; Trent, 1991; Trent et al., 2003)。与此同时,亚裔(主要指祖籍是东亚和南亚的人)进入择优录取的研究型大学的比例很快就能超过他们在总人口中的比例,白人学生所占有的比例持续下降。不同种族群体截然不同的教育接受权共存着,美国联邦公民权办公室(Federal Office of Civil Rights)对许多杰出的一流大学给予亚裔美国人明显的配额进行了一系列的调查,这些促成了以群体多样性为研究对象的新型不平等现象研究的情境(Takagi, 1992)。此情境中,保守者盛气凌人地进行大肆批判,寻求法律、立法来废除以种族为基础的入学特别保障政策,在他们看来,这些不应是精英领导阶层的政策,而开明的教育者则极力捍卫着这些政策,强调一个多样化学生群体所产生的教育效益(educational efficacy),强调需要解决少数族群在大学中所占比例持续不足的问题。

这项新的研究分支从研究学生中脱离出来,转向关注制度实践和制度结果。1995年,加利福尼亚大学的董事就投票废除了其学校内的肯定行动政策,次年,第五地区巡回法院(the Fifth Circuit Court of Appeals)宣布,Hopwood v. 得克萨斯大学(University of Texas)案件中,种族作为入学条件是违反宪法的。这以后,研究如雨后春笋般迅速发展起来,有关招生实践情况以及它对公认的不同阶级的种族多样性的影响的研究,对废除肯定行动提出了具体的政策回应。其中,运用描述性统计数据、更为复杂的预言性的模式,研究种族因素排除之后对招生中群体多样性的影响,这样的研究很少,不过数量在逐渐增多。此外,研究者还研究了其他替代标准所产生的影响,比如,研究以阶层为基础的肯定行动政策的影响(Kane, 1998; Karabel, 1998; Kahlenberg, 1996),学生在班级上的名次的影响(Geiser, 1998; Horn and Flores, 2003; Marin and Lee, 2003; Tienda et al., 2003),或者传统的学术指标的影响(Bowen and Bok, 1998; Chapa and Lazaro, 1998; Karabel, 1998; Koretz et al., 2001)。总之,这些都是使用预言性的、量化的分析方法,有一个共同的社会学框架[①]。该领域的研究中,最普遍的现象是,它们意图明确,通过呈现精确的、实证的社会科学,向公众揭露高等教育有关招生政策的争议。尽管多数的研究者工作场所是学术部门,不是政策研究中心,也不是国家政策机构,他们清晰地识别出自己文章所涉及的政策领域,明确地知道自己想提供数据资料进行分析以便公众讨论的政策领域是什么,多数时候,自己还对讨论的政策问题提出一系列明确的、可操作的结论。这种以具体政策为导向的研究,尽管令我们回想起20世纪60、70年代学校种族隔离(school segregation)的社会学研究,却与Clark在1973年所讨论的高等教育社会学的类型与目标显著地不同。

虽然随着人们对群体多样性的认识,越来越多的人开始专门研究非裔美国人、(在种族隔离以及独立的族群群体中)亚裔美国人和墨西

[①] 所有的研究,尽管不都是那么的清晰,却都有一个经典的地位获取模式,即学生入学取决于社会经济地位、个体特征(学习成绩和能力)、就读的中学特征(往往是社会经济情境、都市化程度、种族构成等),当然,这一切还受到我们所研究的入学政策的限制。

哥裔美国人(Ceja、2001；Freeman，1999；Freeman and Thomas，2002；McDonough and Antonio，1996；McDonough，Antonio，and Trent，1997；Perna，2000；Teranishi，2002，2004；Teranishi et al.，2004；Teranishi，Gomez，and Allen，2002；Lee，1997)，有关大学选择和地位获取的研究，依旧是研究教育不平等现象的主要部分。不过，也出现了一些研究，再次从群体多样性角度来研究入学问题。这些研究者认为，大学选择并非主要是学生特征(如社会经济背景、性别、种族、学术成绩、抱负等)或者学校特征(如资源、控制以及都市化等)对中学后目标的影响问题，他们侧重关注大学的影响。正如我们上面提到的，在20世纪90年代后期，多样性的政治造就了一个入学政策不稳定的环境。研究者关注这种环境是如何影响了学生的申请入学的行为，最终又是如何影响了那些获准入学特定高等教育体制的种族多样性。我们可以预见，这一研究与主要的政策变化的实施是息息相关的，这些政策变化有乔治亚州实施"HOPE 奖学金计划"(Cornwell and Mustard，2002；Dynarski，2002)、得克萨斯州实施"前 10%计划"(Top 10% Plan)(Tienda，Cortes，and Niu，2003)、加利福尼亚州推出了"地方情境政策中的合格性问题"(Eligibility in Local Context policy)(Student Academic Services，2002)、加利福尼亚州入学肯定行动被宣布为非法(Card and Krueger，2004)、得克萨斯州肯定行动被宣布为非法(Chapa，1997；Chapa and Lazaro，1998；Finnell，1998)。种种迹象表明，在入学问题上，未来还将持续发生变化，相应地，对其的研究也将持续发展下去。

  这里有两个发展值得谈一谈。其一，在2003年，在 Gratz v. Bollonger 案件、Grutter v. Bollinger 案件审理中，最高法院裁决将种族纳入入学条件的合法性问题时宣布，入学的肯定行动政策是合法的，此外，还含蓄地将其合法年限规定在25年内。其二，在2002年，加利福尼亚大学校长 Richard Atkinson，开始促使学校逐渐不再将学术能力测试作为入学必要的条件，这一发展引发了人们对择优录取中学术能力测试的前途展开了激烈的谈论(Bollinger，2002)。所有这些政策的发展都使得入学政策与具体实践在不久的将来反复无常，其结果是人们也将进一步关注制度是如何改变的，以解决教育入学和群体多样性问题。

群体多样性对学生的影响

正如 Clark 在 1973 年指出的,大学的影响力问题是高等教育社会学中比较棘手的,在其随后的几十年里,此项研究一直很活跃,从研究诸如规模、控制、择优录取等制度特征的影响,转向研究制度内部学生参与学校内学术、社会活动这一环境的影响(参见本书第四章)。E. T. Pascarella 和 P. T. Terenzini(1991)对 20 世纪 70、80 年代 2600 项大学影响研究进行了鉴定和综述,这二十年出版的文章数量超过了先前四十年里出版的数量。在 20 世纪 90 年代末分析这些研究时,他们总结道,该领域研究者以前忽略了人口分布变化,其实人口分布急剧变化正是美国大学中一个非常重要的因素(Pascarella and Terenzini, 1998)。在 20 世纪 90 年代,研究者越来越关注学生群体多样化现象,这不仅是因为当前的研究结果不能完全地适用于新一代的大学生身上,还因为法律要废除肯定行动政策,在 20 世纪 90 年代,大学影响这一庞大的研究领域中,研究大学对非传统学生(少数族群学生、移民后裔学生、复读生)的影响呈现发展趋势,对群体多样性如何影响学生成绩的研究则刚刚萌生,是一个崭新的分支。

对群体多样性影响的研究主要是量化的,规模有大有小,都属于大学影响研究中偏重量化的研究。这一领域中许多研究都旨在讲述有关入学肯定行动政策的争议问题、群体多样性所产生的教育效益、开设诸如校园文化中心(campus cultural centers)、族群主题宿舍(ethnic theme dorms)等群体多样性相关的项目的价值等。此外,以社会心理学和社会学的框架结构为基础,仔细地研究学生发展过程中认知环境、社会环境的作用。绝大多数对群体多样性影响的研究,是在最近十年才出现的,总体上看,是多样性社会学中最活跃的一支研究,具体分为三类——结构多样性的影响、人群多样化互动现象和课程、联合课程(cocurriculum)的多样性问题①。

这三类研究中,第一类研究的是结构多样性对学生成绩的影响。制度结构多样性主要是指学生群体的种族、族群的构成(Hurtado et al.,1998, 1999),这种研究分析多样化教育情境的影响,在大学之间进行对比,决定某一个多样化情境对学生成绩的影响力。这项研究需要多重机构的数据,由于这些数据有限,这项研究也不太常见。1993 年,Alexander Astin 对大学影响做了一个总体的研究,它是规模最大、多重机构研究中的一个,研究本科生种族构成对教育成就、政治身份认同、职业选择等的结果的影响。在他之后,人们重点分析种族多样性问题,研究范畴也更广。其中有两个研究很著名,一个是 Mitchell Chang (1996, 1999)的,一个是 Patricia Gurin (1999)的,都在 Grutter v. Bollinger、Gratz v. Bollonger 两个涉及入学肯定行动政策问题的案件中,当作了专家证词。前者 Chang 的研究全面地分析了各种多样性的结构量度标准和学生成就之间的关系,具体包括满意度、学业完成情况、年级平均成绩、智力和社会自我概念、与不同种族的人讨论种族问题并与之进行社交活动的频率等。后者 Gurin 将这种研究对象拓展到一系列更大的结果(即学习成绩和文明程度),近期和远期影响(即大学入学后的四年、九年),以及分别对白人学生、非裔美国学生、拉丁美洲学生产生的影响等。尽管这两位研究者都分析了形形色色的影响,他们却提议,该领域需要更深入的研究,以阐明对不同分组人口产生的积极、消极影响,澄清不同种族构成的多样性环境的影响。

Astin(1993)像其他的研究者那样,对结构多样性现象进行了研究之后,总结道,大学的种族结构造就了多样性互动的情境,在这些互动中,多样性最直接的作用就得以了实现。许多对种族之间互动问题、人际之间的种族问题等的研究,在最近的十年里已经出现了,相应产生了多样性社会学中最全面的实证知识。对于这些研究的回顾就证明了该领域中这种研究数量之大(Milem, 2003; Hurtado et al.,2003; Milem and Hakuta, 2000; Smith et al.,1997),其教育成果数目也是惊人

---

① 从跨学科角度开展研究的学者已经形成了类似的分类。参见 Gurin et al.,2002; Milem, 2003; Milem and Hakuta, 2000; Smith et al.,1997。

的,具体有:智力和社会自我概念、批判性思维和问题解决、成绩、不在中途退学和毕业情况、接受研究生教育的抱负、积极的种族态度、参与公民生活、大学后人际关系和友谊的多样性、对大学的满意度、领导能力、学校里的社群感等。即便该领域中研究的结果完全一致表明,社会化对种族有积极的影响,这方面的研究依旧很活跃。最近发表的文章研究的对象有,互动的多样性对性别角色的影响(Bryant, 2003)、复杂思维(Antonio et al., 2004)、个人、职业和智力发展(Hu and Kuh, 2003)、医学教育(Whitla et al., 2003)等的影响。

第三类研究分析课程和联合课程中多样性的影响。学生群体种族多样性的逐渐增强,族群研究以及美国文化等新的课程开始发展起来,与多样性相关的联合课程,例如,族群学生组织(ethnic student organizations)、文化意识研习会(cultural awareness workshops)、种族对话(race dialogues)等诞生并发展起来(Milem and Hakuta, 2000)。许多研究者将这些课程与联合课程的开端看成是高等教育中彼此联系的,或看作是"多样化议事日程"(diversity agenda)的一部分(Chang, 2002; Smith et al., 1997; Baez, 2000)。于是,各种研究应运而生,例如,对总体学生参与这些活动的影响进行评价的多机构研究(Astin, 1993; Chang, 1996; Gurin, 1999; Springer et al., 1996; Villalpando, 2002; Whitt et al., 2001),评价具体项目的效能的单一机构研究(Gurin, 1999; Neville and Furlong, 1994; Zuniga et al., 1995)。这些研究分析的结果是千姿百态的,从积极的种族态度(Hyun, 1996; Milem, 1994)、文明参与(Astin, 1993)、批判性思维能力(Hurtado, 2000),到后滞状态(Chang, 1996)等。

多样性对学生的影响问题的研究,其意义重大,究其原因,有以下几点。首先,这是多样性社会学中我们所知道的最活跃的一种研究分支,其领域的著作非常之多。第二,该领域的许多研究,是高等教育中多样性教育效能的政策之争所引发的,因而受到学术圈外人高度关注。不过,作为一个至关重要的研究分支,正突显出我们在多样性现象上缺乏理论的研究。我们迫切需要理论研究,因为这反映了许多先前的研究实施的社会条件。有关捍卫入学肯定行动政策的法律之战,是一个持久的过程,它使得我们高度认识到,非常有必要对种族多样性和学生成绩之间的关系进行实证研究。于是,许多研究者恰当地、认真地进行这方面的研究,然而,却忽视了先对多样性如何"运作"进行理论研究。进入了新的千禧年,我们也拥有了充足的研究基础,以便进一步理解多样性互动为什么以及如何促进学生的发展,近来,一些研究者已经开始了这项研究(如 Gurin et al., 2002)。

还有一个原因是,多样性影响的研究从多方面分析学生如何彼此影响,以及大学如何影响学生,这些研究相对而言,很少提到学生群体多样性所导致的机构转型。由于这属于大学的影响研究范畴,人们普遍接受这样的观点,即大学取得成就主要归功于学生的努力与参与,这成了这类研究的出发点。因此,这类认为学习和发展是学生而不是机构的责任,这就一点都不奇怪。其后的研究已经开始研究学生群体多样性是如何影响大学的文化生活的,例如,亚文化的发展研究(Gonzalez, 2002)、社会空间转型研究(Gonzalez, 2000—2001)、友谊网络变化的研究(Antonio, 2004)等。这些都是质性研究,是该研究领域中看似创新方向的早期事例,如今,人们对机构转型的研究兴趣增强,学生人口日趋多样化、复杂化,需要更多种类的方法论工具与方法,理解大学中学生的发展状态(Pascarella and Terenzini, 1998)。

群体之间关系

像不平等现象研究一样,群体之间或曰种族、族群之间关系的研究在社会学中由来已久,是一个基础领域。其分支的研究对象主要是多族群社会中的关系本质(如冲突、合作、竞争等现象)、群体中社会等级地位(其成因和结果)、群体之间权力动态机制(即群体支配地位是如何维系与对抗的)、多族群关系的长期结果(如同化、种族隔离、多元化等现象,Marger, 1991)。在 20 世纪 80 年代,这些成了美国高等教育中人们最主要的关注点。因为这十年里,学校多样性急剧扩张,即便在有色人种学生入学所占比例、学业完成方面进展逐渐衰弱的情况之下,也是如此(Altbach, 1991; Astone and Nunez-Womack, 1990; Richardson and Skinner, 1991; Trent, 1991)。或许,这十年中,学校种族冲突事件的发生相应也更为频繁(Ferrell and Jones, 1988；Green, 1989)。

在社会上,大学不再面临20世纪60年代出现的黑人和白人之间、少数族群和多数族群之间的冲突问题,无数的文化群体努力寻求自身的社交空间、合法性以及学校里的地位,随着20世纪60年代出现的学生运动,这种种族紧张局势刺激着研究者重新审视大学校园,此时的目的是研究多元文化情境。许多大学开展了自我研究(self-studies),其中,有一个甚至捕捉到了多样化学校内存在的问题特征以及复杂性,其清晰度引人注目。这就是1991年,加利福尼亚大学伯克利分校的社会变迁研究中心(UC Berkeley Center for the Study of Social Change)的Troy Duster和其同事发表的对伯克利分校多样性进行为期两年的研究的最终报告。作为学校资助项目"学生群体不断变化的应对策略",这些研究者有意识地将人口分布迅速变化当作最重要的研究问题,探询本科生如何经历着学校内新的族群、种族多样性。这是对该分校学生对族群和种族多样性的反应、感受、体验以及感知的一项质性研究,标志人们对学校多样性进行认真的学术性探究正式开始(Institute for the Study of Social Change,1991)。虽然该报告讨论的许多研究结果与群体之间感知、紧张关系以及行为相关,不过,它的一个研究结果发现,学生在一个多元文化学校里,如果这个多样化学校完全被割裂成许多敌对的小团体,学生就会退缩到族群聚集地,这一结果被《纽约时报》、美国有限新闻网(CNN)以及其他的媒体电台出版或播出,引起了举国上下热烈的讨论,导致人们对大学多样性进行更深入的社会学研究。

这一方面的研究已经着手研究了高等教育中无数的新问题。像Duster和其同事那样,许多的研究者都对自身所在的大学内族群关系的本质进行了广泛的研究。确切地说,在过去的15年里,有几百所大学都对自身学校多样性氛围进行了研究,它们研究学生、教师以及职工对族群紧张关系和友好关系的看法,观察种族主义者的行为、工具以及涂鸦,分析种族孤立以及种族互动的体验。这些研究都是以地方为研究中心,一般对整个研究领域没有太大的影响。但不管怎么说,学校种族环境的制度研究也早在80年代末期就出现了(参见UCMI,

1989)。这些都表明,人们对这一领域的研究热情依旧,在全国范围内持续发展着①。更大规模的研究,以及那些面向学者的研究,都提出了更为理论化的问题,努力阐释群体之间的关系。它们已经着手研究了学校内种族分层、种族隶属关系的本质、紧张的种族氛围的成因以及相应对学生造成的影响方式、多元文化情境中新的社群概念以及群体之间的关系。

早期对学校群体之间的关系的研究,主要关注黑人和白人之间的种族动态机制,研究非裔美国人在白人为主的学校内所体验的孤立(isolation)和疏远(alienation)感,研究这种体验对学术成就的影响(如Fleming, 1984; Allen, 1985, 1992; Allen, Epps, and Haniff, 1991)。20世纪80年代后期出现的多样性引出了学校内种族关系的一个新的形象——多元的、自我隔离的族群聚集地(multiple, self-segregated ethnic enclaves)。作为回应,研究者试图理解多样化学校隔离的程度,研究来自各种种族背景的学生社会化不同种族的人,或者没有社会化不同种族的人的原因。20世纪90年代,人们开始研究种族内部的互动以及社会隔离现象,研究方法多种多样,有质性研究法(Institute for the Study of Social Change, 1991)、量化研究法(Hurtado, Carter and Shart, 1995; Hurtado, Dey, and Trevino, 1994)和质性量化混合型研究法(Antonio, 1998; UCMI, 1989)。该领域中,最近的研究特别关注学生中种族之间的友谊关系,研究友谊关系形成以及发展过程中种族所扮演的角色(Antonio, 2004; Martinez Aleman, 2000)。

校园种族氛围(campus racial climate)这一概念,来自组织社会学,是研究多样化学校的一种分析方式,最先由 Sylvia Hurtado 和其同事提出,具体包括对大学及其学生、教师和职工所持的种族态度、种族关系的当代感知、态度以及期待;个人之间多样性互动;种族关系方面的制度历史和结构(Hurtado, 1992, 1994; Hurtado et al., 1998, 1999)。一开始,校园族群氛围研究旨在减缓种族紧张局势,同时关注预示种族紧张局势的制度因素(Hurtado, 1992, 1994)。接着,研究开始将校园

---

① 例如,参见2004年开展的密歇根大学的学生研究(www.umich.edu/oami/mss/about/index.htm),可以看作是十年前类似的多样性研究。

种族氛围当作一个独立的变量,研究其对学术(即学业完成情况、成绩)、心理(即压力、疏远感、孤立感、健康等)结果(如 Allen and Solorzano, 2001; Hurtado and Carter, 1997; Lewis, Chesler, and Forman, 2000; Loo and Rolison, 1986; Nora and Cabrera, 1996; Smedley, Myers, and Harrell, 1993; Solorzano, Ceja, and Yosso, 2000)。研究者也研究种族氛围在促进种族之间友好关系以及种族之间互动中的作用(如 Antonio, 1998; Hurtado, Dey, and Trevino, 1994; Tanaka, 2003; Institute for the Study of Social Change, 1991)。

多样性和种族紧张局势也需要我们预想学校社群的其他模式,预想其发展过程中学生与教师的其他角色模式。Troy Duster(1993)和 William Tierney(1993)分别进行了两个著名的研究,提出了他们的设想。前者描述了从白人为主的学校向一个种族、族群优势均等的学校转变的过程,他认为这期间,学生的亚社群超越了以争夺经济、社会、文化资源为基础的关系,学会将文化差异看作是共同集体体验。后者运用的人类学研究方法,这里我引用他的论点,其原因是,他像文化社会学研究者一样,非常关注人际之间互动以及正规组织中意义体系(meaning systems)的本质以及作用。在《建构差异性社群》(Building Communities of Difference)一书中,Tierney 建构了一个与 Duster 相似的社群概念,运用了后现代主义、批判性理论描述多元文化学校社群,这些社群以文化差异性、兄弟情谊(agape)和希望为基础,以文化间交叉与对话为特征。随后出现的设想是,存在多元文化学校关系,这将主体间性理解(intersubjective understanding)置于学校社群的核心组织特征——文化之间的对话——之中(Tanaka, 2003)。近来其他的一些研究,没有制定出学校社群和人际关系的完整模式,却分析了少数族群学生如何抵制和适应学校种族氛围的,以此批判当前的社会结构,提出制度变化的应对策略(如 Gonzalez, 2002; Solorzano, Ceja, and Yosso, 2000; Solorzano and Villalpando, 1998)。这项研究未来显然在于理论与概念上的研究发展,设想制度变革,并付诸实施,形成多元文化社群的其他模式。

课程和教授的多样性

虽然多样性的影响涉及面广,蔓延至整个高等教育,研究者最关注的是与学生息息相关的问题,结果,上述三种研究发展相对较完善,而课程多样性、教授多样性这两个研究分支,则较为薄弱。这里它们是以多样性的研究分支出现的,其实却依然处于初期阶段。

Clark 说过,我们可以将高等教育制度看作是"社会利用年轻人来给自己注入新鲜活力(发展自己)"的地方(1973)。在他看来,社会是在公民中传递价值观、发展个体特征的既得利益者,高等教育正是这种发展发生的关键性制度。其中,课程角色尤其重要,这一点早在 20 世纪 80 年代的"文化战争"(culture wars)中竞争的程度上得以充分的展示(Berman, 1992)。从社会学角度看,大学学生(甚至是美国文化这一大范围)中多样性的出现,引发了学科与课程功能相关的问题,尤其是与身份认同和公民身份建构相关的问题(Giroux, 1995),以及与学术知识的合法性相关的问题(Aronowitz, 1990)。

研究者对课程中多样性的研究热情似乎再次归结为高等教育中出现了一个"新"问题,它得到了人们的重视。当时,在 1987 年,Allan Bloom 出版了《美国思想的终结》(The Closing of the American Mind)一书,严厉地批判非经典的(即非西方)文本逐渐充斥于全国大学中这一现象。他说,非西方的思想逐渐渗入,威胁到文化和价值观的稳定性,而这正是美国民主社会的基础。在斯坦福大学,教师在西方文明课程规定(the Western Civilization requirement)的内容上争执不休,激起学校内群体日趋多样化的学生进行学校游行示威,使得问题具有了人性化的特征,吸引了国家新闻界的关注(Bernstein, 1988; Vobejda, 1988)。接着,无数的研究者,或从哲学角度或从辩论的角度发表著作,衡量一个更加多样性的课程的利弊(如 Gates, 1992; Hirsch, 1987; Nussbaum, 1997; Ravitch, 1990; Schlesinger, 1991)。不过,他们中绝大多数是人文主义者,其规范性的辩论没有深入触及原事件中的社会学问题。与 K-12 教育知识不同,这里的社会学研究才刚刚开始起步。仅有的几个突出的研究是,R. A. Rhoads(1995)对通识教育和文化合法性的研究、Stanley Aronowitz(1990)对文化研究的综述以及对学术界中知识合法性的研究、M. R. Olneck(2001)最近的研究,将Pierre Bourdieu的社会差异性(social distinction)观点运用到多元化课程的分析之中。

Clark指出,"制度与系统能否体现一个发展中群体的某些思想价值观与生活方式的研究"还很滞后(1973)。三十多年之后,这样的研究,尤其是对多样性的研究,依旧寥寥无几,迫切有待进一步的发展。20世纪80年代后期吸引了全国关注的课程争论,目前虽然不为公众所瞩目,该争论所隐藏的问题在本世纪初期仍然很普遍,还将随着学生多样性的持续发展而继续存在着。不过,未来课程多样性方面的知识取决于教师和大学机构感受到人口分布变化刺激课程改革的强烈程度。而直接要求改革是如何出现以及其成因是什么,我们难以预料。Sheila Slaughter(1997)指出,人口分布状况本身不太会触发改革,课程改革可能还源自政治和社会压力。不过,显而易见的一点是,要求改革的压力直接来自学生的需求、进步部门推行的改革运动、大学外发生的社会运动、对这些改革挑战高等教育的意义以及影响的学术研究等,这些原因都有可能存在。

1973年,相对崭新的"学术人"(academic man)研究,有着极大的发展空间,此时,职业社会学(the sociology of professions)刚刚开始认真发展起来,本科生才开始迅速多样化,Clark却发表了《学术生活:狭窄的世界、迥异的世界》(The Academic Life: Small Worlds, Different Worlds)(1987),对这一新兴的领域发展作出了巨大的贡献。20世纪90年代,学生群体多样性,有色人种本科生全职教师只占总教师人数的极少数(10%),比例相对稳定(Sax et al., 1999),这就为教师研究提出了新的问题。有关有色人种教师的问题1973年尚未出现,人们关注这些教师在学术界的占有比例问题,也研究学术文化、工作场所多样性、知识概念等相关的问题。

这些少数族群教师占有比例较低的现象背后的成因,已经得到了应有的研究,这些原因具体是,有色人种博士培养较少,终身职位占有比例较少,在聘任和晋升过程中各种微妙的个人和制度种族歧视,部门环境充满敌意等（全面综述参见 Turner and Myers, 2002）。这项研究还在继续发展，其研究结果却一直没有什么进展，这说明代表权平等（representational equity）是个持久的问题。不过，人们对学生群体多样性现象的恐惧，促使少数的研究者研究有色人种教师是如何改变我们的制度的。一些研究者已经分析了各种教师所扮演的角色，抑或作为角色模型，有效地指导着少数族群教师，抑或促使学术界中出现一个更以学生为中心的价值体系（Mickelson and Oliver, 1991；Washington and Harvey, 1989；Antonio, 2002）。一些研究者研究多样化的教师对学生学习以及学生是否接触到各种思想的影响程度（Milem, 1990；Smith, 1989）、对逾越科研和出版物之外学识概念的拓展方面的影响力（Antonio, 2002）。另一些研究者研究双向社会化过程，揭示有色人种教师是如何通过提出他们处于社会边缘的问题，引发冲突事件，领导变革等，来影响学术文化的变化的（Tierney and Bensimon, 1996；Reyes and Halcon, 1988；Turner and Myers, 2000）。在这个新兴的研究领域中，一个持续的主题是，多样化教师的出现，不仅改变了人们对学术界中学识、教学和服务的理解，而且提出了谁有权界定这些观念的问题，从而刺激了制度的变革（Baez, 2002）。

第二个相关的话题是，研究教师多样性和知识观念之间的交叉点。学术界中新近出现的有色人种教师，促使研究者开始探索，这些教师是如何担任学术界中富有成效的思想家的？他们是如何提出认识论、自身知识生产的基本问题的？Patricia Hill Collins 对黑人女性社会学家进行了研究，她认为，种族和性别压力是研究女性有色人种学者的一个独特的视角，很可能对学科知识产生意义深远的影响，"揭示出更多传统研究方法所隐藏现实的方方面面"（1986：S15）。Dolores Delgado Bernal（1998）秉承这一研究方向，研究了美国齐卡诺（Chicana）女性学者。像 Collins 一样，她质疑存在一个普遍的知识基础的说法，提出了一个女性认识论理论框架，将齐卡诺文化直觉与文化体验看作是齐卡诺学者知识生产的核心（Delgado Bernal, 1998）。最近，Delgado Bernal 和 Octavio Villalpando（2002）探究了与种族、族群相关的"了解方式"（ways of knowing），并指出，有色人种教师为学术界带来了一个基本的、独特的认识论视角，有待于他人进一步的研究（Scheurich and Young,1997）。因此,迄今为止,该领域这些研究的影响还是有限的,毋庸置疑,这是因为这些研究采取的是反对立场,呼吁对支撑科学实证主义（scientific positivism）认识论占主导地位的结构进行变革。不过,高等教育中年轻的有色人种学者重新关注这一领域,这表明,该领域的研究正处于发展势头,并将在未来持续发展下去。

未来研究的前景

我们认为,美国大学学生群体的人口分布急剧变化,这个时期出现的问题产生了一个独特的研究领域,致力于回应这些问题的挑战,这就是多样性社会学研究。新出现的与多样性相关的重要的教育问题,例如,种族和族群多样性一直在提供平等的入学权、安全和有效的学习环境、代表学生利益的教师、多样化社会的教育相关的课程等,挑战着高等教育,促使了这项研究诞生并随后发展起来。根据人口分布预测（demographic projections）,在未来的十年里,这些挑战即便不会变得激烈,也会持续下去。到 2015 年,本科生招生人数将增长至近 1,500,000 人,其中 80% 将会是非裔美国人、亚裔美国人和拉丁美洲人。事实上,在美国的十个州中,少数族群学生将占到整个本科生人数的 40% 以上（Carnevale and Fry,2000）。这些预测表明,多样性社会学的确将发展成为高等教育社会学中一个活跃的领域。

多样性社会学研究的本质也将受到其他因素的决定,与影响高等教育的社会、文化和政策环境息息相关。公众高度的关注、政治上努力解决学校动乱、少数族群代表名额不足、教育平等问题,以及最近入学肯定行动政策问题等,这些都是本章开展研究的原因。在许多情况之下,学术研究是想探询具体的政策创新,比如,废除入学肯定行动政策、前一定比例的学生入学计划（top X-percent admissions plans）、通识教育课程要求多样化、实施注重多样性的联合课程（如文化意识研习会、种族对话、族群主题宿舍）等。当然,政策辩论将会继续促使该研究步入本世纪 20 年代。在本世纪第一个十年期间,人们持续讨论入学肯定行动政策的合法性问题,对于高等教育中的标准问题以及高投资评估相关的辩论呈现上升趋势,因此,许多的研究就致力于研究学生的成绩。对教师多样性的研究相对薄弱,而对课程的研究也开始衰退。人口分布预测几乎使人们对多样性影响学生的现象展开了大量的研究,但是,随着族群研究项目持续的发展,有关多样性和课程的争论与研究也必将进一步发展起来(Chang,1999)。

人们对概括多样性社会学特征的政策很关注,这使社会学系之外的学者踊跃加入,给该领域的研究增添了无限的活力。本章引用的研究者工作单位千差万别,有慈善基金会、研究中心、经济部门、教育部门、族群研究部门、国家政策部门、心理学系、社会学系等。虽然所研究的问题本质上明显是得益于社会学,研究的中心是种族、群体之间的关系和分层现象,集体的研究所探求的许多优势必将有助于该领域知识新鲜、可持续性。Clark 曾警告我们,当心研究成为"管理社会学",而我们则忙于界定教育体系,忙于解决当今具体的政策问题。多样性社会学自诞生之际,就致力于解决具体的教育问题和政策,然而却没有规避更大的社会学问题,如在非等级制多元文化社群中社会秩序的本质问题和群体之间的关系问题。知识分子多样性部分地使得该领域研究的对象不再单一化,不再只是仅仅关注当代的教育问题。该领域整个研究,从微观、宏观视角,从质性、量化、混合型研究方法论,从功能主义到解释学理论框架,运用了一个开放的研究方式研究着具体的教育问题。

制度变革的益处

我们将多样性社会学看作是一个"新兴"的研究领域,这是因为,该领域绝大多数的研究是在最近的 10—12 年间出现的。目前,所取得的短暂的成就只能说明,这是一个具有内聚力的稳定的研究。不过,另一个原因是,其研究的目标促使我们得出一个相关的结论,那就是,多样性引起的高等教育的社会变革仍然在运作之中。

本章中所描述的研究分支,不仅提供了多样性相关问题的种种数据资料,还从深层次上断言,要能够成功解决那些多样性相关问题,就必须进行制度转型。例如,针对教育接受权和多样性的研究,强调的不是学生特征,而是制度的有限角色(limiting role),将制度看作是干预和发展的场所。对群体之间关系的研究,也自始至终将制度看作是种族关系环境中的核心,暗示行政领导者是学校氛围的指挥者,借助政策影响群体之间合作、种族态度、课程和联合课程的多样性、种族之间正规和非正规的互动机会等。对教师和课程的研究或许是最明晰的,它们关注聘任、任期和晋升实际情况以及知识合法化的种种过程,坚持认为,制度变革是真正应对教师和课程多样化问题的前提条件。对于多样性影响的研究,由于学生历代都要发展,所以强调制度变革是最不可能的,这是该领域的特例。该领域中,绝大多数研究认为,学生能动者(student agent)畅游在一个既定的、本质上稳定的学校环境中,多数时候,研究的目的就是评估现存条件(多样性)和实践的影响力。不过,研究是在不断变化的,更多的研究者转向研究学生对制度的影响(参见本书第四章)。

　　该领域的研究本质上是倾向制度改革的,这一点也不奇怪。Philip Altbath 比较了 90 年代出现的多样性相关问题和在这之前 30 年公民权利运动所引发的那些多样性相关问题,说道,"20 世纪 60 年代,对公民权利运动的支持,可能不需要对大学有任何意义深远的影响。20 世纪 80 年代,种族相关的问题对学校有了直接的影响,具体涉及群体之间的关系、课程、教授职位,更为重要的是资源的分配问题"(1991:4)。正如先前的研究者所指出的,高等教育多样性不仅仅局限于入学代表名额不足和种族问题,事实上,以民主化为目标的大学的整个教育制度中它无处不在(Chang, 2002; Smith et al., 1997; Baez, 2000)。换言之,随着人口分布急剧变化,在平等入学、学术成就的差异性、文化之间社会化和学习活动、要取得各种教育结果而多样化教师和课程的角色方面,我们根本不可能对高等教育的结构弊端视而不见。

　　审视多样性社会学,我们发现,研究者已经认识到多样性相关问题有着潜在的改革能力,并相应地调整了自己的研究方向。鉴于制度变革随时可能出现,本章所描述的研究是一个新兴的领域。虽然社会学研究已经突显出制度变革决定着高等教育未来是否取得成功,但是,这种制度变化是极其缓慢的,人们对于变革的呼吁声会一直绵绵不断下去。从学术的角度来看,这意味着,随着学生群体进一步地多样化,制度变革仍然是迎接未来挑战的关键性策略,该领域的研究必将持续发展下去。

参考文献

Alien, W. R. 1985. "Black Student, White Campus: Structural, Interpersonal, and Psychological Correlates of Success." *Journal of Negro Education* 54 (2): 134—47.

——. 1992. "The Color of Success: African-American College Student Outcomes at Predominantly White and Historically Black Public Colleges and Universities." *Harvard Educational Review* 62 (1): 26—44.

Alien, W. R., E. G. Epps, E. A. Guillory, S. A. Suh, M. Bonous-Hammarth, and M. L. A. Stassen. 2002. "Outsiders Within: Race, Gender, and Faculty Status in U. S. Higher Education." In *The Racial Crisis in American Higher Education: Continuing Challenges for the Twenty-first Century*, ed. W. A. Smith, P. G. Altbach, and K. Lomotey. Albany: State University of New York Press.

Alien, W. R., E. G. Epps, and N. Z. Haniff, eds. 1991. *College in Black and White: African American Students in Predominantly White and in Historically Black Public Universities*. Albany: State University of New York Press.

Alien, W. R., and D. Solorzano. 2001. "Affirmative Action, Educational Equity, and Campus Racial Climate: A Case Study of the University of Michigan Law School." *La Raza Law Journal* 12:237—363.

Altbach, P. G. 1991. "The Racial Dilemma in American Higher Education." In *The Racial Crisis in American Higher Education*, ed. P. G. Altbach and K. Lomotey. Albany: State University of New York Press.

Antonio, A. L. 1998. "The Impact of Friendship Groups in a Multicultural University." Ph. D. dissertation, University of California-Los Angeles.

——. 2002. "Faculty of Color Reconsidered: Retaining Scholars for the Future." *Journal of Higher Education* 73 (5):582—602.

——. 2004. "When Does Race Matter in College Friendships? Exploring the Role of Race within Men's Diverse and Homogeneous Friendship Groups." *Review of Higher Education* 27 (4): 553—75.

Antonio, A. L., M. J. Chang, K. Hakuta, D. A. Kenny, S. Levin, and J. F.

Milem. 2004. "Effects of Racial Diversity on Complex Thinking in College Students." *Psychological Science* 15 (8): 507—10.

Aronowitz, S. 1990. "Disciplines or Punish: Cultural Studies and the Transformation of Legitimate Knowledge." *Journal of Urban and Cultural Studies* 1(1): 39—54.

Astin, A. W. 1982. *Minorities in American Higher Education*. San Francisco: Jossey-Bass.

——. 1993. *What Matters in College: Four Critical Years Revisited*. San Francisco: Jossey-Bass.

Astone, B., and E. Nunez-Wormack. 1990. *Pursuing Diversity: Recruiting College Minority Students*. Washington, DC: School of Education and Human Development, George Washington University.

Baez, B. 2000. "Diversity and Its Contradictions." *Academe* 86 (5): 43—47.

——. 2002. "'Race' Work and Faculty of Color: Changing the Academy from Within." Plenary paper presented at Keeping Our Faculties: Addressing the Recruitment and Retention of Faculty of Color, University of Minnesota, April 21—23.

Berkner, L. K., and L. Chavez. 1997. *Access to Postsecondary Education for the 1992 High School Graduates*. Washington, DC: U. S. Department of Education, Office of Educational Research and Improvement.

Berman, P. 1992. *Debating P. C.: The Controversy over Political Correctness on College Campuses*. New York: Dell.

Bernstein, R. 1988. "In Dispute on Bias, Stanford Is Likely to Alter Western Culture Program." *New York Times*, January 19, A12.

Bloom, A. 1987. *The Closing of the American Mind: How Higher Education Has Failed Democracy and Impoverished the Souls of Today's Students*. New York: Simon and Schuster.

Bollinger, L. 2002. "Debate over the SAT Masks Perilous Trends in College Admissions." *Chronicle of Higher Education*, July 12, B11.

Bowen, W. G., and D. Bok. 1998. *The Shape of the River: Long-Term Consequences of Considering Race in College and University Admissions*. Princeton, NJ: Princeton University Press.

Bryant, A. N. 2003. "Changes in Attitudes toward Women's Roles: Predicting Gender-Role Traditionalism among College Students." *Sex Roles: A Journal of Research* 48 (3—4): 131—42.

Card, D., and A. B. Krueger. 2004. *Would the Elimination of Affirmative Action Affect Highly Qualified Minority Applicants? Evidence from California and Texas*. Working

Paper 10366. Cambridge, MA: National Bureau of Economic Research.

Carnevale, A. P., and R. A. Fry. 2000. *Crossing the Great Divide: Can We Achieve Equity When Generation Y Goes to College?* Princeton, NJ: Educational Testing Service.

Ceja, M. 2001. "Applying, Choosing, and Enrolling in Higher Education: Understanding the College Choice Process of First-Generation Chicana Students." Ph. D. dissertation. University of California-Los Angeles.

Chang, M. J. 1996. "Racial Diversity in Higher Education: Does a Racially Mixed Student Population Affect Educational Outcomes?" Ph. D. dissertation, University of California-Los Angeles.

——. 1999. "Expansion and Its Discontents: The Formation of Asian American Studies Programs in the 1990S." *Journal of Asian American Studies* 2 (2): 181—206.

——. 2002. "Preservation or Transformation: Where's the Real Educational Discourse on Diversity?" *Review of Higher Education* 25 (2): 125—40.

Chapa, J. 1997. "The Hopwood Decision in Texas as an Attack on Latino Access to Selective Higher Education Programs." Manuscript.

Chapa, J., and V. A. Lazaro. 1998. "*Hopwood in* Texas: The Untimely End of Affirmative Action." In *Chilling Admissions: The Affirmative Action Crisis and the Search for Alternatives*, ed. G. Orfield and E. Miller. Cambridge, MA: Harvard Education Publishing Group.

Clark, B. R. 1960. *The Open Door College.* New York: McGraw-Hill.

——. 1987. *The Academic Life: Small Worlds, Different Worlds.* Princeton, NJ: Carnegie Foundation for the Advancement of Teaching and Princeton University Press.

Collins, P. H. 1986. "Learning from the Outsider Within: The Sociological Significance of Black Feminist Thought." *Social Problems* 33: S14—S32.

Cornwell, C., and D. B. Mustard. 2002. "Race and the Effects of Georgia's HOPE Scholarship." In *Who Should We Help? The Negative Social Consequences of Merit Scholarships*, ed. D. Heller and P. Marin. Cambridge, MA: Civil Rights Project at Harvard University.

Delgado Bernal, D. 1998. "Using a Chicana Feminist Epistemology in Educational Research." *Harvard Educational Review* 68 (4): 555—82.

Delgado Bernal, D., and O. Villalpando. 2002. "An Apartheid of Knowledge in Academia: The Struggle over the 'Legitimate' Knowledge of Faculty of Color." *Equity and Excellence in Education* 35 (2): 169—80.

Duster, T. 1993. "The Diversity of California at Berkeley: An Emerging Reformulation of 'Competence' in an Increasingly Multicultural World." In *Beyond a Dream Deferred*:

Multicultural Education and the Politics of Excellence, ed. B. W. Thompson and S. Tyagi. Minneapolis: University of Minnesota Press.

Dynarski, S. 2002. "Race, Income, and the Impact of Merit Aid." In *Who Should We Help? The Negative Social Consequences of Merit Scholarships*, ed. D. Heller and P. Marin. Cambridge, MA: Civil Rights Project at Harvard University.

Ferrell, W. C., and C. K. Jones. 1988. "Recent Racial Incidents in Higher Education: A Preliminary Perspective." *Urban Review* 20:211—33.

Finnell, S. 1998. "The Hopwood Chill: How the Court Derailed Diversity Efforts at Texas A&M." In *Chilling Admissions. The Affirmative Action Crisis and the Search for Alternatives*, ed. G. Orfield and E. Miller. Cambridge, MA: Harvard Education Publishing Group.

Fleming, J. 1984. *Blacks in College*. San Francisco: Jossey-Bass.

Freeman, K. 1999. "The Race Factor in African Americans' College Choice." *Urban Education* 34 (1): 4—25.

Freeman, K., and G. E. Thomas. 2002. "Black Colleges and College Choice: Characteristics of Students Who Choose HBCUs." *Review of Higher Education* 25 (3): 349—58.

Gates, H. L. 1992. *Loose Canons: Notes on the Culture Wars*. New York: Oxford University Press.

Geiser, S. 1998. *Redefining UC's Eligibility Pool to Include a Percentage of Students from Each High School: Summary of Simulation Results*. Oakland: University of California Office of the President.

Giroux, H. A. 1995. "National Identity and the Politics of Multiculturalism." *College Literature* 22 (2): 42—57.

Gonzalez, K. P. 2000—2001. "Towards a Theory of Minority Student Participation in Predominantly White Colleges and Universities." *Journal of College Student Retention: Research, Theory, and Practice* 2 (1): 69—91.

———. 2002. "Campus Culture and the Experiences of Chicano Students in Predominantly White Colleges and Universities." *Urban Education* 37 (2): 193—218.

Green, M. F. 1989. *Minorities on Campus: A Handbook for Enhancing Diversity*. Washington, DC: American Council on Education.

Gurin, P. 1999. "The Compelling Need for Diversity in Higher Education. Expert Testimony in *Gratz et al. v. Bollinger et al.*" *Michigan Journal of Race and Law* 5:363—425.

Gurin, P., E. L. Dey, S. Hurtado, and G. Gurin. 2002. "Diversity and Higher

Education: Theory and Impact on Educational Outcomes." *Harvard Educational Review* 72 (5): 330—66.

Hirsch, E. D. 1987. *Cultural Literacy: What Every American Needs to Know.* Boston: Houghton Mimin.

Hollingshead, A. B. 1959. *Elmtown's Youth.* New York: John Wiley.

Horn, C. L., and S. M. Flores. 2003. *Percent Plans in College Admissions: A Comparative Analysis of Three States' Experiences.* Cambridge, MA: Civil Rights Project at Harvard University.

Hu, S., and G. D. Kuh. 2003. "Diversity Experiences and College Student Learning and Personal Development." *Journal of College Student Development* 44 (3):320—34.

Hurtado, S. 1992. "The Campus Racial Climate: Contexts of Conflict." *Journal of Higher Education* 63:539—69.

——. 1994. "The Institutional Climate for Talented Latino Students." *Research in Higher Education* 35:21—41.

——. 2000. "Linking Diversity and Educational Purpose: How the Diversity of the Faculty and the Student Body Impacts the Classroom Environment and Student Development." In *Diversity Challenged: Legal Crisis and New Evidence*, ed. G. Orfield. Cambridge, MA: Harvard Publishing Group.

Hurtado, S., and D. F. Carter. 1997. "Effects of College Transition and Perceptions of the Campus Racial Climate on Latino Students' Sense of Belonging." *Sociology of Education* 70 (4): 324—45.

Hurtado, S., D. F. Carter, and S. Sharp. 1995. "Social Interaction on Campus: Differences among Self-Perceived Ability Groups." Paper presented at the annual meeting of the Association for Institutional Research, Boston, May.

Hurtado, S., E. L. Dey, P. Y. Gurin, and G. Gurin. 2003. "College Environments, Diversity, and Student Learning." In *Higher Education: Handbook of Theory and Research*, vol. 18, ed. J. C. Smart. New York: Agathon.

Hurtado, S., E. L. Dey, and J. G. Trevino. 1994. "Exclusion or Self-Segregation? Interaction across Racial/Ethnic Groups on College Campuses." Paper presented at the annual meeting of the American Educational Research Association, New Orleans, April.

Hurtado, S., J. F. Milem, A. R. Clayton-Pedersen, and W. R. Alien. 1998. "Enhancing Campus Climates for Racial/Ethnic Diversity: Educational Policy and Practice." *Review of Higher Education* 21 (3): 279—302.

——. 1999. *Enacting Diverse Learning Environments: Improving the Climate for Racial/Ethnic Diversity in Higher Education.* Washington, DC: George Washington University, Graduate School of Education and Human Development.

Hyun, M. 1996. "Commitment to Change: How College Impacts Changes in Students' Commitment to Racial Understanding." Ph. D. dissertation. University of California-Los Angeles.

Institute for the Study of Social Change. 1991. *The Diversity Project: Final Report.* University of California-Berkeley.

Kahlenberg, R. D. 1996. *The Remedy: Class, Race, and Affirmative Action.* New York: Basic Books.

Kane, T. J. 1998. "Misconceptions in the Debate over Affirmative Action in College Admissions." In *Chilling Admissions. The Affirmative Action Crisis and the Search for Alternatives*, ed. G. Orfield and E. Miller. Cambridge, MA: Harvard Education Publishing Group.

Karabel, J. 1998. "No Alternative: The Effects of Color-Blind Admissions in California." In *Chilling Admissions. The Affirmative Action Crisis and the Search for Alternatives*, ed. G. Orfield and E. Miller. Cambridge, MA: Harvard Education Publishing Group.

Koretz, D., M. Russell, D. Shin, C. Horn, and K. Shasby. 2001. *Testing and Diversity in Postsecondary Education: The Case of California.* Chestnut Hill, MA: National Board on Educational Testing and Public Policy.

Lee, S. J. 1997. "The Road to College: Hmong American Women's Pursuit of Higher Education." *Harvard Educational Review* 67 (4): 803—27.

Lewis, A., M. Chesler, and T. A. Forman. 2000. "The Impact of 'Colorblind' Ideologies on Students of Color: Intergroup Relations at a Predominantly White University." *Journal of Negro Education* 69:74—91.

Loo, C. M., and G. Rolison. 1986. "Alienation of Ethnic Minority Students at a Predominately White University." *Journal of Higher Education* 57:58—77.

Lynd, R. S., and H. M. Lynd. 1929. *Middletown.* New York: Harcourt, Brace.

Marger, M. N. 1991. *Race and Ethnic Relations: American and Global Perspectives.* 2nd ed. Belmont, CA: Wadsworth.

Marin, P., and E. K. Lee. 2003. *Appearance and Reality in the Sunshine State: The Talented 20 Program in Florida.* Cambridge, MA: Civil Rights Project at Harvard University.

Martfnez Aleman, A. M. 2000. "Race Talks: Undergraduate Women of Color and Female Friendships." *Review of Higher Education* 23 (2): 133—52.

McDonough, P. M., and A. L. Antonio. 1996. "Ethnic and Racial Differences in Selectivity of College Choice." Paper presented at the annual meeting of the American Educational Research Association, New York, April.

McDonough, P. M., A. L. Antonio, and J. W. Trent. 1997. "Black Students, Black Colleges: An African-American College Choice Model." *Journal for a Just and Caring Education* 3 (1): 9—36.

Mickelson, R. A., and M. L. Oliver. 1991. "Making the Short List: Black Candidates and the Faculty Recruitment Process." In *The Racial Crisis in American Higher Education*, ed. P. G. Altbach and K. Lomotey. Albany: State University of New York Press.

Milem, J. F. 1994. "College, Students, and Racial Understanding." *Thought and Actions* 9 (2): 51—92.

——. 1999. "The Importance of Faculty Diversity to Student Learning and to the Mission of Higher Education." Paper presented at the American Council on Education Symposium and Working Research Meeting on Diversity and Affirmative Action.

——. 2003. "The Educational Benefits of Diversity: Evidence from Multiple Sectors." In *Compelling Interest: Examining the Evidence on Racial Dynamics in Higher Education*, ed. M. Chang, D. Witt, J. Jones, and K. Hakuta. Palo Alto, CA: Stanford University Press.

Milem, J. F., and K. Hakuta. 2000. "The Benefits of Racial and Ethnic Diversity in Higher Education." In *Minorities in Higher Education: Seventeenth Annual Status Report*, ed. D. Wilds. Featured Report. Washington, DC: American Council on Education.

Neville, H., and M. Furlong. 1994. "The Impact of Participation in a Cultural Awareness Program on the Racial Attitudes and Social Behaviors of First-Year College Students." *Journal of College Student Development* 35 (5): 371—77.

Nora, A., and A. F. Cabrera. 1996. "The Role of Perceptions of Prejudice and Discrimination on the Adjustment of Minority Students to College." *Journal of Higher Education* 67 (2): 119—48.

Nussbaum, M. C. 1997. *Cultivating Humanity: A Classical Defense of Liberal Education*. Cambridge, MA: Harvard University Press.

Oineck, M. R. 2001. "Re-naming, Re-imagining America: Multicultural Curriculum as Classification Struggle." *Pedagogy, Culture, and Society* 9:333—55.

Pascarella, E. T., and P. T. Terenzini. 1991. *How College Affects Students: Findings and Insights from Twenty Years of Research*. San Francisco: Jossey-Bass.

——. 1998. "Studying College Students in the Twenty-first Century: Meeting New Challenges." *Review of Higher Education* 21:151—65.

Perna, L. W. 2000. "Differences in the Decision to Attend College among African Americans, Hispanics, and Whites." *Journal of Higher Education* 71:117—41.

Ravitch, D. 1990. "Multiculturalism: E Pluribus Plures." *American Scholars* 59 (3):337—54.

Reyes, M. L., and I. J. Halcon. 1988. "Racism in America: The Old Wolf Revisited." *Harvard Educational Review* 58 (3): 299—314.

Rhoads, R. A. 1995. "Critical Multiculturalism, Border Knowledge, and the Canon: Implications for General Education and the Academy." *Journal of General Education* 44 (4):256—73.

Richardson, R. C., and E. F. Skinner. 1991. *Achieving Quality and Diversity: Universities in a Multicultural Society*. New York: Macmillan.

Sax, L. J., A. W. Astin, W. S. Korn, and S. K. Gilmartin. 1999. *The American College Teacher: National Norms for the 1998—1999 HERI Faculty Survey*. Los Angeles: Higher Education Research Institute, University of California-Los Angeles.

Scheurich, J. J., and M. D. Young. 1997. "Coloring Epistemologies: Are Our Research Epistemologies Racially Biased?" *Educational Researcher* 26 (4): 4—16.

Schlesinger, A. M. 1991. *The Disuniting of America: Reflections on a Multicultural Society*. Knoxville, TN: Whittle Direct.

Sewell, W. H., and V. P. Shah. 1966. "Socioeconomic Status, Intelligence, and the Attainment of Higher Education." *Sociology of Education* 40:1—23.

Slaughter, S. 1997. "Class, Race, Gender, and the Construction of Post-secondary Curricula in the United States: Social Movement, Professionalization, and Political Economic Theories of Curricular Change." *Journal of Curriculum Studies* 29 (1): 1—30.

Smedley, B. D., H. F. Myers, and S. P. Harrell. 1993. "Minority-Status Stresses and the College Adjustment of Ethnic Minority Freshmen." *Journal of Higher Education* 64 (4): 434—52.

Smith, D. G. 1989. *The Challenge of Diversity: Involvement or Alienation in the Academy? ASHE-ERIC Higher Education Reports* 5. Washington, DC: School of Education and Human Development, George Washington University.

Smith, D. G., and associates. 1997. *Diversity Works: The Emerging Picture of How Students Benefit*. Washington, DC: Association of American Colleges and Universities.

Snyder, T. D. 1995. *Digest of Education Statistics 1995*. NCES 1995—029. U. S. Department of Education, National Center for Education Statistics. Washington, DC: U. S. Government Printing Office.

Snyder, T. D., and C. M. Hoffman. 1991. *Digest of Education Statistics 1990*. NCES 1991—660. U. S. Department of Education, National Center for Education Statistics. Washington, DC: U. S. Government Printing Office.

Solórzano, D., M. Ceja, and T. Yosso. 2000. "Critical Race Theory, Racial Microaggressions, and Campus Racial Climate: The Experiences of African American College Students." *Journal of Negro Education* 69:60—73.

Solórzano, D., and O. Villalpando. 1998. "Critical Race Theory, Marginality, and the Experience of Minority Students in Higher Education." In *Emerging Issues in the Sociology of Education: Comparative Perspectives*, ed. C. Torres and T. Mitchell. New York: State University of New York Press.

Springer, L., B. Palmer, P. T. Terenzini, E. T. Pascarella, and A. Nora. 1996. "Attitudes toward Campus Diversity: Participation in a Racial or Cultural Workshop." *Review of Higher Education* 20 (1): 53—68.

Student Academic Services, Office of the President, University of California. 2002. *Eligibility in the Local Context Program Evaluation Report*. www.ucop.edu/news/cr/report2.pdf (accessed October 10, 2004).

Takagi, D. Y. 1992. *The Retreat from Race. Asian-American Admissions and Racial Politics*. New Brunswick, NJ: Rutgers University Press.

Tanaka, G. K. 2003. *The Intercultural Campus. Transcending Culture and Power in American Higher Education*. New York: Peter Lang.

Teranishi, R. T. 2002. "Asian Pacific Americans and Critical Race Theory: An Examination of School Racial Climate." *Equity and Excellence in Education* 35 (2): 144—54.

——. 2004. "Yellow and Brown: Residential Segregation and Emerging Asian American Immigrant Populations." *Equity and Excellence in Education* 37 (3): 255—63.

Teranishi, R. T., M. Ceja, A. L. Antonio, W. R. Alien, and P. M. McDonough. 2004. "The College-Choice Process for Asian Pacific Americans: Ethnicity and Social Class in Context." *Review of Higher Education* 27 (4): 527—51.

Teranishi, R. T, G. Gomez, and W. R. Alien. 2002. "Social Capital and the Stratification of College Opportunities for Southeast Asian Students." Paper presented at the annual meeting of the Association for the Study of Higher Education, Sacramento, CA, November.

Tierney, W. G. 1993. *Building Communities of Difference: Higher Education in the Twenty-first Century*. Westport, CT: Bergin and Garvey.

Tiemey, W. G., and E. M. Bensimon. 1996. *Promotion and Tenure: Community and Socialization in Academe*. Albany: State University of New York Press.

Tienda, M., K. Cortes, and S. Niu. 2003. "College Attendance and the Texas Top 10 Percent Law: Permanent Contagion or Transitory Promise?" Prince-ton, NJ: Princeton

University, www. texastopio. princeton. edu/publications/tiendaioi8o3. pdf (accessed July 23, 2004).

Tienda, M., K. Leicht, T. Sullivan, M. Maltese, and K. Lloyd. 2003. "Closing the Gap? Admissions and Enrollments at the Texas Public Flagships before and after Affirmative Action." Princeton, NJ: Princeton University, www. texas topio. princeton. edu/publications/tiendao4i50i. pdf (accessed July 23, 2004).

Trent, W. T. 1991. "Student Affirmative Action in Higher Education: Addressing Underrepresentation." In *The Racial Crisis in American Higher Education*, ed. P. G. Altbach and K. Lomotey. Albany: State University of New York Press.

Trent, W. T, D. Owens-Nicholson, T. K. Eatman, M. Burke, J. Daugherty, and K. Norman. 2003. "Justice, Equality of Educational Opportunity, and Affirmative Action in Higher Education." In *Compelling Interest: Weighing the Evidence on Racial Dynamics in Higher Education*, ed. M. J. Chang, D. Witt-Sandis, J. Jones, and K. Hakuta. Palo Alto, CA: Stanford University Press.

Turner, C. S. V., and S. L. Myers Jr. 2000. *Faculty of Color in Academe: Bittersweet Success*. Needham Heights, MA: Allyn and Bacon.

UCMI (University Committee on Minority Issues). 1989. *Building a Multiracial, Multicultural University Community: Final Report of the University Committee on Minority Issues*. Stanford, CA: Stanford University.

Villalpando, O. 2002. "The Impact of Diversity and Multiculturalism on All Students: Findings from a National Study." NASPA *Journal* 40 (1): 124—44.

Vobejda, B. 1988. "Bennett Assails New Stanford Program: Change in Cultural Readings Called Capitulation to Pressure Politics." *Washington Post*, April 19, A05.

Warner, W. L., and P. S. Lunt. 1941. *The Social Life of a Modern Community*. New Haven, CT: Yale University Press.

Washington, V., and W. B. Harvey. 1989. *Affirmative Rhetoric, Negative Action: African-American and Hispanic Faculty at Predominantly White Institutions*. ASHE-ERIC Higher Education Report 2. Washington, DC: School of Education and Human Development, George Washington University.

Whitia, D. K, G. Orfield, W. Silen, C. Teperow, C. Howard, and J. Reede. 2003. "Educational Benefits of Diversity in Medical School: A Survey of Students." *Academic Medicine* 78 (5): 460—66.

Whitt, E. J., M. I. Edison, E. T. Pascarella, P. T. Terenzini, and A. Nora. 2001. "Influences on Students' Openness to Diversity and Challenge in the Second and Third Years of College." *Review of Higher Education* 72 (2): 172—204.

Wirt, J., S. P. Choy, P. Rooney, S. Provasnik, A. Sen, and R. Tobin. 2004. *The Condition of Education 2004*. NCES 2004—077. U. S. Department of Education, National Center for Education Statistics. Washington, DC: U. S. Government Printing Office.

Zuniga, X., B. A. Nagda, T. D. Sevig, and E. L. Dey. 1995. "Speaking the Unspeakable: Student Learning Outcomes in Intergroup Dialogues on a College Campus." Paper presented at the annual meeting of the Association for the Study of Higher Education, Orlando, FL, November.

第十章 高等教育政策研究的社会学框架

Michael N. Bastedo

政策和政治研究,迅速成为高等教育研究中的一个核心分支,随着高等教育系统的演变、发展,国家政策变得更加重要,研究者和学生对政策、政治和治理的研究投入相应增加。他们正努力探询新的令人信服的概念、框架结构来阐释高等教育中政策动态机制。然而,现有的研究分析中,有价值的寥寥无几。最近,人们开始利用政治科学(political science)的政策过程模式(policy process models)来开展的研究,取得了一定的成效,不过,社会学和组织的研究理论极有可能促进我们更好地理解高等教育政策。因为,既然有关公司、非赢利组织的理论对我们理解大学行为有着无可估量的作用,我们完全可以采用比较社会学理论分析政策过程。政策制定者不可能生存在真空中,他们处于形形色色的组织中,如立法机关、董事会和代理机构(agencies)等,都有着自己的影响力、惯例以及习惯,这些都影响着他们自身的行为。因此,用组织社会学研究中的各种概念分析政治行为,我们将受益匪浅,同时也加深了对政策过程的理解。

本章讨论组织理论、社会学中的几个概念,藉此研究高等教育政策和政治,它们分别是:组织策略、组织过程中利益与代理机构的作用、组织领导者对象征、象征性行为的运用、运用到组织领域的制度内在规则分析等概念。当然,这些组织过程只是我们可以进行研究的一部分,对高等教育政策制定影响重大,值得我们认真地加以研究。为了确立一个社会学框架基础,下面将首先回顾政治科学中一些现存的政策过程理论,具体从深受组织社会学理论影响的那些开始谈起。

政策过程理论

政策过程理论(policy process theories)来源于政治科学的制度学派,与社会学制度主义理论有关联,却又有些差异(March and Olsen, 1984; Scott, 2001)。这两个学派都不单纯研究个体行动者、利益群体之间的互动,而是密切地关注组织结构、环境以及行为对组织政策制定的影响。为了种种显性原因,前者政治科学的制度学派重点研究政治行为,而后者研究的范畴更广,侧重制度的种种类型,政治制度只是其中特殊的一个。

在高等教育政治和政策制定的研究中,研究者试图填补这一空白,于是,政策过程理论逐渐成为核心(McLendon, 2003a, 2003c; Pusser, 2003, 2004)。有一段时间,人们描述性地分析了政策过程,不过,这些研究强调的都是一种连续渐进的研究方法(Bendor, 1995; Easton, 1965; Lasswell, 1948; Lindblom, 1959)。如今,出现了一系列新的研究途径,如垃圾箱模式(garbage can models)、断续性平衡理论(punctuated equilibrium theory)、主张联盟(advocacy coalitions)理论等,有助于指导研究者进行政策过程研究(Sabatier, 1999)。不过,尽管这些模式最近已经崭露头角,它们在高等教育政策中的运用是否有价值,还有待我们进行全面的研究。话说回来,毫无疑问,这些新的理论激励着更多新的研究出现,加深我们对高等教育政策的理解。

通常,政策过程理论所依赖的理论框架、方法论是社会学家、组织理论家所熟悉的,政治议程设定(political agenda setting)这一宏观理论就是一个显著的例子,研究高等教育的人都耳熟能详。Michael Cohen, James March 和 Johan Olsen(1972)建构了垃圾箱理论,理解大学校长管理当代大学的复杂的动态机制过程,接着,John Kingdon 用它阐释政治科学中一个持久的突出的问题,即各种事件是如何在政治议程中突显出来的(Kingdon, 1984/2003)。自那以后,人们不断地拓展、批判并重新系统地对之加以阐述,如今,一般被称作"多趋势框架"(multiple-streams framework)(Mucciaroni, 1992; Zahariadis, 2003)。

垃圾箱理论,简而言之,指出了组织事件中种种问题、解决办法、科学技术以及人们之间的互动关系趋势,并认识到,这些趋势相互交织,可能产生各种选择机会,作出各种令人满意的决策。对于大学校长而言,校长越能控制这些趋势要素之间的互动,制造出"垃圾箱"解决具体问题,这个解决方案成功的可能性就更大(Cohen and March, 1974)(或者,从犬儒主义视角来看,垃圾箱可以促使这些趋势要素处于繁忙状态,而实际工作却在另一地方进行着)。在议程设定方面,Kingdon 将问题、观念(或曰政策)、政治看做三大趋势,汇聚一起为政治行动者创造类似的选择机会。

其他政策过程理论并不那么依赖于已经确立的组织理论。例如,断续性平衡理论则源自生物发展中的生态学模式(Baumgartner and Jones, 1991; Jones, Baumgartner and True, 1998; True, Jones, and Baumgartner, 2003)。进化论生物学家——最著名的当属 Stephen Jay Gould——指出,物种变化并不是逐渐缓慢地渐进发展的,相反,一般出现在短暂、急剧的变化周期,这一过程称作"断续性平衡现象",以表示在短时间内戏剧性的、迅速的变化是紧随在变化不活跃期之后的。Charles Lindblom, David Easton 等人曾经提出了政治变化的标准渐进主义理论(the standard incrementalist theories),却无法阐释政策发展过程中的根本变化,于是,社会科学家就另辟蹊径,引用了这一断续性平衡理论来加以理解。

Frank Baumgartner 和 Bryan Jones(1991)认为,政治系统之所以出现均衡现象,是因为政治中各种相互重叠的亚系统中出现了种种"政策垄断现象"(policy monopolies),它们创造了既定的结构、政治角色,还导致利益群体努力地流动,从而促成了渐进的变化。政策剧烈变化,又曰政策标点符(policy punctuations),出现在政策垄断现象被系统地摧毁之后。Baumgartner 和 Jones 认为其出现的原因是,公众、政策制定者对各种问题存在不同的兴趣。诚然,变化现象背后所隐藏的公众兴趣、政治行动者的注意点,我们依然不得而知。

政治行动者的群体行为由主张联盟理论来阐释(Sabatier, 1988;

Sabatier and Jenkins-Smith, 2003; Schlager, 1995)。根据该理论,政治行动者长期共享着具有因果关系的规范性的信念,参与重大的协调活动,政治就是他们竞争性联盟的产物。这是政治体制中的一种利益群体动员理论(interest group mobilization)。只有在行动者主要的联盟因公众观念变化或其他环境条件失去了应有的地位时,重大的政策变化才会发生,而次要的、渐进的变化则出现在主要联盟的成员的观念、注意力发生常规变化的时候。

高等教育政策研究者也可以使用许多其他的政治理论,例如,政策创新与扩散模式(policy innovation and diffusion models)则运用了计量经济学模式(econometric models)分析政策理念在不同制度、国家乃至全球范围内的阐释(Berry and Berry, 1990, 1999; McLendon, Heller, and Young, 2005);制度选择理论研究政策制定者隐性选择改变政策时对政策变化产生的影响程度(Clune, 1987; Gormley, 1987);政治效用分析理论(political utilities analysis)研究具体的组织结构、实施策略如何超越自身本质的重要性,对政治行动者具有利用价值(Malen, 1994; Weiler, 1990)。此外,各种竞技场模式(arena models),类似于垃圾箱模式,研究参与者、利益以及理想是如何努力在政治议程中占有一席之位的,不过,这些模式还进一步地研究竞技场本身是如何合法化参与者以及政策理念的(Mazzoni, 1991; Fowler, 1994)。

将上述的这些理论运用到高等教育研究中,相对而言,是近来的事,且只有少数几个事业蒸蒸日上的研究者在从事这样的研究(McLendon, 2003c)。不过,这些理论可以广泛地用于解决管理和高等教育政策问题,不管是单独使用,还是与其他理论结合使用,都将使我们受益颇丰(参见下文)。这些理论框架的出现,毋庸置疑,阐明了高等教育的政策过程以及议程环境,不过,迄今为止,对于高等教育研究者和教师而言,哪个理论框架最有价值、最能加深我们的理解,我们还茫然不知。与此同时,我们也需要考虑有别于传统的其他新的理论框架来加深理解。

高等教育组织的政策制定环境

高等教育是一个组织,要更好地理解这一点,我们就必须首先将大学看作是一个开放系统。开放系统研究法认为,组织根植于自身必须应对的技术和制度的多元环境中(Scott, 2001)。组织应对环境的过程不是单一的,受到一些变量的影响:环境需求的复杂程度和不确定性程度(Lawrence and Lorsch, 1967; Thompson, 1967),组织资源的本质、数量和来源(DiMaggio, 1983; Pfeffer and Salancik, 1978),个体、组织参与策略行动时的领导能力、利益动员(interest mobilization)和价值承诺(value commitments)的差异性(Child, 1972; Oliver, 1991)。

公立高等教育的技术和制度环境极度复杂,这是因为,高等教育的服务对象群体是多元化的,有教师、校友理事、州管理委员会、立法者和管理者等。高等教育内部的行动者有教师、职工、学生等,他们都要求组织满足其自身的需求。此外,高等教育必须适应多元化的、有时彼此对抗的环境需求,以提高入学机会、降低费用、改善教学质量、增强教育有效性等(Gumport and Pusser, 1999)。20世纪80和90年代,人们对高等教育领域和环境之间的关系展开了大量的研究(Peterson, 1998)。

最近几年,社会对于高等教育的角色需求发生了巨大的变化,迫使学校将自己看作是一个产业,而不是一个社会机构(Gumport, 2000)。于是,20世纪90年代盛行学术开支削减与学术重新建构,公立大学开始响应州政府要求,淘汰重复的非生产性的学术项目(Gumport, 1993; Slaughter, 1993)。尽管州政府关注学术项目是屡见不鲜的,但自开始起,其热情程度、关注程度都有了极大的增强,对教师的影响也颇大。

此外,当州管理委员会运用其协调权威淘汰重复的项目,将准备不足的学生降至系统的低层的时候,高等教育公立系统逐渐被迫"系统化"(Bastedo and Gumport, 2003; Gumport and Bastedo, 2001)。毋庸置疑,这是政治和经济上的原因导致的,此外,这还来自制度的原因,是公立高等教育中政府承担什么合理角色的认知理论与成见的产物。不过,制度行动者可能参与策略活动巧妙地操纵这些环境以及他们组织的影响。正如下文所示,权力和权威在策略性行动能力方面起着重要的媒介作用。

政策是种策略

近几年来,策略一直被视为制度活动中的一个重要因素。制度理论的传统功能是,阐释环境强有力地推进组织内相似的结构与实践的能力(Meyer and Rowan, 1977; DiMaggio, 1983; DiMaggio and Powell, 1983)。该理论令人信服地阐释了组织中的相似性,并暗示,同构过程增强了组织长期的稳定性,改善了它们生存的机会。不过,在过去的15年里,人们也一直批判制度理论,批判它不太关注组织变化的根源、组织发展中权力不容置疑的作用,相反,以组织稳定的根源为中心(Covaleski and Dirsmith, 1988; DiMaggio, 1988; Fligstein, 1997; Perrow, 1986; Powell, 1991)。

新制度理论新近的研究,使在制度框架内概念化策略活动的作用成为必须。传统的决策制定策略模式,试图强调领导者在系列特定的限制下所释放出来的影响组织以及周围环境的能力。不过,也有研究试图确认环境压力对策略活动过程的影响程度(Child, 1972; Hitt and Tyler, 1991; Hrebiniak and Joyce, 1985)。同样,资源依赖理论从成功地操纵任务限制以及组织环境的角度来阐释策略活动(Pfeffer and Salancik, 1978)。Christine Oliver(1991)整合了制度和资源依赖观点,识别出策略活动从默许到操纵的连续体(continuum)。她说,制度化程度的变化范围导致了组织决策制定中"抵制、意识、主动、影响和自我利益"的程度发生变化(Oliver, 1991:151)。不过,这一观点也表明,策略活动不受组织领域中制度化程度的影响,依旧是完全独立于那些不受个体行动者控制的外界因素的。

制度理论中领导权和权力的作用如何?我们可以从策略选择理论家的观点中获悉一二。策略选择理论(strategic choice theory)是20

世纪60年代盛行的高宿命论的组织理论的直接产物(Child, 1972, 1997)。该理论认为,组织设计、组织结构和组织行为是受环境中出现的操作性需求决定的。组织的规模、管理、科学技术以及资源限制等,严重地限制了管理者可能作出的抉择。策略选择理论则强调组织内部组织和个体积极参与建构组织结构以及过程的角色。策略选择,是一种过程,是组织内那些有权威、有权力的人决定行动步骤的过程。因此,其关注的是组织行动者形成的政治过程,导致组织作出策略决定。这样,在John Child看来,"策略选择表达的是一种政治过程,使代理机构和结构处于紧张状态,并置身于一个意义非凡的情境中"(1997:44)。有效策略选择要求实施权力,关注那些有权力的人,关注环境产生的权力的限制。

这一新的研究视角,不可避免地受到人们的批判,而且是大量的批判。尽管该理论或许率先关注能动者(agents)以及能动者与组织环境之间的关系,但是,它认为,能动者如何通过实现他者的行为期待而保留自主权,决定了决策的制定。因而,这种认为能动者有能力积极操纵组织环境的观念,有很大的局限性,是策略选择理论旨意对抗的宿命论组织理论的典型产物。此外,策略选择只局限在环境强制的限制范围内,与能动者本身强制的限制无关。这就导致一些理论者断定,组织完全"选择和阐释着环境,对不变的要素做出回应,并试图形塑现存的要素,为他们所用"(Hitt and Tyler, 1991: 331,参见Keats and Hitt, 1988)。结果,Child作为策略选择理论的开创者,承认"组织行动者常常在其与那些形式上处于组织之外的人的互动关系中,创造种种选择的可能性"(Child, 1997: 57)。

1991年,对于组织在应对组织环境中同构压力时可以采用的种种策略活动,Oliver给出了一个颇有影响力的分类——默许、妥协、规避、挑战和操纵,为未来研究奠定了坚实的基础。随后,一些研究者试图从理论上充实这一观点,他们通常持续关注同构现象在创造变革机遇中的作用(Goodrick and Salancik, 1996; Suchman, 1995)。只有少数几个人开始研究与策略选择和组织变化相关的组织内部动态机制。

最近制度理论方面的实证研究,有望促使我们进一步理解组织内部行动者如何参与策略活动的。例如,Mark Covaleski和Mark Dirsmith

(1988)别具匠心地研究了一次预算危机中威斯康星大学与其州赞助人之间关系恶化的现象,清楚地说明了强有力的州行动者在其利益受到威胁时具有要求大学进行组织服从的能力。Lauren Edelman(1992)强调商业领导借助体制迫使实施公民权利法的影响,来维系其管理自主权的能力。Jerry Goodstein(1994)证实,组织对环境中各种制度需求所作出的回应,因压力和组织的本质而发生变化。Margarete Arndt 和 Barbara Bigelow(2000)对医院年报进行了内容分析,指出,年长的行政领导者运用参照物以及制度环境中的压力迹象,向股东们证明其决策制定是合理的。这项研究不再局限于策略选择理论,形成了行动者和产生策略变化的体制之间有细微差别的互动模式。

20 世纪 80 年代以来,高等教育研究中策略计划模式(strategic planning models)一直很盛行,或许其研究的顶峰是《学术策略》(Academic Strategy)的出版,目前,人们还普遍将之看作是该领域的经典之作(Keller, 1983)。组织理论家也展开了概念研究,形成了策略计划模式,并对面向大学的策略有效性,尤其是资源匮乏时的策略有效性进行了实证研究(Camerson, 1983; Cameron and Tschirhart, 1992; Chaffee, 1985; Leslie and Fretwell, 1996)。不过,这些研究都没有认真地研究制度环境,也没有认真地研究学校领导在管理制度环境中的作用。这些研究者,不约而同地将策略计划看作是一个相当理性、组织管理严密的过程,这里,领导者考虑各种可能性,制定假设,进行可行性分析,作出决策,确保组织根据他们的指令执行这些决策。不过,新制度理论激励我们考虑环境中的种种文化、认知、管理和规范性压力,激励我们研究表面上并非最佳的行为得以持续存在的原因。

政策是创业家

在制度过程中,领导者扮演着至关重要的角色。根本的组织变化需要在制度化过程早期阶段,在建构组织传奇、发展资源和增加合法性、移植新的组织模式过程中出现领导(Clark, 1970; DiMaggio, 1991; Kraatz and Moore, 2002; Maguire, Hardy and Lawrence, 2004; Rao,

1998)。领导者必须认识到,制度限制了那些可能出现的或者合法的选择,从而成功地应付制度化过程(Greenwood and Hinings,1996;Selznick,1957)。在发生根本性变化的时期,间断的变化扰乱了现存的等级制度,迫使领导依赖职工掌握的专门知识,此时,职工往往在制度化过程中起着与职位不相称的重要作用(Barley,1986;Bastedo,2005a)。

制度理论的早期表述,如今我们将之称为"旧制度主义理论",它承认,组织在制度结构的有限范围内有领导并参与策略活动。在Phillip Selznick(1957)看来,制度行动者可以担当领导,提供"导向指针"在大量的制度限制中操纵组织。毋庸置疑,组织受到这些现存限制的冲击,很可能在这些限制中沿着合理的方向发展,领导者能够建构其使命,发展其独特的能力,并自身担当制度目标的化身,以此更顺利地指导着组织运作(Selznick,1957)。在高等教育研究中,从Burton Clark对一所大专院校和三所不同寻常的文科院校进行的个案分析(Clark,1960,1970),到最近Steven Brint和Jerome Karabel(1991)对美国社区大学的变化的阐述,显示出这是一个很浓厚的传统。

在20世纪70年代出现的"新"制度主义理论,倾向于认为制度限制是决定性的,以至于策略活动这一概念根本是不可信的(Meyer and Rowan,1977)。在R. A. Colignon(1997:8)看来,新制度主义理论中基本的行为假设是,"人是非理性的,受情感的影响,认知减少,道德降低,缺乏解释能力和实践意识"。这种评论显然是夸大其辞,但是,制度分析者们开始概念化那些允许组织变化超出常规适应的个体代理者的角色(Covaleski and Dirsmith,1988;DiMaggio,1988;Perrow,1986;Powell,1991)。P. J. DiMaggio(1988)在一篇极具影响力的文章中指出,制度创业家(institutional entrepreneurs)概念来自Stuart Eisenstadt(1980),提供杠杆作用,有助于我们理解在创造新制度中策略活动的作用。虽然该概念DiMaggio仅仅是提了一下,在随后的许多文章中,却成了概念性框架(Colomy,1998;Fligstein,1997;Rao,1998)。同样,"政策创业家"(policy entrepreneurs)概念也在政治科学研究中开始占主导地位(Kingdon,2003;Mintrom,1997)。

确实,制度创业家概念也影响了我们对领导者在创造新制度中的角色理解(DiMaggio,1988;Fligstein,1997;Selznick,1957)。在高等教育管理问题上,多元制度有着控制性的影响,每一个制度都有自身系列的内在的价值观、利益以及共享的规范。立法者、学校和系统的行政领导者、教师们都制度化了系列的价值观和规范,而这些价值观和规范在高等教育领域政策制定者是必须要成功应对的。全州范围内管理和协调委员会自身也有一系列的制度化的价值观和实践,在该领域随着时间的推移逐渐合法化(Berdahl,1971;Richardson et al.,1999)。成功的制度创业家能够利用自身的社会资本、政治权力和领导技能,成功地应对这些多元的,通常又彼此冲突的制度需求。正如 Hayagreeva Rao, Calvin Morrill, Mayer Zald 所讲的,制度创业家"率先集体努力将新的信念、规范和价值观融入社会结构中"(2000:240)。他们对制定政策议程、预先安排事件、管理政治冲突方面有着巨大的影响力,于是加强了他们活动的合法性和可信度。不过,领导和政策创业家的作用,迄今为止在制度理论中还有待进一步的研究。

政策是象征性行动

我们必须像对待所有的组织活动那样,认为政策有实体和象征性两种,这不是说,制度唯一的角色就是运用象征或者其他非实体活动参与对组织行为的"印象管理"(impression management)(Arndt and Bigelow,1996;Powell,1991)。相反,它强调组织活动通常有一个重要的象征性要素,可能承担重要的现实作用,甚至是重要的根本作用。

在实体方面,政策的决策通常是政治事变、资源分配困难和政治过程中其他实际问题的产物。所有的组织面临相似的外部限制问题、资源与权力依赖问题、旨在限制决策制定的组织环境的其他方面问题。通常,对抗性环境需求与相关的资源限制,确实能引发种种不良状况,使组织不可能产生其成员满意的结果。在政策方面,失望的组织成员往往是公众、有权力的政治行动者。

象征性行为(symbolic behaviors)往往就出现在这种情况之下(M. Edelman, 1962; Pfeffer, 1982),试图操纵外部行动者的印象,或仅仅显示出想满足种种需求的意图。所有象征性行为成功与否,取决于其维系组织合法性的程度。在犬儒主义者看来,这是公众关系问题,更难听一点,是欺骗、谎言。不过,从组织角度上看,象征性行为体现出组织在面对难以支持的环境需求时想努力获取生存,或者需要保护资源、维系价值观。

在伯克利加利福尼亚大学,Lauren Edelman 开展了一系列惊人的研究,阐明了在各种法律情境中发生的这些过程(Edelman, 1992; Edelman, Uggen, and Erlanger, 1999; Edelman and Petterson, 1999)。在研究美国国家公民权律法时,他发现,管理者使用象征性服从(symbolic compliance)来制造一种印象,说明他们是恪守肯定行动指令的,同时在人事决策上保留最大限度的管理自主权(Edelman, 1992)。平等就业机会办公室(Equal Employment Opportunity, EEO)的成立,肯定行动计划书面的形成,与公司劳动力构成变化之间没有统计关系(Edelman and Petterson, 1999)。大学聘任肯定行动职员,其与大学内部劳动力构成变化之间的关系,研究结果也如出一辙(Edelman, Petterson, Chambliss, and Erlanger, 1991)。因此,Edelman 总结道,组织利用各种结构以及既定的地位来维持对法律要求的象征性服从,与此同时,还维护着组织的资源、合法性以及自主权。

通常,象征性服从出现在一定的组织行为从核心组织活动中脱离的过程中,即去耦过程(a process of decoupling)中(这与组织次级单位的松散耦合现象不同)。组织理论早期研究就试图阐明组织单位与组织过程的分离现象背后所隐藏的动态机制。John Meyer 和 Brian Rowan(1977)提出,组织将其正规结构和过程免受检查以此试图阻止对其合法性的降低。Meyer 和 Rowan 认为,这些分离过程中许多是"理性神话"(rational myths),是有效性和有效度的象征,它们确实质量很差,难以接受进一步的仔细检查。不过,那些组织图表、学术成绩和学位结构可能质量都很高,具备接受检查的能力。

去耦过程是正规组织制度化过程中最早为人所阐明的,但是,对它的实证研究还相当的匮乏。最近,一系列的文章研究了公司财政结构的分离现象,很引人注目。这些研究发现,公司通常采纳那些股东和董事会看好的创新,例如首席执行官长期激励计划(CEO's long-term incentive plans)、股票再购买计划(stock repurchase plans)、意在使一个带有敌意的兼并代替代价过分高昂的计划(poison pills)等,但是却没有很好地付诸实施(Westphal and Zajac, 1995, 1998, 2001)。C. E. Coburn(2004)研究发现,人们普遍认为,课堂是一个结构,通过教师自主权将教学从环境压力中分离出来,但是,当教师在自身先有的高质量教育观念之下将环境压力融入到教学行为中,此时,课堂上出现的是差别更为细微的教学过程。Robert Birnbaum(2001)认为,在高等教育领域,当各类大学考虑并采纳了全面质量管理(Total Quality Management, TQM)、零基础预算(Zero-Based Budgeting, ABB)等管理流行理念时,在多数情况下,只会出现这些实践的"虚拟采纳"(virtual adoption),直至这种时尚消失殆尽。以上这些研究都非常的精彩,然而,分离过程背后隐藏的动态机制究竟是什么?它通常是如何被策略性利用的?这些还有待于我们全面地加以研究。

政策是逻辑

我们也可以将政策变化看作是制度变化的一种形式,强调制度化过程中规范、价值观和信念的有力的适应性作用(如 Meyer and Rowan, 1977; DiMaggio and Powell, 1991)。最近,制度逻辑(institutional logics)这一概念甚为流行,研究者用它阐明制度过程背后的主流行动理论。制度逻辑是"组织领域中占优势的信念系统和相关的实践"(Scott et al., 2000:170),是具体领域决策制定时组织所使用的"组织原则"(Friedland and Alford, 1991: 248)。

在组织研究中,人们开始分析制度的逻辑,教育则成了分析的情境。最近,研究者研究了制度逻辑在高等教育出版产业观念变化中的作用(Thornton and Ocasio, 1999; Thornton, 2002)、制度逻辑在城市学校对州政府问责制标准的实施中的作用(Booher-Jennings, 2005)、制度逻辑在学校保健中心合并中的作用(Kitchener, 2002)、制度逻辑在加拿大大学中成绩评估中的作用(Townley,1997)、制度逻辑在社区大学如何满足环境需求中的作用(Gumport,2003)等。有的研究还更深入地探讨了制度逻辑在市场如何应对股票再购买计划中的作用(Zajac and Westphal,2004)、19世纪制度逻辑在储蓄业去制度化(deinstitutionalization)过程中的作用(Haveman and Rao,1997),此外,还出现了一个新颖的研究,研究制度逻辑在法国餐馆新式烹饪运动中的作用(Rao, Monin, and Durand, 2003)。

制度逻辑表明,单个观念、单个方法支配着一个政策系统。不过,逻辑也可能是行动的基石,是鉴别行动理论的一组特征,我们可以用到政策发展中去。这样,Royston Greenwood 和 C. R. Hinings(1993)的研究就很有参考价值。他们建构了一个原始模型概念,即"一系列结构和系统,它们自始至终体现着单个阐释性图式"(Greenwood and Hinings, 1993:1053)。原始模型是一系列多元、相互关联的特征,需要前后一致,以便组织为策略行动提供有力的指导。这种原始模型的形成,是组织内部过程的结果,此时,处于优势的群体或个人,巩固自身的政治地位,获取对组织资源的控制。因此,政策,一方面是一种逻辑,引起组织内政治行动者强烈的兴趣,另一方面是一种组织特征,适合并支持新兴的逻辑(Bastedo, 2005b)。

我们不仅可以从当代制度理论中汲取概念充实制度逻辑,也可以从权力和策略选择视角来获取制度逻辑的理论,这样,政策系统就成了竞技场,制度和行动者都参与动态过程,创造、再创造社会结构。诚然,个体和组织的能动性方面,制度结构对政策发展与实施过程的有力影响方面,我们还有待作进一步的研究。制度和行动者之间的互动关系界定了政策系统的结构,影响了政策决策的结果。在组织内部,有利害关系、有价值观承诺的行动者运用着自身的领导能力和权力。因此,逻辑为制度限制与人的能动性(human agency)提供了广阔的活动空间。

总结:高等教育政策与政治研究

本章竭力为高等教育政策与政治研究者提供各种可以使用的社会学理论与概念,即便不是最全面的,至少也都涉猎了一些。对于那些寻求概念框架来撰写论文的研究生而言,对那些寻求更好的理解表面神秘的政治行为的实践者而言,这些框架可以指引着我们更精确地理解政治过程,预测未来行为的模式。不过,无论是方法论还是概念,大量的工作有待于我们去完成。

政治行为的复杂性需要我们研究时使用各种研究方法论。在高等教育中,主要的研究方法是个案分析法,一般情况之下,州是研究分析的单位(如 Bastedo, 2005a, 2005b; McLendon, 2003b; Pusser, 2003; Richardson et al., 1999)。我们需要进一步开展质性研究,尤其是从不同层面进行分析的质性研究。此外,还需要从国家层面进行分析的研究(如 Cook, 1998; Parsons, 1997),具体分析立法者、州长和其他重要的政策制定者(如 Berdahl, 2004; Conklin and Wellner, 2004; Ruppert, 1996, 2001)。令人遗憾的是,高等教育政策形成的国际比较研究依旧凤毛麟角(Enders, 2004)。我们最迫切需要的是,研究要对所有层面进行全面的分析、努力发展方法论、拥有无数的个案和研究对象。

对政策形成、政治和治理方面的量化研究,本质上依然主要是描述性的(如 Ruppert, 2001; Schwartz and Akins, 2005),因此,这类研究缺乏像政策结果量化研究在方法论上那么的复杂,诚然,其中也有一些重要的特例(Hearn and Griswold, 1994; McLendon, Heller, and Young, 2005)。这不是一个兴趣问题,其根本原因是,现有的数据常常很匮乏,建立新的数据库既费时又费财,而且政策形成也不是一个一般能吸引到大量研究资助经费的话题。然而,无数的研究问题只有在具备更加完善的数据、更为复杂的量化研究法的基础之上才得以解决的。

除了研究方法外,高等教育政治是一个新兴的领域,吸引了新的研究者，引出了来自社会科学的概念框架，这里回顾的社会学概念与框架为我们创造了机会，进一步对政策形成过程进行新的意义重大的发现。对大学面临的政治环境进一步深入的理解，使研究者、实践者有了更好的理论知识装备，更好地完成当代高等教育面临的复杂艰巨的任务。

参考文献

Aindt, M., and B. Bigelow. 1996. "The Implementation of Total Quality Management in Hospitals: How Good Is the Fit?" *Health Care Management Review* 21（1）93—94.

——. 2000. "Presenting Structural Innovation in an Institutional Environment: Hospitals' Use of Impression Management." *Administrative Science Quarterly* 45: 494—522.

Baldridge, J. V. 1971. *Power and Conflict in the University: Research in the Sociology of Complex Organizations.* New York: John Wiley and Sons.

Barley, S. R. 1986. "Technology as an Occasion for Structuring: Evidence from Observations of CT Scanners and the Social Order of Radiology Departments." *Administrative Science Quarterly* 31:78—108.

Bastedo, M. N. 20053. "The Making of an Activist Governing Board." *Review of Higher Education* 28:551—70.

——. 2005b. "Metapolicy: Institutional Change and the Rationalization of Public Higher Education." Paper presented at the annual meeting of the American Educational Research Association, Montreal, Canada, April 11—15.

Bastedo, M. N., and P. J. Gumport. 2003. "Access to What? Mission Differentiation and Academic Stratification in U. S. Public Higher Education." *Higher Education* 46: 341—59.

Baumgartner, F. R., and B. D. Jones. 1991. "Agenda Dynamics and Policy Subsystems." *Journal of Politics* 53:1044—74.

Bendor, J. 1995. "A Model of Muddling Through." *American Political Science Review* 89:819—30.

Berdahl, R. O. 1971. *Statewide Coordination of Higher Education.* Washington, DC:

American Council on Education.

——. 2004. "Strong Governors and Higher Education." Manuscript, University of Maryland.

Berry, F. S., and W. D. Berry 1990. "State Lottery Adoptions as Policy Innovations: An Event History Analysis." *American Political Science Review* 84:395—416.

——. 1999. "Innovation and Diffusion Models in Policy Research." In *Theories of the Policy Process*, ed. P. Sabatier. Boulder: Westview.

Birnbaum, R. 2001. *Management Fads in Higher Education*. San Francisco: Jossey—Bass.

Booher-Jennings, J. 2005. "Below the Bubble: 'Educational Triage' and the Texas Accountability System." *American Educational Research Journal* 42:231—68.

Brint, S., and J. Karabel. 1991. "Institutional Origins and Transformations: The Case of American Community Colleges." In *The New Institutionalism in Organizational Analysis*, ed. W. W. Powell and P. J. DiMaggio, 337—60. Chicago: University of Chicago Press.

Cameron, K. S. 1983. "Strategic Responses to Conditions of Decline: Higher Education and the Private Sector." *Journal of Higher Education* 54:359—80.

Cameron, K. S., and M. Tschirhart. 1992. "Postindustrial Environments and Organizational Effectiveness in Colleges and Universities." *Journal of Higher Education* 63:87—108.

Chaffee, E. E. 1985. "The Concept of Strategy: From Business to Higher Education." In *Higher Education: Handbook of Theory and Research*, vol. i, ed. J. C. Smart, 47—99. New York: Agathon.

Child, J. 1972. "Organizational Structure, Environment, and Performance: The Role of Strategic Choice." *Sociology* 6:1—22.

——. 1997. "Strategic Choice in the Analysis of Action, Structure, Organizations, and Environment: Retrospect and Prospect." *Organization Studies* 18:43—76.

Clark, B. R. 1970. *The Distinctive College*. Chicago: Aldine.

Clune, W. H. 1987. "Institutional Choice as a Theoretical Framework for Research on Educational Policy." *Educational Evaluation and Policy Analysis* 9:117—32.

Coburn, C. E. 2004. "Beyond Decoupling: Rethinking the Relationship between Institutional Environment and the Classroom." *Sociology of Education* 77:211—44.

Cohen, M. D., and J. G. March. 1974. *Leadership and Ambiguity: The American College President*. New York: McGraw-Hill.

Cohen, M. D., J. G. March, and J. Olsen. 1972. "A Garbage Can Model of

Organizational Choice." *Administrative Science Quarterly* 17:1—25.

Colignon, R. A. 1997. *Power Plays: Critical Events in the Institutionalization of the Tennessee Valley Authority.* Albany: State University of New York Press.

Colomy, P. 1998. "Neofunctionalism and Neoinstitutionalism: Human Agency and Interest in Institutional Change." *Sociological Forum* 13:265—300.

Conklin, K., and J. Wellner. 2004. *Linking Tuition and Financial Aid Policy: The Gubernatorial Perspective.* Boulder: Western Interstate Commission for Higher Education.

Cook, C. E. 1998. *Lobbying for Higher Education: How Colleges and Universities Influence Policy.* Nashville: Vanderbilt University Press.

Covaleski, M., and M. Dirsmith. 1988. "An Institutional Perspective on the Rise, Social Transformation, and Fall of a University Budget Category." *Administrative Science Quarterly* 33:562—87.

DiMaggio, P. J. 1983. "State Expansion and Organizational Fields." In *Organizational Theory and Public Policy*, ed. R. H. Hall and R. E. Quinn, 147—61. Beverly Hills, CA: Sage.

——. 1988. "Interest and Agency in Institutional Theory." In *Institutional Patterns and Organizations*, ed. L. Zucker, 3—22. Cambridge, MA: Ballinger.

——. 1991. "Constructing an Organizational Field as a Professional Project: U. S. Art Museums, 1920—1940." In *The New Institutionalism in Organizational Analysis*, ed. W. W. Powell and P. J. DiMaggio, 267—92. Chicago: University of Chicago Press.

DiMaggio, P. J., and W. W. Powell. "The Iron Cage Revisited: Institutional Isomorphism and Collective Rationality in Organizational Fields." *American Sociological Review* 48 (2): 147—60.

——. 1991. Introduction to *The New Institutionalism in Organizational Analysis*, ed. W. W. Powell and P. J. DiMaggio, 1—40. Chicago: University of Chicago Press.

Easton, D. 1965. A *Systems Analysis of Political Life*. New York: Wiley. Edelman, L. B. 1992. "Legal Ambiguity and Symbolic Structures: Organizational Mediation of Civil Rights Law." *American Journal of Sociology* 97:1531—76.

Edelman, L. B., and S. M. Petterson. 1999. "Symbols and Substance in Organizational Response to Civil Rights Law." *Research in Social Stratification and Mobility* 17:107—35.

Edelman, L. B., S. M. Petterson, E. Chambliss, and H. S. Erianger. 1991. "Legal Ambiguity and the Politics of Compliance: The Affirmative Action Officers' Dilemma." *Law and Policy* 13:73—97.

Edelman, L. B., C. Uggen, and H. S. Erianger. 1999. "The Endogeneity of Legal

Regulation: Grievance Procedures as Rational Myth." *American Journal of Sociology* 105: 406—54.

Edelman, M. 1964. *The Symbolic Uses of Politics*. Urbana: University of Illinois Press.

Eisenstadt, Stuart N. 1980. "Cultural Orientations, Institutional Entrepreneurs, and Social Change: Comparative Analysis of Traditional Civilizations." *American Journal of Sociology* 85:840—69.

Enders, J. 2004. "Higher Education, Internationalisation, and the Nation-State: Recent Developments and Challenges for Governance Theory." *Higher Education* 47: 361—82.

Fligstein, N. 1997. "Social Skill and Institutional Theory." *American Behavioral Scientist* 40:397—405.

Fowler, F. C. 1994. "Education Reform Comes to Ohio: An Application of Mazzoni's Arena Models." *Educational Evaluation and Policy Analysis* 16:335—50.

Friedland, R., and R. R. Alford. 1991. "Bringing Society Back In: Symbols, Practices, and Institutional Contradictions." In *The New Institutionalism in Organizational Analysis*, ed. W. W. Powell and P. J. DiMaggio, 232—66. Chicago: University of Chicago Press.

Goodrick, E., and G. R. Salancik. 1996. "Organizational Discretion in Responding to Institutional Practices: Hospitals and Cesarean Births." *Administrative Science Quarterly* 41:1—28.

Goodstein, J. D. 1994. "Institutional Pressures and Strategic Responsiveness: Employer Involvement in Work-Family Issues." *Academy of Management Journal* 37: 350—82.

Gormley, W. T, Jr. 1987. "Institutional Policy Analysis: A Critical Review." *Journal of Policy Analysis and Management* 6:153—69.

Greenwood, R., and C. R. Hinings. 1993. "Understanding Strategic Change: The Contribution of Archetypes." *Academy of Management Journal* 36:1052—81.

———. 1996. "Understanding Radical Organizational Change: Bringing Together the Old and the New Institutionalism." *Academy of Management Review* 21:1022—54.

Gumport, P. J. 1993. "The Contested Terrain of Academic Program Reduction." *Journal of Higher Education* 64 (3): 283—311.

———. 2000. "Academic Restructuring: Organizational Change and Institutional Imperatives." *Higher Education* 39:67—91.

———. 2003. "The Demand-Response Scenario: Perspectives of Community College

Presidents." *Annals of the American Academy of Political and Social Sconce* 586:38—61.

Gumport, P. J., and M. N. Bastedo. 2001. "Academic Stratification and Endemic Conflict: Remedial Education Policy at the City University of New York." *Review of Higher Education* 24:333—49.

Gumport, P. J., and B. Pusser. 1999. "University Restructuring: The Role of Economic and Political Contexts." *Higher Education: Handbook of Theory and Research*, vol. 14, ed. J. C. Smart, 146—200. New York: Agathon.

Haveman, H. A., and H. Rao. 1997. "Structuring a Theory of Moral Sentiments: Institutional and Organizational Coevolution in the Early Thrift Industry." *American Journal of Sociology* 102:1606—51.

Hitt, M. A., and B. B. Tyier. 1991. "Strategic Decision Models: Integrating Different Perspectives." *Strategic Management Journal* 12:327—51.

Hearn, J. C., and C. P. Griswold. 1994. "State-Level Centralization and Policy Innovation in U.S. Postsecondary Education." *Educational Evaluation and Policy Analysis* 16:161—90.

Hrebiniak, L., and W. F. Joyce. 1985. "Organizational Adaptation: Strategic Choice and Environmental Determinism." *Administrative Science Quarterly* 30:336—49.

Jones, B. D., F. R. Baumgartner, and J. L. True. 1998. "Policy Punctuations: U.S. Budget Authority, 1947—1995." *Journal of Politics* 60:1—33.

Keats, B. W., and M. A. Hitt. 1988. "A Causal Model of Linkages among Environmental Dimensions, Macro Organizational Characteristics, and Performance." *Academy of Management Journal* 31:570—98.

Keller, G. 1983. *Academic Strategy*. Baltimore: Johns Hopkins University Press.

Kingdon, J. W. 2003. *Agendas, Alternatives, and Public Policies*. 2nd ed. New York: Longman.

Kitchener, M. 2002. "Mobilizing the Logic of Managerialism in Professional Fields: The Case of Academic Health Center Mergers." *Organization Studies* 23:391—420.

Kraatz, M. S., and J. H. Moore. 2002. "Executive Migration and Institutional Change." *Academy of Management Journal* 45:120—43.

Lasswell, H. B. 1948. *The Analysis of Political Behavior*. New York: Oxford University Press.

Lawrence, P. R., and J. W. Lorsch. 1967. *Organization and Environment: Managing Differentiation and Integration*. Boston: Harvard Business School Press.

Leslie, D. W., and E. K. Fretwell Jr. 1996. *Wise Moves in Hard Times: Creating and Managing Resilient Colleges and Universities*. San Francisco: Jossey-Bass.

Lindblom, C. 1959. "The Science of Muddling Through." *Public Administration Review* 19:79—88.

Maguire, S., C. Hardy, and T. B. Lawrence. 2004. "Institutional Entrepreneurship in Emerging Fields: HIV/Aids Treatment Advocacy in Canada." *Academy of Management Journal* 47:657—79.

Malen, B. 1994. "Enacting Site-Based Management: A Political Utilities Analysis." *Educational Evaluation and Policy Analysis* 16:249—67.

March, J., and J. Olsen. 1984. "The New Institutionalism: Organizational Factors in Political Life." *American Political Science. Review* 78:734—49.

Mazzoni, T. L. 1991. "Analyzing State School Policymaking: An Arena Model." *Educational Evaluation and Policy Analysis* 13:115—38.

McLendon, M. K. 2003a. "The Politics of Higher Education: Toward an Expanded Research Agenda." *Educational Policy* 17:165—91.

——. 2003b. "Setting the Governmental Agenda for State Decentralization of Higher Education." *Journal of Higher Education* 74:479—515.

——. 2003c. "State Governance Reform of Higher Education: Patterns, Trends, and Theories of the Public Policy Process." *Higher Education: Handbook of Theory and Research*, vol. 18, ed. J. C. Smart, 57—144. New York: Agathon.

McLendon, M. K., D. Heller, and S. Young. 2005. "State Postsecondary Policy Innovation: Politics, Competition, and Interstate Migration of Policy Ideas." *Journal of Higher Education* 76 (4): 363—400.

Meyer, J., and B. Rowan. 1977. "Institutionalized Organizations: Formal Structure as Myth and Ceremony." *American Journal of Sociology* 83:340—63.

Mintrom, M. 1997. "Policy Entrepreneurs and the Diffusion of Innovation." *American Journal of Political Science* 41:738—70.

Mucciaroni, G. 1992. "The Garbage Can Model and the Study of Policy Making: A Critique." *Polity* 24:459—82.

Oliver, C. 1991—"Strategic Responses to Institutional Processes." *Academy of Management Review* 16:145—79.

Parsons, M. D. 1997. *Power and Politics: Federal Higher Education Policy Making in the 1990S*. Albany: State University of New York Press.

Perrow, C. 1986. *Complex Organizations: A Critical Essay*. New York: McGraw-Hill.

Peterson, M. W. 1998. *Improvement to Emergence: An Organization-Environment Research Agenda for a Postsecondary Knowledge Industry*. Stanford, CA: National Center for

Postsecondary Improvement.

Pfeffer, J. 1981. "Management as Symbolic Action: The Creation and Maintenance of Organizational Paradigms." *Research in Organizational Behavior* 3:1—52.

———. 1982. *Organizations and Organization Theory*. Boston: Pitman.

Pfeffer, J., and G. R. Salancik. 1978. *The External Control of Organizations: A Resource Dependence Perspective*. New York: Harper and Row.

Powell, W. W. 1991. "Expanding the Scope of Institutional Analysis." In *The New Institutionalism in Organizational Analysis*, ed. W. W. Powell and P. J. DiMaggio, 183—203. Chicago: University of Chicago Press.

Pusser, B. 2003. "Beyond Baldridge: Extending the Political Model of Higher Education Organization and Governance." *Educational Policy* 17:121—45.

———. 2004. *Burning Down the House: Politics, Governance, and Affirmative Action at the University of California*. Albany: State University of New York Press.

Rao, H. 1998. "Caveat Emptor: The Construction of Nonprofit Consumer Watchdog Organizations." *American Journal of Sociology* 103:912—61.

Rao, H., P. Monin, and R. Durand. 2003. "Institutional Change in Toque Ville: Nouvelle Cuisine as an Identity Movement in French Gastronomy." *American Journal of Sociology* 108:795—843.

Rao, H., C. Morrill, and M. N. Zaid. 2000. "Power Plays: How Social Movements and Collective Action Create New Organizational Forms." *Research in Organizational Behaviour* 22:239—82.

Richardson, R. C., Jr., et al. 1999. *Designing State Higher Education Systems for a New Century*. Phoenix: Oryx.

Rowan, B. 1982. "Organizational Structure and the Institutional Environment: The Case of Public Schools." *Administrative Science Quarterly* 27:259—79.

Ruppert, S. S. 1996. *The Politics of Remedy: State Legislative Views on Higher Education*. Washington, DC: National Education Association.

———. 2001. *Where We Go from Here: State Legislative Views, on Higher Education in the New Millennium*. Washington, DC: National Education Association.

Sabatier, P. A. 1988. "An Advocacy Coalition Framework of Policy Change and the Role of Policy-Oriented Learning Therein." *Policy Sciences* 21:129—68.

———, ed. 1999. *Theories of the Policy Process*. Boulder: Westview.

Sabatier, P. A., and H. C. Jenkins-Smith. 2003. "The Advocacy Coalition Framework: An Assessment." In *Theories of the Policy Process*, ed. P. A. Sabatier, 117—68. Boulder: Westview.

Schlager, E. 1995. "Policy Making and Collective Action: Defining Coalitions within the Advocacy Coalition Framework." *Policy Sciences* 28:242—70.

Schwartz, M., and L. Akins. 2005. *Policies, Practices, and Composition of Governing Boards of Public Colleges and Universities*. Washington, DC: Association of Governing Boards of Universities and Colleges.

Scott, W. R. 2001. *Institutions and Organizations*. 2nd ed. Thousand Oaks, CA: Sage.

Scott, W. R., M. Ruef, P. J. Mendel, and C. A. Caronna. 2000. *Institutional Change and Healthcare Organizations: From Professional Dominance to Managed Care*. Chicago: University of Chicago Press.

Seiznick, P. 1949. *TVA and the Grass Roots*. Berkeley: University of California Press.

——. 1957. *Leadership in Administration*. New York: Harper and Row.

Slaughter, S. 1993. "Retrenchment in the 1980s: The Politics of Prestige and Gender." *Journal of Higher Education* 64:250—82.

Suchman, M. C. 1995. "Managing Legitimacy: Strategic and Institutional Approaches." *Academy of Management Review* 20:571—610.

Thompson, J. D. 1967. *Organizations in Action*. New York: McGraw-Hill.

Thornton, P. H. 2002. "The Rise of the Corporation in a Craft Industry: Conflict and Conformity in Institutional Logics." *Academy of Management Journal* 45:81—101.

Thornton, P. H., and W. Ocasio. 1999. "Institutional Logics and the Historical Contingency of Power in Organizations: Executive Succession in the Higher Education Publishing Industry, 1958—1990." *American Journal of Sociology* 105:801—43.

Townley, B. 1997. "The Institutional Logic of Performance Appraisal." *Organization Studies* 18:261—85.

True, J. L., B. D. Jones, and F. R. Baumgartner. 2003. "Punctuated-Equilibrium Theory: Explaining Stability and Change in American Policymaking." In *Theories of the Policy Process*, ed. P. A. Sabatier, 97—116. Boulder: Westview.

Weiler, H. N. 1990. "Comparative Perspectives on Educational Decentralization: An Exercise in Contradiction?" *Educational Evaluation and Policy Analysis* 12:443—48.

Westphal, J. D., and E. J. Zajac. 1995. "Substance and Symbolism in CEOs' Long-Term Incentive Plans." *Administrative Science Quarterly* 39:367—90.

——. 1998. "The Symbolic Management of Stockholders: Corporate Governance Reforms and Shareholder Reactions." *Administrative Science Quarterly* 43:127—53.

——. 2001. "Decoupling Policy from Practice: The Case of Stock Repurchase

Programs." *Administrative Science Quarterly* 46:202—28.

Whittington, R. 1988. "Environmental Structure and Theories of Strategic Choice." *Journal of Management Studies* 25:521—36.

Zahariadis, N. 2003. "Ambiguity, Time, and Multiple Streams." In *Theories of the Policy Process*, ed. P. A. Sabatier, 73—96. Boulder: Westview.

Zajac, E. J., and J. D. Westphal. 2004. "The Social Construction of Market Value: Institutionalization and Learning Perspectives on Stock Market Reactions." *American Sociological Review* 69:433—57.

第四编

展望未来

第十一章　从事有效工作的寄语

Burton R. Clark

人们已经很清楚地认识到这一现象：研究者和实践者在对大学的理解上依然存在着严重的脱节。前者是彼此论文著作的忠实读者，从学科和跨学科角度开展研究，在其生涯的早期，对现存文献进行综述，得出合理的假设，然后进行检验，发展到后来，他们努力创造"理论"，确保文章晦涩难懂。这些人仔细考虑他人广泛阐述的各种研究之后，在实践者根本不阅读的期刊上发表文章。当前高等教育社会学的研究者正是这样做的。而对于实践者而言，他们求助于彼此帮助来了解如何处理一些持续发展的问题，他们认为，学术理论化是不精确的、遥不可及的事情，是脱离当地运作复杂性的高谈阔论。研究者目光太高，试图阐释的太多，而实践者，包括美国基金会的职员在内，目光短浅，只进行特别的讨论。在大学变化是如何发生这一问题上，他们双方存在着重大的脱节现象。

他们在大学研究上存在的观点不一致现象，与至20世纪60年代人们对如何研究商业公司的分歧很相似。在随后的40年里，商业学校教师进行个案研究，重点关注典范机构与最佳实例，填补了研究与实践之间的沟壑。例如,单纯的通用电气(General Electric)研究就是一个亚种(subspecies),出现在各种书架和课堂作业中。如今,无论公司业绩好坏,进行个案研究,成了基本的教学手段。

最近,研究美国教育 K-12 的研究者,开始认真处理研究与实践之间的脱节现象。Ellen Condliffe Lagemann 研究了斯宾塞基金会(Spencer Foundation)年报,发现运用模拟仿真运作对中小学教育进行"实用性为目的"和"实践为基础"的研究,努力将基础理解与直接运用联系起来(Lagemann, 2001)。Donald E. Stokes 在教育研究之外,在更大的科学场景中,质疑基础研究和应用研究这传统的一分为二法。到 20 世纪 90 年代后期,他强调,以"一百年前 Louis Pasteur 奠定微生物学基础所做的基本而又激发应用的研究为模式",将以理解为目的的研究和以应用为目的的研究合二为一(Stokes, 1997)。Stokes 提出的一个现代"动态范式"(dynamic paradigm),有助于总结科学和政府之间的相互影响,说大点,有助于总结基础学科和美国民主之间的联系。

这样,一种新的研究方法出现在许多社会部门和分析领域,其目的既是激发运用、进行实践,也是促进对研究的基本理解。

我们这些研究大学变迁的研究者,可以立即利用两种方式减缓研究与实践之间的脱节现象。其一,从身在现场的实践者经验中进行归纳推理。我们可以召开会议讨论有效工作。对于各部门、研究中心,到更大范围上的学校和教师,到包罗万象的中心行政领导者、学术评议会、教师和管理者的联合等既定的环境中所观察到的确凿的实践事实,我们要给予充分的重视。这样,我们才可以研究商业以及公共管理研究中形成的主要的框架结构,如资源依赖、途径依赖、同构现象、目标管理、全面质量管理等。这些引借的方法绝对不可能清晰地阐明,在复杂的大学内各种决策是如何一起流行起来的,这是因为在长期总的、具体的使命与项目中,它们每一个都承载着独特的特征,需要年年进行再协调。

在复杂的实践现实中,我们从事了许多的有效工作。例如,20 世纪后半期斯坦福大学转变成一所名校(包括本科教育),对人才极具吸引力,我们发现了当时它的组织发生了哪些显著的变化。密歇根大学和威斯康星大学继续以公立大学身份在研究、教学和服务上蓬勃发展,甚至拓展自身接纳新人口、超越商业和职业群体,我们对其实现的方式也有了了解。我们观察北卡罗莱纳州立大学如何沿靠杜克大学和北卡罗莱纳大学,尝试进行新的定位,从而使该大学在研究三角关系中增强自身的实力。我们认真地研究美国大学是如何抬高自身以一个集体姿态者身份(collective posture),在全球顶尖 500 强、200 强、100 强和 50 强大学的跨国评估中占主导地位。最近出现的评估有瑞士的(Herbst, Hagentobler, and Snover, 2002)、英国的(Times Higher Education Supplement, 2004)、中国的(Institute of Higher Education, Shanghai Jiao Tong University,2004)。长期以来,其他的国家来美国寻找成功的原因,这种现象将持续下去,他们汲取那些与自己国家限制和机遇可以整合的成功经验,并带回国内。全球范围内大学的实际改革是一个相当繁忙的景象。

　　研究大学变革实践的研究者,也可以通过进行跨国个案研究来极大地拓展归纳推理的结果。研究者和实践者早就应该尽可能地摆脱民族主义的狭隘视野,例如,法国人早就应该摆脱 150 年前拿破仑最初界定的国家高等教育系统中独特的传统结构和实践(Christine Musselin 在其最近出版的书籍中精彩地指出了出路,Misselin, 2004);俄国人在政府支持瓦解时,应该摆脱自身将旧独裁主义结构现代化的百般坎坷,并从中走出来;德国人早就应该摆脱洪德堡理想所美化了的地方和国家利益相联合的桎梏;美国人是最傲慢的一个民族,也早就应该停止认为全世界也遭遇补习教育(remedial education)这一难缠的问题,其实这是对超级大学(megauniversities)通识教育或通才教育的命运永无止境的争辩,是对一流运动中腐败现象的永无止境的争辩,这些现象是独一无二的,出现在美国薄弱的中小学教育和高度分化、竞争力极强的高等教育之间独特的结合之中。

　　要减缓研究和实践之间严重的脱节现象,不是一件容易的事情。但是,在 10 年间,那些投入极大的热情致力于此的年轻学者们能够产生重大的影响。他们需要将实践者看作是自己首要的老师。我们要提倡的是,不要和统计学者同流合污,要和大学管理群体保持良好关系。这些年轻学者需要有耐心地对具体的大学进行个案研究,在叙述研究归类制度特异性中,他们最近鉴别出一些普遍的特征,这就会形成民族志的妥协（ethnographic compromises）。他们中的一些人,需要进行跨国个案研究,如果可能的话,进行田野研究,如果需要也可只进行文件分析(document analysis),努力扩大视野,进而确认共同要素是如何在全球发生变化的。研究者需要跟上变化无穷的实践的节拍,随着实践的发展而发展。发展迅速的时代需要适应性研究。

出现在大学变迁最前沿的适应性研究,在加拿大得到了很好的例证。2002年,召开了"高等教育变迁的角色"(the changing role of higher education)会议,其会议论文中,John R. Evans 作了有关"知识经济中学术商业的接合点"(the Academic-Commercial Interface in a Knowledge-Driven Economy)的报告,这是从"医学与相关科学发现区(Medical and Related Sciences Discovery District, MaRS)观点出发的"特别的报告,是对加拿大不同发展阶段的"组群"(clusters)的例证,其中六个重点在生物科技上(Evans, 2005)。该报告尤其详细地阐述了多伦多颇有前景的 MaRS 组群,将多伦多看作是"一个促进关键要素组群汇聚的伟大场地",并例证大量科学家、投资者和公司云集一个地方所产生的凝聚作用或关键大众。对于在加拿大处于该前沿中的实践者,商业化是一个极度积极的术语,他们最关心的是其财政以及教育问题。这种对大学商业经营(university commerce ventures)转变的积极态度,与美国学术界对商业化具有极度消极的意义的看法,成了鲜明的对照。

实践者处于行动的十字路口,他们必须要进行有效工作,在分化成各自独立的、在特定社会情境中运作的大学中,检验和学习。最近几十年里,实践者在不同时期能够取得的成就,让我们看到了广阔的前景。如果你想知道如何在 30、40 年内建造一所名牌大学,就看看麻省理工大学和加利福尼亚大学圣地亚哥分校的运作过程,看看美国教育体系中至少 30 所大学的运作过程。再出去看看加拿大的多伦多大学和英属哥伦比亚大学(the University of British Columbia),英国的剑桥大学、华威大学(Warwick University)、斯特莱斯克莱德大学(Strathclyde University),新加坡、韩国、中国的发展迅速的大学,乌干达、坦桑尼亚、莫桑比克的王牌学校,后者如今成了非洲国家大学的改革模式。

与其说大学人事部门对理解制度运作的方式、变化的方式(他们在实践中学习)缺乏根深蒂固的能力,不如说研究者和观察者落后,他们断言单一时间内大学极度繁荣,这种乏味的印象导致他们夸大了当今的教育的不足之处。

在过去100年左右时间内,人们经常根据大学以前的状况,提出这是段美好的日子,这些提倡者忘记了,这些日子其实也可能是最差的。例如,对于爱尔兰、意大利天主教徒入学权的种族歧视,对犹太人的种族歧视(在20世纪20、30年代,普林斯顿大学占5%,耶鲁大学占10%)[1],对女性的歧视(就几十年前,医学院和法律学院限制在5%以下),少数群体近几年遭遇的入学权限制等。乔学院(Joe College)对学生生活一直有着严格的控制,直至"二战"之后高等教育开始普及,这种严格的管制才宣告结束。

对于旧时代的大学面貌,我们或许只能褒贬各占一半,但是对于现代的大学、在普及教育时代寻求适应性发展的生产力途径的许多不同种类的大学,我们却要给予高度的赞扬。从社区大学到研究型大学,从一个国家、一个大洲到另一个国家、另一个大洲,许多实践者知道什么是有效的工作。他们在现场已经领会到的,并在系列互动项目和实践中再次领会到的有效工作,将形成一个大量未被使用的资源,供那些真心想阐释21世纪高等教育运作方式的研究者使用[2]。

目前,在高等教育社会学,分析的热点和自给的子领域已有了广泛的扩展,其中,对成功实践现实的研究,至少可以缩小研究者的理解和实践者的关注之间长期存在的难以处理的差距。对于有效工作进一步整合的追求,也将使我们对21世纪大学的未来感到乐观、感到信心百倍。

---

[1] 针对歧视犹太人现象进行的经典的开创性研究,参见 Wechsler, 1977; McCaughey, 2003。历史学者对于文献记载的实践细节有着独特的慧眼。

[2] 我对有效工作的寄语,源自20世纪90年代中期开始对大学变化的个案研究进行的分析研究中。我首先从英国、欧洲大陆的研究着手开始分析,接着眼于全球范围内其他国家的研究,最后讨论美国的研究。我的研究结果以两本书的形式问世,第一本包括了5个个案研究(Clark, 1998),第二本书中出现了14个个案研究(Clark, 2004)。

参考文献

Clark, B. R. 1988. *Creating Entrepreneurial Universities: Organizational Pathways of Transformation*. Oxford: Pergamon-Elsevier Science.

——. 1998. *Creating Entrepreneurial Universities: Organizational Pathways of Transformation*. Oxford: Pergamon/IAU.

——. 2004. *Sustaining Change in Universities: Continuities in Case Studies and Concepts*. Maidenhead, UK: Open University Press and Society for Research into Higher Education.

Evans, J. R. 2005. "The Academic-Commercial Interface in a Knowledge-Driven Economy: A View from MaRS." In *Creating Knowledge: Strengthening Nations: The Changing Role of Higher Education*, ed. G. A. Jones, P. L. McCarney, and M. L. Skolnick, 273—82. Toronto: University of Toronto Press.

Herbst, M., U. Hagentobler, and L. Snover. 2002. *MIT and ETH Zurich: Structures and Cultures Juxtaposed*. CEST 2002/9. Berne, Switzerland: Center for Science and Technology Studies.

Institute of Higher Education, Shanghai Jiao Tong University. 2004. "Top 500 World Universities." Available at http://ed.sjtu.edu.cn/rank/2004/2004Main.htm.

Lagemann, E. C. 2001. "Report of the President." In *Spencer Foundation Annual Report. April 1, 2000-March 31, 2001*, 5—6. Chicago: Spencer Foundation.

McCaughey, R. A. 2003. "Jews at Columbia." In *Stand, Columbia: A History of Columbia University in the City of New York, 1754—2004*, 256—76. New York: Columbia University Press.

Musselin, C. 2004. *The Long March of the French Universities*. Englished. (French orig. 2001). New York: Routledge/Falmer.

Stokes, D. E. 1997. *Pasteur's Quadrant: Basic Science and Technological Innovation*. Washington, DC: Brookings Institution.

Times Higher Education Supplement. 2004. "World University Rankings." November 5 issue.

Wechsler, H. S. 1977. *The Qualified Student: A History of Selective College Admission in American, 1870—1970*. New York: Wiley.

第十二章 一个混合领域的反思：高等教育社会学的发展与前景

Patricia J. Gumport

　　1973年，Clark对高等教育社会学进行了仔细的规划,在随后的30多年里,该领域一直在稳定地拓展其独特的研究分支。前面的这些章节,正为我们展示了当时明显存在的研究支流的种种发展历程,展示了新兴话题的发展过程,这些是我们能推测的话题,反映了过去几十年里研究者一直致力于高等教育社会学研究,是研究意义重大的专业领域。该领域广泛的发展,表明人们对高等教育的社会组织、目标、结构、实践,对产业参与者和整个社会的不同影响等高等教育的永久性问题的兴趣在逐渐地加强。与此同时,这些发展也证实了社会学理论、概念和方法的丰富多彩。总之,自Clark将此研究总体概括成是对社会学关注和教育实践问题两者汇聚的一种反思活动,该领域已经有了很大的发展。

　　我们注意到,社会学和高等教育之间汇聚的广度和深度发生了显著的变化,一些研究明确地以社会学和高等教育两者为基础,另一些研究则偏向于依赖两者中的一个。研究是否有重要的社会学和教育学意义,研究是否属于这一连续体的任一端,促进这些研究分支发展的种种可能性,一直令人激动不已,社会学概念和方法也加深了我们对高等教育现实的理解,此时,多种形式为载体的高等教育中种种扰人的问题,继续成为社会学分析的领域。

　　作为本书最后一章,我对前面几个章节所谈论的细节加以回顾总结,一来反思该领域累积的变化,重点突出那些实质性的发展变化,二来延续本书第二章中形塑社会和组织情境的讨论,探讨该领域的发展前景。

致力于研究高等教育社会学的研究者们,他们所处的职业情境——地方校园情景和职业联合会为他们调和了大量的学术、组织和政治压力,并在日常生活中,向他们预示值得研究的观念,我在充分考虑了这些职业情境中的一些突显的因素之后,认为,正如本书先前章节所显示的那样,各个具体的研究分支人们都抱有极大的研究热情,都能够给予极大的支持。不过,有着较多因素限制着高等教育社会学的可见度,妨碍着它生机勃勃地发展,阻碍着它的制度化,我很是关注这样的一门学科的发展前景。本章的写作来自20年来我在这些话题上的亲身研究体验,来自我在研究型大学里对动态机制的观察,尤其来自我在教育专业学院里的观察。许多从事该领域研究的教师,和我一样,就在这些教育专业学院里从事着教学和科研工作。

本章最后,我提出一些设想,以便读者以后进一步研究,这些是高等教育社会学中重要的议题,目前还缺乏足够的研究,然而,对它们进行研究确实是时候了。我认为,无论我们对高等教育社会学正规的建构是多么的无法预测,许多研究领域还是很有价值的、很有益的,它们决定了该领域的未来。

实质性发展的反思

本书中各章节反映出了高等教育社会学主要的研究分支,折射出人们对1970年Clark识别出的四大领域核心问题的研究兴趣方兴未艾。自1970年以来,研究者热衷于研究新途径,探索新的研究纬度,组织类目也一再地被重新形塑。就像其他学科那样,研究分支的发展受到研究者的研究兴趣和研究疑问的驱答。尽管从其名称上看,高等教育社会学主要是得益于社会学理念,本书先前的这些章节却例证了它是研究者对当代现实关注的产物。这些研究中,有的是为了解决问题而开展的,有的结论与启示是以实践为导向的。高等教育长期存在并制度化,这些特征给研究提供了丰富的议题,而高等教育正在发生变化,这一观点也导致出现了许多新近的研究。在过去的20年里,尤其在高等教育社会学中,人们宣称高等教育正发生着史无前例的、迅速的变化,研究者即便不是因为紧迫感而进行研究,至少这也刺激了研究者研究的好奇心。无论是校园还是更大的高等教育实践现实,其主要的变化激励了人们研究的兴趣,一些人研究它明显的结构变化,如扩张与分化等,另一些人则是侧重更规范的变化,如校园内群体价值观和优先权的变化等。

研究者已经分析了教育不平等现象,他们不仅分析了高等教育在促使不平等现象永久存在于社会中的作用,而且分析了高等教育自身内在的不平等现象,分析了将地位标志与学生、教师和制度本身挂钩的分层化的社会秩序。不平等现象研究,拓展到对K-12教育中学生学术准备,入学权模式和财政资助,最直接影响高等教育之前、之中以及之后的不平等现象的政策手段等的研究。

这些问题确实因迫在眉睫而已经得到了研究,折射出了一个政治连续体(a political continuum)。这中间,一些人致力于提高高等教育的有效性来满足社会劳动力培训需求,一些人有着渐进的议程,他们担心高等教育依旧不能让所有来自不同背景的学生拥有理想的入学权,获取理想的成功。有趣的是,一些新兴的研究分支被称为"K-16问题",其核心是研究如何促进高中向大学的转变,尤其在一个大多数学生开始上大学,迫切需要数学和识字的基础能力的时候,如何促进高中向大学的转变,这是一个关键性的接合点。全国范围内的预测显示,在两年制的大学内近63%的学生,和四年制的大学内近40%的学生参加了"补习"与发展课程(U.S. Department of Education,2001)。

在政策界,批评家们也提出,高等教育对调整这些不平等现象承担着更大的责任,也有责任更直接地支持K-12教育的改进,这是令人信服的。不过,研究在组织与教育层面上什么能够有效地促进公平与平等,是不符合政策议程节拍的,这有几个原因,其中一个原因是,研究者不想将自己的研究变成一种辩护议程,为促进公平与平等寻求解决方案,或评价不同的策略。一些研究者不想使自己的研究成为所谓的"最佳实践"的一部分。另一个原因来自主流政策话语中的意识形态立场。目前,教育政策研究者通常来自经济学和政治科学领域,他们所进行的研究,深入地探讨了许多这些话题。一些人认为,这些主流的研究方法以经济学和政治科学的理性假设为基础,运用那些试图简单化的方式,不加批判地与新自由主义教育改革议程、政策模式(如 No Child Left Behind Act)保持一致,以至于过度地狭隘化。这就强有力地揭示出,政治经济实体是如何形塑了问题、如何使问题清晰地显示出来的研究类型和潜在的解决方案。与此同时,我们必须注意到,研究者,如那些就主流政策方法的消极影响、资本主义和民主主义之间的不和谐与矛盾现象等进行不平等现象研究的人,有了批判性的感知能力,其研究就会抵制着主流的话语。

同样迫在眉睫有待研究的是大学影响问题,该研究自 1970 年以来也猛增了许多崭新的研究话题,如影响大学生体验的决定因素,校园氛围,尤其是学生入学所体现的种族、阶层和性别等更为多样的背景之下的校园氛围的各种概念等。对大学生的研究也折射出研究者广泛的研究兴趣和各种研究方法。在数据资料方面,一个有价值的研究是全国跟踪调查(the National Longitudinal Surveys, NLS),从 1988 年开始跟踪研究一个八年级班级。不过,人们普遍觉得遗憾的是,我们缺乏一个大规模的数据库,追踪研究大学生在整个高等教育过程中的特征以及发展路径。在研究方法论上,从研究学生观念和体验的质性研究,转变为量化研究,如等级线性模式(Hierarchical linear modeling, HLM),这种转变为研究者区别各组、各级别的阐释因素提供了新的手段。虽然人们对等级线性模式、"混合研究模式"的研究设计兴趣逐渐增强,同行评论的期刊文章却没有显现出这一点。鉴于新的研究话题以及新的研究方法论大量涌现,许多人可能认可 Clark 早先提出的告诫——大学影响的研究可能是费时费财的,但因为至少没有发现该研究领域近亲繁殖现象比其他次领域更为严重,人们更可能对他的所谓的"视野狭隘,只关注琐碎因素"和"研究近亲繁殖的传统"言论进行反驳。

在 21 世纪早期,各类大学实践者和研究者努力重新阐释肯定行动指导方针中的各种要素,重新以最高法院的规定行事,彰显广泛界定的多样性所带来的教育受益,于是,与多样性相关的问题逐渐成为研究的中心。此时,也出现了提倡"知识多样性"(intellectual diversity)、观念多样性的运动,隐性或显性地将学术界定性为由推进狭隘的政治信仰的教师所支配的左倾派。在这些问题上,刺激人们开展研究的,与其说是来自社会学的关注,不如说是来自"实际问题"。诚然,在众多话题中,支持学生发展、身份认同的形成以及社会网络情境相关的重要社会心理问题依旧存在。

人们不再单纯研究大学生态度和信念的变化情况,还对如何测量大学生学习结果颇感兴趣,这是因为,评估工具已经有了很大的发展,已经在大范围的问责制要求(accountability demands)中出现,这为研究学生学习开创了新的途径。无论是在校园内外,距离校园多远,将科技发展与教学资料整合起来,都促使人们更有兴致研究学生的学习和不同教学方法的有效性问题。目前,对学生学习结果的评估仍然处于发展的初级阶段,这部分是因为有效性的研究方法论标准还不够完善,或许这些标准已经完善,只是善意的研究者没有始终如一地遵守,他们中许多热衷于研究新型教学模式(包括科技传媒模式)替代传统教学时所能产生的知识积累。他们中一些人偏好"项目评价"(program evaluation),而不是研究知识的渐进发展。要研究知识如何渐进发展,需要借鉴那些先前致力于研究大学影响的先驱者所确立的概念框架以及研究成果。这里,我们又一次发现,促使研究分支发展的,显然不是社会学热点问题,而是实际问题。

学术职业研究也从高等教育所谓的组织无效率的外部整体研究,到仔细研究各种机构类型中教师工作本质,与现实变化亦步亦趋。尤其在公立高等教育中,批评者通常强加一种机构绩效范式(an institutional performance paradigm),来表达其对"冗员",即无生产力、低教学质量的教师深感担忧,或者说是来仔细检查"星级教师"(star faculty)的聘任过程,这些人教学责任感降低,却要求获取前所未有的高待遇。在结构上,没有人再认为,学系会自动地获得批准聘任教师来填补终身职位,相反,"分轨"聘任制盛行,即被聘用者兼职或全职,有着固定的聘期,拥有各种混杂的权利和责任(Schuster and Finkelstein, 2006)。确实,当代这些不同的学术工作条件和形式,甚至是对自20世纪80年代出现的新近的功能主义者提出的"狭窄的世界、迥异的世界"的一种挑战(Clark,1987;Ruscio,1987)。学术工作场所更多的紧张局势已经在教师和行政领导者之间的权威权限上有所彰显(其模糊性进一步地加重),校园官员自由支配的权力和合法性增强,以进行策略创新,进行那些深深影响学术系科与教师任命的策略创新。从实践层面上看,这些变化与联合会所在的复杂的集体契约有关联。

确实,在基本的职业层面上,人们对教师的工作期待一直在发生着变化。至于人们究竟有着什么期待,传奇与学者的传统角色期待是否已经被替代,取而代之的是,人们期待教师拥有创业家精神(entrepreneurial spirit),追求机会创造收益(包括商业化收益),以便支持科研、研究生教育,促使更大的机构功能得以实现。这一点,即便在教师之间,观点也存在很大分歧。至于什么工作最有价值,人们也争执不休。于是,人们先前认为的,一个共同体的学者有着共同的规范,其职业权威(professional authority)的形成取决于同行评论中自我调节的质量,取决于教师治理机制(如评议制)中决策制定的标准,取决于长期拥有的学术自由、公正的研究和有组织的质疑态度等,我们开始质疑这个假设的正确性。有关教师工作的深层变化表明,我们需要理论框架来清晰地显示出这些实际问题,利用社会学概念来理解大规模组织中职业权威的本质变化,理解学术组织中的地方性冲突本质。此外,还有其他一些意义深远的问题,如不同机构和学科情景下研究生教育过程中职业社会化(professional socialization)的动态体制,即我所说的"知识学术劳动力"(learning academic labor)(Gumport,2000b),也有待于我们运用高等教育分层体系中身份认同和职业抱负是如何形成的这一社会学知识,进行深入研究。这些形成过程也完全与学科内部、学科之间的知识合法性动态机制相联系的,这一点我下文将进一步讨论。

不平等现象、大学影响以及学术职业的研究蓬勃发展,与之成了鲜明对比的是治理研究(studies of governance),目前很鲜见。Clark一开始就将学术组织与治理联系在了一起。如今,治理研究,在多姿多彩的学术组织研究的映衬之下,显得尤其稀少。除了一些对州层面的合作行为进行的描述性研究之外,其研究的中心是地方治理安排和共享权威模式,涉及治理委员会的正规的组织结构,涉及那些传统上对

第十二章　一个混合领域的反思:高等教育社会学的发展与前景

课程与学术项目都有管理权限的行政管理者和教师之间不太正规的责任划分问题。在过去的几十年里,人们对这些问题的研究兴趣方兴未艾,开始反映出人们更加热衷于政治和政策制定研究,对于影响院校自主权的外部因素,人们的研究兴趣一直没有改变,他们关注州情境中经济和政治变化,关注公众对高等教育的严格审查。这些和相关的研究分支提醒我们不要过度地简化学科中研究分支的组织类目与分类,这是因为本质变化是持续的、渐进的,它的形成轨迹是崭新的,通常在事后最容易被人识别出来。

在 Clark 最初提出的四大领域中,大学的组织研究,可以说已经呈现了最广泛的发展,有了系列丛书,也有了与组织理论发展相一致的各种研究分支。在过去的几十年里,组织理论者已经盛行起来,其研究也制度化,分成了社会学、政治科学等几大学术系科和教育、商业、工程等几种专业学院,研究成果发表在了许多一流的出版刊物上,吸引了这些领域的研究者的关注(Scott,1998)。从研究主题上看,分成长期性问题和新话题两种。这种现象一点也不奇怪,因为在学术环境中,制度变迁表现的方式多种多样,多数研究不再讨论教育扩张、教育大众化等发展中话题,转向以转型(transformation)和去分化(de-differentiation)现象为议题,着手分析制度变迁的其他类型。对于从理性、非理性要素来研究决策制定,人们的热情度丝毫未减,不过,各个组织学习并确立"证据文化"(a culture of evidence)以便作出决策,这一现象已经引起了组织研究者的关注(Cohen,March and Olsen,1972;March and Olsen,1976;March,1988)。20 世纪 90 年代出现的一些研究,体现了一种要使高等教育决策理性化的行动议程,比如,要展示提高质量和改善有效度的策略计划和管理改革的必要性与价值。

上文详细阐述了人们对这些理念的研究兴趣,而且术语本身也具有了合理性。我们有必要作进一步的研究的是,其一,诸如理性、有效性等术语,人们是如何理所当然地将它们看作是组织的优势(strengths of the organization)的(Gumport,forthcoming)。组织生活又是如何重新建构来支撑它们的。其二,大学里的研究者不可避免地成了组织现实的参与者和观察者,他们的体验毫无疑问决定了他们认为什么是我们茫然不知的,什么有着研究趣味,什么才能成为结论,有着重大意义。

这段时期的高等教育研究与教学中,人们对术语"行政管理"(administration)逐渐失去了昔有的热情,取而代之的是,"领导"(leadership)成了主角。或许更为显著的是,"管理"(management)一词被广泛地运用,指代学系主任、学院院长和那些在校园高层职位任职者所承担的工作。研究者已经开始将管理主义(managerialism)当作一种意识形态来研究,这种意识形态在这段历史时期取得了自身的合法性(Enteman, 1993),诚然,我们也要注意到,将"管理革命"(a managerial revolution)看作是一场试图合理化学术组织实践和结构的变革,这可追溯至20世纪60年代中期(Rourke and Brooks, 1966)。早期的研究将"管理革命"看作是新兴实验,需要多人合作收集资料以供决策制定,而到了现在,该术语通常所指的现象范围更广,泛指学校上层所拥有的中央集权式的权力的加强,这些处于学校上层的人对资源有更大的处理权和控制权,遵循以追求市场为导向的策略规则(imperatives),并将绩效指标(performance metrics)强加在组织低层的活动中。这样,我们需要研究的是人们从协调到控制的兴趣转变过程,我们要研究它所产生的伴随变化以及对职业权威造成的影响问题。人们期待学系/学院负责人能投入更多的时间、更多的精力筹集资金,然而在这资金筹集过程中,学系/学院负责人获取了更多的资源,有了自由决定使用这些资源的权力,这个时候,这些问题显得尤为重要。

上述这些变化成了人们研究的对象,一来是因为变化本身就意义重大,二来是它的意义在于,为高等教育社会学研究创造了可能的使用客户。事实上,整个高等教育的领导研究可以看作是一个发展中的研究分支,与其说是"管理社会学(managerial sociology)",不如说是"管理者的社会学(sociology of managers)"。管理者的社会学研究可以促进学术职业和管理研究的相互联结,其研究的中心是学术组织中职业权威本质的变化(当然,这依然取决于研究者,看他是否决定将教师概念化为Clark所说的管理人和实践者的范畴)。不过,管理社会学将一个重大的问题摆在了我们面前:高等教育社会学的研究目标究竟是什么?鉴于到20世纪末,它研究的话题明显非常的广泛,我们可以设想,其目标众多,有侧重社会学的,也有侧重实践的,这些可以粗略地概括为是相互影响的问题。

第十二章 一个混合领域的反思:高等教育社会学的发展与前景

不过,要更严肃地回答这个问题,我们需要重新回顾 Clark 在 1973 年提出的警告,当时,他告诫我们避免工具性地设制研究框架来满足实践者的需求(这里指的是管理者)。他指出的潜在危险是,研究者为了满足管理者的需求会过于狭隘地提出问题。此外,我们也可能会将研究框架设制在一个校园领导者所使用的习以为常的参数中。在本书第十一章中,Clark 批评该领域研究者不亲身接触实践者,所从事的研究使得实践者不能接受。他要求研究者重新调整研究方向,要满足实践者的需求。他强调转变,呼吁通过个案研究的方式研究大学的变化,他说道,"我意识到,我对于有效工作的寄语与 30 年前所说的是相互矛盾的。但是,这三十年里我收获很大,对个案研究的叙述性所具有的巨大的实用性也有了全新的认识,我们要想更好地理解大学变化的互动要素,进行个案研究是必不可少的。如果踏入该领域的年轻人中,有一两个被我说服,我就会感到很欣慰。我的意思很简单,就是说,如果我们割裂了大学变化中的要素,逐个研究它们,我们如何研究这些要素的互动情况呢?实践者不得不在现场的互动中频繁地处理着这一切"(我与 Clark 的私人谈话,2006 年 1 月 10 日)。

这是一个相当清晰的理论框架,关心该学科未来发展趋势的读者面临着两种抉择,要么接受,要么拒绝。要发展 Clark 提出的研究分支,我们需要将研究问题锁定在能够直接说出高等教育管理者所关心的事情上,建构概念来阐明问题的本质、寻找恰当的解决方式。我们也可以另辟蹊径,从批判的视角,对高等教育实践者的兴趣和需求提出质疑,加以研究,从概念与实践上对现状进行批判性阐释。运用了这种方式,我们就可以对所使用的目标进行详细的检查,探索实现这些或其他目标可以采用的途径。当然,还有一种方式我们也可以考虑。这就是从社会学这一学科的理念着手提出研究问题。从社会学角度来思考教育,与从教育学角度进行社会学式的思考教育(thinking sociologically about education from education)是不同的。事实上,这种方法我们可以完全认为是将该学科看作是社会学中一个独特的、合法化的领域所必不可少的。话说回来,不管是哪一种方式,该学科应该严肃地接受这样一个现实:自认为是高等教育社会学学者的人,他们的研究不仅反映出多元的研究兴趣,也显示出,在研究目标、研究方法以及相应所需的恰当的话语风格(discourse styles)方面,观点真的是千差万别。这个问题还有待于该领域的教师和学生作进一步的研究,也有待于为该领域研究提供资源的资助机构进一步探究。

随着社会科学和教育研究中研究方法论的进一步发展,上述这种认识也越发的重要。在人们日趋强调专业化,尤其是研究型大学内教师更需要专业化,此时,改善研究方法这一目标,本质上是一些研究者在其研究过程中、职业身份认同上首先要做的事情。Clark(1973)曾警告我们当心另一种高等教育社会学发展趋势——以量化研究测量为主,而在质性研究中,文章侧重描述性,没有充分地利用其内在分析的价值——他的说法值得我们深思。以质性和量化研究为主的研究者,对将研究方法论看作是研究的对象加以批判,他们有着很大的热情,那些偏向于质性研究的研究者,研究的热情尤其高涨。他们中的一些已经持续对范式支配(paradigmatic dominance)进行详细的检查,批判性地深入研究"客观性问题化"(problematizing objectivity)、以及研究高等教育我们知道了些什么、知道的方式等主要的观点(Denzin and Lincoln, 2005)。这些议题一般是在20世纪90年代由教育研究者以及社会科学与人文学科的学者在挑选的社区中从事研究的。

在20世纪80、90年代,自我归因的(self-ascribed)的质性研究方法,确实在那些倾向于研究文化、人的能动性、生活史和自我反省的研究中取得了合法的地位,相似的是,研究高等教育的研究者逾越了更为普通的个案研究方法,设计方案研究本科生、研究生、教师、行政领导者以及学校大范围内的信念模式、价值观模式、决策模式、亲密关系模式以及抱负模式。其研究结果不仅阐释了面对冲突的各种不同视角,也鉴别了大学内部文化动态机制,还清楚地展现了社会边缘化现象以及失范现象。从这些视角所开展的研究,往往产生了系列崭新的研究分支,它们有着特殊的目标,独特而不具有普遍性,明显的主观性而不具有客观性,其分析方式是归纳而不是推理。至于这些研究对该领域的贡献的本质问题,我们可以说,他们已经诉诸于基本原理来描述和理解情境中的现象(通常也就是过程),(通过展示缺少什么、忽略什么以及什么考虑不周密等)为主流理论提供了必要的修正,为进一步系统地研究或在其他情景中的研究提供了必要的概念和量度标准。Barney Glaser 和 Anselm Strauss(1967)曾经阐明,数据资料与概念之间的迭代(iterations)所产生的"不断比较"的归纳过程有着许多优点。在教育研究者中,存在着一个亚群体,自认为在从事着"扎根理论"研究,这反映出人们对上述两人 Barney Glaser 和 Anselm Strauss 所推广的研究的热情再次高涨起来。在20世纪80年代中期至90年代末期,学校教育表面上容忍了研究方法论的多元化现象,然而,除非是民族志研究,以更传统的人类学理论框架为基础,多数呈现质性研究方法的研究,尤其那些被看作具有自觉主观性的研究,仍然要接受严格的审查,例如,研究问题是否值得研究,研究的设计和研究方法是否有效,可信度如何,是否"慎密",研究的结果是否仍然是"真实的研究",可以进一步奠定该领域的知识基础。

正如其他的社会科学流派比较混乱(Geertz,1983)一样,高等教育对这些问题的质性研究活动也常常不能明确地归属于主要的研究类目中,这就让人们指望研究者在高等教育中定位自己的工作,争取合法性的过程变得更为复杂。对个体研究者而言,这意味着他需要明确研究重点(research focus)的重要意义,突显某个现象的具体事例值得研究,当涉及到实践问题时,他更需要如此,他必须表明,其研究重心不只是具有特质(idiosyncratic),它来自持久的社会过程或者社会问题,抑或清楚地显示出持久的社会过程或者社会问题。在高等教育研究生项目培训课程与专业化过程中以及高等教育研究者陈述研究的专业协会上,有一些实质性的研究焦点已经被指定为有价值的研究话题,它们被制度化为人们认同的研究类目(例如,大学生发展状况)。事实上,一些研究者极端地将自己研究的主题与自身身份认同联系起来,例如,有些人认为自己就是研究社区大学的人,尽管他们的研究属于高等教育,可以看作是高等教育的一个专业,却形成了一个较为狭隘的身份认同。相反,被认为是微不足道的话题,它们的研究往往没有被指定归属于已经确定有重要意义的类目中,换言之,这种话题我们认为是不需要我们去了解的。研究者必须确定值得研究的类目。在过去的十年间,重新思考教育中的种族身份认同,已经暴露出迫切有待研究的主题,如"白人现象"、多元种族身份认同等。

在社会学系,有关高等教育的话题一旦成了一个事件,成了大环境的例证,就变得非常的重要。研究者研究其他社会过程时,高等教育也可以是一个恰当的研究场所。例如,对大学生的研究,很难在社会学学科里找到一个非常标准化的类目,但是却可以建构在学科研究的相关话题内,比如,同辈影响、预期的社会化现象、教育抱负、职业成就以及地位获取等。也可以建构在针对教师的研究(如职业研究)、学校变化中的学术规范和结构的研究(如制度变迁个案研究,讨论教育是一种社会制度还是作为非赢利组织变迁本质的一个个案)上。在早期,我利用知识社会学和社会学知识,研究了课程和学科中的变化现象。高等教育社会学中的研究是如何建构的,这一点至关重要,我在下文将会讨论到。研究要在教育学或者社会学中找到合适的位置,就必须归属到一个相关研究的类目之下,这种相关研究要能够提供相关话题的已知信息,并足够地贴近人们认为值得研究的研究分支,甚至还可能需要极度的制度化。

未来的前景:职业情境

要寻找合适的场地播种种子,开始高等教育社会学专业的蓬勃发展,就必须从其自身着手,研究促进、抑制学科观念形成的情境动力因素。高度重视各个观念,是知识、组织和政治上取得的伟大成就(Gumport,2002),这种成就需要我们加以认可,我们可以显著地观察到,它相应地使研究的知识生命力(intellectual vitality)的实现成了可能,于是,我们也就能够更清晰地观察到了。这种相互依赖的关系构成了一个自我实现的循环(如果个体是成功的,那么这种循环通常就是良性的)。一旦研究兴趣成了研究议事日程中的切实可行的部分,其发展势头就更为猛烈。教师开始在新的一代人身上培养这些兴趣,增强他们对学科未来生命力的感知能力。相反的是,任何既定的研究可能不是开辟而是远离学科边界,于是,其价值遭遇贬低,或被遗弃。这样,通过不断地删除,不停地保持沉寂,也就形成了所谓的非知识领域,学科得以顺利地发展下去。在这非知识领域中,一些观念没有吸引力,不为人们所觉察,于是人们进一步坚定了自己的看法,认为这些

第十二章 一个混合领域的反思:高等教育社会学的发展与前景

观念是不重要的,不可以实施从事学术研究的(在这种决定面前,大量的研究本身都成了问题)。

鉴于学术工作场所中的动力因素强大却又有潜在的不同,上述的这些动态机制比其当初的外表更为复杂。究竟哪些类型的研究在短期内能产生学术收益?哪些类型的研究最终会促使职业生涯发展很顺利?在各种动机驱使下的教师非常的留意这些预兆。然而,在这里,该模式不再那么的简单。其复杂性体现在,研究主题(研究现象)的价值本身总是不断变化的,受高等教育自身的制度和政治利益的限制。换言之,如何评价研究者的议事日程和成就,取决于他的研究在利益竞争中所处的地位,取决于什么样的同行评论者被请来对其研究的优缺点进行评论。

在此背景之下,再加上第二章中回顾的社会和组织情境,本章这部分将更深入地讨论高等教育社会学中研究者所处的职业情境。本书的一大贡献就是,将社会学和教育学两个独立学科中的研究者联系起来。无论是在教育学还是社会学,高等教育社会学作为一门学科的现象还不显著,此外,在多数的学校里,教育学和社会学的教师之间跨学科的交流也不太多(斯坦福大学是个特例,荣誉聘任制度促使其教师之间进行跨学科交流,更普遍的现象是,人文与科学学院内的社会学系、教育学院和工商研究生学院之间的界限具有很强的渗透力)。不过,确切地说,这学科中许多的观念横跨这些专业领域,这就促使接受不同的训练、处于不同系科的教师有可能持续地进行知识交流活动,一起合作,例如,社会学研究者对高等教育作为社会制度这一现象感兴趣,接受过社会学教育的高等教育研究者却在教育学院工作,毕业于教育学专业的高等教育研究者却对社会学观念的实践感兴趣等。

这就是说,虽然在过去的 30 年里,该学科各个研究分支有了戏剧性的拓展,由于从事研究的个体来自不同的职业情境,高等教育社会学作为一个领域,其可见度仍然值得我们质疑。事实情况是,研究者们依然或以教育学,或以社会学为主要落脚点,这两个学科上分别出现的逐渐增长的研究趋势,还不能把高等教育社会学提升为一个研究领域。在每一个学术基地,教师和研究生都在一定的情境之下工作,这种情境传递着他们肩负的主要义务的信息,包括有关使他们从事科研和教学的规范观念。他们各自的工作形式截然不同，他们研究的架构尤其千差万别，这是因为，他们被社会化来适应研究生院不同的规范。这种分歧，一个不幸的副作用是，他们各自所依赖的知识资源可能过度地狭隘，可能因忽略了话题的先前研究而不够全面，于是，在那些来自不同领域的研究者看来，该研究对知识的累积就没有任何益处。均等势力强有力地驱使具有策略头脑的个体研究者设计自己的研究，使其研究的主要读者符合自己学术系科的要求，以便得到同行人肯定的评价。

为了避免讨论过于笼统，要兼顾到各个大学系科的差异，我在这里将进一步地区分高等教育和社会学，将之看作是研究者从事工作的两个学术情境（或者是教师所在的两个学术场所），对高等教育社会学作为一个领域所面临的重重困难和发展可能性进行深入的探讨。

职业社会化的差异

人们通常鼓励高等教育专业的博士生以实践为导向设计研究问题，其研究结果有助于理解或阐明各种教育问题，这些研究有一个概念框架，但至少在名义上往往是来自社会学构念的。这样，从理论角度来讲，研究的问题范围就可能过度地狭窄，建构在太多的人们习以为常的当代实践术语之上，于是，付出的代价是，失去了原本可以运用社会学概念在新的阐释方式中架构研究问题的独创性，失去了社会学理论化与敏感性所产生的分析优势（当然也有特例，包括本文集中的各位作者，他们接受的博士生教育使其沉迷于社会学观念之中，沉浸于社会学各种杂志之中，积极参加各种社会学学术会议）。

在社会学领域，研究设计的目的是进一步深化该学科已经确立的各个研究分支，如果有人对高等教育感兴趣的话，可以将之看作是社会学现象的研究事例或者研究场所，也可以看作是与 K-12 教育、宗教、家庭和经济作用旗鼓相当的主要的社会制度。不过，这样一来，高等教育作为研究场所的传统和复杂性，人们就可能缺乏历史的意识。社会学家也不会将自己的研究归属于高等教育期刊文集。因而，他们的研究就可能不能识别出高等教育研究者早已证实了的命题,可能忽略了高等教育研究中早已确立的研究分支,也不能对该研究分支的发展有任何的促进作用。

这种研究机遇的丧失现象,出现在高等教育和社会学两个领域。例如,在过去的几十年里,高等教育研究者在大学的影响方面进行了大量的研究,在高等教育和学生事务相关期刊上发表研究结果。那些有意开展大学影响研究的社会学家忽视了这些杂志,这意味着,他们没有得益于高等教育研究的一套原则和方法,也没有以此研究现状作为自己研究的基础。另一方面,社会学家在非赢利性研究上取得了重大的进展,然而,那些致力于研究新出现的合作关系的高等教育研究者,如果不熟悉先前的有关组织之间的合作、社会网络、变迁中的组织形式的研究,就会忽视这些研究结果。

除此之外,我们还需要考虑每个学术领域中职业定位的动态机制。社会学和教育学都有其自身的情境与研究视角,往往却把高等教育社会学的专业知识边缘化了。在教育学,尤其是高等教育项目中,从根本上利用社会学知识来建构研究问题、研究命题,这种行为人们认为是太理论化了。在社会学家眼里,高等教育领域的研究理论基础不充分,太注重实践。我们不得不承认,职业学院(professional schools)容忍,甚至看重学科专业知识,其程度远远超过社会学系对实践的重视程度,这样,研究者在教育学院内过度重视理论,与研究者在社会学系过度地重视实践相比,前者的职业生涯更可能成功。显然,对于从事学术研究的研究者而言,人们不能仅从他们参与这一丰富多彩的理论事业上,理解他们从事高等教育社会学的这一行为。该事业需要许多的职业性挑战(professional challenges),在研究型大学,人们期待出现新的独创性知识,学校内的教师努力使学术的成功成为自己职位晋升的衡量标准,因而,他们更是面临着许多的职业性挑战。

学术情境的差异

要考虑高等教育社会学未来发展的前景,我们就需要更系统地研究这些职业情境是如何界定该领域中对研究作出重大贡献的教师的工作的。Clark 在 1973 年讨论该年轻领域的发展前景时,由于他所综述的大量的研究是在 20 世纪 70 年代进行的,当时这些研究者基本上被称为社会学者,所以他没有提到不断变化的职业压力对教师的影响情况。他没有预见到,到 20 世纪 80、90 年代,教育学院的教师进行的以学科为倾向的研究会迅猛地增长,其中也包括那些高等教育项目中的教师,他们中许多也就是选入本文集中的作者。人们肯定会认为,来自不同学术背景的教师所从事的研究,对社会学、高等教育中人们期待的学科前沿起着特殊的推动作用,特别推进着人们相应地解决读者遇到的问题。在过去的几十年里,学科变得专业化、社会学教师和教育学教师的工作动机不尽相同、高等教育作为学术追求的学术合法性面临各种挑战,这三组因素一直在发挥着作用,一起构成了职业情境,同时又阐释着职业情境,这种职业情境支持着亚领域(subfields)一个或多个分支的研究,但是却不支持高等教育社会学发展为一个领域。

在学术界的专业化方面,更广泛的发展趋势激励着教师将其研究范围缩小,当学术专业化使得专门知识高度的专业化,一些研究者风趣地评论道,教师对于越来越小的领域了解得越来越多了,这就是说,我们可以猜测,他们彼此也越来越缺乏了解了。在任何一个系科,一旦进行晋升评审时,当地的同事可能对彼此学科非主要的知识就知之甚少,那些规模较小的学术系科,从事专业研究教学的往往只有一两位教师。在学术界高度专业化的时候,这种情况更是如此。结果,职位晋升与否,更看重的是鉴定人的来信(鉴定人所在的大学名气越大,其地位就越高),更看重的是发表的文章(尤其是同行评审的期刊上发表的文章),这就向有策略头脑的教师暗示,他们应该在一个大家公认的专业,形成全球性的个人简介(cosmopolitan profile)。在那些对终身职位设置高门槛的研究型大学里做助理教授的人看来,这是一个高赌注的事情。

在社会学学科教师看来,过去的 30 年里,教育研究虽然不是主流,却也是清晰可见的,而高等教育研究则极其鲜见,高等教育只是典型的组织或职业社会学研究领域,最近在国外研究热情的刺激之下,也成了人们科学、知识和科技研究兴趣日趋高涨的领域。

第十二章 一个混合领域的反思：高等教育社会学的发展与前景

在美国社会学协会（American Sociological Association，ASA）所列出的40个专业领域中，作为一个指标的高等教育社会学，却不在其内，不过其中有一些与之相关的领域，例如，"教育社会学"、"组织、职业和工作"、"科学、知识和技术"等，它们的研究者研究高等教育，抑或将之作为研究的情境，抑或将之作为他们研究的社会学现象发生的情境（读者有志于确立高等教育社会学为其中一个专业领域，就有必要了解到，在目前，美国社会学协会提出的要求是，拥有了200名成员方可以确立一个新的专业领域）。我认为，社会学作为一个学科，最看中的是那些提高自身学科的理论、实证或方法论基础的研究，而不是应用研究，比如，它不运用理论来阐释具体组织领域中的实际问题。也许我看到的只是表面现象。

研究高等教育的社会学者还面临着出版渠道的问题。社会学只有几个核心期刊，文章发表的竞争性十分的激烈（参见表12.1）。一些教师已经表示，有机会对稿件进行几轮的"修改与提交"，而不是在开始就遭到拒绝，即便修改的整个过程历时两年多，已经是非常幸运的了。要想刊登在一流的社会学杂志上，有关高等教育的文章就必须在社会学既定的研究领域中，展示其独到的研究。

表12.1 高等教育社会学：挑选的期刊成建时期

学科	1970年之前		1970—1979		1980—1989	
	期刊名称	年代	期刊名称	年代	期刊名称	年代
社会学	American Journal of Sociology	1895				
	Social Forces	1922				
	Sociology of Education	1927				
	American Sociological Review	1936				
组织研究	Administrative Science Quarterly	1956	Academy of Management Review	1976	Organizational Studies	1980
	Academy of Management Journal	1957				

(续表)

学科	1970年之前		1970—1979		1980—1989	
	期刊名称	年代	期刊名称	年代	期刊名称	年代
高等教育	Journal of Higher Education	1970	Higher education	1972	Higher Education: Handbook of Theory and Research	1985
			Research in Higher Education	1973		
			Review of Higher Education	1978		
高等教育应用	Journal of College Student Development	1959	Planning in Higher Education	1972		
	NASPA Journal	1963				
高等教育其他	Daedalus		Change	1972		
			Academe	1979		
教育	Comparative Education Review		American Journal of Education	1979	Educational Policy	1987
	American Educational Research Journal		Educational Evaluation and Policy Analysis	1979		
	Curriculum Studies					

究竟什么样的研究就是社会学研究？这是社会学中一些研究者反复提出的问题。C. Wright Mills 指出，这取决于研究者的社会学想象，而这种社会学想象是在他接受教育的过程中逐渐灌输形成的（Mills，1959）。此外，他提出各种社会科学彼此之间的区别与界限模糊不清，并认为，这些有助于研究者形成从一种研究视角向另一种研究视角"转变的能力"，形成从个体层面分析向社会层面分析"转变的能力"（第7页），却没有忽略两者之间的各种复杂现象。这个观点非常的正确。不过，不管研究的话题本身是否值得研究，那么什么样的分析工作才是重要的？我们必须把这个问题当作社会结构的一个关键层面来进行思考，或是把它当作至关重要持久的社会过程、社会实践中的一个例证来解决。

我们不可否认，以上这些要点体现出，人们观点的一致性为研究者进行社会学研究而不是教育学研究提供了更为清晰的轮廓。对于教育学的教师而言,经历了几十年的发展之后,期待什么变得更加的摸棱两可。我们会轻易承认,教育学院的"使命乱七八糟",人们对它们该是什么样,该做什么缺乏一致的观点(Judge,1982;Clifford and Guthrie,1988;Tierney,2001)。在20世纪的最后二十年里,几个一流的研究型大学的教育学院,或将社会科学学科的学者吸引到教育学院中来,或鼓励自身内部的教师提高更明确的以学科为基础的学术造诣,努力提高自身相对于社会科学研究生系科的地位。然而,虽然这一策略的提倡者们有着坚定的信念,强调以学科为基础的研究并没有为全国的教育学院广泛地接纳,有时即便他们所在的教育学院内部的教师也不是完全持赞成意见。

什么是恰当的教育学学识(appropriate scholarship in education),人们一直争执不休,因此,教育学专业的教师不得不阐释种种混合信号(mixed signals)。助理教授在职称晋升评定时往往需要所有教师都投赞成票,这一问题在人们对他们的期待上就更加地突显出来。职业学院强调实践,从定义上看,教育学院内的教师要建立一个研究议程,解决教育实践与教育政策问题,另外,还要提高对教育环境中的领导者进行的教育培训。以研究为取向的教育学院,有志使学科合法化,就要求其年轻教师的研究水平、研究成果必须和学科内的那些教师一模一样。这样一来,如何设计研究、文章何处发表,人们的期待就是模糊不清的,至于这些教师的研究是否会受到当地同事的重视、得到奖励,也毫无把握。当然,解决这一问题的一种方法是,形成一个范围更大、形式更多样的代表作选集(portfolio),这一附加的模式,由于任期是有时间限制的,往往又是不可行的。在这个方案中,横跨社会学和教育学两个学科就意味着,人们要承担双倍的工作,既要满足社会学潜在同行评审人的期待与网络工作,又要满足教育学潜在同行评审人的期待和网络工作,这种具有双面人特征的研究轨迹,结果如何我们也不得而知。

在教育学院,高等教育研究生项目是培养大学行政管理者、机构中的研究人员、高等教育教师等,研究高等教育的教师正处于该项目的最核心处。在美国,从事高等教育研究与指导高级学习的教师有几百人,他们中几乎没有人将自己看作是高等教育社会学的研究者,也没有努力在社会学杂志上发表文章。不过,他们中许多人在自己研究和教学过程中引用的文章和书籍,在我们看来就是高等教育社会学领域的。事实上,当今高等教育杂志和教材中出现的研究,许多社会学重要的学科知识正是其隐性的研究基础。这些研究者们常常对韦伯、涂尔干、帕森斯,甚至马克思及其追随者的理论进行区分,却没有意识到这属于社会学领域,此外,他们也使用各种概念(如分化与整合、官僚主义权威与职业权威、资源依赖与组织化的无政府状态、合法性与制度化等),却没有明确地指出它们的社会学根源(sociological roots)。

就像本文集中的几位作者那样,那些立志在高等教育社会学领域进行研究的高等教育教师,可以从坚实的社会学基础着手,确立并阐述自己的研究兴趣。在研究项目中方法论设计当然是非常重要的。教育研究者越来越重视运用实证资料和复杂的研究方法,进行更科学的探究。我们还是经常会发现,那些从事质性研究的人正致力于建树更为温和的学识,这种知识人们很可能会看作是新闻资料,或者只是"滑稽的"简洁描述,Clark 曾经警告过我们的。尽管越来越多的教育质性研究问世,人们对这种研究还是存在一些偏见的。质性研究在一个诸如研究更为普遍的社会学问题的适当的传统情景中,更可能受到人们的重视。我们可以研究功能主义共享的价值观、冲突观的各种要素,研究如何阐释更为宏观的结构影响因素,或开展研究反映系统的适应过程中规范性的张力问题(Parsons, 1951; Smelser, 1962; Durkheim, 1893),也可以用韦伯开创的社会学理论以及解释学方法论来进行研究(Weber, 1922; Gerth and Mills, 1946; Shils and Finch, 1949),也可以在芝加哥社会学院内开展研究(Abbott, 1999),甚至也可以与学科研究携手连接宏观与微观理论(Huber, 1991),发展文化分析研究(Alexander and Seidman, 1990),或提炼个案研究的研究方法(Ragin and Becker, 1992)。事实上,从事当代高等教育研究的研究者们确实可以将自身的研究前提(或基本原理)与一个或多个基础知识更为显性地连接起来,这样,就加强了自身的研究,提高了人们对其研究的看法。这样做,还能够有助于教育学院内更多以学科为基础的教师取得合法的地位(本文集中的诸位作者就是很好的事例。)

高等教育项目中的教师,不管是利用社会学知识来研究实践、政策中的问题,还是对高等教育某一现象本身开展研究,几乎都没有将社会学学者当作自己研究的读者。在他们看来,高等教育,或更普遍意义上的教育,是主要的舞台。自 Clark 于 1973 年发表那篇经典文章之后,出现了两个新的美国专业协会,分别是 1976 年成立的高等教育研究协会(the Association for the Study of Higher Education),和 1981 年成立的美国教育研究协会第 15 分部(Division J of the American Educational Research Association),它们为这类研究提供的读者是有充分理论知识准备的,他们阅读那些有选择性地运用社会学理论、社会学概念来解决大学中实际问题的研究,也阅读那些采取同等方式来解决州和国家制度政策问题的研究。这些协会通过网络工作、在年会上提交论文等途径,为发展高等教育研究者的学术生涯提供了卓越的平台。

教育学院的高等教育专业教师,像社会学系的教师一样,知道在一流的同行评审期刊上发表文章,最能促进职位的晋升。然而,目前我们还没有自身的高等教育社会学期刊。简单地回顾一下所有的期刊,我们会发现几个类似的期刊,但是名称中出现的总的术语却又不符合文章精确表达的形式标准,也与要经过评审者批准发表的文章内容不相符合(参见表12.1)。出版高等教育研究的六个新的期刊,都是成建于 20 世纪 70 年代,并在该领域中迅速引起了人们的注意。不过,我要指出的是,高等教育期刊所采纳的文章,有时需要作者删除掉社会学内容,因为匿名的同行评论者有时很难忍受文中有关社会学理论、方法的讨论,并要求将之缩短或完全删除,以便有更多的空间来讨论实际问题、研究结果以及研究意义。此外,在职称论文评审时,在这些期刊中以这种形式发表的文章,是否能满足职位晋升的条件,我们也不太清楚。那些试图在这些问题上寻求指导的年轻学者,往往得到的建议是与上述不同的。

那些投身高等教育社会学研究的人,他们所处的职业情境中知识来源的模糊不清、他们受到的强大压力等,我上文已经做了讨论,其间也附带略微谈到了一些合法化问题,那些研究日常生活相应的话题的教师可能会研究教师角色和奖励制度、教师文化、共同体、身份政治、边缘群、疏远现象等。这些研究领域都与社会学中坚实的学术知识相符应,将这些研究兴趣拓展为一种学识,能促使高等教育社会学成为一个研究领域,这不是牵强附会的事情。然而,那些极度致力于研究如何改善实践活动的教育专业的教师,却没有这样做,也不认为有必要这样做。

相对于中小学研究、课堂实践研究、学校管理研究以及公共政策问题研究而言,高等教育研究无论在教育学院还是社会学系,通常都被看作是一个边缘领域。鉴于学术性社会科学家身处大学的各种问题之中,而且高等教育系统问题比较容易为人所识别,这种工作场所为他们提供了数不尽的研究问题和各种数据资料,然而,他们却对高等教育能否成为一个研究领域明显缺乏兴趣,这在常人看来似乎是不可思议的。其实,大学教师一旦认为,自己花费了数年时间在学术环境中学习与工作,早已了解了高等教育,那么,他们就更不可能认为,可以对高等教育进行学术研究,于是这种直观性就成了一种阻碍。他们不认为高等教育研究是项非常重要的研究工作,相反,看作是"钻牛角尖"(navel gazing),或是近距离视觉(myopic)现象(即过多地关注日常生活)。

当教师真的有机会研究自己学校出现的高等教育问题时,复杂的问题就可能出现,也确实出现了。如果教师正在培训大学的管理者或高等教育研究生项目中的机构研究人员,那么这些教师尤其愿意开展这样的研究。一旦研究的目的是满足学校的直接需求,教师或许认为采取批判的态度是不合适的。研究自己所在的学校,可能会出现其他的政治结果,例如,研究者明确阐述一个社会变化议程,其主要的义务就是进行大学改革,推进社会公正。有趣的是,这些目标一旦归属于批判理论框架,其研究方法和晦涩难懂的叙述,就遭到实践者的批判,他们寻求更为透明的、有直接关联性的信息。同样,如果研究者从消极的角度来讨论学校,或使学校社群及其成员产生顾虑,那么,他将受到各种批评,更为糟糕的是,可能会遭到报复。即便研究者规避了所有这些隐患,其研究可能不被认为是研究,最多可能被看作是一项服务性工作,而且研究一旦没有发展概念,进行系统性探究,我们就会认为这不属于高等教育社会学。

讨论职业情境中教师所体验到的各种限制性因素,如果忽视了教师不是大学内促进学科发展的唯一行动者这一事实,就是不全面的。

教师选择自己要从事的工作,在指导年轻教师和研究生时表达了自己的决心。不过,他们的研究可以从行政领导者那里获取关键性的支持,这些领导包括系主任、学院院长、大学教务长,他们有权力决定资源的分配流向、分配形式(例如,按照教师职位高低进行分配;博士、博士后研究资助;指定适合某课程、专业或学位课程的一组观念等)。因此,地方机构的支持要跟上。基金会给予的物质与象征性的资助,意义非常重大。在校外,学科研究是通过学者之间进行交流、不断地在各种场合提交和发表研究成果之下逐渐发展起来的。毫无疑问,在过去的30年里,许多出现在高等教育期刊中的研究都隐性地涉猎到重要的学科知识。正因为这些原因,不断地对该领域的生命力进行研究是很有意义的,那些不自认为对高等教育社会学作出直接贡献的人,那些没有被看作对高等教育社会学作出直接贡献的人,他们的研究肯定也在我们的研究范围之内。

令我们感到欣慰的是,该领域中许多代表性的学者,如本文集中反复出现的 Burton Clark、John Meyer、Neil Smelser、James March 等,长期研究高等教育,并成功地在社会学和教育学两个学术领域从事着教学与研究的工作。他们的研究不仅提供了一个实质性的衡量标准,而且横扫了高等教育社会学领域的核心地带。不过,对教师各自的学术研究方向,人们有着各种不同的期待,这说明,我们要继续有目的地思考,在将高等教育社会学共同体和成员关系看作是一个整体的情况之下,我们是否对高等教育社会学作出了贡献?我们又该如何对该领域作出贡献?我在此也公然地请大家好好思考思考。在人们持续决定研究方向的情境之下,高等教育社会学可能成了一个学术知识领域,个体与制度艰难的抉择维系着其持续的生命力。

有前途的研究途径

社会学和教育学职业情境中出现的问题多种多样,高等教育社会学作为一个领域,未来的发展也将面临同样多的问题,努力克服这些障碍,坚持在这个回报丰厚的领域进行研究,似乎是非常值得的。这是因为，高等教育社会学相关领域都形成了渊博的知识，整个社会目前有了很大的发展，这既体现在高等教育中，也得益于高等教育的运作，因而，高等教育社会学可能完全适合出现各种研究，来解决并提出一些当今我们所面临的最尖锐的问题，当然，这些问题目前为止还没有完全显现出来。

那些可能对高等教育社会学作出贡献的人，他们所处的独特的（有时也令人望而生畏的）的职业情境，上文已经进行了讨论，这至少突显出，该研究领域可以成为一个研究场所，研究高等教育情境是如何有意无意地限制与支持超越学科界限的学术专业化中相关知识的发展。高等教育社会学的演变历程，可以告诉我们，有关横跨两个、两个以上学术系科的学术领域的生命力是持续不断的，并告诉我们，该职业的常规(professional orbits)对首选的形式以及研究领域有着截然不同的期待。

知识社会学的启示

那些曾有一段时间发展不完善的高等教育社会学研究分支中，人们最值得从事的研究似乎是知识社会学，这个研究传统就是探索社会情境如何形塑各种观念，更具体点讲，研究物质条件是如何支撑各种流行的信念，如何从组织内部群体所处的当地情景，到超越高等教育的更宏观情景不同层次上支撑着各种流行的信念，如更大的政治经济动力因素。正像我一开始提到的，知识社会学的前提是，学科知识的发展不仅受到自身观念的限制，也受到研究者从事研究所处的情境决定。上文对高等教育社会学作出贡献的研究者所在的职业情境展开的讨论，正例证了这一点。它在高等教育社会学中，是一个有待发展的研究分支。

我之所以将术语"知识"看作是该研究领域的一个生成研究话题，是想指出，研究者应该认真地研究高等教育中合法化了的知识的各种形式，认真研究高等教育在社会中的知识功能。这就是说，我们要研究那些人们开始认为值得了解、讲授、证明、在研究中提高等的种种观念。高等教育成了一个主要的社会制度,和其他因素一起,界定着有利于社会发展的专业领域,界定着大学预科学生竞争入学的恰当的行为方式,界定了研究创造出新知识的各种要素,这些要素就是高等教育社会学研究中所有至关重要的社会潮流。

到20世纪90年代,在社会学和教育学两个领域,研究者开始对这些问题有了明显的兴趣。虽然大量的高等教育研究重点关注人的加工(people-processing)的活动过程,新的研究发展前景广阔,它们将高等教育看作是知识加工系统(knowledge-processing system)。该系统将课程中值得讲授的、学位课程中值得证明的、在社会中值得重视的专业知识等观念范畴合法化。这种将知识看作是高等教育核心的观念,有别于高等教育研究所使用的多数社会科学框架,意义非常重大。

人们在很大程度上依旧将高等教育看作是一个人的加工系统,高等教育确实是在加工人,其目标与结构反映出大学是学生发展个性、学习技能、发展人力资本、运用学历来获取地位并向上层社会流动的地方。紧随Meyer(1977)之后,Clark说道,高等教育由有知识的群体构成,组合成各种类别,根据知识中重大的遗产而有了合法的地位。他说,"一些观念因为值得永久保存而成为最好的,并永久存在,这种想法尤其突显在人文学科中,是一个强大的持久的神话"(Clark,1983:16)。这些类别中,有一些深深地根植于我们的认知构念(cognitive constructs)中,我们根本没有注意到,然而它们的持续性、它们变化的过程都非常值得我们开展研究。

这些社会理论家们(social theorists)为我们将知识看作是社会组织化、根植于社会、由社会生产、由社会合法化的观念铺平了道路。Peter Berger和Thomas Luckmann详细地阐述了自我与社会之间相互依赖的前提,并明确地指出,现实是社会建构的,是有选择性地获取"真实性"(facticity)(Berger and Luckmann, 1967)。在社会学领域,在那些提倡制度理论的研究者中,Meyer形成了一种意识,认为知识合法性是促进理性化形成的更大的环境动力因素(Meyer, 1977)。人们已经用这一组观念做研究框架,分析高等教育中知识的变化现象,例如,它用于研究制度和个体致力于创造所谓的女性主义知识的个案研究中(Gumport, 2002)。在新制度理论中,研究者研究了组织策略行为取得合法性的潜在可能性(Oliver,1991;Suchman,1995)。研究如何从组织、组织子单位(subunits)到人际之间、个体所具有的、并详细阐释的习以为常的认知概念等各个层次上寻求合法性。这是很有意思的事情,然而,将这些概念运用到高等教育中,对那些探询组织应对环境变化而可能出现的行动过程的教师而言,有着额外的重要意义。

正如本文集第二章中指出的,社会学其他的研究分支,可以使我们更为精确地理解知识是社会建构的。科学社会学学者们已经取得了很大的进步,他们将该学科描述为一种社会制度,由社会组织化,有着社会结构、交流模式、网络等对维系研究分支起着至关重要的影响。他们认为,教师的知识生产活动是在具体的情境中成型的,各种资源以及标准的运作过程是科学发现的各种要素。换言之,他们将自然科学看作是一种知识,进一步提出,知识不是人为发现的,是制造出来的,知识不是永恒的真理,而是被合法化的。文化社会学学者从另一个视角指出,制度生产文化,也生产高等教育,这合法化了种种观念,为社会指明了可以相信的事情。也许我们应该研究当前的中学生、未来的大学生所产生的影响,这些学生被称为 M 代人(Generation M),因为他们使用各种形式的媒介(media)来完成多种任务,领会信息。这样,希望高等教育能满足学生需求,这种期待就更加令人畏缩。

以上这些研究传统都为我们提供了各种知识,便于我们将高等教育的知识功能问题化,阐释这些功能如何在个体、组织以及整个社会层面运作,促使我们质疑,事物是如何发生变化的?事物是如何保持稳定不变的?新事物是如何持续不变的?它又是如何变化的?这些过程能产生什么结果?

在高等教育中,几个现实情况与这些社会学敏感问题相重合,证实了高等教育社会学中这些研究分支是值得开展的。当讲授学科原则和通识教育课程过程中知识产生冲突时,整个知识的秩序、专业知识的类目显示出了不稳定性,显示出了先前被认定是权威性知识的构念。知识,在传统上,被认为是普遍的、客观的、价值中立的,这种观点遭到多元文化批评的质疑,后者与社会运动中激烈斗争着的意识形态、学生和教师中的身份政治、教师成员的亲密群体(affinity groups)中的变化等相关联。当财政预算缩减不可避免之时,这种处于竞争中

第十二章 一个混合领域的反思:高等教育社会学的发展与前景

的领域就因周期的财政限制而更加突显出来。什么知识最值得人们去了解、讲授以及投资,各个学校、系科、学位论文委员会,甚至课堂上人们把这些问题摆到了桌面上进行讨论。在一些学术环境中,进行财政考虑已经是家常便饭了,以产业逻辑为形式,渗透于应该教授什么、什么教师职位值得短期长期投资等的讨论之中。当前流行的信念我们可以将之看作是一种制度逻辑。这样,我们就可以本着社会投资这一原因,研究高等教育使命的阐释为什么会不断变化。鉴于20世纪早期,人们越来越理所当然地认为,高等教育应当解决几个领域(如医学、环境、经济等)的社会问题,该研究就显得非常的恰当。制度理论的核心概念,可以通过提供给我们一个框架来研究高等教育结构变迁和规范性变迁的本质,阐释实际现实(Gumport, forthcoming)。

在研究知识生产过程中的变迁时,也有相似的生成可能性。越来越多的人认为,高等教育组织,尤其研究型大学,致力于知识的生产活动,这种活动在当代社会更受到人们的高度重视,据推测已经向知识经济转变(在第七章中,Meyer等人指出,我们正向知识社会转型)。在知识经济中,中心不是生产各种物品,而是生产各种观念。1997年,加利福尼亚大学伯克利分校的工商学院创造出了"卓越的知识教授"(Distinguished Professor of Knowledge)这一职位,这一私立职位之所以成建,得益于施乐集团、其日本分公司赠与的一百万美元基金,这举措清楚地例证了人们的这种认识(Sterngold, 1997)。这位教授需要掌握的核心专业知识是,知道企业是如何创造并使用创新性理念的。这一标准完美地顺应了时代的需求,奖励知识产权,高度重视知识资本(intellectual capital)的集中性,视雇员为知识工作者(knowledge workers),并强调知识本身创造收益。这种教师职位有助于进一步提高公司的利益。这一事实更是对高等教育有利,它表明,高等教育没有完全垄断知识生产和知识传递过程,相反,更多地表明高等教育处在一个变化着的政治经济环境之中。说的再全面一点,知识成了一个竞争场所,高等教育的权威地位受到了前所未有的挑战。上述的这个事例中,施乐集团选择在全国一所一流的公立研究型大学中投资一个教师职位,以推进这种议程(加上高等教育中知识社会的集中性现象的进一步证实),具有了强烈的讥讽意味。

尽管高等教育中存在这些极具诱惑力的动态机制,探索教学和研究内容及其本质、高等教育的核心知识功能等的社会学概念极其丰富,知识社会学还没有被认可,人们也没有支持其成为该领域的一个重要研究分支,它也没有在社会学课程和高等教育课程中已经确定的基础中得以发展。一些研究者从事研究拓展这一领域的一些研究分支,例如,知识生产视角,尤其是在大学与企业合作和不断变化的组织形式中研究活动以及知识产权的本质变化问题(Owen-Smith and Powell, 2001; Rhoades and Slaughter, 2004; Slaughter and Leslie, 1997; Gumport and Syndman, 2006)。另一些人开始研究学术结构如何在界定课程、教师工作以及职业途径时,产生动力使现存知识的社会组织永恒存在(Gumport and Syndman, 2002)。他们研究消费者的口味是如何决定课程的重新组合的(Brint, 2002)。还有一些研究者研究学科分类体系以及教师自我归咎的跨学科议程所面临的问题(Lattuca, 2001; Abbott, 2002)。每一个研究分支都采取早期措施,证实研究各种知识问题、将之成为社会学概念与高等教育实际问题的切合点是非常有价值的。我们需要考虑的问题是,什么条件有助于知识的生产?什么组织模式适合于维系、提高人们对那些被认为是永恒的观念的兴趣?在教师职业途径、研究议程、新兴的知识专业技能领域分出新的、有时又截然不同的研究之时,传统的"学科"为基础的知识分类体系,是否能有效地组织教和学呢?这些以及其他相关问题,为我们以后的研究提供了极有趣的话题。

上述讨论的知识社会学是高等教育社会学中一个有待从事的研究分支,这表明,研究得以进行的几个条件是:(1)要存在一些问题,人们认为是非常重要的,值得深入研究;(2)概念、主要的专业知识在高等教育或社会学系得以制度化;(3)这些系科中的教师,无论在各种会议上,还是在出版物的同行评审上,可以彼此合作,至少对研究非常感兴趣;(4)研究者有资源(至少要有时间)支持这样的研究。确实,这些条件似乎适用于许多关键性的适时性的研究场所,由高等教育社会学的独特设置以及处境体现出来。

第十二章 一个混合领域的反思：高等教育社会学的发展与前景

高等教育现象的启示

除了知识社会学之外，其他发展前景良好的研究分支中，一些还没有被确认为研究的类目，预示着该领域将会有丰富而令人满意的研究出现。早期提到的在问责制驱使之下对学生学习的评估，信息和通信技术提高对教学、学习、管理、研究、学生生活、知性交流、组织合作等高等教育的各个方面的影响，这些都是高等教育的新兴现象。我们应该在不同的学校研究这些现象，研究它们之间的差异，因为研究型大学往往是研究的对象，其次才是社区大学，而遗漏了"中间层次的学校"(the missing middle)。最近人们用"中间层次的学校"来指代大量的非重点学校。高等教育的意识形态基础表明了人们对当代政治和宗教领域的兴趣，在教师和学生的活动受到拥护者和批评者的监督之时，还影响着校园的生活，因此，吸引着我们进一步深入地研究。

政策领域的关键性话题也是永无至尽的，不只局限于政策分析者的研究。这些研究包括，对公立高等教育公立性面临的挑战以及私有化进行的研究，对反映政治兴趣、控制范围变化的治理动态机制的研究，对为高等教育组织行为、参与者的行为指定新的限制的立法、法律要求的研究等。研究者必须注意，不能不加批判地接受任何一时段内占主导地位的主要叙述，例如，不能随便地认为，全球竞争以及适应市场动力是当代最紧迫的问题，因为，我们一旦这样轻易地相信，就可能强化了主流的话语，使得高等教育中当代的各种形式合法化。该领域的研究者在研究更为广泛的运作动力、动力的成因以及结果、表征以及潜在的动态机制等时，处于极为有利的位置。

我们要研究这些关键性社会潮流，就需要进行更多的概念性工作。需要分析的最基本的社会趋势是高等教育和社会之间不断变化的关系，这不只是一个社会宪章改变或者需要重新阐释，它还反映出制度化的劳动分工中基本的变化，它承认，高等教育不可避免地要与其他社会制度彼此依赖，通过一方的变化来影响另一方的范围。例如，在人们期望大学实施家庭功能(如儿童保育、社会化)、承担劳动力培养的主要职责来取代企业在机构中的培训工作时，我们如何理解高等教育中变化与随后结果的本质？相反，高等教育失去了什么社会功能？它们到哪里去了？结果如何？例如，盈利性的组织选择有利可图的学术项目以及教育软件，企业将投资扩大到研究与发展中，甚至将知识创造确定为自己的领域。显然，高等教育和社会之间的关系，在Jencks 和 Riesman1968 年的研究、Parsons 和 Platt 在 1973 年的研究之后，发生了翻天覆地的变化。

在最宏观的层面上，全国高等教育体系的比较研究必须加以详细的研究，这不仅仅是因为 Clark 几十年来所呼吁的，而且是因为人们广泛地认识到全球彼此相互依赖，这种现象使我们对国内以及跨国模式研究有了新的认识。正如 Clark 所指出的，跨国比较研究，除了有趣有价值之外，是对美国人缺乏远见的一种基本的补救方式，对其他国家的国家控制模式、大学自治、职业权威、教师职业生涯、学生发展方向等，形成概念与实践上的知识。在此之外，在社会学内，转向跨国研究为我们重新思考、改善既定的理论提供了学科的动态机制证据（如Meyer, Drori, and Hwand, 2006）。一个重要的研究分支是看韦伯的理性化概念是如何促进全球扩散现象发生的，具体研究学生文化的扩散现象、教师研究规范、创业收益策略、绩效指标组织等。此外，研究全球变化动力因素以及保持连贯性的动力因素（如任何一个国家内部高等教育历史遗产等）之间存在张力的原因，它们之间的显著差异值得我们进行研究。

全球化现象加剧，为我们研究高等教育实践中的变化提供了更为肥沃的土壤。根据社会学的结构形式概念（例如，合作或网络工作）和政治经济动力因素（政府要求、不断变化的市场），研究者就有可能研究科学交流、机构合作以及随后对教学和研究产生的影响的变化模式。此外，学术网络跨越的地理位置范围前所未有之大，这其中的变化研究时机也已经成熟。我们可以研究国际留学生的新兴模式，不局限于在国外读书的机遇，而且研究跨国的教育体验，以便教育成为真正的合作性学位项目。

此外，国家之间史无前例的合作，正如欧盟所提倡的，我们可以比较研究不同国家的大学间的学术合作现象。在什么情况之下，大学不

第十二章 一个混合领域的反思:高等教育社会学的发展与前景

是彼此竞争而更可能是合作?如何最大化我们所期待获得的利益而降低潜在存在的债务?在这方面我们了解了什么?这些是国家乃至全球性问题。人们逐渐意识到,这些有趣的发展值得我们去研究,事实上,对这些体现在不同国家之中的问题的研究,应该是更加容易的,这是因为,各个国家中的同事们进行了更多的合作,科技的发展使得我们可以直接交流,有关高等教育活动的信息传播更为广泛,从各个学校传到了国际层面。

未来研究展望

在讨论了我们这一个混合领域发展中可能存在的一些障碍以及几种发展前景之后,我回到 Clark 在 1973 年提出的高等教育社会学这一基本概念上,将之看作社会学和高等教育实际问题的切合点。如今,我们更加意识到,各种目标可能推进了该领域研究的发展,研究者所接受的具体的学术训练和所在系科的环境可能使他们对不同的实质性问题产生浓厚的兴趣。对于该领域的研究者们,我提出几个问题,以期对什么是高等教育社会学研究有一个更为精确的界定。这些问题是:(1)研究是否有独创性,是否提升了社会学理论(或研究方法),是否加深了我们对(当代或其他时期)高等教育中的问题的理解。(2)研究是否兼顾到社会学和高等教育这两个方面。(3)研究是否必须具有社会学和高等教育的特征,具体体现在这两个领域中人们所期待的引文以及话语模式上。(4)研究必须发表在这两个领域公认的杂志上,还是只要在一个领域杂志上出现。(5)如果观念是生成的,可以阐释先前人们不知晓的事情,那么这些特征的重要程度如何。

在概念化未来研究分支的发展可能性时,我们应该齐心协力一起研究那些一直沉寂、被忽略的话题。例如,谁、什么还需要进一步研究?如何研究?其相近领域可以提供什么丰富的资源?相关领域中什么概念激发我们想象力,从另一个视角来审视高等教育和其独特的方面?有人或许担心,这会使我们完全脱离社会学,缺乏该领域的敏感性,不过,我要讲,学识的想象力以及创造性研究观念可以从许多方面来着手培养,有些方面甚至是我们前所未料的。

如果我们继续进行更为全纳性的界定,认可逐渐增长的知识的重要性,那么,无论是社会学还是高等教育领域中的教师,都可能推进高等教育社会学进一步的发展。社会学系的教师,虽然其研究的基础更扎根于某个高等教育体制的历史发展中,源自他们面临的当代问题,但他们随时准备着这样做。教育专业的教师可能接受到社会学理论与研究方法的训练,这使得他们能很好地理解社会学研究,不过,他们知道了如何成功地进行社会学研究,那将更加受益。因此,社会学和教育研究两个领域的研究者们,也可能有着我们可以预见的局限性。这就使我们又返回到研究生学院中职业社会化现象这一问题上。社会学或者高等教育中的研究生项目能充分地训练下一代人,来推进高等教育社会学的发展吗?自己的研究能成为这一学科中主要研究分支发展中的一部分吗?我认为,我们还缺乏对这种知识交叉的支持,每个学术领域的教师的专业条件都不足以激励我们产生、巩固在这一方面所作出的努力。

高等教育社会学作为一个研究领域,游离在不同的学术环境中,面对不同的职业对象,为大学提供了机会,主动促进不同学术系科的教师、有着完全不同的理论倾向的教师之间进行对话,或者相反,使得大学有机会来看到,教师在自己专业领域内的发展会产生什么样的知识累积。拥有权益的股东,像慈善基金会一样,时不时地推进学术研究者和政策制定者(或教师)之间进行对话,激励着学科的研究。在研究型大学中,教师深受困扰的一个问题是,该领域研究未来的资金来源变化无常,在21世纪到来之初,促进研究者努力工作的新的资金来源,不再局限于慈善基金会,而转向国家科学基金会(National Science Foundation)、美国教育部和其他的政府机构。高等教育组织逐渐整合进入一个范畴更大的社会中,资金资源以及地方组织情境所资助的各种活动,可以产生更多的知识,与此同时,灌输了一种共同体的意识。确实,如何有目的地鼓励不同学术系科中的研究者之间、他们与外界的读者之间进行合作,甚至彼此协作,这逐渐成为人们讨论的话题,缓解了当今大学教师中出现的史无前例的竞争、分裂、个人主义、偏狭现象。教师、学生、管理者、学校领导、学术之外的观众,所有这些人如何看待高等教育社会学,如何看待它的未来发展,是一个非常现实的问题,能产生意义重大的知识。

参考文献

Abbott, A. 1999. *Department and Discipline: Chicago Sociology at One Hundred.* Chicago: University of Chicago Press.

——. 2001. *Chaos of Disciplines.* Chicago: University of Chicago Press.

——. 2002. "The Disciplines and the Future." In *The Future of the City of Intellect: The Changing American University*, ed. S. Brint. Stanford, CA: Stanford University Press.

Alexander, J., and S. Seidman. 1990. *Culture and Society: Contemporary Debates.* Cambridge: Cambridge University Press.

Berger, P., and T. Luckmann. 1967. *The Social Construction of Reality.* Garden City, NY: Doubleday.

Brint, S. 2002. "The Rise of the Practical Arts." In *The Future of the City of Intellect: The Changing American University*, ed. S. Brint. Stanford, CA: Stanford University Press.

——. 2005. "Creating the Future: 'New Directions' in American Research Universities." *Minerva* 43:23—25.

Clark, B. R. 1973. "Development of the Sociology of Higher Education." *Sociology of Education* 46:2—14.

——. 1983. *The Higher Education System.* Berkeley: University of California Press.

——. 1987. *The Academic Life: Small Worlds, Different Worlds.* Princeton, NJ: Carnegie Foundation for the Advancement of Teaching.

——. 1998. *Creating Entrepreneurial Universities: Organizational Pathways of Transformation.* Oxford: IAU and Pergamon.

Clifford, G. J., and J. W. Guthrie. 1988. *Ed School: A Brief for Professional Education.* Chicago: University of Chicago Press.

Cohen, M. D., J. G. March, and J. P. Olsen. 1972. "A Garbage Can Model of Organizational Choice." *Administrative Science Quarterly* 17:1—25.

Denzin, N., and Y. Lincoln. 2005. *The Sage Handbook of Qualitative Research.* 3d ed. Thousand Oaks, CA: Sage.

Durkheim, E. 1893/1960. *The Division of Labor in Society.* Glencoe, IL: Free Press.

Enteman, W. F. 1993. *Managerialism: The Emergence of a New Ideology.* Madison: University of Wisconsin Press.

Geertz, C. 1983. "Blurred Genres: The Refiguration of Social Thought," In *Local Knowledge: Further Essays in Interpretive Anthropology*, ed. C. Geertz, 19—35. New York: Basic Books.

Gerth, H. H., and C. W. Mills, eds. 1946. *From Max Weber: Essays in Sociology.* London: Routledge & Kegan Paul.

Glaser, B., and A. Strauss. 1967. *The Discovery of Grounded Theory: Strategies for Qualitative Research.* New York Aldine.

Gumport, P. J. 2000a. "Academic Restructuring: Organizational Change and Institutional Imperatives." *Higher Education: The International Journal of Higher Education and Educational Planning* 39:67—91.

——. 2000b. "Learning Academic Labor." *Comparative Social Research* 19:1—23.

——. 2002. *Academic Pathfinders: Knowledge Creation and Feminist Scholarship.* Westport, CT: Greenwood.

——. Forthcoming. *Academic Legitimacy: Institutional Tensions in Restructuring Public Higher Education.* Baltimore: Johns Hopkins University Press.

Gumport, P. J., and S. K. Snydman. 2002. "The Formal Organization of Knowledge: An Analysis of Academic Structure." *Journal of Higher Education* 73(3): 375—408.

——. 2006. "Higher Education: Evolving Forms, Emerging Markets." In *The Non-Profit Sector: A Research Handbook*, Second Edition, eds. W. W. Powell and R. Steinberg. Hartford, CT: Yale University Press.

Huber, J., ed. 1991. *Macro-Micro Linkages in Sociology.* NewburyPark, CA: Sage.

Jencks, C., and D. Riesman. 1968. *The Academic Revolution.* New York Doubleday.

Judge, H. G. 1982. *The American Graduate Schools of Education: A View from Abroad.* New York: Ford Foundation.

Lattuca, L. 2001. *Creating Interdisciplinarity.* Nashville: Vanderbilt University Press.

March, J. G. 1988. "Organizational Learning." *Annual Review of Sociology* 14: 319—40.

March, J. G., and J. Olsen. 1976. *Ambiguity and Choice in Organizations.* Bergen,

Denmark: Universitetstsforlaget.

Meyer, J. W. 1977. "The Effects of Education as an Institution." *American Journal of Sociology* 83:55—77.

Meyer, J. W., G. Drori, and H. Hwang. 2006. "World Society and Organizational Actor." In *Globalization and Organization*, ed. J. W. Meyer, G. Drori, and H. Hwang. Oxford: Oxford University Press.

Mills, C. Wright. 1959. *The Sociological Imagination*. New York: Oxford University Press.

Oliver, C. 1991. "Strategic Responses to Institutional Processes." *Academy of Management Review* 16:145—79.

Owen-Smith, J., and W. W. Powell. 2001. "Careers and Contradictions: Faculty Responses to the Transformation of Knowledge and Its Uses in the Life Sciences." *Research in the Sociology of Work* 10:109—40.

Parsons, T. 1951. *The Social System*. Glencoe, IL: Free Press.

Parsons, T., and G. M. Platt. 1973. *The American University*. Cambridge, MA: Harvard University Press.

Ragin, C., and H. Becker, eds. 1992. *What Is a Case? Exploring the Foundations of Social Inquiry*. Cambridge: Cambridge University Press.

Rhoades, G., and S. Slaughter. 2004. *Academic Capitalism and the New Economy: Markets, State, and Higher Education*. Baltimore: Johns Hopkins University Press.

Rourke, F. E., and G. E. Brooks. 1966. *The Managerial Revolution in Higher Education*. Baltimore: Johns Hopkins University Press.

Ruscio, K. P. 1987. "Many Sectors, Many Professions." In *The Academic Profession: National, Disciplinary, and Institutional Settings*, ed. B. Clark, 331—68. Berkeley: University of California Press.

Schuster, J., and M. Finkelstein. 2006. *The American Faculty: Restructuring Academic Work and Careers*. Baltimore: Johns Hopkins University Press.

Scott, W. R. 1998. *Organizations: Rational, Natural, and Open Systems*. 4th ed. Upper Saddle River, NJ: Prentice-Hall.

Shils, E., and H. Finch, eds. 1949. *The Methodology of the Social Sciences*. Glencoe, IL: Free Press.

Slaughter, S., and L. L. Leslie. 1997. *Academic Capitalism*. Baltimore: Johns Hopkins University Press.

Smelser, N. J. 1962. *Theory of Collective Behavior*. New York: Free Press.

Sterngold, J. 1997. "Professor Knowledge Is Not an Oxymoron." *New York Times*,

June 1, Week in Review, 5.

Suchman, M. 1995. "Managing Legitimacy." *Academy of Management Review* 20 (3): 571—610.

Tierney, W. G. 2001. *Faculty Work in Schools of Education.* Albany: State University of New York Press.

U. S. Department of Education. 2001. *The Condition of Education.* Washington, DC: National Center for Education Statistics.

Weber, M. 1922/1968. *Economy and Society.* New York: Bedminster.

作者介绍

Anthony Lising Antonio,洛杉矶加利福尼亚大学教育研究博士,斯坦福大学教育学院副教授。

Michael N. Bastedo,奥柏林学院优秀本科毕业生,波士顿大学教育学硕士,斯坦福大学行政管理与政策分析专业博士,密歇根大学高等教育与中学后教育研究中心(the Center for the Study of Higher and Postsecondary)助理教授。

Burton R. Clark,洛杉矶加利福尼亚大学社会学博士,洛杉矶加利福尼亚大学荣誉退休教授。

Amy J. Fann,洛杉矶加利福尼亚大学博士。

David John Frank,斯坦福大学社会学博士,欧文加利福尼亚大学社会学系副教授,兼任教育学系副教授。

Patricia J. Gumport,斯坦福大学教育学院教育专业博士、社会学与教育专业双硕士,斯坦福大学高等教育研究所(Institute of Higher Education Research)所长、教授。

James C. Hearn,宾夕法尼亚大学沃顿分校工商管理硕士、斯坦福大学社会学硕士,教育社会学博士,范德比尔特大学皮博迪学院(Peabody College,Vanderbilt University)公共政策与高等教育系教授。

Sylvia Hurtado,哈佛大学教育硕士、洛杉矶加利福尼亚大学博士,洛杉矶加利福尼亚大学教育与信息科学研究生学院高等教育研究所所长、教授。

Patricia M. McDonough,斯坦福大学博士,洛杉矶加利福尼亚大学教育与信息科学研究生学院教授。

John W. Meyer，哥伦比亚大学社会学博士，斯坦福大学社会学系教授，(兼任)教育专业教授，荣誉退休。

Marcela Muñiz，斯坦福大学获得社会学、西班牙语双学士，斯坦福大学高等教育研究在读博士研究生。

Marvin W. Peterson，哈佛大学工商管理硕士、密歇根大学博士，曾担任密歇根大学高等教育和中学后教育研究中心主任，高等教育专业教授。

Francisco O. Ramirez，斯坦福大学社会学博士，斯坦福大学教育专业教授，兼任社会学系教授。

Gary Rhoades，洛杉矶加利福尼亚大学社会学博士，亚利桑那大学高等教育研究中心主任、教授。

Evan Schofer，斯坦福大学社会学博士，明尼苏达大学社会学系助理教授。

译　后　记

　　《高等教育社会学》对自 20 世纪 50 年代以来美国高等教育社会学发展历史脉络、研究话题与领域进行详细的综述、评论与反思,进而深入探讨了高等教育社会学未来发展的空间与着力点。2008 年初我主动写信给北京大学出版社推荐该文选,得到了积极的回应。北京大学出版社与出版该术文选的 Johns Hopkins University 出版社协商获得中文翻译版的出版版权,并最终确定由我和范晓慧来承担翻译工作。

　　我当时就职于北京师范大学教育管理学院高等教育管理研究所,2008 年春学期(2 月 28 日—7 月 10 日)我给学院的硕士研究生开设了"高等教育社会学"课程。该课程设置了"社会学、教育社会学视角与基本理论"、"高等教育研究视角"、"高等教育机会均等"、"学术知识与职业"、"大学影响与体验"、"大学组织及文化"、"新制度主义视角"、"高等教育政策研究"等八个讲座,共选择了 60 篇前沿的中文学术论文与 19 篇英文学术论文,其中有 6 篇英文学术论文就选自本书的英文原版。由于我 2007 年以前一直从事课程社会学、族群教育、研究方法(论)等领域的研究,基本没有涉猎高等教育,因此这门课程的设置其实是我和选课同学共同学习和探究的过程,同时也是激励我翻译这本文选的一个重要的动力。

　　本书翻译的初稿其实在 2009 年年底就已经完成,后来由于北京师范大学教育学部的建立、个人研究方向的调整,这本初稿就一直沉寂在那里,上述的高等教育社会学课程也没有继续开设下去。2011 年 7 月我到斯坦福大学教育学院进行为期一年的学术访问,值此机会又对译稿进行了认真阅读与校对。

做过学术著作翻译的学者恐怕都有这样一个共同的体会:翻译是一件"苦差事"。"苦"在耗费译者大量的时间和精力!"苦"在翻译过程中自感母语语言表达的"贫乏"!"苦"在出版后还要接受读者的"指指点点",甚或"鄙视"!当然也"苦"在这种学术翻译可能还不算学者"具有学术价值"的学术成果!但译者仍然乐此不疲!因为翻译虽苦,却也乐在其中。"乐"在就像我们中小学学习古文时字斟句酌后获得"真知灼见"的快感!"乐"在就像我们通过一个学期或更长时间研修一门课程而获得系统训练的成就之感!也"乐"在与文本的作者(们)超越时空的神交满足感。

在翻译分工方面,范晓慧(河海大学外国语学院)主译了第四、五、八、九章,其余章节由我主译。在2008—2009年间,我的硕士研究生韩倩和李亚菊帮我进行了部分章节的初次校对。2012年2月送交排版之后,我又于春节期间进行最后的校对与审读。在此,我对所有为本译著的出版提供帮助的人,表示诚挚的感谢。

即使译者"千思万虑",我相信读者必定还会发现翻译中存在"失手"的地方,我暂且把这种"失手"看作是你我进一步进行学术互动的理由之一吧!

朱志勇

2013年2月16日

于北京师范大学教育管理学院